JN025438

労働法

第6版

浅倉むつ子・島田陽一・盛 誠吾 [著]

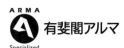

ARMA
有斐閣アルマ
Specialized

　2015 年 4 月の第 5 版刊行からの 5 年間も，これまで同様に，雇用を取り巻く状況と労働法制にめまぐるしい動きが見られた。IT技術および AI のめざましい発展により，雇用の世界が大きく変貌し，たとえば，クラウドワークの出現により，労働法制の適用対象となる労働者の範囲をめぐって国際的議論が巻き起こっている。また，日本においては，「働き方改革」が日常用語となり，とくに2018 年に成立した働き方改革関連法により，正社員の長時間労働および正社員と非正社員との待遇格差を解決する動きが本格化してきた。

　このような状況変化を踏まえて，今回の改訂では全体の構成を見直した。具体的には，第 1 に，第 4 章「男女平等へ」を「差別とハラスメント」とし，旧第 16 章「労働者の人格権とプライバシー」をこの章に吸収した。これにより，性差別だけではなく，他の社会的差別およびハラスメントの問題を統一的に捉える章となった。第2 に，Ⅲ「労働のステージ」のなかに，第 8 章「就業形態の多様化と非正規雇用」とする新しい章を加えた。これまでは，有期雇用は，旧第 7 章「労働契約の成立」で扱い，パートタイム労働・派遣労働はⅣ「変容する労働市場と法」の旧第 22 章「就業形態の多様化」で取り上げていた。しかし，パートタイム労働法がパートタイム・有期雇用労働法に変身したことに象徴されるように，今日では，非正規雇用の問題を統一的に紹介する章が不可欠と判断したのである。第 3 に，終章「大学から社会へ」を第 23 章「社会人としての職業能力をいかに身に着けるか」と変更した。従来は，本書が主として大学の労働法講義の教科書を想定していることもあって，大学から社会へというイメージに縛られていた。しかし，労働者の職業生活

の道のりが多様化していることを踏まえて，大学教育も含めて，現代において職業能力を身に着けるための仕組みを解説する章とした。この章において，労働法の学びが職業能力として不可欠なものであることを強調していることが，本書の特徴である。

　今回の改訂にあたっては，有斐閣書籍編集部の佐藤文子さんと藤原達彦さんから，数多くの適切かつ丁寧な助言とサポートをいただいた。心から感謝申し上げたい。

　2020 年 3 月

著 者 一 同

はしがき

　今日の経済社会は，多数の雇用関係によって支えられており，多くの人々は，雇われて労働し，その報酬によって生活を維持している。労働法は，そのような雇用関係をめぐる法制度や法的ルールを中心として，働く人々の雇用や生活の確保を主たる対象とする法分野である。現在，わが国で雇われて働いている人は約5300万人，失業者は300万人以上に達し，さらにその扶養家族も含めれば，労働法は，国民の大多数にかかわる法分野だということになる。

　ところが，長年労働法を教えていて，学生はもちろん，実際に働いている人たちや経営者ですら，意外なほど労働法について知らないことに驚かされることがある。36協定や解雇権濫用といった，労働法では最も基本的なことがらでさえ，いったいどれだけの人が知っているだろうか。これから就職しようとする学生の間で，就職とは労働契約の締結のことであり，入社以前の採用内定によってすでに労働契約が成立しているということが，どれだけ理解されているだろうか。働く人たちが労働条件や処遇に不満を持ったときや，突然，転勤や解雇を言い渡されたようなときに，まず役に立つのは労働法の知識である。一方，雇う側にとっても，労働法について知ることは，単に法律違反の責任を問われないために必要だというだけでなく，円滑で良好な労使関係を形成し，維持していくためにも不可欠のことである。

　ところで，労働法が対象とする雇用・労働関係は，現在，大きな荒波にもまれている。終身雇用，年功賃金，企業別組合に象徴されるこれまでの日本的雇用慣行は，企業の大規模なリストラや人事・処遇制度の見直しによって大きく変容し，パートや派遣など，雇

iii

用・就労形態の多様化はますます拡大しつつある。長引く不況や産業構造の変化，生産ラインの海外移転などにより，失業率は増加の一途をたどっている。

　他方で，1980年代半ば以降，労働法は，相次ぐ法令の制定や改正によって，大きな変貌を遂げた。男女雇用機会均等法や労働者派遣法，育児介護休業法などの制定，労働基準法の数次にわたる改正，近年における労働市場法制の整備などの動向は，実態面での雇用・労働関係の変化への制度的な対応という意味を有すると同時に，労働法の基本的理念そのものの転換ないしは多様化をもたらすことになった。

　本書は，このように大きく変容しつつある労働法についての最も標準的な教科書となることをめざしたものである。そのため，本書では，可能な限り最新の制度的・理論的動向を取り入れることにしたほか，全体の構成に関しても，従来の労働法の体系を尊重しつつ，現在の労働法の状況を反映させるための工夫をこらした。たとえば，第3章・第4章では，「労働法のダイナミックス」として労働法の新たな基本的理念と男女平等問題を取り上げたこと，第5章以下で，募集・採用に始まり，労働条件の決定・変更などを経て，労働契約の終了に至る一連の過程を「労働のステージ」としてまとめたこと，第11章以下では労働者の労働生活と私生活との関係を1つの視座として取り入れたこと，第20章以下では最近の労働市場法制の変容や就業形態の多様化などの問題を一括して取り上げたことなどである。

　本書のもう1つの，というよりは最も重要な目標は，わかりやすい叙述にある。この点では，本書の編集を担当された有斐閣書籍編集第一部の満田康子さんと佐藤文子さんから多くのアドバイスをいただいた。本書の執筆者として名前が挙がっているのはわれわれ3

人だが，むしろ本書は実質的には 5 人の共同作業の結果だといってよい。お 2 人には，心からお礼申し上げる。

2002 年 1 月

浅倉むつ子
島 田 陽 一
盛　誠 吾

目　次

1　法令名

安衛法	労働安全衛生法
安衛則	労働安全衛生規則
育児介護休業法	育児休業，介護休業等育児又は家族介護を行う労働者の福祉に関する法律
行執労法	行政執行法人の労働関係に関する法律
均等法	雇用の分野における男女の均等な機会及び待遇の確保等に関する法律
均等則	雇用の分野における男女の均等な機会及び待遇の確保等に関する法律施行規則
高年齢者雇用安定法	高年齢者等の雇用の安定等に関する法律
個別労働紛争法	個別労働関係紛争の解決の促進に関する法律
時短促進法	労働時間の短縮の促進に関する臨時措置法
障害者雇用促進法	障害者の雇用の促進等に関する法律
障害者差別解消法	障害を理由とする差別の解消の推進に関する法律
職安法	職業安定法
地公労法	地方公営企業等の労働関係に関する法律
賃金支払確保法	賃金の支払の確保等に関する法律
入管法	出入国管理及び難民認定法
パート労働法	短時間労働者の雇用管理の改善等に関する法律
パートタイム・有期雇用労働法	短時間労働者及び有期雇用労働者の雇用管理の改善等に関する法律
労委則	労働委員会規則
労基法	労働基準法
労基則	労働基準法施行規則
労契法	労働契約法
労災保険法	労働者災害補償保険法

労組法	労働組合法
労組令	労働組合法施行令
労調法	労働関係調整法
労調令	労働関係調整法施行令
労働契約承継法	会社の分割に伴う労働契約の承継等に関する法律
労働者派遣法	労働者派遣事業の適正な運営の確保及び派遣労働者の保護等に関する法律
労働施策総合推進法	労働施策の総合的な推進並びに労働者の雇用の安定及び職業生活の充実等に関する法律

2 行政解釈等

労告	労働大臣告示
厚労告	厚生労働大臣告示
発基	次官通達の名称で呼ばれる労働基準局関係の通達
基発	労働基準局長名で発する通達
基収	労働基準局長が疑義に答えて発する通達
基監発	労働基準局監督課長名で発する通達
雇児発	雇用均等・児童家庭局長名で発する通達
婦発	労働省婦人局長名で発する通達
職発	職業安定局長名で発する通達

著者紹介

浅倉むつ子[第3章・第4章，第15章・第16章（*1・2*），第22章]

　1971年　東京都立大学法学部卒業

　1979年　東京都立大学大学院社会科学研究科博士課程単位修得

　現　在　早稲田大学名誉教授

〈主著・論文〉

『雇用差別禁止法制の展望』（2016年，有斐閣）

『同一価値労働同一賃金原則の実施システム』（共編著，2010年，有斐閣）

『労働法とジェンダー』（2004年，勁草書房）

『労働とジェンダーの法律学』（2000年，有斐閣）

『均等法の新世界──二重基準から共通基準へ』（1999年，有斐閣）

『男女雇用平等法論──イギリスと日本』（1991年，ドメス出版）

〔読者へのメッセージ〕

　　グローバリゼーションの中で国際競争が激化する今日，労働法は悪者扱いされやすい。しかし，安上がりの使い捨て雇用を増やしても，「人間らしい」くらしは後退する一方だ。不安や差別があるような職場には競争に参入する活力も生まれない。こういう時代こそ，グローバル化された労働基準に合わせた労働法の復権が必要だと思う。「公正と平等」を実現するための法規制は決して譲れない。

島田陽一[第6章〜第12章，第21章・第23章]

　1975年　早稲田大学法学部卒業

　1983年　早稲田大学大学院法学研究科博士課程（後期）単位修得

　現　在　早稲田大学法学学術院教授・弁護士

〈主著・論文〉

『ケースブック労働法〔第4版〕』（共著，2015年，有斐閣）

『条文から学ぶ労働法』（共著，2011年，有斐閣）

「これからの雇用政策と労働法学の課題」日本労働法学会編『講座労働法の再生第6巻　労働法のフロンティア』（2017年，日本評論社）

「働き方改革と労働時間法制の課題」ジュリスト1517号（2018年，有斐閣）

〔読者へのメッセージ〕

　　労働法は，それを本当に必要としている人に届いているのだろうか。このテキストを手にすることになる人のニーズに応えているのだろうか。そんな疑問を感じながら，悪戦苦闘の連続でした。せめて，次第に複雑さを増している労働法の仕組みをできる限り，わかりやすく示そうとした熱意が読者の方々に伝わればと願っています。

盛　誠吾 [第1章・第2章, 第5章, 第13章・第14章, 第16章 (*3〜5*) 〜第20章]
1974年　一橋大学法学部卒業
1980年　一橋大学大学院法学研究科博士後期課程単位修得
現　在　一橋大学名誉教授

〈主著・論文〉
『労働法総論・労使関係法』(2000年, 新世社)
『わかりやすい改正労働基準法』(1999年, 有斐閣)
「賃金債権の発生要件」日本労働法学会編『講座21世紀の労働法第5巻　賃金と労働時間』(2000年, 有斐閣)

〔読者へのメッセージ〕

　　私が学生時代に労働法を専攻したきっかけの1つは,《賃金闘争において, 労働者側は必ず敗北する。なぜなら, 資本家の団結は慣習となっており, 効果的なものであるのに対し, 労働者たちの団結は厳しく禁止されているからだ。》という趣旨の, マルクス『経済学・哲学草稿』の冒頭の一節を読んだことだった。時代は変わり, 労働者には団結権が保障されている。しかし, いま, そのことの意味をどれだけの労働者が理解し, 実践しているだろうか。労働者にとって厳しい現状であればこそ,「団結は力」であることを改めて考えてみてほしい。

I　労働法の魅力

　今日，多くの人々は，ほかの誰か（企業や個人経営者，国，地方公共団体など）に雇われて労働し，その報酬によって生活している。労働法は，そのような雇われる側（労働者）と雇う側（使用者）との間の雇用関係を中心として，その間における法的なルールや，その前後にわたる労働者の雇用と生活の確保を主たる対象とする法分野である。そのために，労働法は，労働者に対して基本的な諸権利を保障したうえ，就労に伴う適正な労働条件や，安全で快適な職場環境を確保するための制度，労働者の雇用保障や失業対策のための仕組みなどを用意している。労働法を学ぶことによって，そのようなルールや仕組みを知り，理解することは，よりよく働き，より人間らしく生きるための大きな手助けとなることであろう。

第1章　労働法を学ぶ

労働法とは何か。労働法を学ぶことにはどのような意味
があり，どのように学べばよいのか。本章では，そのた
めの手がかりとして，労働法の意義とその学び方を取り
上げる。

1　労働法とは何か

> **労働生活と法**

　　　　　　　　　　　現在の法制度の下では，雇用関係は労働契
　　　　　　　　　　　約という一種の契約関係としてとらえられ，
雇われる側を労働者，雇う側を使用者と総称して呼ぶ（**図表1-1**参
照）。政府の統計によれば，雇用者（統計上は広く他人に雇われて働く
人のことをいい，企業の経営担当者や管理職員を含む）の数は，2018年
平均で5936万人，完全失業者は166万人となっており，国民の半
数近くが現にそのような雇用関係の下にあるか，雇用関係に入るこ
とを予定していることになる。

　雇用関係においては，労働者の採用・就職（労働契約の締結）に始
まり，退職・解雇（労働契約の終了）に至るまで，賃金や労働時間な
どの労働条件（労働契約の内容）の決定と変更，人事異動，安全衛生
などのさまざまな問題が生ずる。労働者が業務上の災害や職業病に
よって死亡したり，労働能力を喪失した場合には，被災者に対する

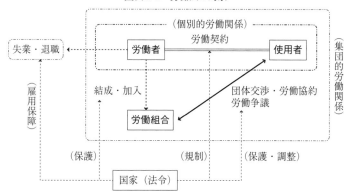

図表 1–1　労働法の対象

補償や，遺族の生活保障も問題となる。また，そのような雇用関係の前後，つまり，労働関係の成立に向けた職業紹介や職業訓練，労働者が失業した場合の生活保障や，転職・再就職支援などの雇用保障，ひいては国の労働政策と結びついた労働市場法制のあり方も，労働者の職業生活の展開と密接に関連している。

　さらに，現代における労働者と使用者の関係は，個別的な雇用関係にとどまるものではない。労働者が，労働条件の改善をはじめ，労働者としての地位の向上のために労働組合を組織し，労働組合が使用者との間で団体交渉を行い，労働協約を締結し，団体行動を遂行するという集団的労働関係の展開もまた，その重要な側面の 1 つである。

　労働法は，以上のような，労働者が使用者に雇われて働くという雇用関係を中心として，その前後にわたる職業活動や生活関係，さらには集団的な労使関係を対象とする法分野である。したがって，労働法は，現に雇用されている人や失業者，これから就職しようとする人たちはもちろん，労働者を雇用する企業やその人事・労務を担当する人たちにとっても，密接に関連する法分野である。

労働法の意味と内容 労働法においては，民法や刑法などとは異なり，労働法という名称の独立した法律が存在するわけではない。現在のわが国の労働法は，憲法27条・28条で保障された労働基本権を頂点として，労働組合法，労働基準法など，多くの法令によって構成される1つの法分野である。また，労働法は，広い意味では，そのような制定法のみを内容とするものではなく，労働組合と使用者による団体交渉の結果として締結される労働協約や，使用者が制定する就業規則は，労働条件の決定や労使間の自主的なルール形成にとって重要な役割を果たしている。しかも，労働関係が流動的で継続的な性格を有することから，成文法だけではなく，労使慣行と呼ばれる事実上のルールの存在も無視できない。さらに，労働法において重要な役割を果たしてきたものが，裁判所による判例と，労働委員会による不当労働行為の救済命令である。とりわけ判例は，法令自体の解釈・適用について重要な役割を果たすことはもちろん，法令に具体的な定めのない問題を解決するためのよりどころとなるものであり，解雇権濫用法理（第12章 *1* 参照）や就業規則変更法理（第9章 *2* 参照）などの判例法理が形成されてきた（これらの判例法理の一部は，現在では2007年制定の労働契約法により明文化されている）。

◆**労働法の体系** 労働法は，これまでいくつかの体系化が試みられてきた。かつては，労働者の団結や集団的労働関係を対象とする「労働団体法」と，労働保護立法や個別的労働関係を対象とする「労働保護法」に区分することが一般的であったが，「集団的労働関係法」と「個別的労働関係法」を区分し，それに「雇用保障法」を加えるものもあった。最近では，集団的労働関係を対象とする「労使関係法」と，雇用関係と雇用保障を対象とする「雇用関係法」に区分する試みや，「雇用政策法」を独立した分野として体系化する試みもなされている。本書では，このような従来の労働法の体系を前提としつつ，現代における労働法の状況を的確に反映させるため，より柔軟な構成をとっている。

2 労働法で何を学ぶか

労働法は無力か？　　労働法は，第2章で触れるように，歴史的
には労働者保護のための法として発展して
きたものである。現在，労働者には，憲法によって労働権や団結権
が保障され，法律によって賃金や労働時間などの労働条件基準が定
められ，災害補償制度や雇用保険（失業保険）制度なども整備され
ている。しかし，今日の労働者を取り巻く状況には，きわめて厳し
いものがあることも事実である。

たとえば，わが国の雇用関係は，いわゆる日本的雇用慣行の下に，
長期の安定的雇用を保障するシステムとして理解されてきた（第3
章参照）。しかし，いわゆるバブル経済崩壊後の長期の経済不況や
企業のリストラにより多くの労働者が職を失い，かつて2%台を維
持していた失業率は，2001年には統計史上初めて5%を超えた。
その後の景気回復に伴い，失業率は徐々に回復したものの，2008
年9月のリーマン・ショックに端を発した深刻な不況は，再び失業
率の上昇を招くとともに，いわゆる派遣切りによる派遣労働者の失
職をもたらし，さらに新規卒業者の就職率も大幅に低下した。その
後，経済状況の改善により失業率や就職率は好転し，最近ではむし
ろ人手不足が問題となっている。

さらに，統計上は，1990年代以降，全体としての労働時間はか
なり短縮したものの，一部では依然として長時間労働やサービス残
業が横行し，働き過ぎが原因となって死に至る「過労死」や「過労
自殺」が大きな社会的問題となった。また，就職の際や職場におけ
る男女差別も一部では依然として存在し，パートタイム労働者，ア
ルバイト，派遣社員など，雇用・就労形態の多様化は，労働者によ

る職業上の選択の可能性を広げる反面で，雇用の不安定化や労働条件格差が深刻化している。

　一方，労働者の権利や利益を擁護するはずの労働組合は，近年，組織率低下の一途をたどっており，憲法上は団結権が保障されているにもかかわらず，むしろ組織化された労働者のほうが少数である。

　このような状況を前にして，労働法は無力ではないのか，労働法は本当に役に立っているのかという疑問がわいてくるのは当然である。しかし，労働法は，労働者が黙っていても都合よく守ってくれる救世主ではない。1人ひとりが労働法の意義や内容を知り，それを積極的に活用するのでなければ，労働法とは，しょせんは絵に描いた餅にすぎない。労働法をどのように生かし，いかにして身近なものにしていくべきか。それはひとえに，働く人たちの自覚と主体的な取組みいかんにかかっている。

労働法の現状と課題　　労働法は，労働関係や労働者生活をその対象とするものである以上，その実態上の変化に応じて不断に変容し，発展してきたものである。そのような観点からすれば，労働法が抱える当面の課題としては，次のようなことを指摘することができる。これらの山積する課題への対応について考えることが，労働法を学ぶもう1つの重要な目的であり，そのことは，労働法の新たな理念の模索へとつながることになる（第3章・第4章参照）。

　第1に，働き方の変化や多様化への対応である。IT革命といわれるほどの情報技術の発達は，これまでの技術革新以上に労働過程や労働環境に大きな変化をもたらし，多くの法的問題を生じた。また，労働者派遣，業務委託・アウトソーシングなどの増大は，雇用と就労の分離，ひいては雇用に伴う法的責任の希薄化を招き，さらにテレワークやSOHO（Small Office, Home Office），クラウドワーカーのような新たな就労形態の普及は，従来の労働者のイメージに

は収まりきらない就労者の増加を意味する。そのような事態を前にして，労働法は，従来の適用範囲や基本的概念そのものについての再検討を迫られている（第8章参照）。

第2に，労働条件決定システムの問題である（第6章・第9章参照）。従来，労働条件の決定・変更は，企業や事業場を単位として，就業規則や労働協約を通じて集団的・統一的になされてきたのであり，理論的にもそのことが当然の前提とされていた。ところが，近年は，労働者個人の成果に基づく賃金処遇の決定や労働者自身による労働時間の配分・決定など，労働条件決定の個別化が進み，労働条件の集団的決定と個別的決定の関係や労働条件決定をめぐる集団的利益代表システムのあり方に関して，従来の制度や理論の根本的な再検討がなされている。そのことはまた，従来の労働組合中心の集団的労使関係システムの再編をももたらすことになるであろう（第17章以下参照）。

第3に，今後の労働法の重要な課題は，労働者の労働生活の場面にとどまらず，それと家庭生活や個人生活とをいかに調和させるかということにもある（ワーク・ライフ・バランス）。そのためには，長時間労働の規制や長期休暇制度の整備を通じた自由な生活時間の確保，生涯学習やボランティア休暇の保障など，労働者がより健康的で人間らしい生活を送るための支援体制の整備が，これからの労働法にとって大きなテーマの1つである（第13章〜第16章参照）。

第4として，新たな労働市場法制や雇用政策をめぐる課題である。1999年と2003年さらに2012年には，労働力需給システムの再構築をめざして職業安定法と労働者派遣法が改正されたが，これからは，多様なニーズに即した就職・採用サービスの拡充や就職情報提供システムの整備など，労働力移動をサポートする体制の確立が重要な課題である。さらに，労働力構造の変化や少子・高齢化社会の到来に伴い，女性や高年齢者についての雇用政策のほか，労働力の

国際移動の進展に伴う労働者の海外派遣や外国人労働者問題など，労働法の国際化への対応もまた，いっそう重要性を帯びることになろう（第21章・第22章参照）。

3 労働法をどのように学ぶか

学習の手引

労働法に限らず，法律学を学ぶ場合には，それが対象とする社会関係や実態を理解し，そのことを前提として物事を考えることがぜひとも必要である。そのためには，常日頃から新聞や雑誌などを通じて労働関係や労働問題に関心を持ち，自分の職業経験（アルバイトを含む）などと照らし合わせながら労働法を学ぶことが有意義である。

また，労働法においては，上述のように判例によるルール形成が重要な役割を果たしており，後掲の判例集や判例解説を参考にすることは，労働法の学習にとって大いに役立つ。判例は，現実に生じた労使紛争の内容に即して法律問題を考え，実践的な対応策を学ぶためにも格好の素材である。

労働法の特徴と
関連領域

労働法は，公法，私法と並ぶ第3の法領域である社会法として位置づけられる。このことは，労働法が，公法，私法にまたがる両面的な性格を有するとともに，独自の法理念に立脚した法分野であることを意味する。それだけに，労働法は，憲法，刑法，行政法，民法，商法（会社法）など，他の多くの法分野と関連しあっており，とくに労働者生活という観点からは，同じく社会法に分類される社会保障法とは密接不可分の関係にある。さらに，労働法は，労働関係や労働者生活を対象とするものであることから，労使関係論や労働経済学，人事・労務管理論など，法律学以外の学問分野とも深く

関わっている。

(a) **文　献**　労働法をより詳しく学びたい人には，巻末の参考文献に掲げた体系書・講座等を勧める。とくに，日本労働法学会の編集による『講座労働法の再生』全6巻（2017年，日本評論社）は，それぞれの巻に統一的なテーマを設定したものであり，現代の労働法の状況と課題を知るための重要な文献である。

(b) **法令集**　労働法関係の手頃な法令集として『労働関係法規集』（労働政策研究・研修機構），『労働六法』（旬報社），本格的な法令集として『労働法全書』（労務行政研究所）がある。

(c) **判例集等**　労働法関係の判例集として，『労働判例』（産労総合研究所），『労働経済判例速報』（日経連），『労働関係民事裁判例集』（法曹会。ただし，現在は休刊）があり，『民集』，『刑集』，『判例時報』，『判例タイムズ』などの一般の判例集にも労働事件判例が掲載されている。なお，主要な労働判例は，*Column①*の裁判所ホームページで検索することができる。労働委員会の命令（労委命令）については，『不当労働行為事件命令集』（労委協会）があり，*Column①*の中央労働委員会ホームページで検索することができる。また，判例の学習には，『労働判例百選〔第9版〕』（2016年，有斐閣）が必携である。

(d) **資料集等**　資料集としては，『労働六法』（旬報社），行政通達については，『労働基準法解釈総覧〔改訂15版〕』（2014年，労働調査会），厚生労働省労政担当参事官室監修『新訂労使関係法解釈総覧』（2005年，労働法令協会），労務行政編『労災保険法解釈総覧〔改訂8版〕』（2014年，労務行政）がある。なお，法令や通達等については，下記の厚生労働省のホームページで閲覧することができる。

(e) **雑　誌**　労働法の専門雑誌としては，『日本労働法学会誌』（99号から法律文化社），『季刊労働法』（202号から労働開発研究会），

『労働法律旬報』（旬報社），『中央労働時報』（労委協会）がある。『日本労働研究雑誌』（労働政策研究・研修機構），『ジュリスト』（有斐閣），『法学教室』（有斐閣）のほか，『法律時報』（日本評論社）などの法律関係の一般誌にも，労働法関係の論文や解説が掲載されることがある。

Column①　主要なホームページ

　労働法を学習するうえで，最新の情報は欠かせない。ここには労働法に関連する主要なホームページを掲げておくが，さらにそれぞれのリンク先を参照することを勧める。

［政府・労働関係機関］

厚生労働省　https://www.mhlw.go.jp/index.html

中央労働委員会　https://www.mhlw.go.jp/churoi/

東京都産業労働局　http://www.sangyo-rodo.metro.tokyo.jp/

独立行政法人労働政策研究・研修機構　https://www.jil.go.jp/

法政大学大原社会問題研究所　https://oisr-org.ws.hosei.ac.jp/

日本労働法学会　https://www.rougaku.jp/

ILO　https://www.ilo.org/global/lang--en/index.htm

ILO駐日事務所　https://www.ilo.org/tokyo/lang--ja/index.htm

［司法関係］

裁判所　http://www.courts.go.jp/

日本弁護士連合会　https://www.nichibenren.or.jp/

日本労働弁護団　http://roudou-bengodan.org/

［労働組合・経済団体］

連合（日本労働組合総連合会）　https://www.jtuc-rengo.or.jp/

全労連（全国労働組合総連合）　http://www.zenroren.gr.jp/

日本経済団体連合会　https://www.keidanren.or.jp/

第2章 労働法のアウトライン

> 労働法はどのように発展し，現在，どのような構造になっているのか。本章では，労働法を本格的に学ぶための準備作業として，労働法のこれまでの展開過程と，現在の法制度の基本的な仕組みを概観する。

1 労働法の形成と展開

**労働法の形成と
その背景**

労働法という法分野が確立したのは，20世紀に入ってからのことである。労働法のことをドイツ語で Arbeitsrecht というが，この言葉が初めて登場したのは 19 世紀の終わりであり，第 1 次世界大戦後のワイマール・ドイツにおいて，労働法はようやく独自の法分野として確立した。フランス語の droit du travail や英語の Labour Law は，さらにそれよりも遅れて用いられるようになったものである。その意味で，労働法は，文字どおり人間の「労働」全般に関する法ではない。労働法が登場した背景には，近代以降の資本主義の発達とそれに伴う労働者階級の状態，そしてそのことに起因する労働立法の整備・発展という歴史的な事情があった。

初期の資本主義社会において，労働者階級は，低賃金や過長な労働時間，危険有害な労働環境など，劣悪な労働条件の下での労働を

強いられ，極端な貧困と不健康な生活状態の下に置かれた（この点についての古典的文献として，エンゲルス『イギリスにおける労働者階級の状態』がある）。そのような労働者階級の悲惨な状態は，国によって時代や程度の違いこそあれ，資本主義が発展する初期の段階では半ば必然的に生じたものである。

　しかし，このような労働者階級の状態については，当然のことながら，それを改善するための動きが生じた。1つは，労働者が団結し，労働組合を組織することによって，労働条件の改善をはじめとして，自らその地位の向上を図ろうとする労働運動の展開である。それは当初，国家による徹底した弾圧や厳しい処罰にさらされたが（イギリスの1799年・1800年団結禁止法，フランスの1791年ル・シャプリエ法など），19世紀後半のヨーロッパでは次第にそれらから解放されるようになり（イギリスの1871年法・1875年法，フランスの1864年法・1884年法など），20世紀に入ると，より積極的に団結権の保障がなされるようになった（ドイツ・1919年ワイマール憲法，アメリカ・1935年ワグナー法）。

　もう1つの動きは，労働者保護立法による，労働条件についての直接的な規制である。これも，最初は国家による営業の自由の侵害であるとする資本家側の強い抵抗にあい，鉱山や工場における年少者や女性労働者を対象とする恩恵的・例外的な立法としてスタートした（イギリスの最初の工場立法は1802年の「徒弟の健康及び道徳に関する法律」といわれ，女性がその対象に加えられたのは1844年のことであった）。しかもその内容は，最初は労働時間や安全衛生問題などに限定され，低水準のものであったが，その後は次第にその基準が改善されるとともに，工場以外の事業や成年男子労働者にも適用されるようになり，規制事項についても，労働災害補償，最低賃金，休日，休暇，解雇など多くの問題に拡大されていった。また，各国で行政的な労働監督制度が整備された（その最初の立法がイギリスの1833年

法である）ことは，実際に使用者に立法を守らせるうえで大きな役割を果たした。さらに 20 世紀になると，各国で失業保険制度などの雇用対策立法も整備されるようになった。

労働法の展開

(a) **労働法の国際的展開**　労働法の形成と発展にとって，国際的な動向は重要な意義を有している。ヨーロッパでは，19 世紀後半以降，国際的な労働運動が展開され，労働者の地位の向上と権利拡大に貢献したほか，19 世紀末には労働条件基準に関する国家間の条約が締結されるようになり，第 1 次世界大戦直後の 1919 年には，国際労働基準を扱う組織として国際労働機関（ILO: International Labour Organization）が設立された。

第 2 次世界大戦後には，1948 年に国連総会で採択された「世界人権宣言」23 条が「すべて人は，勤労し，職業を自由に選択し，公正かつ有利な勤労条件を確保し，及び失業に対する保護を受ける権利を有する」と定めたほか，労働者の基本的権利を宣言した。さらに，その宣言を具体化するために 1966 年に採択された「経済的，社会的及び文化的権利に関する国際規約」（国際人権規約（A 規約）。わが国は 1979 年にこれを批准した）は，6 条で「自由に選択し又は承諾する労働によって生計を立てる機会を得る権利を含む」労働の権利を，7 条では「公正かつ良好な労働条件を享受する権利」を定め，8 条では，労働組合を結成し，加入する権利や，ストライキをする権利を定めた。このほかにも，国連は，1975 年に翌 76 年からの 10 年間を「国連婦人の 10 年」と宣言し，79 年には「女子差別撤廃条約」を採択するなど，男女雇用平等をはじめとする労働問題にも大きな影響を及ぼしてきた。

(b) **ILO と国際労働基準**　ILO は，第 1 次世界大戦の平和条約であるベルサイユ条約に基づいて 1919 年に創設され，国際労働基準の形成に貢献してきた国際機関である。現在の ILO は国連の専

門機関の1つとして位置づけられ，187カ国（2019年3月現在）の加盟国を擁している。わが国はILO設立当初からの加盟国であったが，1938年に脱退し，第2次世界大戦後の1951年に復帰した。

ILOの理念と組織は国際労働機関憲章（ILO憲章）に定められており，その前文と付属文書であるフィラデルフィア宣言には，世界平和や社会正義などの基本理念が掲げられている。ILOの組織としては，加盟国の代表者によって構成され，ILO条約やILO勧告などについて審議・採択する総会，ILOの運営や総会の議題などを決定する理事会，ILOの日常業務を担当する事務局のほか，団結権問題を扱う結社の自由委員会，各種の専門委員会，地域会議などがある。ILOの組織上の特徴は，他の国際機関とは異なり，政府代表，使用者代表，労働者代表の三者構成をとっていることにあり，総会には各国それぞれ2・1・1人の代表が出席し，投票権も別々に行使される。理事会も同じ比率の代表者で構成されている。

◆**ILO条約とILO勧告**　ILOの最も重要な活動は，国際労働基準に関する条約（ILO条約）および勧告（ILO勧告）の採択と，その履行についての監視である。ILO条約は，それを批准した国に対して国際的な法的義務を創設するものであり，勧告はそれ自体には法的拘束力はなく，加盟国に対して一定の行動指針を示すものである。条約と勧告のいずれの形式をとるかは総会が決定し，どちらも採択のためには総会に出席した代表の3分の2の賛成が必要である。それらの内容は，労働時間や安全衛生などの狭い意味での労働条件基準にとどまらず，団結権や団体交渉権，雇用保障，社会保障，労働者生活など，幅広い分野に及んでいる。ILO条約は，2019年6月現在で190が採択され，採択順に番号が付されている。条約が採択されると，加盟国はすみやかに条約の批准について権限のある機関（国会など）に提出しなければならず，条約を批准した場合はその実施のためにとった措置についての年次報告が義務づけられるほか，批准していない条約についても定期的な報告義務が課される。一方，ILO勧告は，2019年6月現在で206が採択されており，法的な拘束力こそないものの，加盟国には，それを権限のある機関に提出する

ほか，勧告に関する現況を報告することが義務づけられる。

ILO は 1998 年の第 86 回総会において，社会進歩のためには経済成長だけでは不十分であり，共通の価値を基盤とした社会的基本原則を伴う必要があるとの観点から「労働における基本的原則及び権利に関する ILO 宣言とそのフォローアップ」を採択し，すべての加盟国が尊重し，実現すべき義務を負う基本原則を宣言した。すなわち，①結社の自由および団体交渉権の効果的な承認（結社の自由および団結権保護に関する第 87 号条約，団結権および団体交渉権に関する第 98 号条約），②あらゆる形態の強制労働の禁止（強制労働の禁止に関する第 29 号条約，強制労働の廃止に関する第 105 号条約），③児童労働の実効的な廃止（就労最低年齢に関する第 138 号条約，最悪の形態の児童労働の廃止に関する第 182 号条約），④雇用および職業における差別の排除（男女同一価値労働同一賃金に関する第 100 号条約，あらゆる形態の差別禁止に関する第 111 号条約）の諸原則である（カッコ内は，関連する基本条約）。

さらに，2008 年 6 月の第 97 回総会では「公正なグローバル化のための社会正義に関する ILO 宣言」が採択され，ディーセント・ワーク（働きがいのある人間らしい仕事）の実現がその後の ILO の政策の中核に据えられた（第 3 章 *Column⑨* 参照）。また，2019 年 6 月の第 108 回総会では，「仕事の世界における暴力とハラスメントの撤廃」についての第 190 号条約が採択された。

(c)　**現代の国際労働基準**　　現代における経済のグローバリゼーションにより，企業の組織や経済活動は国境を越えて展開し，それに伴って労働者も国際的に移動したり，国際的な企業戦略によって労働者の雇用や労働条件が大きな影響を受けたりするようになった。そのため，現在では，各国に共通の最低基準としての国際労働基準にとどまらず，そのような状況に対応しうるような新たな国際労働基準や秩序が必要とされている。たとえば先進主要国を中心に構成される OECD（経済開発協力機構）は，とくに多国籍企業の行動に関して準則（ガイドライン）を設定し，国際的な事業活動の移転に伴う労使紛争の処理などを行ってきた。また，ヨーロッパ諸国によ

り構成される EU（ヨーロッパ連合）は，欧州委員会の提案に基づき，閣僚理事会と欧州議会が共同で制定する指令（directive：EU の立法に相当するもの）を通じて加盟国の諸制度を統一しているが，社会・労働政策の分野においても，域内での労働者の自由移動，男女雇用平等，企業の組織変動に際しての労働者の権利保障など，多くの問題に取り組んでおり，それは，ヨーロッパという地域を超えて，労働法が普遍的にめざすべき理念や制度的枠組みを示すものといえる。また，WTO（世界貿易機構）でも，国際的な公正取引という観点から国際労働基準の問題が取り上げられている。

わが国の労働法の
形成と展開

(a) 戦前の状況　わが国の資本主義は，西欧に比べて 100 年近く遅れて出発した。そのため労働運動の展開や労働者保護立法の制定も遅れ，しかも変則的な発展を示すことになった。

　わが国の本格的な労働運動は明治 30 年代（1890 年代後半）に始まったが，それは当時制定された治安警察法（1900 年）などにより徹底して弾圧された。大正年代には，労働総同盟のような全国組織が結成され，労働争議も多発したが，結局は戦時体制への移行に伴って労働運動は消滅した。一方，労働者保護立法に関しても，1911（明治 44）年に至ってようやく工場法が制定されたが，内容的には低水準のものであった。その後，ソーシャル・ダンピングについての国際的非難もあって工場法の改正がなされ（1923 年），商店法の制定や，災害扶助制度，職業紹介制度の整備もなされたが，結局，成年男子労働者を含む一般的な労働者保護立法の制定はなされないまま，戦時体制に移行した。

　Column②　戦前の大学と「労働法」　〰〰〰〰〰〰〰〰〰

　　わが国で「労働法」の言葉が用いられるようになったのは，ドイツの影響もあって比較的早い。戦前の大学では，1920（大正 9）年に東京帝国大学で末弘厳太郎が「労働法制」という名称の講義を開始し，

24年には東京商科大学（現在の一橋大学）で，孫田秀春がはじめて「労働法」の名称による講義を開講した。しかし，当時，「労働法」は労働運動を想起させるものとして危険視され，現に，孫田が開講した「労働法」は，ほどなくして閉講に追い込まれた。

(b) **戦後・労働法の形成と展開**　わが国における労働法の本格的な形成と発展は，第2次世界大戦後に始まった。終戦直後には早くも労働運動が復活し，1945年12月には，日本社会の民主化という当時の占領政策を反映して（旧）労働組合法が制定され，公務員を含む労働者の団結権や争議権について規定した（同法は1949年に全面改正され，現行の労働組合法となった）。次いで1946年には労働争議の調整などについて定めた労働関係調整法が制定され，1947年5月に施行された日本国憲法は，団結権などの労働者の基本的権利（後述する労働基本権）を保障した。しかし，その後の占領政策の転換に伴い，公務員と，公務員から移行した国鉄，専売，電電の3公社の職員は，労組法の適用を外されて国家公務員法や公共企業体等労働関係法（その後の変遷を経て現在の行政執行法人労働関係法）などの適用下に置かれ，争議行為が全面的に禁止されるなど，法律による労働基本権の制約がもたらされた（本章 **3** 参照）。

　一方，労働条件保護に関しては，1947年に，原則としてすべての労働者に適用される労働基準法が制定され，同時に同法が定める災害補償責任を保険制度によりカバーするための労働者災害補償保険法が制定された。また，同じ47年には職業安定法と失業保険法が制定され，さらに当時の雇用情勢に対処するための失業対策制度が整備された。こうして多くの労働関係立法が制定・整備され，労働法の研究・教育体制も整ったことにより，わが国でも，労働法はようやく独自の法分野として確立するに至った。

　その後の労働法の発展にとってとくに重要な役割を果たしたもの

が，労働運動の展開である。終戦直後の生産管理（経営者による経営支配を排除し，労働組合が経営の管理を行うというもの）を含む激しい労働運動に続き，1950年代には「春闘」（春期賃金闘争）が開始されたほか，三井三池炭鉱争議などの大規模な労働争議が続発した。1960年代から70年代にかけての春闘では毎年のようにストライキが繰り返され，法律によって争議行為が禁止された公務員や公社職員の組合によるスト権奪還闘争も大きく盛り上がった。それに合わせて集団的労働関係をめぐるおびただしい数の学説や裁判例が現れ，この時期，労働法はまさに労働運動とともに発展したといえる。

　他方で，労働条件保護に関しては，じん肺法などの安全衛生法令の整備や最低賃金法の制定（1959年）などがなされ，72年には，それまでの労基法42条以下の規定に代わって労働安全衛生法が独立した法律として制定された。雇用保障に関しても，職業訓練法の制定（1958年）に続き，1960年代以降は，当時の高度経済成長を背景として，雇用対策法（1966年）をはじめとする雇用保障法制の整備がなされ，74年には失業保険法が雇用保険法へと改正され，失業保険給付制度に加えて各種の雇用対策事業が導入された。

　(c)　**労働法の変容**　　このように展開してきたわが国の労働法は，とりわけ1970年代後半以降，大きく変容することになった。

　まず，1975年に，国鉄などの組合がスト権回復を目的として8日間にわたって実施したいわゆる「スト権スト」の挫折を境として，わが国の労働運動はかつてのような華やかさを失い，毎年の春闘では連続して労働側の敗北がいわれるようになった。この間，上記の3公社の民営化や，労働組合全国中央組織の再編による連合（日本労働組合総連合会）の結成などの動きはあったものの，労働運動が労働法の動向に及ぼす影響力は大きく後退した。

　他方で，とりわけ1980年代以降，社会・経済環境や雇用情勢の変化，労働力構造の変化，雇用・就業形態の多様化，企業における

新たな人事処遇制度の展開などの事情を背景として，労働条件や雇用保障に関する多くの法令が制定・改正され，それによって労働法の様相は大きな変貌を遂げた。たとえば，1985年には男女雇用機会均等法と労働者派遣法が制定され，職業訓練法は職業能力開発促進法となった。87年には労基法の労働時間関係規定が改正され，その後も育児休業法（95年の改正により，育児介護休業法となった），パートタイム労働法，時短促進法などが制定された。90年代後半には，政府による規制緩和政策の結果として，労働基準法，職業安定法，労働者派遣法が相次いで改正されたほか，男女雇用機会均等法の改正，高年齢者雇用や障害者雇用に関する法改正，深刻な経済不況に伴う雇用対策法令の改正がなされ，商法改正による会社分割制度の導入に伴い，労働契約承継法が制定された。さらに2003年には，小泉内閣による規制改革政策の一環として，労働基準法，労働者派遣法などの再改正がなされた。

　高齢化とともに，少子化対策もまた重要な課題となっており，2007年には「仕事と生活の調和（ワーク・ライフ・バランス）憲章」と「仕事と生活の調和推進のための行動指針」が策定され，子育てのための環境整備が重要な政策の1つとなっている。さらに，2004年には，いわゆる司法制度改革の一環として，労働紛争解決のための労働審判法が制定され，2006年には男女雇用機会均等法の再度の改正，2007年には最低賃金法の改正と労働契約法の制定，2008年の労働基準法改正と続き，2012年には労働者派遣法と労働契約法の重要な改正がなされるなど，近年の労働法制の動向には注目すべきものがある。

　また，この間に2011年に発生した東日本大震災は，労働法の分野においても，多くの重要な課題をもたらすことになった（章末の参考文献を参照）。

(a) **主要な法改正** 第2次安倍内閣による相次ぐ戦略的政策の設定とその展開は，近年の労働政策や労働法制にも大きな影響を及ぼした。具体的には，2014年6月の閣議決定「日本再興戦略（改訂）」では，「女性の活躍推進」，「働き方の改革」，「外国人材の活用」などが政策目的として掲げられ，そのことが2015年の女性活躍推進法の制定や，2016年の育児介護休業法の改正と労働者派遣法の大幅改正につながった。

しかし，2015年2月の労働政策審議会建議に沿って同年4月に国会に提出された労働基準法改正案は，フレックスタイム制の要件緩和，裁量労働制の対象業務拡大，労働時間規制の適用除外を意味する「高度プロフェッショナル制度」の導入などを内容とするものであったが，審議未了のまま継続審議となるなど，法改正がすべて政府の思惑どおりに進んだわけではない。

(b) **「働き方改革」関連法の成立** 2016年以降，「働き方改革」をめぐる動きが本格化することになった。

まず，2016年6月2日の閣議決定「ニッポン一億総活躍プラン」と「日本再興戦略2016」がともに「働き方改革」に言及し，同年9月には首相官邸に「働き方改革実現会議」が設置され，翌年3月28日には同会議において「働き方改革実行計画」が決定された。

「働き方改革」の具体的内容として，まず「仕事と生活の調和」については，2016年9月，厚労省に「仕事と生活の調和のための時間外労働の規制に関する検討会」が置かれ，翌年3月に経団連と連合のトップ会談の結果，月あたりの延長時間の上限は休日労働を含めて100時間未満とすることで合意したことを承けて，6月5日には労働政策審議会が「時間外労働の上限規制等について（建議）」を厚生労働大臣に提出し，法改正の方向性が明らかとなった。

「働き方改革」のもう1つの内容である「同一労働同一賃金」の実現に関しては，前記「働き方改革実現会議」において検討され，

2016年12月20日の会議には，行政指導を想定した「同一労働同一賃金ガイドライン案」が提出された。さらに翌年の6月16日には，厚労省の労働政策審議会が「同一労働同一賃金に関する法整備について（建議）」を厚生労働大臣に提出し，法整備に向けた作業が本格化することになった。

2017年9月には，関係法律の一括改正を内容とする「働き方改革を推進するための関係法律の整備に関する法律案」が労働政策審議会に諮問されたが，その直後の衆議院の解散・総選挙のため法案の国会提出は遅れ，ようやく翌年の4月6日に国会提出の運びとなった。その後も法案の審議には曲折があったが，2019年6月29日に法案を一部修正のうえ可決成立し，7月6日に公布された。

(c) 「働き方改革」関連法の内容　　このたびの「働き方改革」関連法は多岐にわたるが，その目的・内容は，次の3つに整理することができる。

第1に，「働き方改革の総合的かつ継続的な推進」であり，そのために，これまでの雇用対策法を「労働施策の総合的な推進並びに労働者の雇用の安定及び職業生活の充実等に関する法律」に名称変更し，働き方改革を総合的に推進するために，国が講ずべき施策を拡大し，合わせて事業主の責務に「職業生活の充実」に対応したものを加えることにした。

第2に，「長時間労働の是正，多様で柔軟な働き方の実現等」であり，労働基準法の改正により，時間外労働の上限規制が強化され，一定日数の年休の確実な取得が定められたほか，弾力的労働時間制度として「高度プロフェッショナル制度」が新設された。その他，労働安全衛生法の改正により，使用者による労働時間把握義務や産業医の産業保健機能の強化が図られた。

第3に，「雇用形態にかかわらない公正な待遇の確保」であり，これまでのパートタイム労働法の対象に有期雇用労働者を加えて法

律の名称を「短時間労働者及び有期雇用労働者の雇用管理の改善等に関する法律」に改め、同法8条に労働契約法旧20条の規定を吸収・統合する形で正規・非正規社員の間の不合理な待遇を禁止するなどの改正がなされた。また、労働者派遣法の改正により、派遣労働者について、派遣先の労働者との均等・均衡処遇または一定条件を満たす労使協定に基づく処遇の選択という新たなルールが定められた。

　改正法のうち、労働基準法は2019年4月1日から、パートタイム・有期雇用労働法と労働者派遣法は2020年4月1日から施行された（中小企業については2021年4月1日より施行）。

2 労働法の対象と適用

労働法の対象と理念

　(a)　**労働法の対象**　上述した労働法の歴史からも明らかなように、労働法は、労働一般の法ではなく、あくまで人が他人に雇われて労働し、賃金を支払われるという関係（賃労働関係）を主たる対象として発展してきたものである。そして、そのような労働法の独自の対象を特定するために用いられたものが、従属労働の概念である。

　従属労働の概念は、最初ドイツにおいて提唱されたものであり（ドイツ語で abhängige Arbeit という）、労働法の独自の対象が従属労働であることでは大方の理解が一致したものの、その場合の従属ないし従属性の意味については多様な見解が提唱された。たとえば、労働者が生活するためにはいずれかの資本家・企業に雇われて働かざるをえないという意味での経済的従属性、労働者が使用者の指揮命令に従って労働することが義務づけられる（他人決定労働ともいう）という意味での人的従属性（そのことが法的にも承認されるという

意味で，法的従属性ともいう），労働者が企業組織に組み入れられて労働することに着目した組織的従属性などがそれである。

このような従属労働をめぐる議論に対しては，労働者と使用者は法的には自由・対等な立場にある以上，そこに従属という概念を持ち込むこと自体が矛盾しているとの批判もある。しかし，従属労働についての議論は，あくまで現実の労働関係が事実上の従属的関係にあることを前提として，そのことを労働法の対象を画定するための基準としようとするものであり，従属労働の意味についての見解の対立も，独立労働とは区別された従属労働をいかに積極的に定義づけるべきかをめぐる見解の相違として理解することができる。

(b) **労働者・使用者**　　以上のような，一般的な意味での従属労働の当事者である労働者および使用者と，個々の立法の適用対象としての労働者および使用者とは，区別して考える必要がある。労働法に関連した立法の多くは，労働者と使用者をその適用対象としているが，その意味や範囲はそれぞれの立法の趣旨や目的に応じて異なる。たとえば，労基法は，労働者が実際に就労していることを前提として，その場合の労働条件等について規制するために，「労働者」を事業に「使用される者」と定義づけ，他方で，そのような規制を遵守すべき「使用者」を事業主（企業など）のほか，「労働者に関する事項について，事業主のために行為をするすべての者」と定義づけている。一方，労組法は，「労働者」を労働基準法よりも広く定義づけており（3条），失業者を含むと解されているが，「使用者」についての定義規定はなく，他方で，使用者が団体交渉に応ずべき義務を負うのは，「雇用する労働者」の代表者（労働組合）である（7条2号）。また，労働契約法にいう労働者（2条1項）と使用者（2条2項）はあくまで労働契約の当事者についての定義規定である。

このように，個々の立法上の労働者と使用者は，決して画一的に定まるものではなく，いわば相対的に定まるものであるが，近年は，

とりわけ雇用・就労形態のいっそうの多様化や企業組織の変動など
を背景として，労働者や使用者の具体的該当性をめぐって，新たな
問題が生じている（第6章**3**・第9章**2**参照）。

(c) **労働法の理念**　労働法の特徴は，その対象だけでなく，そ
の理念についても認められる。労働法は，すでに見たように，個人
の自由・平等を基礎とする近代市民法原理の矛盾を背景とし，それ
を克服することを目的として登場したものである。そのために労働
法は，生存権や労働権という新たな理念を掲げて労働者に雇用や一
定水準の労働条件を保障するとともに，労働者に団結権を保障する
ことによって，労使が集団的なレベルで実質的に対等な関係に立つ
ことを期待している。また，使用者の無過失責任に基づく災害補償
制度や失業保険制度などを用意して，労働者とその家族の生活の確
保を図ってきた。その意味で，労働法は本来的には労働者保護のた
めの法としての性格を有するものである。

　しかし，労働法の理念は，単に労働者保護にとどまるものではな
い。社会・経済環境や労働実態の変化，社会的意識や行動様式の多
様化に伴い，現代の労働法においては，男女雇用平等や労働生活と
家庭生活の調和（ワーク・ライフ・バランス）のような新たな理念が
取り入れられ，定着するようになった（第3章・第4章参照）。

　同時に，これまでの労働者保護という理念が，現行法上どこまで
反映されているのかについての検証も必要である。もちろん，個々
の立法や制度は，そのときどきの国の政策や政治環境によって左右
されるものであり，その結果として労働者の雇用や権利が縮減され
ることもありうる。しかし，近年の政府の規制緩和・規制改革路線
に基づく立法政策の展開は，その反面で格差社会という新たな問題
を惹起することにもなった。

労働法の存在形式　　法の存在形式のことを法源というが，労働
法の法源には，他の法分野と比較して大き

な特徴がある。

　(a)　**制定法**　　労働法の主要な存在形式は制定法である。国会で制定された労働法に関連した法律は多数にのぼるが（後掲**図表 2-1** 参照），ほかに法律の委任を受けて制定される政令や省令（施行規則）がある。

　労働法における制定法は，労働者に対する権利保障や労働条件の最低基準の規制に関しては，公序ないしは強行法規としての性格を有している。しかし，労働法における制定法の役割はそれにとどまるものではない。制定法は，他面において，労使関係の制度的枠組みや労使間の利害調整方法について規定したうえで，実際に労使関係に適用される規範やルールについては個別的・集団的な労使自治を尊重するという，補充的・後見的な役割を果たしているのである。

　(b)　**自主的規範**　　労働法における法源の最大の特徴は，労使による自主的な規範の設定と，それが現実に果たす役割を立法自体が尊重し，さらに特別の法的効力を付与していることにある。その典型が，就業規則と労働協約である。

　ⅰ）就業規則　　近代における大規模工場のように多数の労働者を組織的に配置して共同作業を行う事業場では，そのための規律の保持や労働条件の統一的決定を目的として，使用者が工場規則や就業規則などの規則を制定することが普及した。しかし，当初の就業規則は，労働者がそれに違反した場合の制裁としての罰金制度と相まって，使用者が労働者を搾取し，低劣な労働条件を押しつけるための手段ともなった。そこで，19 世紀後半には各国で罰金制度を規制する立法が制定され（労基法 91 条は，そのような沿革を持つ規定である），さらに使用者に対して就業規則の作成と行政官庁への届出を義務づけることにより，それを労働条件の明確化と労働監督のための手段とするとともに，就業規則に労働条件の最低基準としての効力を付与することにより，それを労働者保護のために活用する

制度が採用された。わが国でも 1925 年の工場法施行令がそのような制度を導入し，それが戦後の労基法に引き継がれた（本章 **3** 参照）。

しかし，使用者に就業規則の作成を義務づけ，しかもその内容が広範囲に及ぶという法制度は，現在では少なくとも先進国の間では一般的なものではない。たとえばドイツでは，使用者が制定する就業規則に代えて労使の共同決定にかかる経営協定の制度が採用されており，フランスでは，就業規則の記載事項は職場規律と安全衛生の問題に限定されている。

ⅱ）労働協約　　労働法における自主的法規範の存在意義を象徴するものが，労働協約である。労働協約とは，団体交渉の結果として，労働組合と使用者またはその団体との間で締結され，労働条件基準や集団的労使関係ルールなどについて定めた文書のことをいう。それは最初，19 世紀末のヨーロッパで集団的労使紛争が終結する際に締結された一種の平和協定として普及し，その後次第にその内容が整備・拡充されていったものである。

労働協約は，その直接の当事者である労働組合と使用者またはその団体との間の関係について定めるだけでなく，それとは別個の法律関係である個々の労働者と使用者の間の労働契約の内容（労働条件）を直接規律することを目的とするものである点に大きな特徴がある。しかし，近代法の原則によれば，ある法律関係の当事者がそれとは別個の法律関係の内容を直接規律することは通常はありえない。そのため，そのような労働協約の労働契約に対する法的効力をめぐっては，19 世紀末から 20 世紀初頭にかけてのヨーロッパで活発な議論が展開された。その結果，1911 年のスイスの立法や 1918 年のドイツ労働協約法が，労働協約に対して労働条件基準に関する立法に類似した特別の効力（規範的効力）を認めることによってこの問題を解決し，それはわが国の労組法 16 条にも引き継がれた（第 19 章参照）。

ⅲ）労使慣行　　労働関係は，不断に変化し，展開していく継続的な関係であり，それを規律する規範やルールがすべて成文化されることは不可能である。そのような事実上の規範やルールと，成文化されたそれとの間隙を埋めるものが，事実上の労使間ルールとしての労使慣行である（労働慣行ともいう）。それは，法的な意味での慣習（民92条）や慣習法（法適用3条）である可能性もあるものの，むしろ労働法上の独自の自主的規範として，その固有の意義や要件，効力などについて検討する必要がある（第9章参照）。

(c)　**判　例**　　裁判所が下した法的判断のうち，先例としての価値を有するものを判例という（個別の裁判例を判例ということもある）。判例が独自の法源かどうかについては議論があるが，そのことを別としても，労働法において判例はきわめて重要な役割を果たしている。それは，労働法が対象とする労働関係自体が流動的で発展的な性格を有し，絶えず新たな問題を惹起しており，立法による対応には自ずと限界があるために，実際の問題処理については，いきおい具体的な労使紛争を対象として下される判例に依拠せざるをえないという事情による。また，労働法に関する判例は，実定法上の解釈規定が乏しいこともあって，公序良俗（民90条）や信義則（同1条2項），権利濫用（同条3項）などの一般規定に基づいた判断を下す傾向があり，その中には，解雇権濫用法理や安全配慮義務理論のように，一種の判例法と呼びうるものもある。2007年に制定された労働契約法は，そのうちのいくつかを立法に取り込んだものである。

労働法の適用

(a)　**労働法の適用領域**　　日本の労働法は，基本的には日本国内における労働関係に適用されることが予定されている（属地主義）。日本に所在地を有する事業であって，日本国内で労務給付がなされているかぎり，外資系企業や外国企業についても日本の労働法が適用される。また，日本国籍を有しない外国人労働者であっても，日本の事業に雇用され，

日本で就労する場合には，通常は日本の労働法が適用される。なお，海外出張などにより一時的に国外で労務が給付される場合には，日本における労務給付の延長上にあるものとして，日本の労働法が適用されると解される。

これに対して，日本の国籍を有する労働者であっても，外国の企業などに雇用され，労務給付も日本の国外でなされる場合には，日本の労働法は適用されない（訴訟管轄につき，第5章*2*参照）。

(b) **労働法の国際的適用**　企業活動の国際化やグローバル化に伴い，労働関係も国際化し，国際的な労働力移動も増大している。また，国際線航空機乗務員のように国境を越えて移動しながら就労している労働者も少なくない。このように，企業の所在地や労働者の国籍，労務給付地などが一致しない場合に生ずる問題が，準拠法，つまりいずれの国の労働法が適用されるのかという問題である。

この問題については，従来，準拠法について定めた「法例」という法律が適用されていたが，そのことに伴う不都合も多かったため，同法が定める原則を柔軟に解釈する判例が積み重ねられてきた。法例は2006年に全面改正され，「法の適用に関する通則法」となったが，その際，そのような判例の動向を踏まえ，労働契約の準拠法について特別規定を置いた。同法によれば，法律行為（契約）の成立および効力は，当事者が当該法律行為の当時に選択した地の法によることが原則であり（7条），そのような選択がないときは，当該法律行為に最も密接な関係がある地の法によることが原則である（8条1項）。しかし，労働契約については，労使間の交渉力の不均衡などに配慮してその原則を修正し，①労働契約の成立および効力について当該労働契約に最も密接な関係がある地の法以外の法が選択された場合であっても，労働者が当該労働契約に最も密接な関係がある地の法の中の特定の強行規定を適用すべき旨の意思を使用者に対して表示したときは，その強行法規をも適用し，②その場合には，

当該労働契約において労務を提供すべき地の法（それを特定できない場合には，雇入事業所の所在地の法）を当該労働契約に最も密接な関係がある地の法と推定し，③準拠法の選択がない場合には，労務を提供すべき地の法を当該労働契約に最も密接な関係がある地の法と推定することとした（12条）。

3 現行労働法制の概要

労働基本権

憲法27条と28条によって保障された，国民ないしは勤労者（労働者）の基本的人権を総称して，労働基本権という。憲法が保障する基本的人権は，一般に，国民の国家からの自由を保障した自由権的基本権と，国民が国家に対して生存の確保や給付を求めることができる生存権的基本権に大別されるが，労働基本権は，そのうちの生存権的基本権に属する。労働基本権は，次に見るように，労働権，労働条件基準法定原則，団結権から構成されるが，それらは同時に労働法の基本的理念をなすものでもあり，それらの下に多くの法令が制定されている（次頁図表2-1参照）。

労働権と雇用保障

(a) **労働権** 憲法27条1項は，「すべて国民は，勤労の権利を有し，義務を負ふ」と定め，勤労の権利，すなわち労働権を保障している。この労働権とは，文字どおり労働する権利を意味するのではなく，現代的な意味での労働権，つまり，国に対して労働の機会またはそれに代わる生活費の支給を求める権利として理解されている。このような意味での労働権は，1919年のドイツ・ワイマール憲法163条によりはじめて規定され，国際人権規約（A規約）6条でも「自由に選択し又は承諾する労働によって生計を立てる機会を得る権利」として定

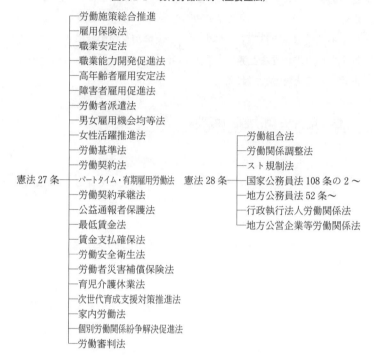

図表 2-1　現行労働法制（主要立法）

```
                ┌─労働施策総合推進
                ├─雇用保険法
                ├─職業安定法
                ├─職業能力開発促進法
                ├─高年齢者雇用安定法
                ├─障害者雇用促進法
                ├─労働者派遣法
                ├─男女雇用機会均等法
                ├─女性活躍推進法              ┌─労働組合法
                ├─労働基準法                  ├─労働関係調整法
                ├─労働契約法                  ├─スト規制法
憲法 27 条 ─────┼─パートタイム・有期雇用労働法  憲法 28 条 ┼─国家公務員法 108 条の 2 ～
                ├─労働契約承継法              ├─地方公務員法 52 条～
                ├─公益通報者保護法            ├─行政執行法人労働関係法
                ├─最低賃金法                  └─地方公営企業等労働関係法
                ├─賃金支払確保法
                ├─労働安全衛生法
                ├─労働者災害補償保険法
                ├─育児介護休業法
                ├─次世代育成支援対策推進法
                ├─家内労働法
                ├─個別労働関係紛争解決促進法
                └─労働審判法
```

められているものである。憲法 27 条 1 項は，それ自体としては国民に対して具体的な請求権までを認めたものではなく，あくまで国家の基本政策を定めたものという意味で「プログラム規定」にすぎないと解されているが，現在ではこの規定に基づいて雇用保障立法が整備され，労働権の具体化がなされている。

　◆勤労の義務　憲法 27 条 1 項は，勤労の権利とともに義務をも規定しているが，これは，憲法草案の審議過程において挿入されたものである。しかし，私有財産制を認める憲法の趣旨からして，これを「働かざる者，食うべからず」との社会主義的理念に基づき，利子や配当などのいわゆ

る不労所得を否定したものと解することはできず，また，労働しない者に対する強制労働を許容するものでもありえない。したがって，この規定は，あくまで道徳的・精神的な要請を宣言した規定と解するほかない。

(b) **雇用保障立法と労働市場法制**　わが国の雇用保障立法は，終戦後の雇用情勢に対応するための失業対策立法に始まり，1960年代には，より積極的な雇用促進政策に転換した。当時のわが国における産業構造の転換と高度経済成長を支えた一因も，そのような雇用政策に基づく労働力の流動化とその需給調整にあったといえる。

1970年代後半になると，低成長時代を迎え，一方で特定の産業や地域における離職者対策が実施されるとともに，他方で企業による雇用調整に対処するため，さまざまな雇用対策事業が実施され，職業転換を容易にするための職業能力の開発にも政策の重点が置かれるようになった。そして80年代には，労働者派遣法の制定など労働力需給システムという観点からの制度整備がなされ，90年代後半以降は労働市場の活性化・柔軟化という視点からの抜本的な制度改正がなされたことにより，雇用をめぐる政策は新たな段階を迎えた。さらに，今後の少子・高齢化社会への対応とともに，青少年，高年齢者，女性，障害者，外国人労働者の雇用対策や地域的な雇用構造の改善を目的として，2007年には雇用対策法が大幅に改正された。その後は，2008年9月のリーマン・ショック以降の不況対策や2011年3月の東日本大震災に伴う雇用対策が採られたほか，労働者派遣法については，その根本的な性格を転換する方向での法改正がなされた（第8章参照）。

┌─────────────────────┐
│ **労働条件基準法定原則** │
└─────────────────────┘
　憲法27条2項は，「賃金，就業時間，休息その他の勤労条件に関する基準は，法律でこれを定める」と規定し，勤労条件（労働条件）の基準が法律によって定められることを保障している。このことは，すでに述べた労働者保護立法の歴史的経緯を踏まえ，法律による労働条件基準の規

制を，単なる恩恵としてではなく，労働者の国家に対する積極的な権利として規定したものである。労働関係が一種の契約関係であり，その内容である労働条件は，近代法の原則である契約自由の原則によるかぎり，労使間の自由な合意によって取り決められるべきものであることからすれば，憲法27条2項は，憲法自体がそのような近代法の原則に対する重大な例外を定めたことを意味する。

　ただし，この場合の労働条件の基準とは，通常はそれを下回ることができないという意味での最低基準のことであって，実際の労働条件はそれを超えて取り決められるべきことが期待されている。また，立法によってすべての労働条件の基準について定めることは不可能であり，実際にも，配転や転籍など，具体的な基準が定められていない労働条件は少なくない。

Column③　児童の酷使の禁止

　憲法27条3項は，児童の酷使の禁止について規定している。これは，児童がとくに労働関係において酷使されてきたという歴史的経緯を踏まえたものである。たとえば，かつて炭鉱労働にかり出された児童は炭塵のために肺を冒されて早死にし，工場労働に従事した児童は長時間労働によって健康を害したり，機械に巻き込まれて命を落としたりすることもまれではなかった。

　児童の酷使は，わが国ではほとんど過去のものとなった感があるが，世界的にはいまなお深刻な問題である。ILOの1990年代の調査によれば，劣悪な環境の下で労働に従事している児童（5〜14歳）は，アジア，アフリカ，中南米を中心に2億5000万人にも達していた。そのためILOは，1999年に児童労働の撲滅のために第182号条約（わが国は2001年に批准した）と第190号勧告を採択した。もとより，児童は，労働関係のみならず，あらゆる場面において保護されるべきものであり，国連は児童の全般的な保護のための「児童の権利に関する条約」を採択しており，わが国も1994年にそれを批准した。

　憲法 27 条 2 項に基づいて，現在では労働条件基準に関する多くの法令が制定されており，そのうち最も基本的な法律が労働基準法（労基法）である。労基法が定める個別の労働条件基準については本書の関係箇所で取り上げられるので，ここでは労基法の基本的な仕組みについて触れておくことにする。

　(a)　**労基法の理念と適用対象**　　労基法はその冒頭で，「労働条件は，労働者が人たるに値する生活を営むための必要を充たすべきものでなければならない」（1 条 1 項）と宣言し，生存権の理念を反映した労働条件基準の意義を明らかにしたうえ，同法が定める労働条件基準はあくまで最低のものであり，労使は，むしろその向上に努めるべきことを定めている（同条 2 項）。

　労基法は，原則として国内のすべての事業および労働者（9 条）に適用されるが，「同居の親族のみを使用する事業及び家事使用人」には適用されず（116 条 2 項），船員についても一部の規定が適用されない（同条 1 項）。

　◆**公務員への適用関係**　労基法は国家公務員には適用されず（国公附則 16 条。なお，国公第 1 次改正法律附則 3 条は，暫定的に労基法が準用されることを定めているが，すでに法律や人事院規則が整備されているため，その可能性はほとんどない），地方公務員については原則として適用され，一部の規定が適用除外とされるが（地公 58 条 3 項），行政執行法人労働関係法が適用される職員には全面適用され（行執労 37 条 1 項），地方公営企業の職員（地公企 39 条 1 項）および特定地方独立行政法人の職員（地独法 53 条 1 項）には一部の規定を除いて適用される。

　労基法が適用される労働者とは，「事業又は事務所……に使用される者で，賃金を支払われる者をいう」（9 条）が（この労基法 9 条の定義は労安法 2 条，最賃法 2 条などでも援用され，労災保険法にいう労働者も同義だと解されている），「使用され」ていると認められるかぎり，正社員か非正規社員か，あるいはパートタイマーかを問わず，また，

国籍のいかんや労働契約が有効に成立しているかどうかにかかわらず，労働者に該当する。しかし，「使用され」ているかどうか（ないしは使用従属関係があるか否か）の評価基準についてはこれまで多くの議論があり，近年の雇用・就労形態の多様化に伴ってさらに新たな問題を生じている（第6章 *2*・第8章 *1*・第17章 *2* 参照）。

　◆**「事業又は事務所」**　労基法の適用単位としての「事業又は事務所」とは，工場や事務所，店舗などのように，「一定の場所において相関連する組織のもとに業として継続的に行われる作業の一体」をいい，必ずしも会社や企業などの事業組織の全体を指すものではない。それは原則として場所を基準に判断されるが，同一場所にあっても著しく労働の態様を異にする独立した部門が存在するときは，それぞれが1つの事業とされる。逆に，出張所や売店など，場所的に分散していても，規模が小さく独立性がないものは，それが属する上位の組織と一体の事業と認められる。なお，労基法の末尾にある「別表第1」は，事業を単位として適用される労基法規定の対象を特定するために，事業の種類を分類・列挙したものである。

　◆**労基法上の使用者**　労基法は，使用者に対して労働条件基準に関する多くの義務を課している。この場合の使用者とは，雇用関係の一方当事者である事業主にとどまらず，「経営担当者その他その事業の労働者に関する事項について，事業主のために行為をするすべての者」をいい（10条），場合によっては管理職や人事・労務担当者もこれに含まれる。使用者の意味をこのように広く定義づけたのは，実際に労働者を使用する者にも直接使用者としての義務を課すことにより，労基法が確実に守られるようにしたためである。ただし，管理職員らは「事業主のために行為する」かぎりにおいて「使用者」と評価されるのであって，事業主との関係ではあくまで労働者である（このことを「使用者概念の相対性」という。なお，労働契約上の使用者概念につき第6章 *4* 参照）。

　(b)　**労基法の内容**　　i）労働条件基準とその効力　　労基法の規定の多くは，労働条件の最低基準を定めたものであり（1条2項），その基準に達しない労働条件を定める労働契約の部分は無効となり，その部分は労基法が定める基準による（13条）。つまり，労基法を

下回る労働条件についての労働契約上の合意がなされたとしても，その効力は否定され，その部分は労基法が定める基準によって置き換えられることになる。逆に，労基法が定める基準を超える合意がなされた場合には，その法的効力には何ら影響はない。その意味で，労基法13条が定めた労基法の効力のことを片面的強行性ともいう。

◆**労働基準法と労働契約法**　労基法は，その第2章の標題を「労働契約」として，数か条の規定を置いている。しかし，そこに労働契約の一般的定義規定はなく，労働契約の成立やその際の合意内容のほか，契約期間の定めや契約終了に関する規定はあるものの，労働契約に関する一般的・基本的原則や，その当事者である労働者と使用者の具体的な権利・義務について定めているわけではない。労働契約に関する一般法の制定に関しては，古くから各国において検討され，それが実現した国もあるが，わが国では，2007年にようやく「労働契約法」が制定の運びとなった。しかし，同法は，その制定経緯からして，これまで労働契約に適用されてきた一般的な法原則と，すでに確立したとされる判例法理を条文化したにとどまり，新たな法原理や権利義務関係について定めたものではない。ところが，同法は，2012年の改正により有期労働契約の無期契約への転換が定められるなど（18条），新たな法的効果を伴うものとなり，その性格を大きく変化させることになった（第6章参照）。

ⅱ）労働憲章　　労基法第1章「総則」は，労基法上の最も基本的な原則や労働者の権利を定めている。まず，2条1項は労働条件の労使対等決定の原則を定めているが，これは，労使間の関係が契約関係であることを前提とした宣言的規定と解される。また，同条2項は，労使が労働協約，就業規則および労働契約を遵守すべきことを定めているが，これも一種の訓示規定である。

　次に，3条は，労働者の国籍，信条または社会的身分を理由とする労働条件の差別的取扱いの禁止を定めている。この場合の国籍には民族を含み，社会的身分とは，生来的か後天的かを問わず，自己の意思によっては逃れることのできない社会的な分類を意味する（第4章・第6章・第22章*3*参照）。

7条は，労働時間中の公民権行使の保障について定めたものである。この場合の「公民としての権利」とは，選挙権（選挙権・被選挙権），最高裁判事の国民審査などを意味し，「公の職務」には，各種議会議員，検察審査員，選挙立会人，労働審判員，裁判員，裁判所証人などが含まれるが，訴訟の提起（訴権の行使）は含まれない。なお，公民権行使のための時間については有給であることは強制されず，その取扱いは労使間の取決めに委ねられる。

ⅲ）封建的遺制の排除　　労基法が制定された当時は，戦前の前近代的な労働関係が依然として残っていたため，労基法はそれを排除するための規定を置いた。強制労働の禁止（5条），中間搾取の排除（6条），賠償予定の禁止（16条），前借金相殺の禁止（17条），強制貯金の禁止（18条1項。なお，同条2項以下は社内預金制度を採用する場合の条件について定めたものである），徒弟の弊害排除（69条）などの規定がそれである。また，かつて使用者が労働者の逃亡を監視するための手段となった事業場付属寄宿舎についても，労働者の私生活の自由や寄宿舎生活の自治が保障されている（94条以下）。

*Column*④　賠償予定の禁止

　第2次世界大戦前のわが国では，たとえば繊維産業における女工が雇用契約の締結に際して使用者から多額の借金をし（前借金は，通常はその親に渡される），それを働いて返す（賃金との相殺）ことを約束することにより，過酷な労働を強制されたり，使用者が労働者に支払う賃金を強制的に貯蓄金として預かり，女工が過酷な労働に耐えかねて逃亡したようなときは，その貯蓄金を契約違反に伴う賠償額の予定（民420条参照）として没収することが横行した。封建的遺制排除のための諸規定は，そのような強制労働や労働者の足止め策の原因となった悪弊を禁止したものである。

　現在では，そのような封建的遺制が直接問題となることはほとんどないが，労働者の訓練や研修などに要した費用の返還を取り決めることが，賠償予定の禁止（労基16条）に違反しないかどうかが問題となることがある（第12章 *Column*㉕ 参照）。

(c) **就業規則**　ⅰ）就業規則の作成　「常時 10 人以上の労働者を使用する使用者」は，就業規則の作成が義務づけられる（労基89 条）。この場合の「常時」とは「常に」ではなく，「通常の状態として」との意味であり，「労働者」とは，上述したような労基法 9 条で定義づけられた労働者のことをいう。また，就業規則の作成は，事業場（上述した事業または事務所と同義）が単位となる。

　就業規則は，労基法が定める記載事項について定めたものであるかぎり，その形式や名称は問題とならない。基本的な事項を定める規則のほか，個別の事項について別規則を定めることもできるが，それらも就業規則としての作成手続や届出義務に服する。

　就業規則の作成・変更に当たっては，使用者は，当該事業場に労働者の過半数で組織する労働組合がある場合にはその労働組合（過半数組合），それがない場合には労働者の過半数を代表する者（過半数代表者）の意見を聴かなければならない（労基 90 条 1 項。なお，短時間労働者・有期雇用労働者を対象とする就業規則の意見聴取につき，パート・有期労働法 7 条参照）。このことは，就業規則の作成・変更を民主的なものにしようとするためのものであるが，それはあくまで意見聴取にとどまり，たとえ反対の意見が表明されても，就業規則の効力には影響がないと解されている。

　ⅱ）就業規則の記載事項　労基法 89 条は，就業規則に記載すべき事項として詳細なリストを定めている。このうち，1 号ないし3 号に掲げられた事項は，就業規則に必ず記載しなければならないものであり（1 号の就業時転換に関する事項を除く），絶対的必要記載事項という。なお，3 号の「退職に関する事項」にいう「退職」とは，カッコ書きで「解雇の事由」を含むとされているが，そのほかにも広く労働関係の終了を意味し，労働者の自発的退職や定年退職をも含むと解されている。

　これに対して，3 号の 2 から 10 号までの事項は，必ず記載しな

ければならない事項ではないが，それらに関する定めをする場合には就業規則に記載しなければならないものであり，相対的必要記載事項という。とくに 10 号は，9 号までに掲げる事項のほかにも「当該事業場の労働者のすべてに適用される定め」に関する事項（たとえば人事や休職制度，福利厚生に関する事項など）を就業規則に記載することを要請していることから，実際に就業規則に記載される内容は相当に広範なものとなる。

　以上とは逆に，労基法上は就業規則への記載が禁止される事項については格別定められておらず，上記以外の事項の記載は，法令に違反しないかぎり使用者の自由である（任意的記載事項）。

　ⅲ）就業規則の届出・周知　　使用者は，作成・変更した就業規則を行政官庁（労働基準監督署長）に届け出なければならず（89条），その場合には，過半数組合または過半数代表者の意見を記した書面を添付する必要がある（90条2項）。就業規則は，法令または当該事業場について適用される労働協約に反してはならず（92条1項），行政官庁は，法令または労働協約に抵触する就業規則の変更を命ずることができる（同条2項）。使用者はまた，作成・変更した就業規則を労働者に周知させなければならない（106条1項）。周知の方法としては，作業場の見やすい場所への掲示や備え付けのほか，書面（コピー）の交付，情報機器の利用（ホームページへの掲載など）も可能である。

　ⅳ）就業規則の効力　　就業規則の法的効力に関しては，旧労基法 93 条が就業規則の定める労働条件を労働契約の最低基準とする旨を定めていたが，2007 年の労働契約法制定に伴い，それは同法12 条に移された。また，就業規則には，判例により，労働契約内容を形成し，さらには労働条件を労働者の不利益に変更する効力が認められてきたが，そのような効力についても労働契約法によって明文化された（詳しくは，第 9 章で取り上げる）。

◆**手続的要件を欠く就業規則の効力**　労基法が要求する手続的要件（意見聴取，届出，周知）を満たさない就業規則の効力をめぐっては，いずれも効力要件ではないとする見解や，周知については効力要件と解する見解などが対立してきた。しかし，労働契約法 12 条は，就業規則を労働条件の最低基準とすることで労働者を保護するための規定であるから，そのような効力の要件を厳格に解することは妥当でなく，届出または周知によって就業規則の存在・内容が明確になった後は，労働者はその最低基準としての効果を主張できると考えられる。それに対して，労基法が求める意見聴取・届出・周知の要件を満たさないかぎり，就業規則作成者である使用者は自己の有利に当該就業規則を援用できないと解すべきである。就業規則に法的規範としての効力が認められるためには周知の手続がとられている必要があるとした判例として，フジ興産事件・最高裁判決（最 2 小判平 15・10・10 労判 861 号 5 頁）があるが，これは，使用者が懲戒処分の根拠として就業規則規定を援用した場合に，その周知がなされていなかったという事案であり，逆に，労働者が自己に有利に就業規則を援用する場合には，何らかの形で労働者が就業規則の内容を知りうる状態にあれば足りると解すべきであろう。

(d)　**労使協定・労使委員会制度**　　労基法は，同法が定める労働基準の原則に対する例外を許容する場合に，使用者と過半数組合または過半数代表者との間の書面による協定の締結を条件とすることがある（18 条 2 項・24 条 1 項ただし書きのほか，第 4 章に多くの規定がある）。この書面による協定のことを労基法上の協定または労使協定といい，就業規則と同様，使用者には周知義務がある（106 条 1 項）。ちなみに，この労使協定の制度は現在では労基法以外の法律でも採用され，労使協定のほかにも過半数組合や過半数代表者の任務が拡大されていることから，それらの制度を総称して過半数代表制と呼ぶことが一般化している（第 19 章 **2** 参照）。

また，1998 年の労基法改正による専門業務型裁量労働制の採用に伴って導入されたものが，労使同数で構成される労使委員会の仕組みであり，同制度の実施のためには委員の 5 分の 4 以上の決議を

要する（第14章**4**参照）。労使委員会は，より広く事業場の労働条件について意見を述べることを任務とするものであり，労使協定に代わる決議をすることもできる。労使委員会の制度は，2019年に新たに導入された高度プロフェッショナル制度についても適用される（第14章**5**参照）。

(e)　**実効性確保措置**　　労基法が定める労働条件基準は，労働者の健康や生命，家族の生活などに直接関わるものであるため，いかにしてそれを使用者に実際に守らせるかが重要な意味を持つ。そのため，労基法は，上述のように，同法の定める労働条件基準を労働者が最低限の労働契約上の権利として主張できることにしたほか，労働条件基準に関する規定の遵守を罰則によって強制している（117条以下。労基法に違反した者が事業主のために行為した従業者である場合には，121条の両罰規定により，事業主に対しても罰金刑が科される）。また，一定の賃金や手当の不払いについては，労働者の請求により，裁判所が不払額と同一額の支払いを使用者に命ずるという，付加金の制度もある（114条）。さらに労基法は，労働基準監督制度を設け，行政的監督を通じた実効性確保を図っている。

(f)　**労働基準監督制度**　　労働基準監督機関としては，厚生労働省の内部組織として労働基準主管局，都道府県労働局，各地の労働基準監督署がある。実際に労働基準監督の任務に当たるのが労働基準監督官であり，独自の試験によって採用され，特別の身分保障がなされる（労基97条3項・5項）。労働基準監督官は，その任務の遂行のため，臨検や書類提出要求，尋問を行い（101条），労使に対して報告や出頭を命ずることができるほか，司法警察官としての職務権限（102条）や，寄宿舎の使用停止処分（96条の3・103条）の権限を有する。しかし，労働基準監督官の数にも限りがあり，所轄するすべての事業場に常に目を光らせることは事実上困難でもある。そのため，労基法はとくに労働者による申告に期待し，労働者が申告

したことを理由とする不利益取扱いを禁止している（104条）。

　また，労働監督行政は全国一元的になされる必要があるため，厚生労働省は各種の内部通達（通達の略号につき，本書の凡例を参照）により法令の解釈を示しているが（いわゆる行政解釈），それはとくに労基法の分野において大きな役割を果たしている。

団結権保障

(a)　団結権保障の意義と効果　憲法28条は，「勤労者の団結する権利及び団体交渉その他の団体行動をする権利」を保障している。この規定は，文字どおりとらえれば団結権と団体交渉権を含む団体行動権を保障したものであるが，団体行動権を争議権と同義と解し，団結権，団体交渉権，争議権のいわゆる労働3権を保障したものとの理解が定着しており，また，憲法28条は全体として団結権（広義の団結権）を保障したものとされることもある。

　憲法28条は，すでに述べたような歴史的経緯を踏まえ，団結権を労働者の積極的権利として保障したものである。その結果，第1に，労働者の団結とその行動は，そのような団結権の行使と認められるかぎり，もはや処罰されることはなく（刑事免責。労組1条2項），警察や行政による取締りの対象となることもない。むしろ，団結権の保障はそれ自体が公の秩序（民90条）であるだけでなく，国家による積極的な保護・助成の対象となるのであり，そのことが具体化されたものが不当労働行為制度である（第18章*1*参照）。

　団結権の保障は，第2に，集団的労使自治，つまり労使による団体交渉と，その結果としての労働協約を通じた集団的・自主的なルール形成とその尊重が，憲法上の要請であることを意味する。そのため，労働協約には労働関係上の問題を規律する特別の法的効力が認められる（第19章参照）。

　第3に，団結権の保障は，国家に対する関係にとどまらず，使用者や第三者との関係でも法的効果を有する。このことは，いわゆる

憲法の第三者効として，ドイツ・ワイマール憲法以来認められてきたものである。その結果，使用者は憲法28条に基づいて，団結承認義務，団交応諾義務，争議行為による損害の受忍義務を負い（民事免責。労組8条），労使関係の部外者もまた，争議行為による損害を受忍すべきことになる。

第4として，団結権の保障は，労働者団結の自主性を不可欠の前提とするものであり，そのため，団結の運営については，その内部自治（団結自治）と民主性が強く要請される（第17章参照）。

(b) **法律の適用関係**　現在，集団的労働関係についての法律の適用関係は**図表2-2**のようになっており，法律の内容もそれぞれ異なっている。

これらの法律のうち，労働組合法は，広く民間の集団的労働関係に適用される法律であり，労働者による労働組合結成とその運営，労働組合と使用者との間の団体交渉や労働協約，争議行為など，集団的労働関係について定めており，労調法は，労働争議の調整などについて定めた法律である。

また，1949年には，下記のような国家公務員法の改正に合わせて国鉄および専売公社が国の組織から切り離されて公共企業体（公社）となり，集団的労働関係については「公共企業体労働関係法」が適用されたが，その後の法改正により，同法にはさらに1公社（電電公社）と5つの国営企業（郵政，林野，印刷，造幣，アルコール専売）が適用対象に加えられて「公共企業体等労働関係法」となった（3公社5現業体制）。さらに，1980年代には，3公社の民営化に伴い，同法は「国営企業労働関係法」となり，その後の特定独立行政法人の設立や郵政民営化などの変遷に伴い，同法の名称と適用対象はめまぐるしく変更され，現在は，行政執行法人を対象とする「行政執行法人労働関係法」となった。

(c) **公務員の労働基本権制限**　現在，国家公務員と地方公務員，

図表 2-2　集団的労働関係・適用法令

適用法令	①民間労働者（②〜⑤以外の労働者）	②一般職国家公務員（③を除く）	③行政執行法人職員	④一般職地方公務員（⑤を除く）	⑤地方公営企業・特定地方独立行政法人職員、単純労務者
	労働組合法　労働関係調整法	国家公務員法	行政執行法人労働関係法（労働組合法、労働関係調整法）	地方公務員法	地方公営企業等労働関係法（労働組合法、労働関係調整法）
団結権	○	×：警察官・監獄職員登録団体制度	○	×：警察官・消防士登録団体制度	○
団体交渉権	○	△：登録団体との「交渉」	○	△：登録団体との「交渉」	○
労働協約締結権	○	×	○（一部に制限あり）	×（書面による協定の締結が可能）	○（一部に制限あり）
争議権	○	×（違反の制裁：身分保障喪失・あおり行為等処罰）	×（違反の制裁：解雇；罰則なし）	×（違反の制裁：身分保障喪失・あおり行為等処罰）	×（違反の制裁：解雇；罰則なし）
不当労働行為制度適用	○	×	○	×	○
争議・紛争調整制度	○	×	○（強制仲裁制度あり）	×	○（強制仲裁制度あり）

公務員としての身分を有する行政執行法人等の職員の労働基本権については，法律によって民間の労働者にはないさまざまな制約が加えられている（**図表2-2**）。これは，1948年に当時の占領政策が転換したことに基づく法改正に由来するものであるが，そのような立法による労働基本権制限をめぐってかつて活発な議論のあったものが，立法による争議行為禁止の合憲性の問題である。

　この問題について，最高裁は当初，公共の福祉や公務員の全体の奉仕者としての性格を根拠として，官公労働者の争議行為禁止は憲法には違反しないと判断した（国鉄弘前機関区事件・最大判昭28・4・8刑集7巻4号775頁，国鉄檜山丸事件・最2小判昭38・3・15刑集17巻2号23頁）。しかし，それは学説による強い批判を受け，1960年代後半になると，最高裁は，労働基本権は官公労働者についても最大限尊重されるべきであるとの立場から，法律上の争議行為禁止は，その趣旨を制限的に解釈することによってはじめて合憲性が維持されるとの限定解釈論を採用した（全逓東京中郵事件・最大判昭41・10・26刑集20巻8号901頁，都教組事件・最大判昭44・4・2刑集23巻5号305頁）。ところが，その後ほどなくして，最高裁は，国民全体の共同利益などを根拠に，争議行為禁止は当然に合憲であるとの判断に再転換し（全農林警職法事件・最大判昭48・4・25刑集27巻4号547頁，全逓名古屋中郵事件・最大判昭52・5・4刑集31巻3号182頁），それが現在まで判例として引き継がれている。

　しかし，かつては法律上争議行為が禁止されていた国鉄・電電・専売の3公社の職員については民営化に伴って争議権が全面的に回復され，その後，非特定の独立行政法人に移行した職員や，2007年の郵政民営化により身分変更となった郵政職員についても同様である。このことは，最高法規であるはずの憲法による労働基本権の保障が，事実上立法政策のいかんによって左右されたことを意味する。

(d) **労働委員会**　　労働委員会は，労組法に基づき，集団的労働関係に関する法的問題を処理するために設置された行政機関である（労組 19 条以下）。労働委員会には，厚生労働大臣の所轄の下に置かれる全国レベルの中央労働委員会（中労委）と，各都道府県知事の所轄の下に置かれる都道府県労働委員会（都道府県労委。2004 年 12 月までは地方労働委員会）がある。船員については，別に船員中央労働委員会と船員地方労働委員会があったが，2008 年に廃止された。

労働委員会の特徴は，労働者委員，使用者委員，公益委員それぞれ同数の三者によって構成されることにある。労使間の利害の対立する問題を，労使の代表が関与することにより適切に処理することがその目的である。また，中労委には，もっぱら行執労法が適用される行政執行法人の問題を扱うため，行政執行法人担当公益委員と地方調整委員が置かれている。

労働委員会の任務は，労働者の団結権擁護と労働関係の公正な調整を図ることであり，具体的には不当労働行為の救済（労組 27 条以下）と労働争議の調整（労調法）が主たるものである。

労働委員会は，行政組織の一環として位置づけられるが，他の行政組織からは独立した行政委員会の一種である。中労委には独自の規則制定権が認められ（労組 26 条 1 項），それに基づいて制定された労働委員会規則は，労働委員会の運営や不当労働行為の審査手続について定めている（2004 年の労組法改正により，都道府県労委にも部分的に規則制定権が認められた。同条 2 項）。

★ **参考文献**————
労働法の歴史については，小川政亮＝蓼沼謙一編『岩波講座現代法第 10　現代法と労働』（岩波書店）。**国際労働法については，**中山和久『教材・国際労働法』（三省堂）。**労働法の基本的概念や適用については，**『講座　労働法の再生　1　労働法の基礎理論』（日本評論社）。**公務員の労働基本権については，**『労働基本権——4・2

判決の 20 年』（法律時報臨時増刊 61 巻 11 号）。東日本大震災と労働法の関係については，多くの雑誌が特集号を組み（ジュリスト 1434 号，法律時報 84 巻 6 号・85 巻 5 号，労働法律旬報 1744 号・1763 号，季刊労働法 235 号，日本労働研究雑誌 622 号），日本労働法学会においてもシンポジウムで取り上げられた（日本労働法学会誌 120 号）。

II 労働法のダイナミックス

　第2次世界大戦前にも工場法などの法規制はあったが，現在の労働法制の中心をなしている法律ができたのはほぼ戦後のことである。したがって，民法や刑法などに比べると労働法の歴史は決して古くない。ところが，この間に社会経済の変化に応じて，労働法の背景をなす労働関係は大いに変化し，ときどきの雇用政策や労働法制そのものもダイナミックに変化している。人口の高齢化，サービス経済化，家族生活の変化などに対応して，とくに，女性の労働市場への進出傾向は著しい。男女共同参画社会の形成は21世紀日本の最重要課題といわれているだけに，かつての労働法のモデルであった男性正社員の権利のみならず，女性労働者や非正社員の権利に焦点をあてた労働法理論の構築が期待される。

第3章 労働法の新たな地平

労働法をとりまく環境は，近年，大きく変化しており，それに対応して，労働法そのものも変容を迫られている。ここでは，労働法をとりまく諸条件の変化を分析しながら，近年浮上してきた新たな労働法の課題について検討する。

1 労働をとりまく諸条件の変化

労働力構造の変化と少子化

労働法が対象とする労働そのものの変化はダイナミックである。産業構造が大きく変化したことに伴って（**図表3-1**），労働の重点も，工場労働からサービス労働へと移動してきた。労働者の「ホワイトカラー化」である。情報化は労働のあり方を大きく変化させ，コンピュータを操作する労働が普通になった。他人と関わるより，単調で孤立した労働が増えたことにより，労働者の肉体的負担は減ったかもしれないが，新たなストレスや眼精疲労が増えたともいわれている。

人口構造の変化は激しく，少子・高齢化が進行し，労働力不足も現実化している（**図表3-2**）。日本の出生率は1970年代後半から，人口置換水準（親の世代と子の世代の人口が1対1で置き換わる出生率の水準：出生率の人口置換水準は2.07〜2.08といわれている）を割ってい

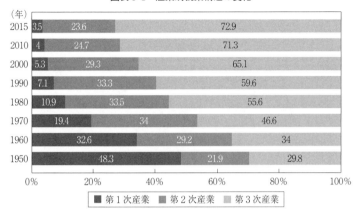

図表 3-1　産業別就業構造の変化

(年)

年	第1次産業	第2次産業	第3次産業
2015	3.5	23.6	72.9
2010	4	24.7	71.3
2000	5.3	29.3	65.1
1990	7.1	33.3	59.6
1980	10.9	33.5	55.6
1970	19.4	34	46.6
1960	32.6	29.2	34
1950	48.3	21.9	29.8

■ 第1次産業　■ 第2次産業　■ 第3次産業

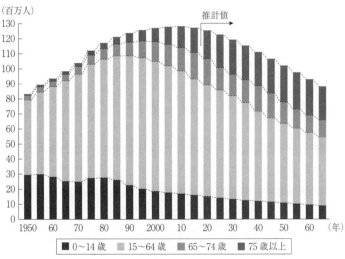

図表 3-2　年齢別人口推計の推移

(百万人)

推計値 →

■ 0〜14 歳　■ 15〜64 歳　■ 65〜74 歳　■ 75 歳以上

資料：総務省「国勢調査」，国立社会保障・人口問題研究所「日本の将来推計人口」
　　　（平成 29 年推計）
(注) 1. 2016 年以降は，将来推計人口は，出生中位（死亡中位）推計による。
　　 2. 2015 年までは総務省「国勢調査」（年齢不詳をあん分した人口）による。
　　　　　　　　　　　　　　　　　　　　　　　（「中小企業白書 2019 年版」より）

図表 3-3　女性の年齢階級別労働力率の推移

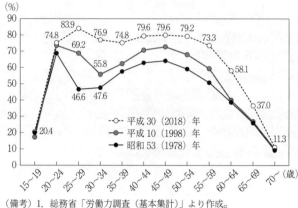

(備考)　1. 総務省「労働力調査（基本集計）」より作成。
　　　　2. 労働力率は，「労働力人口（就業者＋完全失業者）」/「15歳以
　　　　　　上人口」× 100

（内閣府「男女共同参画白書令和元年版」より）

るために，2005年末から総人口が減少に転じた。年金や高齢者医
療など，社会保障制度全体の持続可能性を懸念させ，経済成長に影
響を及ぼし，地域経済の活力を低下させる少子化に対して，いかな
る対策を講じるかは，国にとっても産業界にとっても，大きな課題
である。

　労働力不足が現実化する中で，女性の職場進出が期待され，高齢
者の雇用や外国人の雇用問題にも注目が集まっている。女性が労働
力の主要な担い手になったことは，社会に大きな変化をもたらした
（**図表 3-3**）。女性労働者は，労働法上，保護されるべき対象ではな
くなり，雇用平等要求を主体的に実現する担い手となった。職業生
活と家庭生活の両立という課題が重要な労働法の理念として登場し
たのも，女性労働者が労働市場に進出した結果である。

　しかし職業と家庭の両立支援策は，女性だけの問題ではなく，男
女労働者が直面する問題と位置づけられ，少子化対策の中でワー

ク・ライフ・バランスに政策的重点がおかれるようになった。「労働とジェンダー」のあり方にも社会的関心が注がれている。

Column⑤ ジェンダーという観点 ～～～～～～～～～～

性差をめぐる議論に「ジェンダー」という用語をもちこんだのは，1970年代のフェミニズムである。「セックス」は，生物学的な性別であり，生得的に男女の性差を決定するが，「ジェンダー」は，社会的文化的に形成された性別を意味する。社会的文化的に形成された性別役割分業観や，性別ごとに異なる行動規範などがこれにあたる。ジェンダーに着目して社会を分析し，社会の問題の根底にジェンダーが存在することに注意を喚起するジェンダー研究は，「性差」は宿命的なものだという考えを否定するために生まれた。とはいえ，社会におけるジェンダー役割の呪縛はきわめて強い。男性にとっても女性にとっても，社会的な役割意識から解放されることは，決して容易ではない。

労働のあり方にもジェンダーが大きく関わっている。ジェンダーという観点を理解すると，性別による固定的な役割や偏見等が社会的に作られたものであり，それらが差別をもたらし，個性や能力の発揮を妨げていることに気づくことができる。ワーク・ライフ・バランスは，誰もが性別役割分業意識にとらわれず，男女が対等に仕事と生活について協力しあう社会，すなわちジェンダー・バイアスから解放された社会において，初めて実現するのである。

～～～～～～～～～～～～～～～～～～～～～～～～～～～～

日本型雇用慣行の変化 〉 定年まで1つの企業に勤務する「終身雇用」，年齢とともに賃金額が上昇する「年功賃金」，「企業別労働組合」という要素によって特徴づけられてきた日本型雇用慣行は，長い間，使用者が必要な労働力を安定的に確保し，柔軟な労務配置をするのに適したシステムだった。これは労働者にとっても，雇用の安定とライフステージに応じた収入が保障されるのに適した制度だったが，これによって恩恵をこうむる労働者は，実際には，大企業を中心とする男性の正規従業員にかぎられており，多くの女性労働者や非正規雇用の労働者にとっては無縁な

ものであった。

　しかし近年，日本型雇用慣行そのものが変化してきている。経済のグローバル化，世界経済のボーダーレス化によって，国を超えた競争が激化している。経営環境の悪化に伴い，企業グループの再編や企業買収・合併が進み，安定雇用は脅かされ，雇用は流動化し，終身雇用と呼ばれた長期雇用慣行も変化せざるをえなくなった。

　年功制度も変化しており，能力主義型の賃金制度（業績賞与や年俸制など）が広がっている。企業別組合自体は変わらないが，労働者の権利を擁護するはずの労働組合は，組織率の低下が著しい。いざというときに労働組合が労働者の利益をどこまで守ってくれるのか疑問だという声もある。一方で，かつては組合の組織対象ではなかった管理職や，組合にこれまで無関心だったパートタイム労働者などが，新たなタイプの組合を組織化している。パートユニオンや管理職ユニオンなど，企業別ではなく個人加盟の小規模な地域労組（コミュニティ・ユニオン）である。

　これまで，解雇権濫用法理や配転法理などの労働法の解釈に日本型雇用慣行が大きな影響を及ぼしてきたのは事実であるが，上記のような変化を受けて，労働法もまた変容せざるをえないであろう。

雇用・就労形態の多様化・柔軟化

戦後，労働法分野の法律が制定された当時には，工場で働く正規労働者が規制対象として念頭におかれていた。正規労働者とは，その企業で「正社員」と呼ばれ，フルタイムで，同一事業所で，期間の定めのない労働契約で雇われて働く労働者である。しかしその後，このような標準的な働き方から大きくはずれる労働者が増えている。とくに 1990 年代初めからの長期の不況期，2008 年秋のリーマン・ショックの経験を経て，非正規労働者が著しく増大した。これらの労働者は，パートタイム労働者，有期雇用労働者，契約労働者，派遣労働者などであり，正社員に比べて，極端に低い賃金と雇

用の不安定性という特有の問題を抱えている。雇用形態が多様化するに伴い，逆に長期雇用はスリム化した。コンピュータ化・情報化によって，在宅就労のテレワークも増えた。なかには，労働者と類似した就労をしながらも非労働者として扱われる者（独立自営業者として「業務請負」契約を結ぶ者）もいる。フリーランサーの増加もみられ，雇用労働者と自営業者の間が相対化しており，かつ流動化が進んでいる。

いったん非正規労働者として採用されると，正社員に転換することはきわめて難しい。非正規労働者が増加した背景にあるのは，企業の需要であり，人件費抑制をねらう意図が働いている。一方，労働者の側にも，家庭と仕事の両立を図ろうとする要望があり，自ら短時間労働を選ぶ傾向もある。しかし，労働者としては，短時間の働き方を選んだからといって，決して著しい不利益処遇までを容認しているわけではない。雇用・就労形態の多様化が進めば，「同じ労働」をしていながら異なる処遇を受け，格差のある賃金を支払われる者がともに働くという状況が頻繁に登場する。そこで，労働法における均等・均衡待遇原則や同一労働同一賃金原則はどのように運用されるべきかが重要な課題にならざるをえない。

同時に，正規雇用の労働者の働き方も変化し，フレキシビリティが増大している。あらかじめ定められた時間帯を働くのではなく，弾力的に労働時間を自分で配分するフレックスタイム制や裁量労働制（第14章 *3*・*4*）が導入される傾向がみられる。その場合，このような労働が本当に労働者の自律的な決定によって行われているかどうかは大いに疑問である。

2 労働法の新たな地平へ

従属労働から自立・自
律へ：集団から個人へ

労働契約は，労働者が労務を提供し，それ
に対して使用者が賃金を支払うことを約束
する契約である（民623条参照）。使用者が
労働者を使用することによって，労使間には「使用・従属関係」が
必然的に生まれる。労働法が対象とするのは，このような「従属労
働」であって，現実には決して「対等」ではない労働者と使用者の
関係を，できるだけ「対等」にするための法的手だてを確保するの
が，労働法の役割だとされてきた。そのために，労働者には団結権，
団体交渉権，団体行動権が保障され，労働条件基準を定める労働保
護法が制定されたのである。

労働法では，社会的弱者である労働者が自分たちの利益を擁護す
るために，団体を結成し団体行動によって労働条件を獲得すること
が前提とされてきた。それゆえ集団的労働法はとくに重要な位置を
占めてきたし，労働法は，労働組合活動や団体の助長にとくに力点
をおいてきた。

しかし最近では，成果主義賃金や年俸制などの導入によって，使
用者と対等に取引できる新しい労働者像が期待されている。労働条
件の決定が個別化されてきたので，個別労働者と使用者との交渉を
サポートすることが労働法の役割だという主張もみられるようにな
った。また，かつては集団の中に埋没しがちであった個人の自由意
思や多様な価値観も，十分に尊重されなければならないという反省
もなされている。

では，労使関係の新しい時代は「個の時代」であり，労働者の集
団的労働条件保護と労働組合による労働条件規制は過去のものにな

ったのだろうか。そうは考えられない。国家のサポートがあれば使用者と対等に交渉できるような専門的労働者はごくわずかにすぎないし，そのような労働者にとってもなお，基本構造として「使用・従属関係」は否定されるものではない。かえって，就労形態・雇用形態の多様化によって非正規の労働者が増えていることからみても，「従属労働」はますます拡大しているともいえる。個別労働者と使用者の「非対等性」はなくなってはいない。

もっとも，労働者を「従属労働従事者」ととらえるとしても，労働者は単に「弱者」であって国が後見的に保護を与える対象にすぎないという見方や，いったん労働組合が結成されたら，集団的な決定にすべてが委ねられて，労働者は完全に集団的な統制に従わなければならないというような見方は疑問である。労働者個人が，個人として多様な価値意識をもっており，自立した自由な意思主体だという発想は尊重されなければならない。労働者が自立した個人であって，多様な利益をもっていると考えると，労働組合は，これら労働者を適正に代表するためにはどうしたらよいのか，常に考え続けることが必要である。

Column⑥ CSR と SDGs

CSR（Corporate Social Responsibility）は，「企業の社会的責任」のことである。企業は，CSR として，主要な目的である経済的利益の追求のなかに社会的公正性や環境への配慮を組み込み，また，社会的な活動について自主的に方針を明示して実施し，その結果を公表して，企業価値を高めようとしてきた。日本の各企業の CSR 活動をみると，基本方針の明示・組織体制の整備・ステークホルダー別の具体的な取組み，その成果の公表という一連の措置がとられるのが典型的である。

他方，SDGs とは，2015 年に国連持続可能な開発サミットが採択した「持続可能な開発目標（Sustainable Development Goals）」のことである。国連は，この中で，加盟国すべてが 2030 年までの間に共通して取り組むべき 17 の目標と 169 のターゲットを示している。これ

ら 17 の目標のうちには，貧困，健康・福祉，教育，ジェンダー平等，エネルギー，労働，産業，平和，人権など，個々の国を越えて地球規模で解決されなければならないグローバルな課題が列挙されている。

　国連は以前にも「ミレニアム開発目標（MDGs）」を定めていたが，その達成期限である 2015 年が到来したため，次の国際目標としてSDGs を示した。SDGs は，MDGs と異なり，政府のみならず，企業やNGO などにも主体的な取組みを求めている。企業は，SDGs の目標達成に大きな役割を果たすことが期待されているのである。

　企業は，さまざまなステークホルダーの信頼を得るためにも，CSR のなかに SDGs の目標を取りこむよう求められているといえよう。従来の CSR は，どちらかといえば企業の本業とは関係のない社会活動を中心とする傾向があった。しかし SDGs は，各企業がそれぞれの本業を通じて目標達成に取り組むことの重要性を強調している。このあたりで，企業の役割も大きく変化する必要があるのかもしれない。

均等待遇原則

終身雇用と年功序列に支えられて働く男性の正社員が典型的な労働者像であった時代は過ぎ去り，現在では，雇用という場において，男性と女性，若者と高齢者，健常者と障害者，フルタイム労働者とパートタイム労働者，外国人と日本人など，さまざまな労働者が混在して働く状況を迎えている。今後は，これまでにも増して，個人の多様性を尊重しながら平等を確保するという，労働における「均等待遇原則」が，理念として登場しなければならない。

　労基法 3 条は，「使用者は，労働者の国籍，信条又は社会的身分を理由として，賃金，労働時間その他の労働条件について，差別的取扱をしてはならない」と規定する。これは憲法 14 条を具体化した規定である。労働者は，個人的・社会的属性によって良好な雇用機会を奪われたり，不平等な処遇を受けないことが，この規定によって保障されている。ここにある国籍，信条，社会的身分は，排除

されねばならない伝統的な差別要因である。また，1985 年均等法制定以来，性別を理由とする差別の解消については，同法の 2 度の改正（1997 年，2006 年）を通じて，確かな進展がみられる（第 4 章 *1* 参照）。

労基法 3 条に列挙されていない事由についても，不合理な差別が許されてよいはずはない。年齢と障害については，近年，法改正の動きがあった。高年齢者雇用安定法により，企業は，継続雇用を希望する者について，65 歳までの定年年齢の引上げを含む各種の措置をとらねばならない（第 22 章 *2* 参照）。また，労働施策総合推進法上，事業主は募集および採用について年齢にかかわりなく均等な機会を与えなければならないとされている（同法 9 条）。障害者については，障害者基本法 4 条 1 項，ならびに障害者差別解消法が障害者差別を禁止している。障害者雇用促進法は，雇用に関する障害者差別禁止規定を設けた（同法 34 条，第 22 章 *3* 参照）。

ところが日本は，募集・採用を含む雇用全般について包括的に差別を禁止する ILO 第 111 号条約（『雇用及び職業についての差別待遇に関する条約』）を批准していない。この条約批准のネックとなっているのは，労基法 3 条が募集・採用時の差別を禁止していないところにある。しかし ILO は，第 111 号条約を含む基本的条約に関しては，たとえ条約を批准していなくとも ILO に加盟しているという事実によって，これらの原則・権利は，尊重・促進・実現されなければならないとしている（『労働における基本的原則及び権利に関する ILO 宣言』（1998 年））。あらゆる職業上の差別撤廃という国際規範を遵守するためには，年齢・障害・性的指向などを含む，すべての事由に基づく差別禁止を定める包括的な立法が必要であろう。

ある働き方を選択した結果が，特定の人々にとって著しく不利にならないように，環境を整備することもまた，労働法の重要な課題である。日本ではとりわけ，非正規労働者（パートタイム労働者，有

期契約労働者，派遣労働者）に対する低処遇が問題とされてきた。これについては，労契法が，「就業の実態に応じて，均衡を考慮しつつ」労働契約を締結し，変更することが労働契約の原則であると定めている（同法3条2項）。この規定自体は，これまで，私法上の効力をもつ条文として機能してきたわけではない。しかし，非正規労働者の処遇格差に関する公序違反性を判断するときには，十分に考慮されねばならない原則といえよう。具体的な条文としては，1993年に制定されたパートタイム労働法の2007年改正によって，短時間労働者と通常の労働者の待遇の相違は不合理であってはならない旨が規定された。また，有期契約労働者の労働条件について，労契法も期間の定めがあることによる労働条件の相違が不合理であってはならないと定めた（同法旧20条）。これら条文に基づき，数多くの裁判が提起され，雇用形態に基づく格差を撤廃し，均等処遇を実現することは，日本の労働法にとってきわめて重要な課題として認識されるようになった。2018年に成立した「パートタイム・有期雇用労働法」8条は，従来の労働契約法20条をより整理した形で条文化している。

ワーク・ライフ・バランス　労働法は，労働者の健康で文化的な生活を実現するための法でもある。「男性正社員」が労働者を代表する者としてイメージされていた時代は，どうしても，職場の労働を規制することによる「健康」面だけに関心が集中しており，労働者が職場を離れたときの「私生活」には目が向けられなかった。しかし，既婚女性労働者の職場進出が進んだことによって，健康面ばかりでなく，より積極的に，人間生活の文化的な側面に目が向けられ，「労働生活と個人生活の両立・調和」（ワーク・ライフ・バランス）が労働法の課題として新たに意識されるようになった。労契法では，労働契約の締結・変更における「仕事と生活の調和」への配慮が謳われている（同法3

条3項)。長時間労働，交替制労働や深夜業の規制も含めて，男性の働き方も見直しつつ，男女労働者の「家族生活・個人生活」に配慮した法的規制を実施することが必要である。

Column⑦ **「仕事と生活の調和（ワーク・ライフ・バランス）憲章」**

今世紀に入って，少子化対策は急速な展開をみせたが，なかでも，2002年9月に公表された「少子化対策プラスワン」は，「男性を含む働き方の見直し」を打ち出して注目を集めた。この方針は，その後，ワーク・ライフ・バランスという位置づけを付与されていく。

2004年，厚生労働省の「仕事と生活の調和に関する検討会議報告書」は，働き方の二極化（拘束度の高い正社員と拘束度の限定的な非正社員という働き方）を前提とした社会から，労働者が，労働時間や就業場所についても様々な組み合わせを選択できる社会をめざして，ワーク・ライフ・バランスを推奨した。そして，2007年12月に，政府，地方公共団体，経済界，労働界が参加する「仕事と生活の調和推進官民トップ会議」の合意によって，「仕事と生活の調和（ワーク・ライフ・バランス）憲章」および「仕事と生活の調和推進のための行動指針」が策定された。「憲章」と「行動指針」は，2010年，2016年に，一部改定がなされている。

取組みの内容は，就労による経済的自立が可能な社会（とくに若者の経済的自立，結婚や子育ての希望実現，経済的基盤の確保など），健康で豊かな生活のための時間の確保（家族・友人との充実した時間，自己啓発や地域活動への参加のための時間），多様な働き方の選択（子育てや親の介護など個人の置かれた状況に応じて多様で柔軟な働き方が選択でき，公正な処遇が確保されていること）などを含む，非常に幅広い各種の施策にわたっている。なかでも，「長時間労働の抑制」や「年次有給休暇の取得促進」は，国の取組みの中に明確に位置づけられ，数値目標の中には，2020年までに年次有給休暇取得率を70%に引き上げるなどの項目が掲げられている。

ワーク・ライフ・バランスの観点からみると，労働時間の規制方法や配転人事のあり方には再検討が必要である。たとえば，時間外労働を無計画に命ずることは，労働生活が個人生活を浸食する結果

をもたらし，勤務地の変更を伴う転勤命令や出向命令は，家族の同居したいという生活設計を損なうことになる。これら一方的な業務命令に有無をいわさず従わせるというやり方が，ワーク・ライフ・バランスを損なうことはいうまでもない。育児介護休業法 26 条はこのような考え方を示した条文である（第 11 章 *1*・第 14 章 *2* 参照）。さらに，育児・介護責任を負う労働者のための特別な休業制度や労働時間保障が重要であることはいうまでもない（第 15 章 *2* 参照）。

Column⑧ 夫の家事・育児関連時間

　　雇用労働その他の「有償労働」と家事・育児・介護などの「無償労働」を加算した時間は，職業をもつ女性がもっとも長いため，彼女らが最も報われない存在であることがわかる。性別役割分業を変えていこうという意識は，国民の間にも少しずつ浸透してきた。「夫は外で働き，妻は家庭を守るべきである」という性別役割分業意識については，男女ともに，反対の割合が賛成の割合を上回った（内閣府『令和元年版男女共同参画社会白書』117 頁）。しかし問題は，日本では，夫が家事・育児関連に費やす時間が，他の先進国に比べてきわめて低水準に留まっていることである。6 歳未満児のいる夫の家事・育児関連時間（1 日あたり）をみると，スウェーデン 3.21 時間，ノルウェー 3.12 時間，ドイツ 3 時間に比べて，日本では 1.23 時間である（同書 120 頁）。その結果，第 1 子出産前後に女性が就業継続する割合は，ようやく約 5 割に達したところである。背景には，育児期の男性の労働時間の長さがある。平均週間就業時間をみると，週 60 時間以上の就業者の割合は，子育て期にある 30 代および 40 代男性において，女性や他の年代の男性と比べて高い水準になっている（30 代男性の 13.5%，40 代男性の 13.8%）。夫の家事・育児参加を増やすには，性別役割分業意識の改革と同時に，長時間労働の実態を変えることが不可欠である。

| 人格権の尊重 |
新しい労働法の理念として「人格権」というテーマがある。民法上は，人格の精神的側面や身体的側面の諸利益を違法に侵害すれば，不法行為として損害賠償請求が認められる。しかし民法とは別に，労働法がとくに

「人格権」の保障を重視すべき理由は2つある。

　第1に，労働者が労務を提供する具体的な過程で，使用者の指揮監督のありようによって，常に労働者の人格権が侵害される可能性があるからである。使用者からの人格権侵害は，業務命令や使用者に委ねられている裁量的な行為によって発生するが，このような人格権侵害は，偶然や例外的に発生するのではない。むしろ，労働契約に基づいて労働者が労務を提供することに伴って必然的に生じるのだが，それは，労務の提供と労働者の人格とが切り離せないからである。また，第2に，労働者は，労働という行為（＝労務の提供）を通じて人格を発展させることが期待されている。労働を通じて職業能力は育成され，労働を通じて人格が形成される。使用者の恣意的な業務命令によって人間らしい労働の機会を奪われるのは，人格を形成する機会を奪われることであり，まさに人格権の侵害である。労働者の内心の自由を侵害するおそれのある業務命令が問題になったケースとして，君が代伴奏命令や国家斉唱等の命令をめぐる判決がある（たとえば最3小判平19・2・27判時1962号3頁；最1小判平24・1・16判時2147号127頁など）。

　近年の労働の場における人格権侵害は，職場における差別やさまざまなハラスメントの多発傾向によっても客観的事実になっている。職場は決して無法地帯ではないし，むしろ労働によって豊かに人格を発展させうる人格形成の場であることを，労働者も使用者も十分に理解すべきである。

　職場におけるセクシュアル・ハラスメントにあたる言動は，女工哀史の時代からあったが，社会問題化したのは1980年代後半からである。セクシュアル・ハラスメントという言葉を生み出したアメリカではこれは「性差別」の一種として解釈されてきた（「公民権法第7編」違反）が，日本では，人格権侵害など不法行為を中心とする民事判例が先行した。セクシュアル・ハラスメントの民事訴訟の

先がけとなった福岡事件（福岡地判平4・4・16労判607号6頁）で，裁判所は，部下の女性の異性関係の乱脈ぶりを非難する噂を会社内外に向けて流布した上司の行為は，名誉感情その他の人格権侵害であり，働きやすい職場環境の中で働く利益の侵害であるとして，不法行為責任を負うと判断した。同時に，被用者にとって働きやすい職場環境を保つように配慮する注意義務を負うにもかかわらず，この義務を怠った使用者の不法行為責任も認めた。

　時を同じくして，アメリカの三菱自動車が公民権法違反の責任を問われて高額な損害賠償で和解したというニュースも流れ，ようやく国内でも，セクシュアル・ハラスメントの立法化に向けた議論が本格化した。その後，均等法や育児介護休業法，労働施策総合推進法において，各種のハラスメントに関する事業主の防止措置義務が規定されていった（第4章 *6* 参照）。

Column⑨ 　ディーセント・ワーク

　1999年3月にILO事務局長に就任したチリ出身のファン・ソマビア氏は，同年6月の総会に提出した報告書で，21世紀のILOの中心的な目標は「人々にディーセント・ワークを確保すること」だと述べた。ディーセント・ワーク（Decent Work）とは，「働きがいのある人間らしい仕事」とでも訳すべき言葉だが，ILOは，これを実現するための4つの戦略目標として，①労働者の権利の実現，②十分な収入と雇用の確保，③適切な社会的保護の供与，④社会的対話の実現，をあげている。世界の雇用情勢は決して明るくはなく，理想と現実のギャップは大きい。だからこそ，世界の国々は，ディーセント・ワークを目標にかかげて，さまざまな諸施策を実現していくことが求められている。ILO総会は2009年に，「ディーセント・ワークの核心にあるジェンダー平等」という文書を採択した。日本の労働政策にとっても，「ディーセント・ワーク」と「ジェンダー平等」は，重要なキーワードである。

★ 参考文献───────

　山田省三＝石井保雄編『労働者人格権の研究（上）（下）』（信山社），『講座労働法の再生第4巻　人格・平等・家族責任』（日本評論社），『同第6巻　労働法のフロンティア』，田端博邦『グローバリゼーションと労働世界の変容』（旬報社），西谷敏『労働法における個人と集団』（有斐閣），同『規制が支える自己決定』（法律文化社），菅野和夫＝諏訪康雄「労働市場の変化と労働法の課題」日本労働研究雑誌418号，浅倉むつ子『雇用差別禁止法制の展望』（有斐閣），木村愛子＝古橋エツ子『ディーセント・ワークとジェンダー平等』（日本ILO協会），西谷敏『人権としてのディーセント・ワーク』（旬報社）。

第4章 差別とハラスメント

雇用における差別の禁止は，労働者個人の尊厳を守り，公正な社会を実現するという意味で，重要な労働法の課題である。日本でも早い段階で，雇用差別を禁止する規定がおかれたが（憲14条，労基3条など），職場における各種の差別は，事実上，幅広く存在してきた。その後，裁判例や国際的な要請などにより，この分野の法はそれなりの展開をみせた。しかし，包括的な差別禁止法制はなく，必要に応じて個別の立法の中で差別に対する法規制が行われているにすぎない。職場におけるハラスメントの法規制も同様である。ここでは，各種の差別とハラスメントをめぐる法規制をとりあげる。

1 性差別禁止に向けた法形成の歩み

戦後の法制度の枠組み　すべての国民の法の下の平等を定める日本国憲法が公布された翌年の1947年に，労基法3条は「均等待遇原則」を定め，4条は女性に対する賃金差別を禁止した。これらは，憲法14条の法の下の平等原則を労働関係において具体化するための規定であり，罰則つきの強制力をもつ規定である。しかし，3条と4条のいずれの規定も，賃金以外の男女差別を明確に禁止する条文ではなかった。一方，労基法は，妊娠・出産保護規定（産前産後休暇等）と一般女性保護規定（女性のみに時間外労働の上限を設け，深夜業を禁止する規定等）を設けて，女性労働者の保護を重要な施策の1つに位置づけた。労働省には婦人少年局

が設置されて労働基準監督行政を側面から支える機能を果たすようになった。労働省はその後，厚生労働省となり，婦人少年局の業務は雇用環境・均等局が担当している。

男女差別は公序違反 1960年代以降，働く女性の数は増加し，結婚退職制や女子若年定年制にも異議を唱える女性がでてきた。1966年には，はじめて女子結婚退職制度を無効とする住友セメント事件判決（東京地判昭41・12・20判時467号26頁）が出された。判旨は，「性別を理由とする合理性を欠く差別……禁止は労働法の公の秩序を構成」するから，「差別待遇を定める労働協約，就業規則，労働契約は，いずれも民法90条に違反しその効力を生じないというべきである」と述べた。

合理的な理由のない男女差別は公序違反である，という考え方は，1981年の最高裁判決によっても支持されることとなった（日産自動車事件・最3小判昭56・3・24民集35巻2号300頁；労判360号23頁）。

均等法の制定と改正 国連では，1979年に女子差別撤廃条約が採択され，国際的な男女平等への動きは，日本にも大きな影響を及ぼした。

日本は，1985年に女子差別撤廃条約を批准し，そのための国内法整備の一環として，それまで労基法が規定してこなかった賃金以外の男女差別を規制する具体的な立法として，男女雇用機会均等法（均等法）を制定した。しかし1985年均等法は，1972年の勤労婦人福祉法の全面改正として成立したものであって，本来の「雇用平等法」としては限界があった。重要な規定（募集，採用，配置，昇進に関する均等待遇）が事業主の努力義務に委ねられていたのである。

その後，1997年の改正によって，均等法は第2期に入った。このときの改正のポイントは，①法律の名称から「福祉」という表現がなくなり，男女別の雇用管理は法に違反すると解釈されるようになったこと，②努力規定は修正されて，募集・採用から定年・退

職・解雇まで，使用者による一連の女性差別が，すべてのステージにわたって禁止されたこと，③事業主の同意がなくとも，労働者からの申請によって，調停が開始することになったこと，労働大臣（現・厚生労働大臣）による勧告に従わない企業については，企業名が公表されるようになったこと，④事業主は，職場におけるセクシュアル・ハラスメント防止のために必要な配慮をしなければならないという規定ができたこと，⑤事実上の男女格差を是正するために，事業主がポジティブ・アクションを実施するときには，国が援助できるという規定ができたこと，である。

2006年には再度，均等法改正が行われた。第3期の均等法では，男女双方に対する差別，間接的な性差別，妊娠・出産を理由とする不利益取扱いが，それぞれ，禁止された。その後も法改正は期待されていたが，これ以後は，法改正はごく一部にとどまっており，施行規則や指針の改正がなされているにすぎない。

Column⑩ 女性差別撤廃委員会と日本：「総括所見」と選択議定書

日本は1985年に女性差別撤廃条約を批准した（なお，日本政府の公定訳は「女子差別撤廃条約」だが，このコラムではNGOの用法に従って「女性」としている）。国際条約を批准すると，締約国は定期的に，条約に基づいて作られた女性差別撤廃委員会（CEDAW）に報告書を提出する義務を負う。これまで，日本政府は同委員会に，計8次にわたる報告書を提出し，5回にわたって同委員会から審査を受けてきた。委員会は，審査の後に「総括所見」を出す。2016年には5回目の日本審査が行われ，その結果，57項目にも及ぶ詳細な「総括所見」が出された。雇用に関しては，賃金のジェンダー格差を縮小するために一層努力すること，男性の育児参加を促すため柔軟な育児休業制度を導入すること，セクシュアル・ハラスメントを禁止する法令を制定すること，ILO第111号条約の批准を検討すること，などの指摘がなされている。

1999年には，女性差別撤廃条約の実効性を確保する文書，選択議定書が，国連で採択された。選択議定書は，個人通報制度と調査制度

を定めている。個人通報制度は，個人が条約に定める権利を侵害され，国内手続で救済されなかった場合（すなわち最高裁まで争っても勝訴できなかった場合），CEDAW に直接通報して救済を求めることができる制度である。CEDAW は，締約国に，個人に対して補償金を支払うよう命ずるなど，勧告を含む見解を出すことができる。調査制度は，重大・組織的な権利侵害に対して，CEDAW が職権で調査し，締約国に是正を勧告するというものである。世界では 113 カ国が選択議定書を批准しているが（2019 年現在），日本は，人権条約の選択議定書をいっさい批准していない。条約を批准した国としては，選択議定書も批准し，人権問題を国内のみにとどめず，先例を増やすための議論に参加することが，国際協調主義ではないだろうか。

2 男女賃金差別の禁止——労基法 4 条

| 意　　義 |

使用者は，労働者が女性であることを理由として，賃金について，男性と差別的取扱いをしてはならない（労基 4 条）。労基法は戦後いち早くこの規定を設け，日本は，1967 年に，男女同一価値労働同一賃金を定める ILO 第 100 号条約を批准した。

「女性であること」を理由とする賃金差別は，労基法 4 条違反である。すなわち，女性が男性より低い賃金を支払われている場合，労働者が女性でなければ使用者はより高い賃金を支払っていたであろうと認められるときには，男女の労働が同一であるかどうかにかかわらず，本条違反が成立する。

◆「男女同一価値労働同一賃金原則」と労基法 4 条　労基法の制定の歴史をたどると，1946 年 3 月から 23 次の修正案を経て，現在のような条文になったことがわかる（『日本立法資料全集 51 巻，52 巻』（信山社））。当初

の案には，男女同一賃金に関する規定はなかったが，1946年7月26日の第6次案にはじめて4条が登場した。そのときの見出しは「同一価値労働同一賃金の原則」であり，「使用者は同一価値労働に対しては男女同額の賃金を支払わなければならない」とあった。ところが同年10月30日の第7次案では，現在のように，「使用者は女子であることを理由として賃金について男子と差別的取扱いをしてはならない」という規定になった。第6次案は国際条約に範を求めた規定だったが，「同一価値労働同一賃金をあまり厳格に解すると生活給と矛盾する」という意見が反映されて，現行の規定になったのである。では労基法4条は，国際基準にあるこの同一価値労働同一賃金原則を「排除」したのだろうか。その答えは否であろう。この原則を受け入れるだけの実態的条件が熟したときには，それを排除するものではないという意味をこめて，4条は同一価値労働同一賃金原則を緩やかに肯定したと理解できるのではないか。日本が1967年に同一価値労働同一賃金原則を定めるILO第100号条約を批准したときにも，そのようなコンセンサスがあったはずである。しかし，ILOの条約勧告適用専門家委員会は，同一価値労働同一賃金原則を十分に履行するために，日本政府に対して「法改正の措置をとるよう」に求めている。それは，現行法制度の下では，男女間の賃金差別事案の司法審査において，同一価値労働同一賃金原則に基づき判断することが，裁判所に必ずしも義務づけられているわけではないからである。

賃金差別の態様

賃金規定，就業規則，労働協約など，どのような形態であろうとも，明白に制度上，女性の賃金を男性と異なって取り扱うような場合には，労基法4条違反である。男女別の賃金表を労基法4条違反とした秋田相互銀行事件判決（秋田地判昭50・4・10判時778号27頁），女性行員に家族手当を支給しないという取扱いが労基法4条違反であるとした岩手銀行事件判決（盛岡地判昭60・3・28労判450号62頁：仙台高判平4・1・10労判605号98頁）は，明白な制度的差別の事例である。男女を職務において区別して基本給の上昇率と一時金の支給係数に格差をつけた賃金協定を民法90条違反で無効とした鉄鋼連盟事件判決（東

京地判昭 61・12・4 労判 486 号 28 頁）もまた同様である。

　賃金に関する客観的な支給基準を制度上設けていない企業が訴えられたケースである日ソ図書事件判決（東京地判平 4・8・27 労判 611 号 10 頁）は，個々の男女が「質及び量において同等の労働に従事するようになったにもかかわらず」初任給格差が是正されずに維持されてきた場合には，労基法 4 条違反であると判断した。京ガス事件判決（京都地判平 13・9・20 労判 813 号 87 頁）では，裁判所はさらに踏み込んで，事務職女性と監督職男性の「職務の遂行の困難さにつき」，知識・技能，責任，精神的な負担と疲労度を比較しても，両者の「職務の価値に格別の差はな」く，したがって，この男女間の賃金差は労基法 4 条違反である，と判断した。

　「世帯主」や「勤務地限定」など性中立的な基準を用いた結果，賃金に男女格差が生じたとしても，それだけでは本条違反の問題は生じない。たとえば，家族手当の支給対象者を世帯主として，共働き夫婦の場合には家計の主たる担い手である収入の多い方にのみ支給する扱いは労基法 4 条違反ではないとされた（日産自動車事件・東京地判平元・1・26 労判 553 号 45 頁）。しかし，その基準が女性に不利益をもたらすことを使用者が容認しながらあえてこのような取扱いを行ったことが明らかであるような場合には，やはり違法評価を免れない。世帯主でないこと，勤務地限定であることを理由として，一定年齢で基本給上昇をストップするという基準は，使用者が，これら基準が女性に一方的に不利益になることを容認しつつ導入した場合に労基法 4 条違反であるとした判決がある（三陽物産事件・東京地判平 6・6・16 労判 651 号 15 頁）。

　日本の一般労働者の男女間の賃金格差は，2018 年現在，男性 100 に対して女性 73.3 であり，長期的にみれば徐々に縮小してはいるものの，なお他の先進国に比べて著しい。ILO の条約勧告適用専門家委員会も，長年にわたり繰り返し，日本政府に対して，男女間

賃金格差を縮小するように要請してきた。2010年8月に厚生労働省は，「男女間賃金格差解消に向けた労使の取組支援のためのガイドライン」を公表した。同ガイドラインは，企業における男女間賃金格差の「見える化」を推進するために，企業内部の格差解消の取組みを支援するための「実態調査票」などの支援ツールを提供し，公正・明確・透明な賃金制度・評価制度の採用と運用，生活手当の見直し，コース別雇用管理制度の設定が合理的なものとなっているかを精査すること，ポジティブ・アクションの推進などを提起している。

労基法4条違反の効果 　本条違反の事例では，刑罰の適用を前提として労働基準監督官が是正命令を出す。同時に，民事的には，女性労働者は，労基法4条違反の行為を不法行為として，男性の賃金との差額相当分の損害賠償を請求することができる。

　労基法4条違反を理由として，女性が差額分の賃金を請求する根拠については，学説が分かれている。しかしどのような論理でその法的根拠を求めるにせよ，男性との差額分が明確になっていれば，女性労働者は男性と同じだけの賃金を支払うように求めることができなければならない。

　賃金の支払いにおいてより上級の「資格」に格づけられることを意味する「昇格」差別は，賃金差別の一例である。この場合，一般には，使用者の昇格発令行為があってはじめて上位の資格に対する賃金請求権が発生するので，昇格したならば得られたはずの賃金との差額分は，賃金請求権としてではなく，損害賠償として請求するしかないとした判決がある（社会保険診療報酬支払基金事件・東京地判平2・7・4労判565号7頁）。しかし，就業規則に差別禁止規定があって，男性職員は昇格試験の合否にかかわらず年功的に自動昇格させるという労使慣行が存在する場合には，これらを根拠に，昇格後

の地位（課長職）の確認を求めることができるとした芝信用金庫事件東京地裁判決は，この問題に新たな解決の道を開いた（東京地判平8・11・27労判704号21頁）。さらに同事件東京高裁判決は，一歩進めて，「資格の付与における差別は，賃金の差別と同様に観念できる」として，資格の据え置きを労基法13条に違反し無効とし，資格付与は労基法13条および（旧）93条にいう「基準」にあたるから，同条の「類推適用」によって，原告らを課長の資格を付与されたものとして扱うことが相当だとした（東京高判平12・12・22労判796号5頁）。性差別の根本的是正を図る観点から，昇格を賃金と一体のものととらえた高裁判決は，理論的にも注目される（昇格請求権については，第11章**2**参照）。

3 賃金以外の男女差別の禁止——均等法

**性差別禁止法
という性格**

均等法は，法の下の平等を保障する憲法の理念にのっとり，雇用分野の男女の均等な機会と待遇を確保することを目的とし（1条），労働者が，性別により差別されないことを基本的理念としている（2条1項）。制定当初は「女性労働者」のための法という位置づけであったが，2006年の法改正により，男女双方に対する差別を禁止する法律となった。先進諸国の雇用平等法や差別禁止法では，ほぼ男女双方を対象に差別が禁止されていることや，日本でも，「男女共同参画社会基本法」が「男女が性別による差別的取扱いを受けないこと」（3条）を男女共同参画社会の形成の趣旨としていることなどからも，改正は当然であった。

　なお，均等法は，性差別とは別に，女性に対する妊娠・出産等を理由とする不利益取扱い禁止規定もおいている（9条）。

直接差別の禁止

2006年改正で，均等法には間接差別を禁止する条文が導入された（7条）。その結果，均等法は，従来から禁止されてきた差別行為を「直接差別」と称し（「労働者に対する性別を理由とする差別の禁止等に関する規定に定める事項に関し，事業主が適切に対処するための指針」〔平18厚労告614号。以下「指針」〕第2），雇用ステージごとに禁止する規定をおいている（均等5条・6条）。直接差別の類型としては，募集・採用，配置・昇進，教育訓練，福利厚生，定年，解雇，降格，職種の変更，雇用形態の変更，退職勧奨，労働契約の更新（雇止め）に関わる性差別がある。具体的にどのような行為が禁止されるのかについては，「指針」が定めているが，「指針」に書かれている行為は例示であって，これら以外にも違法な行為はありうる。

直接差別が性差別にあたるかどうかは「雇用管理区分」ごとに判断される（指針第2）。雇用管理区分とは，職種，資格，雇用形態，就業形態などの区分であり，男女が1つの雇用管理区分の中で異なる取扱いを受けることは差別に該当するが，雇用管理区分を超えた異なる取扱いは，必ずしも直接差別とはいえないと解釈されている。

(a) **募集・採用**（均等5条）　事業主は，労働者の募集，採用について，その性別にかかわりなく均等な機会を与えなければならない。派遣元事業主の登録行為も募集に該当する。「機会を与える」という用語が使われているが，単に男女に公募の機会を開いておけばよいというだけではなく，性別を理由に採用しなければ法に違反するのはいうまでもない。ただし，結果の平等を法は求めているわけではないから，公正かつ公平に選考がなされた結果，採用人数の多数が一方の性別の者であったとしても，ただちに違法になるわけではない。もっとも，長年にわたって一方の性別が実際に採用から排除され続けるという結果がみられる場合には，選考自体が公正に行われているか疑わしい場合があるといえよう。

72　第4章　差別とハラスメント

(b) **配置・昇進・降格・教育訓練**（均等6条1号）　事業主は，労働者の性別を理由として，配置について差別的取扱いをしてはならない。配置には「業務の配分及び権限の付与」が含まれることが明記され，派遣元事業主が労働者派遣をすることもまた配置にあたる。本条の下では，たとえば，営業の職務から女性を排除し，秘書の職務から男性を排除すること，時間外労働や深夜業の多い職務を男性のみに割り当てること，女性だけに会議の庶務，お茶くみ，そうじ当番等の雑務を行わせることも違法になる。本条にいう昇進とは，下位の職階から上位の職階へ移動することであり，職制上の地位の移動を伴わない「昇格」も含むとされている（指針第2の4(1)）。公平な人事システムの結果として男性が事実上より多く昇進・昇格したとしても本条違反だとはいえないが，長期にわたって管理職の男女比がまったく変わらないような場合には，性別によらず本人の能力や業績によって評価する客観的システムが確立しているか否かのチェックが必要になるだろう。上位の職階から下位の職階へ移動する降格も，さらに，企業において計画的に行われる教育訓練も，ほとんどが差別禁止の対象である。

(c) **福利厚生**（均等6条2号）　事業主は住宅資金の貸付などの福利厚生について，性別による差別的取扱いをしてはならない。住宅資金の貸付以外の福利厚生の内容は施行規則（均等則1条各号）に規定されており，①生活資金，教育資金などの資金の貸付，②労働者の福祉増進のために定期的に行われる金銭の給付，③資産形成のために行われる金銭の給付，④住宅の貸与，などがこれに該当する。家族手当や扶養手当などの諸手当や退職金は賃金であるから，これらに関する差別の禁止は，労基法4条の守備範囲である。

(d) **職種の変更・雇用形態の変更**（均等6条3号）　一般職から総合職へ，あるいは，研究職・専門職から事務職へ，という「職種の変更」や，正社員からパートタイム労働者，契約社員へという「雇

用形態の変更」に関する性差別は禁止される。経営の合理化に際して，女性のみを正社員から有期契約へと変更するように勧奨することなどは，本条違反になる。

(e) **退職勧奨，定年・解雇・労働契約の更新**（均等6条4号）　男女別の定年制度を設定することや，整理解雇において女性のみを対象にするなど，性別による異なる取扱いをすることは違法である。契約の更新に関する性差別も禁止される。女性のみに対して，子どもがいることや既婚者であることを理由に，経営合理化のために退職勧奨すること，有期雇用の雇止めや契約の更新回数について男女別の取扱いをすることなども，違法である。

間接差別の禁止

均等法は「性別以外の事由を要件とする措置」という見出しをつけて，「性別以外の事由を要件とするもののうち，措置の要件を満たす男性及び女性の比率その他の事情を勘案して実質的に性別を理由とする差別となるおそれがある措置」（7条）を，間接差別として禁止している。ただし，厚生労働省令で定めるもののみが違法とされ，具体的には，以下の3つのみが禁止されている（均等則2条）。①募集・採用にあたり，一定の身長，体重または体力を要件とすること。②募集・採用，昇進，職種の変更にあたり，転居を伴う転勤を要件とすること。③昇進にあたり，転勤経験を要件とすること。

　間接差別とは，外見上は性中立的な基準を設けながらも，結果的に一方の性別の者に不利益を及ぼすことになるような差別をいう。2004年6月公表の厚生労働省「男女雇用機会均等政策研究会報告書」では，「間接差別とは，外見上は性中立的な規定，基準，慣行等……が，他の性の構成員と比較して，一方の性の構成員に相当程度の不利益を与え，しかもその基準等が職務と関連性がない等合理性・正当性が認められないものを指す」と定義された。同報告書は，省令が示す3つの例に加えて，①募集・採用時の学歴・学部要件，

②福利厚生や家族手当支給時の世帯主要件，③処遇決定時の正社員の優遇，④福利厚生や家族手当支給からのパートタイム労働者の除外などもまた，間接差別として考えられるとした。もっとも，それらの措置が，職務の性質に照らして一定の業務の遂行上とくに必要である場合や，雇用管理上とくに必要である場合など合理的な理由があるとされれば，間接差別には該当しないことになる。

このように省令に明記された3例以外にも間接差別は存在する。間接差別に該当する事例を省令で定めたものに限定すると，より幅広い多彩な類型が存在する間接差別概念を否定するおそれがある。それゆえ，2006年改正時の附帯決議では，①厚生労働省令で規定する以外にも司法判断で間接差別として違法とされる可能性があることを広く周知すること，②厚生労働省令で間接差別とする対象の追加・見直しを機動的に行うことが，確認された。

> *Column⑪* **間接差別に該当する施策例**
>
> 　均等法7条ができた後にも，雇用分野の間接差別に関する訴訟事案はほとんど登場していない。しかし雇用以外の分野では，間接差別に該当する事案が争われたものがみられる。震災の被災者自立支援金をめぐって出された判決を紹介しておこう。民法上の財団法人として設立されたYは，阪神淡路大震災の復興事業の1つとして，被災者自立支援金の受給資格要件を，大震災から3年たった基準日に「世帯主が被災している世帯」とした。妻は被災していたが自ら被災していなかったXは，支援金を受給できなかったため，かかる要件は憲法14条1項の平等原則ないし公序良俗違反であると主張して訴えを提起した。大阪高裁は，平成14年7月3日判決（被災者自立支援金支給事業事件・判時1801号38頁）で，一般に，結婚した男女が世帯を構成する場合，男性が世帯主になることが圧倒的に多い実態の下で世帯主被災要件を適用することは，女性を男性よりも事実上不利益に取り扱う結果となり，公序良俗に違反する無効な要件である，と判示した。世帯主という資格要件は，雇用上の各種手当等の支給においても設けられていることが多く，合理的な理由がないかぎり違法になる可能性がある。

均等法施行前に「男女別」の雇用管理を行っていた企業には，1986年に均等法が施行された後においても，在職中の男女の処遇格差を是正せずに維持し続けたところもあった。その結果，長期勤続の男女間の大きな賃金格差は維持され，後に賃金差別の提訴が相次いだ。住友電工事件は，事業所採用の女性が，全社採用の同期・同学歴の男性に比較して賃金・昇格につき差別されたと主張した事案であるが，判決は，男女賃金格差が入社時の採用区分の違いから生じているとしても，当時の男女別採用は公序違反だとはいえなかったとして，均等法には遡及効がなく使用者は1986年以前の処遇をすべて改める義務を負うわけではないと判示し，原告の請求を棄却した（大阪地判平12・7・31労判792号48頁）。類似の事案を扱った野村證券事件では，裁判所は，差別が禁止規定になった改正均等法に着目し，改正均等法施行時の1999年4月1日以降は，男女別雇用制度に由来する処遇部分は同法6条に違反し，不合理な差別として公序に違反することになったと述べ，会社に対して，不法行為による損害賠償を命じた（東京地判平14・2・20労判822号13頁）。

一方，兼松事件・東京高裁判決（平20・1・31労判959号85頁）は，男女別コース制の下での賃金格差を，原告女性たちの損害賠償請求期間の始期である1992年以降につき，労基法4条違反で違法と判示した。判旨は，原告らについて，職務内容や困難度に同質性があり，職務の引き継ぎが相互に繰り返されている男性と比較して，賃金に「相当な」格差がある場合は，合理的な理由がないかぎり性差別と推認する，としたのである。職務内容に注目し，同質の仕事をしているかぎり賃金に格差があれば違法とする考え方は，採用時や配置の格差に賃金格差の要因を求める従来の判例とは異なり，同一価値労働同一賃金原則に親和的な判断であり，評価できる。

なお，住友電工事件も野村證券事件も，高裁段階で，原告側の主

張を認める内容で和解が成立した。「国際社会においては……男女平等の実現に向けた取組が着実に進められてお」り，これまでに積み重ねられてきた法的な改革は「すべての女性がその成果を享受する権利を有する」という格調高い住友電工事件の大阪高裁和解勧告は，判決に負けず劣らず，世間の注目を集めた。

Column⑫ **コース別雇用管理制度の実態**

　1986年の均等法施行後，多くの企業は，男女別雇用管理制度の代わりに，男女がそれぞれコースを選択できる「コース別雇用管理制度」を導入した。コース別雇用管理制度が，表面的にはコース選択の自由を保障しているようにみえながら，事実上の男女別雇用管理制度として機能していることを重視して，2000年6月16日に，労働省（現厚生労働省）は「コース等で区分した雇用管理についての留意事項」という通達を策定して，コース別雇用管理制度の運用のルールを提示した。2014年には，より明確な記述とするために，改めて「コース等で区分した雇用管理を行うにあたって事業主が留意すべき事項に関する指針」（平25厚労告384号）が定められた。この指針では，事業主がコース別雇用管理を行うにあたって留意すべき事項として，①コース等の新設・変更・廃止，②労働者の募集・採用，③配置，昇進，教育訓練，職種の変更等にあたって，それぞれ，(a)法に直ちに抵触する例，(b)制度のより適正かつ円滑な運用をするために留意すべき事項の例，(c)労働者の能力発揮のため実施することが望ましい事項の例が，規定されている。都道府県労働局雇用均等室は，コース別雇用管理制度導入企業を対象に「留意事項」に沿った制度運用が行われるように指導を実施したが，女性総合職の数は期待されたほど増えてはいない。2016年の調査では，均等法が施行された1986年に大手企業に入社した女性総合職在籍調査（28社，約1000人）で，約80％が退職していたことが明らかになった（共同通信2016年1月24日配信）。「出産を機に人事評価を最低ランクに落とされた」，「この会社で働きたいなら男にならないとだめだと言われた」，「実績は同じでも昇進で男性と差がつく」などの当事者の声から，働き続けるための環境整備が大きな課題であることが改めて浮き彫りになった。

均等法は，優遇も含めて男女の異なる取扱いを禁止するが，男女別の取扱いがすべて均等法違反となるわけではない。均等法は禁止される性差別の例外規定をおく。2つのタイプの例外，すなわち「特例」と「適用除外」である。

「特例」は，男女の均等な機会および待遇を実質的に確保するための特別措置としての例外である。それを定める均等法8条は，「事業主が，……男女の均等な機会及び待遇の確保の支障となっている事情を改善することを目的として女性労働者に関して行う措置を講ずることを妨げるものではない」と規定する。つまり，男女格差が事実上存在する場合に，事業主がそれを是正するために，女性労働者のみを対象にして行う措置は差別ではないと規定するのである。後に述べる「ポジティブ・アクション」が，この特例の中心的存在である。

この「特例」は，「女性」に対する措置であって，男性に対する措置ではない。均等法は，なお片面性を残したのである。均等法8条が，ポジティブ・アクションを女性のみに限定する措置とした理由は，現に差別されている圧倒的多数が女性であるという現状認識によるものであった。とはいえ，理論的には，均等法は男女双方の差別を禁止しているのであるから，ポジティブ・アクションとして「例外」的に認められる措置も，「男女双方に対する措置」であるはずだとの考え方にも，一理ある。男女共同参画社会基本法の「積極的改善措置」は，「男女のいずれか一方に対し，当該機会を積極的に提供すること」と規定しているため（2条2号），均等法のかかる片面性については，憲法学からは批判がなされている。

一方，「適用除外」は，男女異なる取扱いをすることに合理的な理由があると認められる場合の例外である。均等法の「指針」（平18厚労告614号）は，①業務の性質上，一方の性別であることが必

要な特定の職務に従事する場合（モデル，俳優，守衛など），②労基
法の規定によって女性の労働が制限，禁止されている場合，あるい
は法によって男性の労働が制限，禁止されている助産師の場合，③
風俗，風習等の相違により一方の性別の者が能力を発揮し難い海外
勤務の場合や，その他特別の事情により均等待遇が困難な場合とい
う３つの類型を示している（指針第２の14⑵）。

妊娠・出産を理由とし
た不利益取扱いの禁止

均等法は，とくに女性労働者を対象に，①
婚姻，妊娠，出産を退職事由として予定す
る定めをすること（９条１項），②婚姻を理
由として解雇すること（同条２項），③妊娠，出産，産前産後休業そ
の他妊娠・出産等厚生労働省令で定める事由を「理由とする」解雇
その他の不利益取扱いをすること（同条３項）を，それぞれ禁止し，
妊娠中および出産後１年以内の女性労働者の解雇を無効とする（同
条４項）。①と②にある「婚姻」は男性にも生じるものだが，とく
に女性に限っているのは，結婚退職制や解雇が制度化され，慣行化
されてきたことを考慮するものである。

妊娠・出産等を契機にした不利益取扱いに関する紛争はきわめて
多く，重要なのは③である。厚生労働省令で定める事由には「妊娠
又は出産に起因する症状により労務の提供ができないこと」や「労
働能率が低下したこと」も含まれる（均等則２条の２第９号）。また，
９条３項にいう妊娠・出産等を「理由とする」不利益取扱いに該当
する具体的内容は，「指針」（平18厚労告614号）に示されている
（指針第4）。指針は，その他の不利益取扱いとして，契約更新拒否，
契約更新回数の引き下げ，契約変更の強要，降格，就業環境を害す
ることは「直ちに不利益な取扱いに該当する」とする一方，不利益
な自宅待機命令，減給または賞与等における不利益算定，昇進・昇
格の人事考課における不利益評価，不利益な配置転換，派遣先によ
る派遣役務の提供の拒否については，不利益な取扱いに該当するか

否かの判断にあたり勘案すべき事柄を詳細に述べている（指針第4
の3(3)）。

9条3項違反の要件である「理由として」とは，妊娠・出産等の
事由と不利益取扱いとの間に因果関係があることを指す。広島中央
保健生活協同組合事件の最高裁判決（最1小判平26・10・23民集68
巻8号1270頁；労判1100号5頁）は，出産に伴う軽易業務転換を申
し出た女性に対して業務転換を契機に管理職を免ずる降格を行った
使用者の措置は，原則として均等法9条3項の禁止する取扱いにあ
たると明確に判示し，原判決を破棄した。同判旨は，かかる降格が
許されるのは，①本人の「自由な意思に基づいて降格を承諾したも
のと認め」る場合，または，②降格なしに軽易業務へ転換すること
が「業務上の必要性から支障がある」など「特段の事情が存在す
る」場合にかぎる，とした。

この最高裁判決を受けて，厚労省は，均等法の解釈通達（平18・
10・11雇児発1011002号）を一部改正し，妊娠・出産等の事由を「契
機として」不利益取扱いが行われた場合には「原則として」均等法
9条3項違反と解釈されること，また「契機として」については，
基本的に当該事由が発生している期間と時間的に近接して不利益取
扱いが行われたか否かをもって判断することとした（平27・1・23
雇児発0123第1号）。

以上のことは，育児・介護にかかる不利益取扱いに関する育介法
10条についても同じである（第15章**2**参照）。

実効性の確保　　男女差別をめぐる紛争を解決するために，
均等法は，いくつかの実効性確保手段につ
いて定めている。

第1に，企業内部における自主的な苦情処理である。企業は，本
法に関する差別について女性から苦情の申出を受けたときには，労
使の代表から構成される苦情処理機関において処理をはかるなど自

主的な対応を行うように努力しなければならない（15条）。ただし募集，採用に関することがらは除かれている。

　第2に，都道府県労働局長が労使いずれかから援助を求められた場合には，必要な助言，指導および勧告を行い（17条1項），本人が求め，局長が必要と判断したときは，個別労働紛争法6条1項による紛争調整委員会による調停が開始する（18条1項。実際には3人の調停委員から構成される機会均等調停会議がこれを行う）。調停の対象事項から募集，採用は除外されているが，それ以外の直接差別，間接差別，妊娠出産等を理由とする不利益取扱いが含まれる。事業主のセクシュアル・ハラスメント対策違反行為，母性健康管理措置違反行為も調停の対象事項である。事業主に相談したことや，行政機関に援助を求めたこと，また調停の申請を行ったことを理由とする不利益取扱いは禁止されている（11条2項・17条2項・18条2項）。なお，2019年の法改正により，紛争調整委員会が必要と認めた場合には，関係当事者の同意の有無にかかわらず，同一の事業場に雇用される労働者その他の参考人も出頭の求めや意見聴取の対象に含まれるようになった（20条）。

　第3に，厚生労働大臣は職権によって，事業主に報告を求め，助言，指導，勧告を行うことができる（29条1項）が，この勧告に従わない企業に対しては，企業名の公表が行われる（30条）。29条1項に規定する報告をせず，または虚偽の報告をした事業主は，20万円以下の過料に処せられる（33条）。

　均等法上のこのような実効性確保手続とあわせて，差別された女性労働者が裁判所に訴える方法も，もちろん存在する。民事訴訟は，男女差別の最終的な救済方法である。均等法の直接差別，間接差別禁止規定等は，私法上の効力を有する条文であるから，これら条文違反の行為に対しては，均等法違反であることを理由として，裁判所を通じて，法律行為であれば無効になるし，事実行為であれば損

害賠償が命じられる。

4 性別以外の差別禁止

　労基法3条は，国籍・信条・社会的身分を理由とする賃金・労働時間その他の労働条件差別を，罰則をもって禁止している。同旨の定めとしては，職安法3条や国家公務員法27条，地方公務員法13条等がある。

| 国籍による差別 |

　労基法3条が，憲法14条1項の「人種」にかえて「国籍」差別を禁止したのは，戦前・戦中の朝鮮人労働者への過酷な処遇への反省があるからであって，人種を排除する趣旨ではない。在日朝鮮人の応募者が，本籍住所を偽って日本名で書類を提出したことが判明したとたんに採用内定を取り消した企業の行為は，労基法3条違反であるとして，従業員としての地位を認め，かつ，精神的慰謝料として50万円を支払えと命じた日立製作所事件（横浜地判昭49・6・19判時744号29頁）は，本条のリーディングケースである。

　外国人の公務就任に関しては，問題が多い。国家公務員の採用試験に関して定める人事院規則8–18第9条は，外国人に公務員採用試験の受験資格を否定している。その論拠は，「公権力の行使に当たる職」と「国家意思の形成に参画する職」については日本国籍が必要だとする1953年の通達である（昭28・6・29人事院事務総長回答）。それゆえ，国家公務員採用試験をはじめほとんどの試験には国籍要件が付されている。ただし上記の2つの職にあたらない現業公務員については外国人の就任が認められている。地方公務員についても，同様の自治省（現総務省）の通達がある（昭48・5・28自治省公務員第一課長回答）。もっとも地方公共団体によっては，現業や

専門職の公務員については，受験資格から国籍要件を撤廃する動きもあり，注目される。ところが外国人を採用した後の昇任・昇格に関しては，なお外国籍であることを理由として管理職の受験を拒否するという事態があり，問題である。

東京高裁は，在日韓国人女性に対して東京都が管理職試験の受験を拒否したことについて，公の意思の形成に参画する職務（管理職）といっても，職務の内容・権限と統治作用とのかかわり方や程度によって外国人を認容することが許される管理職もあるから，その受験機会を奪うことは憲法22条1項・14条1項に違反するとした（東京都管理職選考受験資格事件・東京高判平9・11・26労判728号6頁）。しかし最高裁は，「管理職に昇任すれば，いずれは公権力行使等地方公務員に就任する」ことを前提に昇任要件として日本国籍を有することを定めた都の方針には合理性があり違法ではないとして，高裁判決を破棄した（最大判平17・1・26民集59巻1号128頁；労判887号5頁）。最高裁判決は国際化時代の社会のありように照らしてあまりにも後ろ向きという印象が否めない。

民間企業においては，外国人技能実習生と日本人従業員との住宅費・水道光熱費の著しい格差を労基法3条違反とした判決がある（デーバー加工サービス事件・東京地判平23・12・6労判1044号21頁）。しかしその一方で，「在留資格更新の必要性」という理由から外国人を当然のように非正規の有期契約とみなして安易に更新拒否する事例などが後を絶たず，本条は空洞化している。外国人労働者が増加している今日，国籍差別禁止規定を社会においてより定着させる必要がある。なお，外国人雇用をめぐる問題については，第22章 **4** も参照のこと。

思想・信条による差別 信条には，政治的信条と宗教的信条が含まれる。それらは内面的・精神的自由であるから，企業の営業活動を具体的に侵害することが生じないかぎり，

使用者から侵害されるべきではない。しかし企業社会では，特定政党の党員であることを理由とする賃金差別や解雇など，思想・信条を理由とする差別が数多く発生してきた。

東京電力塩山営業所事件は，会社の非公開資料が外部に持ち出されたことから，企業が，従業員に対して政党との関わりを明らかにするよう要求するなど，「思想・信条の自由」の侵害行為が行われた。最高裁は，社会的に許容できる限界を超えないささいな行為として，これを不問にした（最2小判昭63・2・5労判512号12頁）。

一方，企業防衛に反対する従業員を監視・調査の対象として，他の従業員から孤立させる「特殊対策」が行われた関西電力事件では，最高裁は，監視・調査・孤立化などの行為は，「職場における自由な人間関係を形成する自由を不当に侵害」し，名誉，プライバシーなど，労働者の「人格的利益を侵害する」不法行為にあたると判断した（関西電力事件・最3小判平7・9・5労判680号28頁）。市民社会では尊重されるはずの精神的人格価値である「思想・信条の自由」は，使用者の管理下にある企業内部でも，当然に守られなければならず，労基法3条はそれを明確にしている条文である。

社会的身分による差別　労基法3条における社会的身分とは，非差別部落出身者や嫡出でない子というような，生来的な地位・門地などを意味するという説と，自己の意思によっては逃れることのできない社会的分類を意味するという説がある。「受刑者」や「破産者」などの後天的な差別の対象とされやすい属性も含まれるため，後者が妥当な解釈であろう。しかし後者の解釈を採用しても，嘱託職員という地位など，雇用上の区分は，本条の社会的身分には含まれないと判断されている（京都市女性協会事件・大阪高判平21・7・16労判1001号77頁）。もっとも，本条における民事的側面については，刑罰の構成要件としての側面とは異なり，柔軟な解釈が可能である。したがって，社会的身分に幅広い事由を含

める解釈も可能であろう。

年齢を理由とする差別　　ごく近年まで，日本では，年齢が禁止されるべき差別事由だという認識は希薄だった。2001年改正の雇用対策法7条は，事業主は労働者の募集・採用において均等な機会を与えるように努める，という規定をおいた。これが採用段階の年齢に関する均等待遇原則への初の言及である。2007年の雇用対策法改正で，事業主は労働者に「年齢にかかわりなく均等な機会を与えなければならない」という規定ができた（同10条）。同法は，2018年「働き方改革関連法」により，労働施策総合推進法に改題され，同9条が同旨の定めをおいている。

　このように，募集・採用における年齢制限は原則として禁止されたが，合理的な理由がある場合の例外事由は，かなり幅広く厚生労働省令で定められている（労働施策総合推進法施行規則1条の3第1項）。同例外事由としては，長期勤続によるキャリア形成をはかる観点から若年者を募集・採用する場合（同項3号イ）や，技能・ノウハウ継承の観点から特定職種において労働者が相当程度少ない年齢層に限定して募集・採用する場合（同項3号ロ）などが列挙されており，年齢制限の禁止規定がどこまで機能しているのか疑問と言われても仕方がない状況である。

　労働施策総合推進法9条違反には罰則はないが，厚生労働大臣が必要と認めるときには，事業主に対して助言・指導・勧告がなされる（同法33条）。なお，第22章 **2** の*Column㊴*（年齢差別禁止法）も参照のこと。

障害を理由とする差別　　国際障害者年（1981年）を契機とした「国際障害者年行動計画」は，障害者の「完全参加と平等」の実現を提唱した。この背景にあるのは，障害者と障害をもたない者は同等の基本的人権を有するという「平等」の発想であり，同時に，障害をもつ人々が可能なかぎり通常の条件の下で

障害をもたない人とともに完全に社会に参加できるようにすること
がノーマルな社会だというノーマライゼーションの発想である。最
近では，障害者を含むあらゆるマイノリティを包摂し共生する社会
として，インクルーシブ社会の建設が提唱されている。この社会を
実現するために，国連および先進国は，①障害者に必要な各種のサー
ビス関連立法を制定し，障害者の権利を保障すること，②障害者
に対する差別を撤廃するための差別禁止立法を制定すること，とい
う2つの施策を明確にした。2006年には第61回国連総会で「障害
者権利条約」が採択された。

　日本は，障害者雇用に関しては長らく，障害者雇用の量的拡大を
めざす「割当雇用アプローチ」がとられてきた。しかし，障害者権
利条約の批准を求める声が強まり，2011年に障害者権利条約の趣
旨に沿う形で，障害者基本法を改正した。同法1条には，「障害の
有無によって分け隔てられること」のない共生社会（インクルーシ
ブ社会）の実現が掲げられ，4条2項には社会的障壁を除去するた
めの「必要かつ合理的な配慮」が規定された。さらに，同法の内容
を具体化する個別立法として，2013年6月，すべての分野の障害
者差別を禁止する「障害を理由とする差別の解消の推進に関する法
律」（障害者差別解消法）が成立し（2016年4月施行），ほぼ同時に，
障害者雇用促進法に差別禁止規定を導入する改正が行われた。障害
者差別解消法13条によって，雇用分野についての差別禁止は，全
面的に障害者雇用促進法に委ねられることになった。

　障害者雇用促進法は，募集・採用について，「障害者に対して，
障害者でない者と均等な機会を与えなければならない」と定め（34
条），また「賃金の決定，教育訓練の実施，福利厚生施設の利用そ
の他の待遇について，労働者が障害者であることを理由として，障
害者でない者と不当な差別的取扱いをしてはならない」と定めてい
る（35条）。事業主が適切に対処するために，詳細な「障害者差別

禁止指針」（平 27・3・25 厚労告 116 号）が策定されている。

差別禁止と後に述べる合理的配慮に係る条文の実効性を確保するため，厚生労働大臣は，事業主に対して助言，指導，勧告を行う（同法 36 条の 6）。また当事者から紛争解決の援助の申立てがあった場合には，都道府県労働局長が必要な助言，指導，勧告を行い（74条の 6 第 1 項），さらに紛争調整委員会に調停を行わせることができる（74 条の 7 第 1 項）。

同法 35 条が禁止するのは「不当な差別的取扱い」であり，障害者のための有利な取扱いは禁止されていない。そのため障害者のための「合理的配慮義務」が同法 36 条の 2 以降で規定されている。これについては本章 **5**（ポジティブ・アクションと合理的配慮）でとりあげる。

Column⑬ 障害者権利条約 ∼∼∼∼∼∼∼∼∼∼∼∼∼

日本は，2013 年 12 月 4 日の参議院本会議で障害者権利条約の締結を承認し，翌 2014 年 1 月 20 日に国連事務総長に批准書を寄託して141 番目の締約国になった。2019 年 8 月現在，179 カ国がこの条約を批准している。障害者権利条約は，障害を「発展する概念」と記している（条約前文(e)）。これは，同条約が，障害を固定的・確定的なものとしてではなく，社会・時代・文化によって変化するものととらえていることを意味する。これは，「障害の社会モデル」といわれるものであり，障害を，個人の身体的・精神的特徴から直接生じる不利益だととらえずに，個人のそのような特徴と社会のあり方との相互作用から生じる不利益だ，とする発想である。社会環境によって障害が作られるのなら，障害のある人が経験する制約を引き起こす社会のあり方そのものが問題とされなければならないということになる。

同条約は，このような「障害の社会モデル」を基礎にすえながら，障害に基づく差別の禁止を規定する。すなわち同条約は，「障害に基づく差別」を，「障害に基づくあらゆる区別，排除又は制限であって，……全ての人権及び基本的自由を認識し，享有し，又は行使することを害し，又は妨げる目的又は効果を有するもの」と定義する（条約 2

条）。このような規定方式は，障害以外の他の差別事由（たとえば性別や人種など）と共通する。

　加えて，この条約は，「障害に基づく差別には，あらゆる形態の差別（合理的配慮の否定を含む。）を含む」と述べており（同条），「合理的配慮義務の否定」もまた差別とみなしている（条約5条3項も参照）。ここにいう「合理的配慮」とは，障害者が人権を平等に享有し行使するための「必要かつ適当な変更及び調整」であって，「均衡を失した又は過度の負担を課さないもの」である（条約2条）。今日では，同条約にかぎらず，先進諸国における障害者差別禁止立法は，ほぼ共通して，障害に関わる「合理的配慮」を，国や事業主等に義務づけており，それを実施しないことを「差別」として禁止する規定をもつ。雇用に関する「合理的配慮」の具体例としては，職場の物理的な適応（車椅子へのアクセス確保，補助テクノロジーの導入，オフィス用品の適応など），職業上の訓練，職場における支援者の提供，労働条件の調整（労働時間，業務の再配分など）などがあるが，これら合理的配慮の措置は個々人ごとに異なり，かかる義務を履行するためにはかなり費用もかかるために，それらが事業主にとって「過度の負担にならないかどうか」を検討したうえで，差別の成否を問うのである。

性的指向・性自認を理由とする差別

人は，生まれたときの外性器による判断で「男」「女」と区分され，成長する過程で，社会からの働きかけにより「男」もしくは「女」としての役割を内面化する。そして性的に成熟する過程で性的指向（性的欲望がどの性別に向かうのか）が明らかになり，ジェンダー・アイデンティティ（性の自己認識，すなわち性自認）を完成させる。近代社会の法制度は，「性別二元主義（性別には男と女しかない）」と「異性愛主義（愛情は男女間にある）」というジェンダー秩序から成り立っていることが多い。しかし現実の社会では，ジェンダー秩序も多様であり，自己の生物学的性別に違和を感じる人や，同性愛や両性愛の人々などもいる。それらの人々は，性的マイノリティとして社会的差別を受けやすい。近年は，性的指向・性自認は

SOGI（Sexual Orientation and Gender Identity）と呼ばれ，差別を禁止する法がSOGI差別禁止規定をおくことも増えている。

　一方，日本にはこのような差別を明文で禁止する法律はない。「性別」を理由とする差別は，労基法4条，均等法で禁止されているが，「性別」を「男女別」のことと理解しているため，SOGI差別は均等法の射程外ということになる。一方，SOGI差別の実態は非常に多く，最近の男女共同参画の地方条例には，性差別とあわせて「性的指向・性自認」差別を禁止する規定を設けるものもあり，解釈上も，SOGI差別を性差別として禁止することは不可能ではないと思われる。

　性同一性障害で家庭裁判所から女性名に改名を認められた労働者が，女装出勤と女性トイレおよび更衣室の利用を申し出たところ，会社がこれを禁ずる業務命令を出し，違反した労働者を懲戒解雇した事件で，裁判所は，懲戒解雇を権利濫用にあたるとして無効とした（S社事件・東京地決平14・6・20労判830号13頁）。また，戸籍上は男性だが性同一性障害のため女性として勤務する国の職員が，女性用トイレの利用を制限されたことについて，東京地裁は国の制限を違法として，慰謝料の支払いを命じた（経産省職員事件・東京地判令1・12・12判例集未登載）。

5 ポジティブ・アクションと合理的配慮

> **均等法とポジティブ・アクション**

法律によって機会の平等が保障されても，長年にわたり差別されてきた人々が力をつけて競争に勝つことはそう簡単ではない。事実，人種や男女の職域分離に関して1960年代から80年代にかけて多くの国が差別を禁止する法律を制定したが，社会全般に広がっ

ている構造的な差別は，そう簡単には解消しなかった。

　そこで，平等を真に実現するという目的のため，単に差別を法律で禁止するだけではなく，事実上の平等を達成する方法として考案されたのがポジティブ・アクションである。ポジティブ・アクションとは，歴史的・構造的に差別されてきたグループに対して，過去の差別がもたらしている弊害を除去するための積極的な措置や施策をとることを意味する。そのために，日本でも，すでに述べたように均等法8条は，女性を対象とするポジティブ・アクションは差別ではないと「特例」を規定し，均等法14条は，国はポジティブ・アクションを講じる企業を援助できるという旨を規定しているのである。

　ただし，均等法14条に述べられているポジティブ・アクションは，あくまでも企業の任意に委ねられており，強制力はない。将来的には，企業に男女労働者の雇用状況を分析させ，その結果を行政機関に報告するように義務づける制度が必要であろう。この報告義務を課すことによって，ポジティブ・アクションが各企業で誠実に行われているのか，実際に改善がなされているのかを公的にチェックできるのである。

| 女性活躍推進法 |

　「女性の職業生活における活躍の推進に関する法律」(女性活躍推進法)は，2015年に制定され，2019年に改正された。同法は，女性の職業生活における活躍を推進する目的のため，101人以上の労働者を雇用する民間事業主（一般事業主）に対して，①自社の女性の活躍に関する状況把握と課題分析を行うこと（8条3項），②①の課題を解決するための数値目標と取組みを定めた「一般事業主行動計画」を策定し，届け出て，社内に周知し，公表すること（8条1項～5項），③自社の女性の活躍に関する情報を公表すること（20条）を，それぞれ義務づけている。③の情報の公表については，(ア)職業生活に関する機会

の提供の実績，(イ)職業生活と家庭生活との両立に資する環境整備の実績，として区分された項目のうち，301人以上の企業は，各区分から1項目以上を公表すること（20条1項），101人以上の企業はいずれか一方の区分から1項目以上を公表することが（20条2項），それぞれ義務づけられている。100人以下の企業については，①〜③は努力義務である（8条7項，20条3項）。

　行動計画に基づく取組みが優良と認定された事業主は，認定一般事業主，もしくは特例認定一般事業主であることの表示（前者は「えるぼし」表示，後者は「プラチナえるぼし」表示）を，対外的にも使用することができる（10条・12条）。

　雇用主としての国・地方公共団体（特定事業主）も，一般事業主と同様の義務を負う（19条・21条）。なお，情報公表に関する勧告に従わない場合には，企業名が公表される（31条）。

　本法は，均等法における任意のポジティブ・アクションから一歩進めて，企業に対して行動計画策定等を義務づけ，その実施についてもインセンティブの付与を通じて取組みを促している。情報公表によって企業内部の「見える化」をはかる手法は，新機軸といえる。

障害者に対する合理的配慮

前述のように，障害者雇用促進法は，募集・採用，ならびに，賃金の決定，教育訓練の実施，福利厚生施設の利用その他の待遇に関して，障害者に対する差別的取扱いを禁止している（同法34条・35条）。一方，事業主には合理的配慮措置をとることが義務づけられている。すなわち，募集・採用については，障害者からの申出により「障害の特性に配慮した必要な措置を講じなければならない」（36条の2）。また，すでに雇用している障害者には，均等な待遇や能力の有効な発揮の支障となっている事情を改善するために「障害の特性に配慮した職務の円滑な遂行に必要な施設の整備，援助を行う者の配置その他の必要な措置を講じなければならない」

（36 条の 3）。

　障害をもつ労働者からは，従前から，使用者に対して合理的配慮の不提供や廃止を争う訴訟が提起されてきた。身体障害者に対して合理的な理由なくかかる配慮を行わないことは，法の下の平等の趣旨に反するとして，判断にあたっては，勤務配慮を行う必要性・相当性と，これを行うことによる企業の負担の程度を考慮すべきとした判決もある（阪神バス事件・神戸地尼崎支決平 24・4・9 労判 1054 号 38 頁）。

　ただし，合理的配慮措置をとることが事業主に「過重な負担」を課すことになる場合には，事業主は，かかる配慮義務の提供を免れる（36 条の 2・36 条の 3 の各ただし書き）。負担の過重性を判断するには，企業規模，業種，企業の置かれている財政状況，経営環境や合理的配慮に関する経済的支援等も考慮すべきであり，詳細については，差別禁止と同じように，指針が出されている（「合理的配慮指針」平 27 厚労告 117 号）。

6 ハラスメントの防止・救済

事業主による措置義務　（a）**セクシュアル・ハラスメント**　1997 年には均等法改正により，事業主のセクシュアル・ハラスメント防止配慮義務が規定され，2006 年の法改正ではこれが措置義務となった。2006 年以降，均等法は男女双方に対する差別を禁止する法となったため，男性もまたセクシュアル・ハラスメントの法規制の対象である。均等法は，性的な言動に対する対応により労働者が労働条件について不利益を受けたり，就業環境が害されたりしないように，事業主に雇用管理上必要な措置を講じる義務を課している（11 条 1 項）。

2019年の法改正により，セクシュアル・ハラスメント等に起因する問題に関する国，事業主および労働者の責務が規定された（11条の2）。また，事業主に対して，相談等をした労働者に対する不利益取扱いが禁止され（11条2項），自社の労働者等が他社の労働者にセクシュアル・ハラスメントを行った場合の協力対応の努力義務規定が設けられた（11条3項）。

　均等法の指針（「事業主が職場における性的な言動に起因する問題に関して雇用管理上講ずべき措置についての指針」平18・10・11厚労告615号）は，事業主に対して11項目にわたる具体的な措置を講ずるよう求めている（うち1項目は望ましい措置。指針3⑵ハ）。たとえば，①セクシュアル・ハラスメントに対する方針を明確化して従業員に周知・啓発をはかること，②相談体制を整備すること，③セクシュアル・ハラスメントが生じた場合には迅速で適切な対応をとること，等である。

　同指針は，セクシュアル・ハラスメントは同性に対するものも対象であること，被害を受けた者の性的指向や性自認にかかわらず対象となること（指針2⑴），セクシュアル・ハラスメントの原因や背景にある性別役割分担意識に基づく言動をなくすことが重要であること（指針3⑴）などについて，注意を喚起している。

　均等法11条違反をめぐる紛争は，同法の他の条文をめぐる紛争と同様に，都道府県労働局長の助言，指導，勧告の対象であり（16条・17条），機会均等調停会議の調停が行われる（第4章**3**参照）。

　(b)　**マタニティ・ハラスメント**　　2016年に，均等法に，いわゆるマタニティ・ハラスメント防止の措置義務が設けられた（11条の3）。事業主は，「妊娠又は出産に関する事由であって厚生労働省令で定めるものに関する言動により……女性労働者の就業環境が害されることがないよう，……必要な措置を講じなければならない」旨の規定である。「事業主が職場における妊娠，出産等に関する言動

に起因する問題に関して雇用管理上講ずべき措置についての指針」（平28・8・2厚労告312号）によれば，上記の言動には，妊娠・出産に関する制度や措置の利用に関する言動（「制度等の利用への嫌がらせ型」）と，妊娠したこと，出産したことに関する言動（「状態への嫌がらせ型」）がある（指針2⑴）。指針は，13項目にわたる措置を講ずるよう事業主に求めている（うち2項目は望ましい措置。指針3⑵ハ，3⑷ロ）。ここにはセクシュアル・ハラスメントの措置義務にはない項目（ハラスメントの原因や背景となる要因を解消するための措置）が含まれていることに留意すべきである（指針3⑷）。マタニティ・ハラスメントが周囲の労働者の業務負担が増えることによって生じる場合もあることに留意しているものである。

(c) **ケア・ハラスメント**　2016年には，育児介護休業法の改正もなされ，育児休業・介護休業等の取得を理由とするハラスメント（いわゆるケア・ハラスメント）防止の措置義務規定も設けられた（育介25条）。措置義務の内容は，やはり指針に記載されている（「子の養育又は家族介護を行い，又は行うこととなる労働者の職業生活と家庭生活との両立が図られるようにするために事業主が講ずべき措置に関する指針」平21・12・28厚労告509号，第二の14⑵）。

(d) **パワー・ハラスメント**　一方，上記以外のハラスメント（いわゆるパワー・ハラスメント）も個別紛争事案のあっせん件数の相当数を占めており，およそ3割の事案で，あっせんの申請者が何らかの精神的な問題について，医師の診断を受けていることが明らかになった（「労働政策研究報告書No.123　個別労働関係紛争処理事案の内容分析」労働政策研究・研修機構，2010年）。これらの事態を重視して，2019年6月には，労働施策総合推進法が改正され，事業主のパワー・ハラスメント防止の措置義務が規定された（同30条の2第1項）。

　職場におけるパワー・ハラスメントとは，①優越的な関係を背景とした，②業務上必要かつ相当な範囲を超えた言動により，③労働

者の就業環境を害することである（同条）。事業主の具体的な措置義務の内容は，「事業主が職場における優越的な関係を背景とした言動に起因する問題に関して雇用管理上講ずべき措置等についての指針」（令2・1・15厚労働告5号）で具体的に示されている。措置義務に違反する事業主に対しては，厚生労働大臣による助言，指導，勧告がなされ，勧告に従わない事業主には企業名の公表が行われる（同法33条）。パワー・ハラスメントをめぐる紛争について援助の申出があった場合，都道府県労働局長は助言，指導，勧告を行い，当事者の求めに応じて調停を行う（30条の5・30条の6・30条の7）。

Column⑭ ILO「仕事の世界における暴力とハラスメント撤廃条約」〜〜〜〜〜〜

ILOは，2019年6月21日，第108回総会で，「仕事の世界における暴力とハラスメントの撤廃に関する条約第190号」と「同第206号勧告」を採択した。2019年はILO創立100周年であり，また，世界中で『#MeToo』運動などが高揚したことを受けて，政労使が賛成多数で合意に至ったものである。同条約は，「暴力とハラスメント」を，「身体的，精神的，性的又は経済的害悪を与えることを目的とした，またはそのような結果を招く若しくはその可能性のある一定の許容できない行為及び慣行」と定義する（1条1）。対象となる人々には，契約上の地位にかかわらず働く人，ボランティア，求職者および応募者その他が含まれ（2条1），加害者には，顧客やサービス利用者など第三者が含まれる（4条2）。さらに，加盟国には，「暴力とハラスメントを定義及び禁止する法令を制定する」ことが求められる（7条）。前述したように，2019年の法改正により，日本でも事業主の措置義務以外に各種ハラスメントに起因する問題に関する国，事業主および労働者の責務が規定された（均等11条の2，11条の4，育介25条の2，労働施策総合推進法30条の3）。しかしこれらは努力規定であり，ILO第190号条約にいう「暴力とハラスメントを禁止する法令」といえるか否か検討する必要がある。また，就職活動中の学生やフリーランスの人々を対象に含むこと，「加害者」として幅広く第三者への対応を行うことなどが，条約批准にあたっては重要となる。

　セクシュアル・ハラスメントやパワー・ハラスメントなどの行為が性暴力や脅迫・暴行などを伴う場合は，刑法上の犯罪の構成要件に該当する行為として，加害者は刑事責任を問われる（たとえば強制わいせつ罪や強要罪など）。同時に，民事上の責任については，不法行為や債務不履行等の要件に照らして法的な判断がなされ，事業主に対しても，使用者としての責任（民715条）や債務不履行責任（民415条）が問われることになる。

(a) **加害者の責任**　セクシュアル・ハラスメントに関しては，事実があったことが認定されれば，加害者本人の不法行為責任がほぼ認められる傾向にある（民709条）。セクシュアル・ハラスメントによって損なわれる法益は，「人格権」「働きやすい職場環境の中で働く権利」「性的自由ないし性的自己決定権等の人格権」である。

　一方，職場におけるいじめ・嫌がらせ一般は，性的言動と異なり，行為そのものは，職場内で上司が有する指導や指揮監督権限内の言動という様相を呈するものが多い。それだけに，その言動が本来許される限度を超えた人格的侵害に該当するか否かの判断は，なかなか難しい。裁判例では，上司からの扇風機の風当て，念書の提出の強要，殴打，侮辱的な中傷等が，社会通念上許される業務上の指導を超えて過重な心理的負担を与えたとされた例（日本ファンド事件・東京地判平22・7・27労判1016号35頁），上司が職場内の従業員に送ったメール内容が原告の名誉感情をいたずらに毀損するものであったとした例（A保険会社事件・東京高判平17・4・20労判914号82頁），上司が部下を大声で罵倒し，人間性を否定するかのような不相当な表現で叱責したことは不法行為を構成するとした例（三洋電機コンシューマエレクトロニクス事件・広島高松江支判平21・5・22労判987号29頁），病院に勤務していた労働者が自殺したのは先輩看護師によるいじめが原因であり損害を賠償すべきであるとした例（誠昇会北

本共済病院事件・さいたま地判平16・9・24労判883号38頁）などがある。

　セクシュアル・ハラスメントの場合は密室でなされることも多いため，第三者の証言や証拠がなく，裁判所が「被害女性の対応」について固定観念にとらわれると，発生した事実そのものを否定するということも生じうる。たとえば，横浜事件1審判決（横浜地判平7・3・24労判670号20頁）は，密室で上司が部下の女性に行った強制わいせつ的行為の認定にあたって，被害者女性が直接的な抵抗をしなかったことは不自然だとして，原告の主張を信用できないとした。しかし，控訴審（東京高判平9・11・20労判728号12頁）は，性暴力を受けた女性が「逃げたり声を上げたりすることが一般的な対応であるとは限らない」として，被害者の供述を認めた。不法行為の違法性の判断では，行為の具体的態様，当事者相互の関係，とられた対応等が総合的に吟味される。裁判所が誤った固定観念にとらわれている場合には，この総合的な判断は正しく行われないことになる。

　(b)　**使用者の責任**　　加害者のみならず，企業の法的責任も問われる。判決では，被用者が他人に「事業の執行につき」損害を与えた場合に，会社が使用者責任による損害賠償責任を負うとするもの（民715条），専務取締役らが行ったセクシュアル・ハラスメント行為への対応を放置した使用者が逆に被害者を処分したケースについて，不法行為上の注意義務に違反したとして，会社自体が不法行為による損害賠償責任を負うとするもの（民709条）などがある（岡山労働者派遣会社事件・岡山地判平14・5・15労判832号54頁）。

　さらに，会社に対して，労働契約上使用者が負う付随義務の不履行（債務不履行責任）を根拠に，損害賠償を命じるケースもみられる（民415条）。たとえば男性上司の日常勤務中の「ひわいな言動」や深夜勤務中の休憩室でのわいせつ行為について，使用者が当該男性

上司の日常の言動に何ら対応しなかったことは，労働契約中の付随義務として使用者が負担する「職場環境配慮義務」を怠ったものと認定した判決がある（三重厚生農協連合会事件・津地判平9・11・5労判729号54頁）。また京都呉服販売会社事件（京都地判平9・4・17労判716号49頁）は，セクシュアル・ハラスメントの被害者が退職を余儀なくされたことに関して，会社には，雇用契約に付随して，従業員がその意に反して退職することがないようにする「職場環境整備義務」があるとした。

使用者には，従業員である上司たちが優越的立場を利用して職場内で人権侵害を生じさせないように配慮する義務がある，とした判決もある（日本土建事件・津地判平21・2・19労判982号66頁）。川崎市水道局事件（横浜地川崎支判平14・6・27労判833号61頁：東京高判平15・3・25労判849号87頁）では，先輩労働者によるいじめについて，管理職が執拗ないじめを制止せず適切な処置を怠ったとして，市に安全配慮義務違反があったと判示した。

(c) **懲戒処分**　事業主は措置義務として，ハラスメントが生じたことが確認された場合には，行為者に対する措置を適正に行うことが求められている。その場合は，就業規則その他の文書にある規定に基づき，必要な懲戒その他の措置を講ずることになる。近年の訴訟は，処分対象になった労働者からの懲戒処分無効の訴えが増えている。最高裁は，L館事件（最1小判平27・2・26労判1109号5頁）において，懲戒処分は有効であるとの判断に至った。本件は，1年余りの間，職場で露骨な性的な話をし続けて部下の女性たちを退職に追い込んだとして，10日から30日間の出勤停止処分となった2人の管理職が，当該処分の無効を訴えた事案である。最高裁は，1年余にわたって繰り返した多数のセクシュアル・ハラスメントは，著しく侮蔑的で下品な言辞で部下を侮辱し，困惑させるような行為であり許されず，処分は妥当である，と判示した。

(d) **損害賠償額**　　損害賠償額は一般的に低額であるが，事例によっては高額の賠償を命ずる判決もある。裁判所は，慰謝料のみならず，被害者に支払われる損害額としての逸失利益の算定をより明確に行うようになった。とくにセクシュアル・ハラスメントを受けたために身体的に不調となり退職を余儀なくされた事案では，被害を受けた労働者の年収に等しい損害額の賠償を命じている（日銀事件・京都地判平 13・3・22 判時 1754 号 125 頁，前掲・岡山労働者派遣会社事件）。

★ **参考文献**────
　雇用における男女平等全般については，『講座労働法の再生第 4 巻　人格・平等・家族責任』（法律文化社），山田省三「わが国雇用平等法理の総括とその再検討」『現代雇用社会における自由と平等』（信山社），**均等法については**，浅倉むつ子「雇用の分野における男女の均等な機会及び待遇の確保等に関する法律」『戦後労働立法史』（旬報社），**女性差別撤廃条約については**，林陽子「女性差別撤廃条約成立 40 周年」『「尊厳ある社会」に向けた法の貢献』（旬報社），**障害者差別と合理的配慮については**，永野仁美・長谷川珠子・富永晃一編『詳説　障害者雇用促進法』（弘文堂），**性的指向・性自認を理由とする差別については**，LGBT 法連合会編『「LGBT」差別禁止の法制度って何だろう？』（かもがわ出版），**ハラスメントについては**，山川隆一「職場におけるハラスメントに関する措置義務の意義と機能」『現代雇用社会における自由と平等』，小畑史子「パワー・ハラスメント防止のための法政策」日本労働研究雑誌 712 号。

第5章 労使紛争への新たな対応

労使間において発生する紛争を解決するためには，なによりもそのような紛争の特質を踏まえた対応が必要となる。また，近年，集団的労使紛争よりも個別労使紛争が増大したことに対応するため，個別労働関係紛争処理法や労働審判法が制定された。本章では，現在の労使紛争処理システムの概要について学ぶ。

1 労使紛争の特徴と動向

労使紛争の特徴　労使間において生ずる紛争には，他の領域の紛争にはない，いくつかの特徴がある。

第1に，労使紛争の多様性である。労働契約の成立，労働条件の決定や変更，人事・処遇，賃金不払，懲戒処分，解雇など，労働関係の形成から終了に至るそれぞれの段階において，多様な形態の紛争が生ずる。しかも，就労実態の変化や雇用形態の多様化などを背景として，常に新たな形態の紛争が発生することも，その特徴といえる。

第2に，労使紛争は，労働関係の二面性に対応して集団的紛争と個別的紛争に大別される。個別的紛争がもっぱら個々の労使間の権利・義務をめぐる紛争であるのに対し，集団的紛争は，集団的利害関係が複雑に絡み合い，将来に向けての円滑な労使関係の形成という視点からの解決が必要とされるため，その処理においては格別の

配慮が必要となる（第20章**4**参照）。

　第3に，労使紛争には，契約や法令などの解釈を通じて権利義務の内容を確定することによって解決できる紛争（権利紛争）と，労働条件内容の決定・変更など，本来は当事者が交渉と合意を通じて解決すべき紛争（利益紛争）がある。そのため，労使紛争は，そのような紛争の性格に応じた解決が望ましいことはもちろんであるが，場合によっては利益紛争が権利紛争の形を取って争われることもある（その典型が，就業規則変更の問題である。第9章参照）。

　そして第4に，労使関係は，経済的取引関係であること以上に継続的な人間関係としての性格を有しており，労使間の信頼関係がその形成の基礎となる。そのため，労使紛争は金銭的な損得勘定では処理できないことも少なくなく，労使の信頼関係が崩れたとき，その紛争はいっそう深刻なものとなる。とりわけ，労働者が解雇などの使用者の措置によって自己の人格や人権そのものを侵害されたと受け止めたような場合には，その回復自体が紛争解決の目的となる。そのような人格や人権の回復を目的とする訴訟のことを人格訴訟と呼ぶことがある。

　以上のような特徴を有する労使紛争の適切な解決のためには，そのような特徴にふさわしい紛争処理の仕組みが用意されるべきことはもちろんであるが，実際の紛争処理に当たる人や組織にとっても，労使関係と労使紛争の特質や，紛争の背景的事情にも十分に通じているという意味での専門性が要請されることになる。

労使紛争処理システムとその展開

(a)　**従来の紛争処理システム**　　労使間において生じた紛争は，通常は，まず労使間における自主的な解決努力に委ねられる。企業内にはそのための苦情処理手続が置かれることがあり，労働組合がある場合には労働組合が関与することもある。そのような自主的な解決ができない場合には，外部の相談窓口や紛争処理機関など

の援助を求めることになる。地方公共団体に設置された労働セン
ターなどの相談窓口も紛争解決援助を行っており，地域の労働組合や
経営者団体，弁護士会なども相談窓口を開設している。また，すで
に取り上げた労働基準監督署は労基法の適用を監督し，労働委員会
は集団的な労使紛争を処理する機関である（以上につき，後掲**図表5-1**
参照）。

　そのような援助によっても紛争が解決されない場合には，より強
力な紛争解決手段に訴えることになる。それは，一般には裁判の提
起であるが，それ以外にも，裁判所で行われる民事調停や，弁護士
会に置かれた仲裁センターにおける仲裁という手段もある。裁判に
関しては，外国では通常の裁判所組織とは別個の労働事件専門の組
織が置かれることがあるが，わが国にはそのような制度は存在せず，
裁判は通常の裁判所に提起することになる。

　◆**外国の労使紛争処理システム**　外国では，労働事件の専門性に配慮し，
労使紛争に特有の紛争処理機関が設けられることも多い。たとえばド
イツでは，職業裁判官と労使から任命された裁判官で構成される労働裁判
所 Arbeitsgericht があり，それ自体が三審制をとっている。フランス
では，個別労働事件を扱う1審の労働審判所 Conseil de prud'homme
は，労使から選挙で選ばれた審判員によって構成され，わが国の最高裁
に相当する破毀院には，労働事件を担当する社会部が置かれている。ま
た，イギリスの助言・あっせん・仲裁局（ACAS：Advisory, Conciliation
and Arbitration Service）はあっせん等を行う行政機関であり，ほかに特
定の民事労働紛争を扱う雇用審判所（Employment Tribunal）が置かれ
ている。

　これらの国について注目されるのは，とくにその処理件数である。ド
イツの労働裁判所における受理件数が毎年約60万件，フランスの労働
審判所における受理件数が毎年約20万件という数字と比べて，わが国
の裁判所における労働事件の通常裁判の受理件数は，近年増加傾向にあ
るとはいえ，せいぜい毎年3000件程度にとどまっており（これとは別に，
労働審判の動向につき，後掲**図表5-5**参照），その間には雲泥の差があった。

(b) **労使紛争処理システムの新たな動向**　最近の労使紛争の傾向として，集団的労使紛争が次第に減少し，逆に個々の労働者と使用者の間の個別労使紛争が急増し，その内容も多様化している。そこで，そのようなことに対応するため，1998年の労基法改正により，それまではもっぱら労基法の適用監督を行っていた労働基準監督署が個別労働紛争解決の援助を行うことができることとなり（実施主体は都道府県労働局長），2001年にはそのための独立した法律として「個別労働関係紛争の解決の促進に関する法律」が制定された。

　さらに，1999年に始まった司法制度改革の流れは，労使紛争処理システムにも大きな影響を及ぼすことになった。2001年6月の司法制度改革審議会意見書では，雇用・労働関係に関する専門的な知識経験を有する者の関与する裁判制度の導入の当否などについて検討を開始すべきことが提言され，そのことが新たな労働審判制度の導入へとつながったのである。

　なお，2007年4月からは，訴訟手続によらずに公正な第三者が関与してその解決を図るという裁判外紛争解決手続（ADR）促進のため，第三者機関の認証制度や時効の中断などについて定めた「裁判外紛争解決手続の利用の促進に関する法律」が施行されており，社会保険労務士協会連合会と各地の都道府県社会保険労務士会などが同法に基づく法務大臣による認証を受け，個別労働紛争のあっせんなどを行っている。

2 労使紛争処理システムの概要

　現在の労使紛争処理システムの概要を図示すると，**図表5-1**のようになる。以下では，このうちの個別労働関係紛争処理制度，労働審判制度と労働訴訟について概説する。

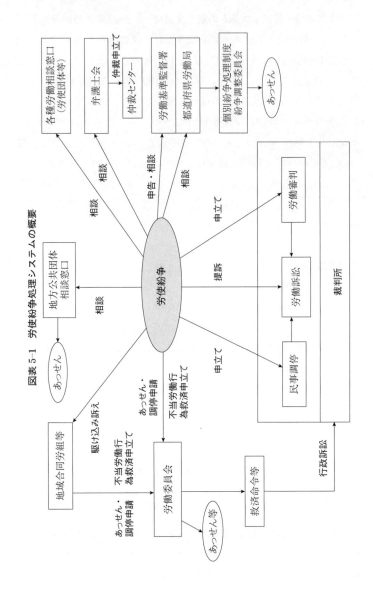

図表 5-1　労使紛争処理システムの概要

```
労働者 ┄┄┄ 労使紛争 ┄┄┄ 事業主
┌─────┐      ┌─────────────┐      → 解決
│ 企業 │      │ 自主的解決努力 │
└─────┘      └─────────────┘
                    │ 不調
┌─都道府県労働局──────────────────────────┐     ＊都道府県によ
│                   │ 相談・申立て                    │      る施策
│         ┌──────────────────┐    提携      →労働委員会
│         │ 総合労働相談コーナー │ ←─────→   ＊労使団体等の
│         │ 労働問題に関する相談  │    移送        相談窓口
│         │ ワンストップ・サービス │
│         └──────────────────┘
│                   │
│         ┌──────────────────┐
│         │ 紛争解決援助の対象とすべき事案 │
│         └──────────────────┘
│                   │                               労働基準監督署
│  ┌──────────┐  ┌──────────────┐     公共職業安定所
│  │ 紛争調整委員会 │ ←│ 都道府県労働局長 │     雇用均等室 等
│  │ 幹旋委員(学識経 │  │ による助言・指導 │
│  │ 験者)によるあっ │  └──────────────┘
│  │ せん・あっせん案 │
│  │ の提示       │
│  └──────────┘
└──────────────────────────────────────┘
```

個別労働関係紛争
処理制度

　　個別労働関係紛争解決促進法は，個々の労働者（求職者を含む）と事業主との間の紛争（個別労働関係紛争）の迅速かつ適正な解決を図ることを目的として，2001 年に制定されたものである。それによれば，都道府県労働局長は，個別労働関係紛争に関して必要な助言または指導をすることができ（4 条 1 項），紛争当事者の双方または一方からあっせんの申請があった場合には，都道府県労働局に置かれ，学識経験者によって構成される紛争調整委員会にあっせんを行わせる（5 条以下）。そのような援助のための窓口としては，各都道府県労働局に総合労働相談コーナーが置かれ，そこでいったんすべての相談を受け付けたうえ，必要があれば別の窓口等が紹介される（ワンストップ・サービスという。**図表 5-2** 参照。相談の実績につき，**図表 5-3** 参照）。この場合の相談内容についてみると，2012 年には，いじめ・嫌がらせ問題が，それまで最多であった解雇問題をはじめて上回った。また，地方公共団体は，当該地域の実情に応じ，個別労働関係紛争を未然に防止し，個別労働関係紛争の自主的解決

図表 5-3　個別労働関係紛争解決促進法の施行状況 （2018 年度）

1	総合労働相談件数	1,117,983 件 （1.2% 増*）
2	民事上の個別労働紛争相談件数	266,535 件 （5.3% 増*）
3	助言・指導申出件数	9,835 件 （7.1% 増*）
4	あっせん申請件数	5,201 件 （3.6% 増*）

*増減率は，2017 年度実績と比較したもの。

を促進するための情報の提供，相談，あっせんその他の必要な施策を推進するように努めるものとされるが（20条），この施策は都道府県労働委員会に行わせることもできることになっており，現在は東京都などごく一部を除いて労働委員会も個別労働関係紛争の処理に関与している。

労働審判制度　2004 年に制定された労働審判法により，新たに労働審判制度が導入され，2006 年 4 月から施行された。

　労働審判制度とは，個別労働関係事件について，裁判官である労働審判官 1 名と，労使としての知識経験を有する労働審判員各 1 名（それぞれ，労使団体の推薦により選出される）の計 3 名で構成される労働審判委員会（7 条以下）により，迅速かつ簡便な方法によって紛争を解決することを目的とする制度である（**図表 5-4 参照**）。労働審判手続は，労使当事者の一方による管轄を有する地方裁判所（ただし，地裁の支部は除かれる）に対する申立てによって開始され（5 条。なお，労働審判手続を行うことが適当でないと認められたときは手続は終了し，通常の裁判に移行する。24 条），原則として 3 回以内の期日（15 条 2 項）により，調停成立の見込みがある場合にはそれを試み，それに至らないときは労働審判委員会が多数決により（12 条），紛争解決のための審判を行う。この審判は，当事者間の権利義務の確認や金銭の支払などを命じるほか，紛争解決のために相当と認める事項を定めるものとされ（20 条 2 項），かなり柔軟な内容となることが想定されている。労働審判は，当事者の一方から 2 週間以内に異

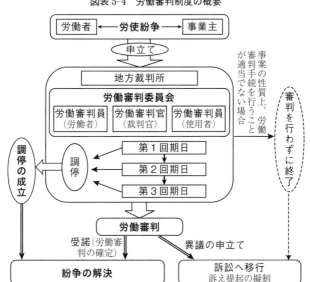

図表 5-4　労働審判制度の概要

議の申立てがあればその効力を失い（21条），通常の訴訟に移行することが可能となるが（その場合には，労働審判申立ての時に訴えの提起があったものとみなされる。22条），当該労働審判は民事訴訟法23条1項6号にいう「前審の裁判」には当たらず，労働審判に関与した裁判官が訴訟移行後の判決をしても違法ではないとされている（小野リース事件・最3小判平22・5・25労判1018号5頁）。逆に労働審判が当事者双方により受諾された場合には，和解と同一の効力を有することになる（21条4項）。また，労働審判制度が対象とする「労働関係」とは事実上の使用従属関係を含むとして，労働審判の申立てを緩やかに認める判断を示した裁判例がある（労働審判抗告事件・大阪高決平26・7・8労判1094号89頁）。

　労働審判の新受件数は，その導入から2009年まで増加し，以降はほぼ横ばいとなっている（図表5-5参照）。当初は都道府県庁所在

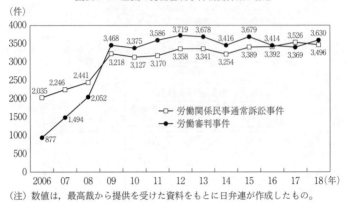

図表 5-5　全国の労働審判事件新受件数の推移

（件）

（注）数値は，最高裁から提供を受けた資料をもとに日弁連が作成したもの。

凡例：
□ 労働関係民事通常訴訟事件
● 労働審判事件

地と北海道に存在する地方裁判所本庁 50 か所で申立てを受理していたが，2010 年 4 月からは，東京地裁立川支部と福岡地裁小倉支部でも申立てを受理することになり，その後，静岡地裁浜松支部，長野地裁松本支部，広島地裁福山支部にも広げられた。実際の労働審判手続においては，期日が原則 3 回に限定されているため，事前に十分な証拠収集や主張・争点整理などの準備を行う必要があることから，ほとんどの場合に弁護士が当事者の代理人となっている。また，労働審判手続に係属した事件の多くは和解によって解決しており，労働審判がなされた場合にも，その 3 分の 1 以上が当事者双方によって受諾されている。

　このような状況を前にして，労働審判制度についての評価はおおむね良好である。何よりも，その迅速で適切な解決についての評価は高く，労使の審判委員の役割についても評価する向きが多い。ただし，この制度が今のところ順調に機能している背景には，弁護士のアドバイスにより最初から労働審判手続になじむような事件が選別されて申し立てられているという事情も考えられ，逆に，弁護士に依頼せざるをえないということが，費用の面で手続の申立てを躊

踏させる可能性がないとはいえない。今後とも，制度の運用実績を
踏まえた手続や要件の見直しが必要であろう。

> **労働訴訟**　　労使紛争をめぐる裁判は，通常は，労働者
> による地位の確認や金銭の支払請求などを
内容とする民事訴訟として提起される。緊急を要する場合には，地
位保全や賃金仮払などの仮処分が申し立てられることもある。この
場合，訴額や訴えの性質に応じて，地方裁判所または簡易裁判所が
第1審となるが，訴えの提起先は，使用者の主たる事務所または営
業所の所在地を管轄する裁判所であることが原則である（民訴4条
以下）。

◆**国際裁判管轄**　労働関係の国際化に伴い，労使間に紛争が生じた場合
の国際裁判管轄についても問題となることがある。たとえば，外国企業
の日本国内に設立された子会社閉鎖に伴う解雇をめぐる紛争につき，日
本の裁判所が管轄権を有するとされた事例（リーダーズダイジェスト事
件・東京地判平元・3・27労民集40巻2＝3号323頁；労判536号7頁）や，外
国企業と日本人労働者の間の雇用関係につき，外国の裁判所を専属的管
轄裁判所とする合意が有効に成立していたとして，日本の裁判所への提
訴が不適法とされた事例（ユナイテッド航空事件・東京地判平12・4・28労判
788号39頁；東京高判平12・11・28労判815号77頁）がある。なお，2011
年の民事訴訟法改正により，労働契約の存否その他の労働関係に関する
「個別労働関係民事紛争」についての労働者から事業主に対する訴えは，
「労働契約における労務の提供の地（その地が定まっていない場合にあ
っては，労働者を雇い入れた事業所の所在地）が日本国内にあるときは，
日本の裁判所に提起することができる」ことが規定された（民訴3条の4
第2項）。

これに対して，公務員の場合には，免職や懲戒処分などの人事上
の措置は一種の行政処分として捉えられるため，それを争う場合は
行政訴訟により，その取消を請求することになる。また，労災保険
法に基づく労災認定や労働委員会による命令についても，それが行
政処分であることから，それらを行った行政庁の所属する国または

公共団体を相手取った行政訴訟として争われることになる。そのほか，労働法令の中には労基法や安衛法など罰則規定が付されたものが多いため，その違反については刑事事件となることもある。

Column⑮ **証拠の偏在と文書提出命令等** 〜〜〜〜〜〜〜

　労働訴訟の特徴の1つとして，証拠の偏在ということがある。たとえば，使用者による配転などの人事措置や人事考課，解雇などについて，たとえ労働者がそれを不当なものだと感じても，それらに関する資料や判断材料はすべて使用者が保有しており，労働者は通常それを知ることができない。そのため，そのような措置が不当であることを労働者が裁判で直接立証することは，きわめて困難である。そこで，近年，民事訴訟法の改正により文書提出命令の制度が整備されたこともあり，それを利用することによって，そのような事態を打開しようとする動きが見られる。

　文書提出について定めた民事訴訟法220条は，文書所持者が一定の場合に文書提出義務があることを前提に，例外としていくつかの除外文書について定めているが，たとえば労基法108条により使用者に作成が義務付けられた賃金台帳がそのような除外文書に当たらないことは，すでにいくつかの裁判例によって認められている（石山事件・東京高決平17・12・28労判915号107頁など）。また，アスベスト（石綿）に起因する労災民事訴訟に関し，労災認定に係る請求書やそれに添付された職歴証明書などの提出が命じられた事例（ニチアス事件・大阪高決平25・6・19労判1077号5頁）や，ハラスメント関連文書の提出が命じられた事例（国立大学法人茨城大学事件・最1小決平25・12・19民集67巻9号1938頁；労判1102号5頁）がある。

〜〜〜〜〜〜〜〜〜〜〜〜〜〜〜〜〜〜〜〜〜〜〜〜〜〜〜

★ **参考文献**―――――

　個別労働紛争の現状と課題について，「特集　個別労働紛争の実際と法的処理の今後」ジュリスト1408号。**外国の紛争処理システムについて**，毛利勝利編『個別労働紛争処理システムの国際比較』（日本労働研究機構）。**労働審判制度の実情について**，アンケート調査や事情聴取をもとに分析したものとして，菅野和夫＝仁田道夫＝佐藤岩夫＝水町勇一郎編著『労働審判制度の利用者調査――実証分析と提言』（有斐閣）。

Ⅲ　労働のステージ

　現在，約 6000 万人の人々が雇用者として，つまり労働すること
によって生活している。この職業生活において，公平・公正なルー
ルの下に働く者が人間らしく過ごせるように支援することは，労働
法の重要な役割の 1 つである。

　ここでは，就職活動に始まって，退職に終わる職業生活の過程で
生じる可能性のあるさまざまな法律問題を検討する。つまり，募
集・採用に始まる労働契約の締結過程，人事異動，労働条件の変
更，労働契約の終了など職業生活をステージごとに分けて，そこで
形成されている法的ルールを紹介する。

　雇われる者にとって，職業生活における法的ルールを知ること
は，快適な職業生活を送る前提条件であろうし，雇う側にとって
も，不必要な紛争を防止するために不可欠なことといえる。

第6章 労働契約と労働契約法

労働契約およびその当事者である労働者・使用者は，労働法の基本概念である。本章では，労働契約の生成過程を振り返り，労働契約法の基本的仕組み，労働契約の権利義務関係，および労働契約の当事者について解説する。労働契約の原則とこれらの基本概念についての理解は，個別労働関係の法的構造を把握するために不可欠となろう。

1 労働契約とは

雇用から
労働契約の誕生へ

労働契約法（労契法）は，労働契約を実質的に「労働者が使用者に使用されて労働し，使用者がこれに対して賃金を支払う」ものと定義している（6条）。労働法の基本概念である労働契約の誕生は，産業革命による工場労働の発展と不可分であった。

工場労働は，従来の職人タイプの労働者とは異なり，自律性の乏しい労働に従事する未熟練の労働者を大量に発生させた。これらの労働者は，使用者に対する対等性を著しく欠くため，長時間労働や劣悪な作業環境の下での就労を余儀なくされ，その結果，健康破壊などのさまざまな社会的弊害が生じた。そこで，工場法にはじまる労働立法は，私的自治の名のもとに放置されていた工場労働者の労働条件について，罰則付きの行政取締法規により公法的規制を加え

図表 6-1　役務型の契約の諸類型

	目　的	役務給付の裁量性	有償性
雇　用	役務の給付	使用者の指揮監督下	要
請　負	役務の結果の給付	自己の裁量	要
委　任	役務の給付	自己の裁量	不要

ることにより，労働者保護を図ろうとした。

　契約の一般法としての民法は，労務供給契約の典型契約として雇用（623条以下），請負（632条以下），委任（643条以下）などの類型を規定しているが（それぞれの特徴については，**図表 6-1**参照。このほか物の保管にかかわる役務を対象とする寄託〔民657条以下〕がある），労働立法が当初その対象としたのは，工場労働であり，契約類型としてみれば使用者の指揮監督にもとづいて労働を供給する雇用であった。日本の工場法は，規制内容および適用対象を狭く限定していたが，労基法によって，規制内容が豊富化し，かつ適用範囲もほぼ労働者全体に広がったのである。そして労基法は，その適用対象となる労働者と使用者の契約関係を労働契約と命名した。

　以上のように労働契約は，私法上の契約類型である雇用について，当事者の私的自治において生じた弊害から労働者を保護するために，公法的な規制が加えられたことによって生まれた概念である。したがって，労働契約は，私法上の契約類型としては雇用と同一である。

労働契約と
民法の労務供給契約
（雇用・請負・委任）

労働契約と同一の契約類型である雇用と請負・委任などの他の労務供給契約とは，明瞭な境界があるわけではない。他人の役務（サービス）の利用を目的とする契約は，現実の社会には多様な姿で存在しており，したがって複数の典型契約の特徴を備える混合契約が存在している。私的自治を原則とする私法上の契約は，当事者の意思を尊重しながら，契約ごとに適切な法

規を適用すればよいのであり，それぞれの典型契約について，その概念の外延を明確にする必要はない。つまり私法上の契約の世界では，雇用とも請負とも委任とも割り切れない労務供給契約があっても支障はないのである。

しかし労働契約は，労基法などの公法的規制を受ける以上，当事者の主観的意思にかかわらず，その概念の外延を明確にしなければならない。つまり，ある労務供給契約が労働契約であるか否かは，契約当事者が当該契約に与えた呼称または法形式にとらわれず，客観的・実質的に判断されることになる。これは，具体的には，後述の労働者概念による労基法・労契法などの労働関係法令の適用範囲を確定する作業と基本的に一致する。

2 労働契約法のあらまし

労働契約法の制定と
その基本的性格

日本の裁判所は，労働法規に定める労働紛争解決のルールが乏しいなかで，信義則（民1条2項），権利濫用法理（同条3項）および公序良俗（90条）などの民法の一般条項を活用して，労働契約の構造的特質と日本の長期（終身）雇用慣行を踏まえて，労働民事紛争の解決ルールとして解雇権濫用法理や懲戒権濫用法理，就業規則による労働条件不利益変更法理などの労働契約法理と呼ばれる判例法理を積極的に形成してきた。

近年，個別労働紛争が増加するなかで，労働契約に関する紛争解決ルールを立法化することが極めて重要な社会的要請となった。この社会的要請に応えて，まず解雇権濫用法理が労基法に明文化され（労基旧18条の2），2007年，労働審判制度の発足などを背景に，これまで形成された判例法理である労働契約法理の一部を立法化し，

労働契約に関する民事的なルールの基本法として労契法が制定された。

また，有期労働契約法制を整備した 2012 年労契法改正は，有期労働契約の雇止めに関する判例法理を取り入れただけにとどまらず（労契 19 条），有期雇用労働者に無期転換申込み権を付与し（18 条），また，有期労働契約と期間の定めのない労働契約との労働条件の不合理な相違を禁止するという新たなルールを導入した（労契旧 20 条，2020 年にパートタイム・有期雇用労働法に移行）。これによって労契法は，判例法理の明文化だけではなく，積極的に労働契約に関する労働民事紛争解決ルールを定めるという性質ももつことになった（労契旧 20 条。2020 年にパートタイム・有期雇用労働法に移行）。

労契法の制定によって，個別的労働関係法は，2 つの類型の労働法規を有する法分野となった。すなわち，労基法などの最低労働条件などについて公法的な規制を行う労働法規と労契法などの民事紛争解決のルールを定める労働法規である。また，パートタイム・有期雇用労働法および労働者派遣法も非正規雇用に関する民事労働紛争解決のための法規としての性質を有するようになった。

労契法は，すべての判例法理を明文化したわけではなく，労働契約について全般的なルールを定めるには至っていない。したがって，労契法に明文化されていない判例法理の役割はなお重要であり，また労契法に規定のない契約ルールについては，なお民法に規定される一般契約法が適用される。

労契法は，労使が自主的な交渉の下で，合理的な労働条件の決定または変更が行われることを目的としている。そして，この目的の実現のために「合意の原則その他労働契約に関する基本的事項を定め」ている（労契 1 条）。

労働契約法の基本理念：合意の原則

「合意の原則」は，労契法の基本理念である（なお，労契 3 条 1 項

も参照）。労働契約は，一般的に事業目的を達成するための組織である企業がその必要な労働を確保するために締結する。また，労働者は，労働契約によって雇用されることによって基本的に生活の糧を得ている。この事実から，労働契約は，その成立から終了に至るまで，基本的に使用者が労働者に優越する非対等な関係にあることが最大の特色である（労使の非対等性，交渉力および情報力の格差）。

　労使の非対等性を踏まえて，個別合意を制約することは，労働法制の基本的特徴の1つである。労働契約においては，対等平等な人格を前提とする民法に規定される契約に関する一般的ルールを修正して適用することを要請するものであり，このことは労働契約をめぐる法的紛争において常に配慮されるべきことである。労契法の「合意の原則」の趣旨は，使用者による労働条件の一方的決定を法的に認めないということである。言い換えれば，あくまで労使が真に対等な立場での合意によって労働条件を決定することを原則としているのである。したがって，「合意の原則」は，単なる理念にとどまらず，今後の労契法の解釈適用および労働契約をめぐる解釈における最も重要な指導理念としての機能を有するという意義がある。

　もっとも，労契法は，この合意の原則によって貫徹された法律と評価することはできない。後述のように労使の合意を欠いても，就業規則の定める労働条件が労働契約の内容となるという例外を認めているからである。また，労使の自主的交渉において，労働組合の支援なしに，実質的に対等な労働条件を決定するための支援制度を欠いており，この合意の原則が現実に機能するための条件整備に関する解釈論および立法論が今後の課題である。

労働契約法の基本原則　労契法は，労働契約の締結・変更における労働契約の原則として，合意の原則（3条1項），就業の実態に応じた均衡の考慮の原則（同条2項），仕事と生活の調和の配慮の原則（同条3項），労働契約における信義誠実の原

則（同条4項），権利濫用の禁止（同条5項），労働契約の内容の理解の促進（4条）および安全配慮義務（5条）を規定している。

労働契約の締結・変更における合意の原則は，労契法の基本理念の再確認である。

労契法が「就業の実態に応じた均衡考慮」の原則および「仕事と生活の調和の配慮」の原則（いわゆるワーク・ライフ・バランスの理念）を労働契約の原則としたことは，もともと契約の自由が支配すると考えられてきた領域を制約を加えるという意味で重要な意義を有する。いずれも，訓示規定にとどまるが，労契法および労働契約一般の解釈に関する指導理念としての役割を担う。なお，現在では，パートタイム・有期雇用労働法および労働者派遣法（第8章参照）が就業の実態に応じた均衡の考慮を基礎に正規雇用と非正規雇用の労働条件の格差が不合理であってはならないという民事労働紛争の解決ルールを定めるに至っている。

労働契約における信義誠実の原則および権利濫用の禁止は，判例法理である労働契約法理の形成に重要な役割を果たした民法の原則を労働契約について具体的に明示したものであり，労契法および労働契約一般の解釈に重要な役割を担う。これらは，後述の労働契約の付随義務の根拠となる規定としての意義も担う。

労働契約の内容の理解を促進するために，労契法は，使用者が労働条件などの労働契約の内容について労働者の理解を深めるようにすること（労契4条1項），および，労使がそれを書面で確認するよう努めること（同条2項）としている。これは，合意の原則を実質化するための手続の1つを示すものである。訓示規定にとどまるとはいえ，今後の労働契約のあり方を考えるうえで重要な理念を示している。

安全配慮義務は，すでに判例法理として定着した使用者の義務を明文化した意義を有する（第16章参照）。

労働契約の成立に関する規定（労契6条）は，実質的に労契法における労働契約の定義を示す意義を有するとともに，労働契約が労働者および使用者の合意によって成立すると規定し，労働契約の合意原則を明示している。また，労働条件の変更も労使の合意によるとしている（8条）。そして，労契法は，労働条件の決定と変更に関する労働契約と就業規則との関係について定める（7条・9条・10条・12条）。

労契法は，労働契約紛争について形成された判例法理の一部を明文化している。具体的には，出向命令権，懲戒処分権および解雇権の行使並びに有期労働契約の雇止めにおいて，使用者の権利濫用があった場合に，その権利行使を無効とする規定である（14条〜16条・19条〔第11章・第12章参照〕）。また，有期労働契約の期間途中の解雇には，「やむを得ない事由」を要するとした（17条1項。第12章参照）。さらに，有期労働契約の積極的利用の意義と非正社員の雇用の安定のバランスをとるために，無期転換申込み権（18条）および有期雇用労働者と通常の労働者との不合理な労働条件の相違を禁止した（労契旧20条，以上については，詳しくは第8章参照）。

3 労働契約の権利義務関係

労働契約の定義からわかるように，労働契約において，労働者は労働義務および賃金請求権があり，使用者は賃金支払義務および労働給付請求権がある（労契6条。**図表6-2**および第10章 *1*参照）。

これが労働契約における労使
の基本的権利義務である。

図表 6-2　労働契約と労使の基本的権利・義務

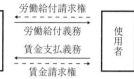

労働者による労働給付の具
体的な内容は，労使が予め事
細かに定めておくことが不可
能である。労働給付は，使用者の指揮監督の下に行われるので，不
特定債務としての性質を有する労働給付の具体的内容は，最終的に
使用者により決定される。この不特定債務を特定する使用者の権利
は，使用者の指揮監督権（指揮命令権，労務指揮権）と呼ばれており，
労働契約における重要な概念となっている。

労働契約の構造的特色
と労働契約の付随義務

労働契約は，労契法に明示的に規定されて
いないが，一般に次のような構造的な特色
を有する。

第1に，労働契約は，労使双方にとって継続性が要請される。こ
の労働契約の継続性の要請は，使用者の解雇権行使を制限し，同時
に，労働条件の柔軟な変更を容認する実質的な基礎となる。また，
労働契約の継続性から，労働契約に定める労働条件は，その展開過
程において流動的とならざるをえないことになる。さらに，労働者
が疾病などにより一時的に労働能力を喪失した場合でも，ただちに
使用者は労働契約を解消することなく，労働能力の回復を待つため
の猶予措置として休職制度を設ける理由を労働契約の継続性の要請
から説明できる。

そして，労働契約の継続性は，労使の信頼関係を尊重することを
要請し，相手方の利益を不当に侵害しないことが求められる。この
ことから，労働契約において，労働者は，信義則上の付随義務とし
て，使用者に対して秘密保持義務などの誠実義務を負い，使用者は，
労働者の生命・健康および私生活などに配慮する義務を負うことに
なる。

第2に，労働契約は，集団性・組織性を有する。これは，労働者の労働給付が，使用者の指揮命令に従って，集団的・組織的に行われることから要請される。この要請は，使用者は，企業の事業目的の達成のために労働者の労働給付を効率的に利用するため，その労働給付の具体的内容を定める裁量が認められる根拠となるのである。これは，労働契約における労働の他人決定性とも呼ばれる。

この労働の集団性・組織性を維持するために，使用者は，就業規則を定めるなどにより，労働条件を集団的に決定し，企業秩序を定立することになる。また，この労働の集団性・組織性は，使用者が労働者を平等かつ公正に取り扱うことを労働契約の付随義務とする根拠となる。

第3に，労働契約に基づく労働者の労働給付は，労働者の人格と切り離して行うことができないことから，労働給付の過程において使用者が労働者の人格を尊重することが要請される。すなわち，使用者は，指揮命令にあたって，労働契約の付随義務として労働者の人格およびプライバシーに配慮する義務を負うのである。

労働者の労働義務と使用者の指揮命令権　労働者の労働義務とは，労働者が使用者の指揮命令にしたがって，誠実に労働することである。労働義務の内容は，労使の個別的な合意，就業規則，労働協約および労使慣行などを踏まえた労働契約の解釈によって定まる（労契7条参照）。労働者の労働給付の内容は，使用者の指揮命令権の行使により具体化されるが，労働契約に定める範囲を超えて労働義務を負うことはない。

労働給付内容を特定する使用者の指揮命令権（あるいは，指揮監督権）の行使は，一般に業務命令と呼ばれる。もっとも，使用者は，労働者に対し健康診断の受診など直接的には労働給付ではないことを業務として命じることがある。このような使用者の命令も業務命令と呼ばれ，通常の労働義務と同様に合理的な就業規則規定に根拠

があれば有効と解されている（電電公社帯広局事件・最1小判昭61・3・13労判470号6頁）。したがって，使用者が業務命令を発する権利を意味する業務命令権は，これらの双方を含む。

　労働義務の範囲は，従事すべき職種または職務内容が特定されていない場合には，相当に広くとらえられる傾向にある。すなわち，本来の業務内容ではない作業命令であっても，業務上の必要性がある場合には，労働義務が肯定されている（たとえば，国鉄鹿児島自動車営業所事件・最2小判平5・6・11労判632号10頁は，バス乗務員に対する営業所構内の火山灰除去作業命令を有効としている）。また，労働契約上の労働義務の範囲は広く解され，たとえば，私病により労働者が使用者の命じた職務を完全には履行できないときでも，当該労働者の「能力，経験，地位，当該企業の規模，業種，当該企業における労働者の配置・異動の実情及び難易等に照らして当該労働者が配置される現実的可能性があると認められる他の業務について労務の提供をすることができ，かつ，その提供を申し出ているならば，なお債務の本旨に従った履行の提供がある」ものとされている（片山組事件・最1小判平10・4・9労判736号15頁）。

　使用者の指揮命令権の行使も，権利濫用法理による制約を受ける。生命の危険を伴う海域への出航命令が無効とされたのは，その典型的な事例である（電電公社千代田丸事件・最3小判昭43・12・24民集22巻13号3050頁）。また，労働者の自由や人格的利益を不当に侵害する命令も無効とされる（JR東日本（本荘保線区）事件・最2小判平8・2・23労判690号12頁は，就業規則の書き写し命令が人格権を侵害して違法とした。前掲・国鉄鹿児島自動車営業所事件裁判は，この観点から疑問が残る）。さらに，リボン・ワッペンなどを着用しての就労が，労働義務（この場合，とくに職務専念義務といわれる）に反するかという論点もある（第20章**3**参照）。

就労請求権の意義　　　労働者は労働契約において使用者に対して就労を請求できる権利（就労請求権）を有するかが問題となる。就労請求権については，裁判例の多くは，「労働契約等に特別の定めがある場合又は業務の性質上労働者が労務の提供について特別の合理的な利益を有する場合を除いて，一般的には労働者は就労請求権を有するものでない」（読売新聞社事件・東京高決昭33・8・2労民集9巻5号831頁）として，就労請求権を原則的に否定している。債権者には一般的に受領義務が認められていないこともあり，労働契約の基本的権利義務の構造から，使用者の義務は，賃金支払義務にとどまると考えられているからである。就労請求権は，労働契約の解釈を通じて例外的に肯定されるにとどまっている。

　しかし，「労務の提供について特別の合理的な利益」の解釈にあたっては，労働契約関係において，労働者には労働給付と賃金支払いの交換関係というにとどまらない利益のあることが配慮されなければならない。すなわち，労働者が労働という行為を通じて自己実現ないしは人格形成を行っている側面が無視されてはならないし，また自己の職業能力の維持および発展には現実に就労の継続が不可欠であることが留意されねばならない。この観点から，使用者が労働給付の受領を拒否することが，労働者に不当な損害を引き起こす場合には，労働者の就労請求権が肯定されるべきであろう。

　最近では，労働者の継続的な職業能力の開発を確保するという視点から就労請求権の意義が再検討されている。

Column⑯・職務発明と労働者の権利 〜〜〜〜〜〜〜〜〜〜

　従業者等（従業者，法人の役員，国家公務員または地方公務員）が使用者等（使用者，法人，国または地方公共団体）の業務範囲に属し，かつ職務に属する範囲で開発した発明を職務発明と呼ぶ（特許35条1項）。日本が知的財産立国をめざす以上，職務発明に関する制度が適切であるこ

とは，職務発明者（職務発明をする従業者等）にとっても，企業にとっても重要な関心事である。

　職務発明者と使用者等を巡る法律関係は，21世紀に入り，大きな変遷を遂げてきた。もともと特許法は，職務発明者が特許を受ける権利を有するが，使用者等がその特許を使用する権利（通常実施権）を有するという仕組みであった。また，使用者は契約や就業規則などの規定によって，職務発明者から特許を受ける権利等を承継させ，または専用実施権を設定できることとし，これに対し職務発明者は，契約や就業規則などの規定に基づいて，相当の対価の支払いを受ける権利を有するとされていた。この法制度の下で，相当高額な対価額を認める裁判例が相次いだ。その代表的な事例が日亜化学工業（終局判決）事件（東京地判平16・1・30労判870号10頁）であり，200億円の損害賠償が認められた（もっとも同事件は，高裁において遅延損害金を含む約8億4000万円で和解した。その他，日立製作所事件・東京高判平16・1・29労判869号15頁，味の素事件・東京地判平16・2・24労判871号35頁などがある）。

　このように職務発明の対価として事後的に高額の請求が認められる傾向に対し，多くの企業から制度の改正が求められ，2004年に特許法が改正された（2005年4月施行）。この仕組みでは，「相当の対価」の決定を原則として当事者間に委ねていた。

　しかし，企業の知財戦略の積極的な推進のためには，職務発明について受けた特許権は使用者等が原始的に取得する制度が必要であるという声が高まり，職務発明制度は，2015年に再び改正されることになった。

　改正法は，特許を受ける権利が職務発明者に帰属し，使用者等は通常実施権を有するというこれまでの基本的仕組みを維持したが（特許35条1項），職務発明については，契約，勤務規則その他に定めることにより，あらかじめ使用者等に特許を受ける権利を取得させることができることとなった（35条3項）。従業者等は，これに対して，「相当の金銭その他の経済上の利益」（相当の利益）が保障される（相当利益請求権，35条4項）。従来の「相当の対価」に代わって「相当の利益」という概念が登場したのである。ただし，特許法改正に際して，衆参両院の経済産業委員会の附帯決議において，相当の利益を従前の相当の対価と実質的に同等の権利として保障すべきとされている。

相当の利益に関する基準の策定においては，従業者等と使用者等との協議の状況，策定された当該基準の開示の状況，相当の利益の内容の決定についての対価額算定についての従業員等からの意見聴取の状況などを考慮して不合理なものであってはならない（35条5項）。この決定において考慮すべき事項については，経済産業大臣がガイドラインを作成する（35条6項）。また，相当の利益についての定めがない場合，または，その定めが不合理と認められた場合には，その発明により使用者等が受けるべき利益の額，その発明に関連して使用者が行う負担，貢献および従業員等の処遇その他の事情を考慮して，相当の利益が決定される（35条7項）。

Column⑰　使用者による労働者に対する損害賠償請求の範囲

　労働者が仕事に関わって，使用者に損害を与えてしまった場合，労働者は，どの程度の賠償責任を負うのであろうか。

　労基法16条は，労働契約の不履行について，違約金または損害賠償の予定を禁止しているが，これは，この種の定めが人身拘束的機能を持つからである。しかし，現実に労働者が使用者に損害を与えた場合に，使用者が労働者に対して損害賠償を請求することを禁じているわけではない。したがって，一般の賠償責任の法理により，労働者は，故意または過失があれば，原則として損害賠償責任を負うことになる。

　もっとも，労働者は，きわめて高価な機材を使用したり，きわめて高額な取引に関与したりすることが少なくない。このような場合に，労働者に全責任を負わせるのは，非常に酷な結果が生ずることになる。そこで，労働者が仕事に関連して，使用者に損害を与えた場合に，その責任を制限する法理が発達している。

　判例は，使用者からの損害賠償請求を，諸般の事情を考慮して損害の公平な分担という見地から信義則上相当と認められる範囲に限定されるとしている（茨城石炭商事事件・最1小判昭51・7・8民集30巻7号689頁）。具体的には，事業の性格，規模，施設の状況，労働者の業務内容，労働条件，勤務態度，加害行為の態様，加害行為の予防もしくは損失の分散についての使用者の配慮などが考慮要素となる。

　しかし，このような責任制限法理によっても，労働者としては，一

生かかっても支払い困難な賠償責任を負わされる場合がある。今後は，労働過程において発生した損害を適切に分担できる制度的枠組みが検討されるべきであろう。

4 労働契約の当事者——労働者と使用者

labor | **労働者の意義** | 労基法および労契法は，その表現の相違はあるが，同一内容の労働者の定義規定を有する（労基9条，労契2条1項）。この定義規定による労働者がそれぞれの法律の適用を受けることになる。両法の労働者概念は，それぞれの法律の適用範囲を確定するための概念であり，両法の適用範囲は基本的に同一である。ただし，民事紛争解決ルールである労契法は，労働契約以外の労務供給契約に類推適用される可能性がある。

　もっとも，労働者の範囲を確定することは容易でない。前述のように雇用と雇用以外の労務供給契約との間には明瞭な境界がなく，そのグレイゾーンに多様な混合契約が存在しているからである。現代において労働契約に対する法的規制を免れるため他の契約形式が選択されることが少なくなく（使用者による就業者の非労働者化，偽装自営業者の存在），また，特にICT技術の著しい発展に伴って，これまでの雇用関係の枠組みでとらえきれないほど就業形態の多様化がすすむなかで雇用者と自営業者との中間的な働き方が増加していることから，労働関係法令の適用範囲の確定は，今日国際的にも重要な論点となっている。

　◆**労基法以外の労働関係法令における労働者**　労基法の労働者概念によることを明記している立法として，労働安全衛生法（2条2号），最低賃金法（2条1号）および賃金の支払の確保等に関する法律（2条2項）があ

る。また労災保険法上の労働者は，判例により労基法の労働者と同一と解されている（横浜南労基署長（旭紙業）事件・最 1 小判平 8・11・28 労判 714 号 14 頁）。なお，労組法の労働者概念については第 17 章参照。

| 労働者性の判断基準 |

労基法または労契法では，「労働者」は，①事業または事務所に使用される者（労基法）・使用者に使用される者（労契法）で，②賃金を支払われる者と定義されている（両法）。この「使用される者」とは，使用者の指揮監督下で労働を提供することを意味する。また賃金は，労働の対償として使用者が労働者に支払うものと定義されている（労基 11 条）。したがって，使用者の指揮監督下で労働を提供し（指揮監督下の労働），その対償として使用者から賃金を受け取る（報酬の労働対償性）という 2 つの要件を実質的・客観的に満たす者が労働者である。判例・学説は，とくに使用者の指揮監督下における労働の提供が労働者の特徴であることから，労働者性の判断基準を総称して「使用従属関係」または「使用従属性」と呼ぶことが多い。

これまで，実際の法的紛争において労働者性が問われた事例は，委任または請負の契約形式をとっている就業者の場合が多い。また，当該就業者が事業者か労働者かが問題となる事例もある。これらの限界事例においては，「指揮監督下の労働」と「報酬の労働対償性」という抽象的な要件では，多様な類型の労働者性を具体的に判断することが困難である。そこで，判例・学説や行政解釈は，「指揮監督下の労働」および「報酬の労働対償性」という要件を多様な要素に分解するなどして，次のような詳細な労働者性の判断基準を示している。

(a)　「指揮監督下の労働」に関する判断基準　　i）諾否の自由
仕事の依頼および業務従事の指示に対する諾否の自由があることは，対等な当事者としての徴表であり，指揮監督関係を否定する重要な要素である。また，諾否の自由がないことは，指揮監督関係を

推認させる重要な要素である。

　ⅱ）業務遂行上の指揮監督の有無　　(イ)通常注文主が行う指示の程度を超えて，業務の内容および遂行方法の具体的な指揮命令を受けていることは，指揮監督関係を肯定する重要な要素である。また，専門性などのため具体的な指揮命令になじまない業務については，当該事業の遂行上不可欠なものとして事業組織に組み入れられているかが重要な要素となる。(ロ)勤務場所および勤務時間の指定・管理があることは，指揮監督関係下の労働であることを肯定する重要な要素である。(ハ)命令，依頼により通常の業務以外の業務に従事することがあることは，指揮監督関係の肯定を補強する要素となる。(ニ)本人に代替して他の者が労働を給付することができ，または補助者を使用できることは，指揮監督関係の否定を補強する要素となる。

　(b)　**「報酬の労働対償性」に関する判断基準**　　報酬が時間給制であること，欠勤に対して控除されること，時間外労働手当（残業手当）が支給されていることなどの事実があれば，報酬の性格が使用者の指揮のもとに一定時間労働を給付していることに対する対価と判断され，報酬の労働対償性が肯定される。

　(c)　**労働者性判断の補強要素**　　「指揮監督下の労働」および「報酬の労働対償性」という判断基準によっては，労働者性が判断できない限界事例においては，次のような補強要素が検討される。

　ⅰ）事業者性の有無　　本人所有の機械，器具が著しく高価であることは，自らの計算と危険負担によって事業を行う「事業者」としての要素が高いと判断される。また，報酬額が当該企業において同様の業務に従事している正規従業員に比して著しく高額である場合には，その報酬は，事業者に対する代金と判断される。さらに，業務遂行上の損害に対する責任を負っていたり，独自の商号の使用が許可されていたりする場合には，事業者性が高いと判断される。

　ⅱ）専属性の程度　　他者の業務に従事することが制度上制約さ

れ，またその時間的可能性がなく，事実上困難である場合には，専属性が高く，労働者性の判断を補強する要素となる。また，報酬に固定給部分があり，それが生計を維持できる程度であることは，労働者性の判断を補強する要素となる。

ⅲ）その他　　採用において正社員と同様の選考過程であること，源泉徴収を行っていること，労働保険の適用対象としていること，就業規則を適用していることなどは，労働者性の判断を肯定する要素となる。

(d)　**判断基準の具体的適用**　　もっとも，これらの判断基準の適用は実際の事案では，労働者性を肯定する要素と否定する要素の双方が混在していることが多く，困難なことが少なくない。この場合，当該事案において労基法や労契法などの労働関係法令が適用されることが適切かという視点から，労働者性の判断要素を事案に即して総合的に判断しなければならない（否定例として，トラックを自己所有する専属的な運転手〔車持ち運転手，労災保険法の適用，前掲・横浜南労基署長（旭紙業）事件最判〕，証券会社の外務員〔労基法の適用，山崎証券事件・最1小判昭36・5・25民集15巻5号1322頁〕，集金員〔労働契約の当事者，NHK西東京営業センター（受信料集金等受託者）事件・東京高判平15・8・27労判868号75頁〕などがあり，肯定例として，病院の研修医〔最低賃金法の適用，関西医科大学研修医（未払賃金）事件・最2小判平17・6・3民集59巻5号938頁；労判893号14頁〕，フリーの映像技師〔労災保険法の適用，新宿労基署長事件・東京高判平14・7・11労判832号13頁〕，集金員〔労契法上の労働者，日本放送協会事件・神戸地判平26・6・5労判1098号5頁〕，テレビ局のタイトルデザイナー〔労働契約の当事者，東京12チャンネル事件・東京地判昭43・10・25労民集19巻5号1335頁〕などがある）。かつては，労基法（労災保険法）上の労働者性が争点となる事案がほとんどであったが，最近では，労契法上の労働者性が争点となる事案が増加している。

◆**従業員（使用人）兼務取締役**　取締役に就任した者が，あわせて従業員として職務を行うことがある。このいわゆる従業員兼務取締役は，従業員としての職務に関する限り，労働者性が肯定され，労基法および労契法が適用される。また，この者が退職するときには，取締役としての退職慰労金だけではなく（会社361条），就業規則の退職金規定に即して従業員としての退職金を請求できる（前田製菓事件・最2小判昭56・5・11判時1009号124頁）。

　また，多くの会社に設けられている執行役員は，会社法上では機関として制度化されておらず，その具体的な業務内容から労働者性が肯定されることが少なくない（船橋労基署長（マルカキカイ）事件・東京地判平23・5・19労判1034号62頁など）。

**労働契約上の使用者
概念とその拡張**

　労契法は，使用者を「その使用する労働者に対して賃金を支払う者」と定義している（2条2項）。この使用者概念は，典型的には労働契約の一方当事者である使用者を意味し，また労基法にいう事業主（労基10条，労基法上の使用者全般については第2章**2**参照，なお労組法上の使用者については第17章**2**参照）に該当する。もっとも，親子会社や企業グループなど企業組織の実態は多様であり，また派遣や請負，業務委託などの企業の労働力調達方法も多様化している。この状況の中で，労働契約の当事者である使用者だけに労働者に対する責任を負わせるのでは妥当性に欠ける場合がある。そこで，これまで労働契約の一方当事者としての使用者以外に使用者責任を負わせる立法があるほか（土木建築業〔労基法別表第1第3号〕の請負事業〔労基87条，労基則48条の2〕，労派遣44条・45条〔第8章**5**参照〕），学説・判例は，主として親子会社および請負または業務委託の事例において，労働契約上の使用者概念を例外的に拡張する解釈を展開してきた。

ある会社（支配会社）が他の会社（従属会社）に対する支配力を行使して従属会社を解散した場合，従属会社の労働者が支配会社に対して未払賃金を請求し，または支配会社との労働契約関係の存在確認を請求することがある。このような紛争は，典型的には親子会社の場合に発生する。

これまでの裁判例では，商法の分野で形成された法人格否認の法理の適用によって，従属会社の従業員の支配会社に対する請求が認められることがあった。法人格否認の法理とは，ある会社の法人格がその制度の趣旨目的を逸脱して利用されているために，その法人格としての機能を全面的に認めることが正義・衡平の理念に反すると認められる場合，特定の法律関係について当該会社の法人格がないのと同様の法的扱いをして，当該会社の背後の実体である個人または会社に当該会社の責任を負わせる法理である（山世志商会事件・最1小判昭44・2・27民集23巻2号511頁）。法人格否認の法理の適用は，法人格が全くの形骸に過ぎない場合（法人格の形骸化），または法人格が法律の適用を回避するために利用されるなど違法または不当な目的のために濫用されている場合（法人格の濫用）に認められる。

裁判例は，法人格の形骸化について，単に支配会社が従属会社の株式を所有し，かつ従属会社に役員を派遣するにとどまらず，両社の財産管理・業務活動・会計区分などが混同され，従属会社が支配会社の一部門に過ぎないという事実を要すると厳格に解しており，法人格の形骸化を否定するのが一般的傾向である（数少ない肯定例として，親会社に対する未払賃金請求を認めた黒川建設事件・東京地判平13・7・25労判813号15頁がある）。

労働関係において法人格の濫用が問題となるのは，支配会社が従属会社の労働組合を壊滅することや解雇法理および労働条件の不利

益変更法理の適用を回避することを目的として従属会社を解散させる場合が典型的である。法人格の濫用が認められるためには，従属会社解散が違法・不当な目的でなされること（目的の要件）に加えて，支配会社が従属会社を支配運営して，その法人格を利用していることを要する（支配の要件）。この2要件については，目的の違法性・不当性が強度なときには支配の要件を緩和するというように，「目的の要件」と「支配の要件」とを相関的に解するべきであるとする見解と，それぞれ独立した要件とする見解とが対立している。

　また，支配の要件は，支配会社と従属会社とが実質的に同一であることが要求される法人格の形骸化の場合よりも緩やかな程度の支配関係でよいとされるが（中本商事事件・神戸地判昭54・9・21労判328号47頁は，このことを前提に，法人格の濫用を認め，子会社の従業員の親会社との労働契約関係の存在を肯定した），どの程度の支配関係が必要かについては，必ずしも明確な基準が形成されていない。裁判例では，従属会社の従業員が支配会社に対して，未払賃金の請求や損害賠償請求のような一時的な法律関係ではなく，労働契約関係という継続的・包括的な法律関係の存在を求める場合には，支配の程度は，支配会社が，使用者と同視できる程度に従業員の雇用およびその基本的な労働条件等について具体的に決定できる支配力を有することを要するとされ，支配会社の従属会社に対する支配がその優越的な立場に基づく事実上の影響力にとどまるとして，法人格の濫用にあたらないとされた（大阪空港事業（関西航業）事件・大阪高判平15・1・30労判845号5頁）。このように，従属会社の従業員が支配会社との労働契約の存在確認を請求した事案においては，法人格の濫用を否定する裁判例が多い（支配会社の雇用責任を認めた裁判例として，第一交通産業ほか（佐野第一交通）事件・大阪高判平19・10・26労判975号50頁がある）。

**使用者概念の拡張
（その 2）：黙示の
労働契約の成立**

現在では，請負または業務委託契約などの契約形式のもとに，直接の労働契約関係のない会社において，その会社の指揮監督を受けて就労する労働者（社外労働者）が少なくない。社外労働者を雇用する会社（請負・業務委託会社）が倒産したときなどにおいて，社外労働者が就労していた受入会社との間に事実上の支配従属関係がある場合，また，業務委託形式の契約にもかかわらず，受入会社の指揮命令が業務委託会社の労働者に及んでいるいわゆる偽装請負の場合に，当該労働者が受入会社との黙示の労働契約の成立を主張することがある。

しかし，裁判例は，単に使用従属関係が存するというだけではなく，当事者間に黙示の意思の合致があったと認められるときにはじめて労働契約が成立するとしている。具体的には，社外労働者を雇用する会社が独自性・独立性を欠いていて，受入会社の労務担当の代行機関化している程度にその存在が形式的名目的であって（労働契約関係の形骸化），受入会社が社外労働者の賃金その他の労働条件を決定していると認められるときに黙示の意思の合致があったとされる（肯定例として，安田病院事件・大阪高判平 10・2・18 労判 744 号 63 頁；最 3 小判平 10・9・8 労判 745 号 7 頁，否定例として，パナソニック・プラズマディスプレイ（パスコ）事件・最 2 小判平 21・12・18 民集 63 巻 10 号 2754 頁；労判 993 号 5 頁（偽装請負で就労した労働者），サガテレビ事件・福岡高判昭 58・6・7 判時 1084 号 126 頁）。

★ **参考文献**────

労働契約については，下井隆史『労働契約法の理論』（有斐閣），土田道夫『労働契約法〔第 2 版〕』（有斐閣），日本労働法学会編『講座労働法の再生　第 2 巻　労働契約の理論』（日本評論社）所収論文，とくに学説の整理に関して，石田眞「労働契約論」籾井常喜編『戦後労働法学説史』（旬報社）所収。**労働契約法については，**

荒木尚志＝菅野和夫＝山川隆一『詳説労働契約法〔第2版〕』（弘文堂），荒木尚志編著『有期雇用法制ベーシックス』（有斐閣），**労働者概念については**，鎌田耕一「労働基準法上の労働者概念について」法学新報111巻7＝8号，島田陽一「雇用類似の労務供給契約と労働法に関する覚書」西村健一郎編集代表『新時代の労働契約法理論』（信山社）所収，**法人格否認の法理については**，本久洋一「企業間ネットワークと雇用責任」日本労働法学会誌104号，**就労請求権については**，下井隆史『労働基準法〔第5版〕』（有斐閣），**職務発明については**，田村善之＝山本敬三『職務発明』（有斐閣）。

第7章　労働契約の成立

労働契約は，その締結過程をみると，使用者による募集，それに対する労働者の応募にはじまる。そして，採用内定，試用期間を経て，本採用となる。また，有期労働契約については期間の上限規制などがされている。本章では，労働契約の締結過程および有期労働契約のルールに関する法規制について説明する。

1 募集・採用とその規制

募集に対する法規制　使用者による労働者の募集（職安4条5項）は，自ら直接行うか，第三者に委託して行われる。職安法は，使用者の直接募集について特別な規制をしていない。しかし，求人者が第三者に報酬を与えて労働者の募集に従事させる委託募集は，悪質な人材業者の介入を防止するために許可制とし（36条1項），無報酬の場合でも届出制としている（同3項）。また，中間搾取を禁止するため，求人者または募集受託者が求職者から報酬を受けること（39条）および求人者の被用者または募集受託者に，有料の委託募集について認められる報酬を除いて，報酬を与えることが禁止されている（40条）。

労働者募集において，求人者は，求職者に労働条件を明示しなければならず（5条の3第2項），また，明示した労働条件を変更する場合には，その変更内容を求職者に明示しなければならない（同3

項）。賃金・労働時間などの重要な労働条件について書面で明示しなければならない（同4項，職安則4条の2）。

◆**職安法の労働条件明示義務と採用後の労働条件**　新卒者などの採用においては，賃金などの変動の大きい労働条件について見込み額を明示することが多い。明示された労働条件と実際の労働条件が異なる場合，明示された労働条件が見込み額であることが明確であるときには，労働者は，求人票などで明示された労働条件の履行を請求することはできない。しかし，求人票で明示した労働条件について，その後とくに説明もなく労働契約が締結されるような場合には，その労働条件が労働契約内容と解釈されることがある（丸一商店事件・大阪地判平10・10・30労判750号29頁参照）。また，労働者には，見込み額について強い期待があるので，使用者が合理的理由がなく見込み額を大きく下回る賃金しか支払わないことが不法行為となることがある（八州測量事件・東京高判昭58・12・19労判421号33頁）。また，大幅に見込み額を下回る労働条件により労働契約を締結することについて，求人者は，求職者に対し説明責任を負っている。求人者がこの説明責任を果たせない場合，求職者は，労働契約の締結過程における信義則違反を理由として，求人者に対し慰謝料を請求することができる（日新火災海上保険事件・東京高判平12・4・19労判787号35頁）。

労働者を募集するにあたって，性別（均等5条。第4章**3**参照），障害者（障害雇用34条。第4章**4**参照）および厚生労働省令で定める以外の年齢差別が禁止されている（労働施策総合推進法9条，同規則1条の3。第22章参照）。なお，やむをえない理由により65歳以下の一定の年齢を下回ることを条件とするときには，事業主はその理由を示さねばならない（高年20条1項。第22章**2**参照）。

採用の自由

優れた人材の確保は，企業の命運を左右する重大事である。判例は，憲法の職業選択の自由（22条）および財産権（29条）に裏打ちされた経済活動の一環として，企業者は採用の自由を有するとする（三菱樹脂事件・最大判昭48・12・12民集27巻11号1536頁）。すなわち，企業者は，契約

締結の自由を有し，誰をどのような条件で雇うかについて自由に決定できる。また，この採用の自由は，採用人数や募集方法の決定，相手方選択および調査などについて企業者が自由に行うことを含む。そして判例は，憲法の人権規定（憲14条・19条）が労使間に直接適用されないことを前提に，思想信条を理由とする採用拒否が直ちに不法行為となるものではないとし，また，求職者の思想信条について調査することも自由としている（前掲・三菱樹脂事件最判）。ただし，この最高裁判決には，後述のように批判が多い。なお，国籍・信条・社会的身分を理由とする労働条件の差別を禁止する労基法3条は，採用の条件が労働条件にあたらないので，採用には適用がないと解されている。

採用の自由に対する制限　採用の自由に関して判例は，使用者が個人事業者であるか，大規模な法人企業であるかを区別せずに，企業者として一括して論じている。このような議論は，結果として，現代社会において採用という局面が，労使の非対等性がもっとも深刻に現れることを軽視しているとの批判を免れない。企業者一般としてではなく，多くの企業が求職者に対して優位な立場にあることを直視した法理が必要である。企業の採用活動がまったく自由に放任されると，求職者は自己の能力を発揮し，向上させるために，職業を自由に選択することが著しく困難になる。また，公正かつ平等な社会を実現するという観点からすれば，雇用の領域において採用という入口の段階で不当な社会的差別が容認されてはならないはずである。したがって，国は，不当な差別を排除するために，求職者に対して積極的な支援措置を講じる政策的な義務を負っていると解される。

　採用の自由は，公共の福祉に基づく制約に服し，憲法14条における法の下の平等，27条の労働権保障および28条の団結権保障等の憲法原理から要請される立法政策によって制約される。しかし，

日本では性別，障害者などの一部の社会的差別事由を除いて（均等5条，障害雇用34条），一般的に採用における社会的差別を禁止する立法を欠いている。国際的には雇用平等および労働者の個人情報保護の観点から採用の自由に制約を課するのが一般的傾向であることを考慮すると（ILO第111号条約など。第3章 *2* 参照），この分野における早急な立法整備が必要である。

　立法的な手当を欠く現状においては，採用における社会的差別の除去のために司法の役割が期待される。しかし，前述の三菱樹脂事件最判は，人権規定が間接的に適用される可能性を全面的には否定しないが，思想信条を理由とする雇入れの拒否が公序に反するかについて丁寧な検討を行っていない。思想信条などを理由とする社会的差別の弊害が，採用段階においても同様に深刻であることを直視するならば，思想信条などの社会的差別を理由とする採用拒否は，公序に反して違法と解するべきである。

　また，この最判は，企業者が求職者の思想信条を調査する自由を肯定しているが，思想信条が個人の人格の中核に係るセンシティブなデータであることを考慮せず，労働者のプライバシーおよび個人情報の保護に対する配慮を欠いた判断である。

　なお，採用の自由を個別的に制約する法規定としては，労組法（不当労働行為。第18章参照），男女雇用機会均等法（性別，調停などの利用。第4章参照），障害者雇用促進法（障害者差別の禁止，合理的配慮，障害者雇用率の義務づけ。第22章 *3* 参照），職業安定法（個人情報収集の制限），労働施策総合推進法（年齢差別禁止），労働者派遣法（派遣先事業主の労働契約申込みみなし義務）など，最近に至り急速に整備されつつある。

　◆**違法な採用拒否に対する救済**　採用拒否が違法であっても，特別な立法のない限り，その救済として労働契約の締結が強制されるわけではない。違法な採用拒否に対する救済は，不法行為（民709条）に基づく損

害賠償請求にとどまる（採用拒否が不当労働行為である場合については，第18章参照）。

2 労働契約締結に関する規制

労働条件明示義務とは 労基法は，労働契約の締結にあたり労働条件を明示することを使用者に義務づけている（労働条件明示義務。15条1項）。これは，労使の合意により合理的な労働条件が決定されるための前提条件である。明示すべき労働条件は，①労働契約期間に関する事項，②期間の定めのある労働契約を更新する場合の基準に関する事項，③就業の場所および従事すべき業務，④始終業時刻，所定外労働の有無，休憩・休日・休暇，交替制の就業時転換，⑤賃金の決定，計算および支払いの方法，賃金の締切りおよび支払いの時期，昇給，⑥退職，⑦退職金，⑧賞与，⑨労働者に負担させるべき食費，作業用品その他，⑩安全・衛生，⑪職業訓練，⑫災害補償，⑬表彰および制裁，⑭休職である（労基則5条）。

これらの明示すべき事項のうち①〜⑥については（パート・有期雇用労働者については，これらに加えて，昇給・退職金および賞与の有無，相談窓口も明示事項である。パート有期6条，同規則2条1項），書面による明示（書式自由）が使用者に義務づけられている（労基則5条ただし書き）。明示された労働条件のうち，一般に変更が予定されている就業の場所および従事すべき業務は，それぞれの労働契約の趣旨にしたがって判断するしかないが，通常の正社員の場合，当面の就業場所および業務であると解釈される場合が多い。これらの事項については予定される変更の範囲を明示しておくことが望ましい。

また，使用者は労働者に提示した労働条件または労働契約の内容

について，労働者の理解を深めるようにし（労契4条1項），労働契約の内容については，労使は，できる限り書面により確認するものとするとされている（同条2項）。

実際の労働条件が明示されたものと相違する場合，労働者には労働契約の即時解除権が発生する（労基15条2項）。また就職のために住居を変更した労働者が，契約解除から14日以内に帰郷する場合には，使用者が交通費，引越費用など必要な費用を負担する（帰郷旅費。同条3項）。

3 有期労働契約のルール

労働契約の期間の上限は，原則として3年である（労基14条1項）。これに対して，労働契約の期間に下限はなく，1日単位の労働契約の締結も可能である。

労働契約の期間は，労働者にとって，雇用保障期間としての機能を有する反面，退職の自由を制限する人身拘束機能がある。このことを考慮して，1年を経過した日以後は，契約期間中の解約制限（民628条）にもかかわらず，労働者はいつでも退職できるとされている（労基137条）。この場合，文理解釈から即時の退職が可能とする見解もあるが，民法627条が類推適用され，予告期間を要すると解するべきであろう。契約期間が1年を経過すると，労働者には，期間の定めのない労働契約と同様の退職の自由が保障される以上，それと同じ法規制の対象となるとすべきだからである。

労働契約が，その期間制限を超えて締結された場合，その期間の定めは無効となり，契約期間は労基法の定める上限期間の3年とさ

れる（労基 13 条参照）と解される。

労働契約の期間の上限規制の特例には次のものがある。

(a) 「一定の事業の完了に必要な期間」を定める労働契約（労基 14 条 1 項柱書）　この特例は，このような契約期間の定めが実際に必要であり，また，事業の完了という契約期間が明示されているので，契約期間が不当な人身拘束の弊害が少ないことから特例として設けられたものである。この期間の長さは，労基法の規制を受けない。ただし，その期間が不当に長いときは公序良俗違反となる可能性があり，また，5 年を超えると労使ともに解約権を行使することができる（民 626 条）。

この特例の対象となるのは，土木工事，時限的なシステム開発および研究プロジェクトなどがあげられる。

(b) 高度な専門的知識等保有労働者および 60 歳以上の高年齢者
高度な専門的知識，技術または経験（専門的知識等）を有する労働者（労基 14 条 1 項 1 号）および満 60 歳以上の高年齢者（同項 2 号）について，契約期間の上限を 5 年とする特例を定めている。高度な専門的知識等を有する労働者については，博士の学位を有する者など厚生労働大臣が詳細な基準を定めている（平 15・10・22 厚労告 356 号）。この特例については，労基法 137 条の適用はなく，契約期間中の解約には労使ともに「やむを得ない事由」（民 628 条，労契 17 条 1 項）を要する。

(c) 職業訓練期間　都道府県知事の認定を受けた職業訓練（職開 24 条 1 項）を受ける労働者の労働契約期間については，必要がある場合には，3 年の上限を超える期間とすることができる（労基 70 条）。

有期労働契約の更新と
無期転換申込み権

有期労働契約は，更新することができ，更新回数に制限はない。ただし，使用者は，有期労働契約の目的に照らして，必要以上

に短い期間を定めることにより，その有期労働契約を反復して更新することのないように配慮することが求められている（労契17条2項）。

同一の使用者との有期労働契約が更新され，2つ以上の有期労働契約の契約期間の通算（通算契約期間）が5年を超えることとなった場合には，労働者は，現に締結している有期労働契約の期間満了日までに，当該満了日の翌日を始期とする期間の定めのない労働契約の締結の申込みをしたときは，使用者は当該申込みを承諾したものとみなされる（無期転換申込み権。労契18条1項前段）。この結果，無期転換申込み権の行使時の有期労働契約の終了後，使用者と当該労働者との間に期間の定めのない労働契約が締結されることになる。なお，無期転換申込み権の発生を回避するために，形式的に使用者を切り替えることは脱法行為として許されない。

労働者は，無期転換申込み権の発生後，これを放棄することは不可能ではない。ただし，労働者の放棄の意思表示に合理的理由があり，それが真に自由意思によるものであるかは慎重に判断する必要がある。これに対し，労働者が無期転換申込み権を事前に放棄することは，原則としてこの制度を設けた趣旨を没却するものとして公序良俗（民90条）に反し無効と解される。

◆研究者，専門的知識等を有する労働者および高年齢者に関する無期転換ルールの特例　まず，研究開発法人，大学等の研究者等については，「研究開発システムの改革の推進等による研究開発能力の強化及び研究開発等の効率的推進等に関する法律」および改正された「大学の教員等の任期に関する法律」（平26・4・1施行）により，無期転換申込み権が発生する通算契約期間を10年とする特例が設けられた。また，「専門的知識等を有する有期雇用労働者等に関する特別措置法」（平27・4・1施行）は，①「5年を超える一定期間内に完了することが予定されている業務」に就く高度専門的知識等を有する有期雇用労働者，および②定年後に有期

労働契約で継続雇用される高年齢者について，同様の特例を定めた。

　　　　　　　　　　　　　　　　有期労働契約期間の通算において，有期労
　　クーリング期間　　　　　　　働契約の満了後，次の有期労働契約の締結
までの期間（空白期間）が法令の定める期間以上であるときは（**図表
7-1**），それまでの通算契約期間がリセットされ，それは再び新たな
有期労働契約の締結日を起算日として計算される（労契 18 条 2 項，
「労働契約法第十八条第一項の通算契約期間に関する基準を定める省令」
〔平 24・10・26 厚労令 148 号〕）。このように一定期間を超える空白期
間は，それまでの通算契約期間をリセットする効果があるので，
「クーリング期間」と呼ばれる。空白期間がクーリング期間に満た
ない場合，空白期間の前後の有期労働契約期間は通算契約期間とし
て数えられる（空白期間自体は通算契約期間に算入されない）。

　クーリング期間は，一方で空白期間を設けることにより意図的に
無期転換申込み権の発生を妨げるような脱法行為を回避し，他方で
有期労働契約の弾力的利用を図る目的を有する。

　　　　　　　　　　　　　　　　有期労働契約労働者の無期転換申込み権の
　無期転換後の労働条件　　　　　行使によって締結された期間の定めのない
労働契約の労働条件は，別段の定めがあるときを除いて，現に締結
している有期労働契約の労働条件と同一の労働条件となるとされて
いる（労契 18 条 1 項後段）。

　ここでいう別段の定めとは，個別合意，就業規則および労働協約
である。個別合意による場合には，労働者の意思表示が真に自由意
思に基づくことを要し，かつその認定は慎重に行う必要がある。

　有期労働契約者が無期転換しても，自動的に正社員（通常の労働
者）になるわけではない。使用者としては，無期転換によって誕生
した期間の定めのない労働者（無期転換労働者）に適用する就業規則
を整備することが義務付けられる（労基 89 条）。無期転換以前に適
用になっていた就業規則を無期転換労働者にも適用するよう変更す

図表 7-1　有期労働契約の期間に応じたクーリング期間

有期労働契約の期間	クーリング期間
10 カ月を超える期間	6 カ月以上
8 カ月を超え 10 カ月以下	5 カ月以上
6 カ月を超え 8 カ月以下	4 カ月以上
4 カ月を超え 6 カ月以下	3 カ月以上
2 カ月を超え 4 カ月以下	2 カ月以上
2 カ月以下	1 カ月以上

る，あるいは同一内容の新しい就業規則を作成するのであれば，労働契約の期間を除く労働条件について変更がないので，その作成・変更には合理性があると解される（労契 9 条・10 条参照）。

　これに対して，使用者が無期転換労働者に適用する新たな就業規則が労働条件の変更を伴う場合には，就業規則による労働条件の不利益変更を判断する労契法 10 条を類推適用してその合理性を判断すべきである。無期転換によって締結された期間の定めのない労働契約は，形式的には新しい労働契約の締結ではあるが，その労働条件は，全く新しく決定されるわけではなく，無期転換以前の有期労働契約を引き継ぐことが前提となった労働契約であるので，労契法 7 条ではなく，労働条件の不利益変更の合理性を審査する労契法 10 条の仕組みが適用されるのが妥当と言えるからである。

　使用者が無期転換労働者に適用する就業規則を整備しないとき，すなわち，無期転換労働者について就業規則を欠くときには，使用者は，無期転換労働者に適用する就業規則を整備することが求められる。

　無期転換労働者に適用すべき労働協約があり，それによって労働条件が不利益に変更される場合には，労働協約による労働条件の不利益変更に関する判例法理に沿って検討することになる（第 9 章 **2** 参照）。

Column⑱ 限定（JOB型）正社員制度の普及 〜〜〜〜〜〜〜

　正社員と非正社員との働き方の二極化の克服は，現在の雇用問題の重要な課題の１つである。非正社員は，雇用が不安定であり，正社員は，長時間労働によってワーク・ライフ・バランスに欠けた働き方となっている。いずれもバランスを欠いた働き方であり，従来の画一的な正社員制度から多様な働き方を認める複線的な正社員制度の実現が必要である（多様な正社員制度）。従来の正社員は，職務内容，勤務場所および労働時間のいずれも限定されていない無限定な働き方をしてきた（無限定正社員）。これに対して，期間の定めはないが，職務内容，勤務場所および労働時間が限定された類型の働き方を検討する必要がある。この働き方は，無限定正社員と比較して差し当たり「限定正社員」と呼ばれることが多い。

　無限定正社員が会社という組織の一員であることに特徴のあるメンバーシップ型の労働契約であるのに対して，限定正社員は，仕事の中身が特定されているという意味で，ジョブ型の労働契約といえる。これに着目して，限定正社員は，ジョブ型正社員ともいうことができる。

　限定正社員制度の普及は，いわば「正社員」を多様化することによって働き方の二極化にメスを入れようとするものである。実際，有期雇用労働者から無期に転換した労働者が登場したことは，このような制度を普及する１つの契機となろう。従来の労働契約の期間の有無によって正社員と非正社員を区分するのではなく，企業の恒常的な戦力を労働契約によって明示された職務内容および労働条件によって区分する新しい雇用管理区分が必要となってきたのである。もちろん，限定正社員制度は，単に無期転換労働者の人事管理上の受皿にとどまるものではなく，子育て，看護，介護などの家族的責任を果たし，また，キャリア形成のための教育を受けながら，仕事を継続することを希望する労働者のニーズに応えることができる制度として発展する可能性を秘めている。その意味では，今後，限定正社員と無限定正社員とを相互転換できる仕組みを整備することが適当だろう。上記のような家族的責任を有する労働者が相互転換を利用してキャリアを継続するなどの効果が期待されるからである。また，限定正社員制度を魅力のあるものとするためには，無限定正社員との均衡のとれた処遇を実現することが重要である。

4 採用内定

採用内定の法的性質 　日本では正社員については，新卒者の一括採用方式が一般的であり，実際の就労開始よりも相当早い時期から労働契約の締結過程が始まり，かつ採用が内定されるという特色がある。この採用内定慣行は，優秀な人材を確保したい企業側の意向と，よい就職先を早く確保したい新規学卒者としての求職者側の意向が一致することにより生まれたものである。もっとも，求職者からすると新規学卒者としての立場は，基本的に1回しかなく，かりに，採用内定が取り消されることになると，重大な不利益を被ることになる。このため，採用内定者の地位について適切な保護を与えることが必要となる。

　採用内定については，法令上の特別の規制はなく，採用内定者の保護は，もっぱら判例法理に委ねられてきた。採用内定の法的性質に関して，判例は，民間企業の新卒者の定期採用については，採用内定にいたる事実関係から推定される当事者の意思解釈としてではあるが，学生の応募が契約の申込みであり，内定通知を使用者の契約の承諾とみて，採用内定を誓約書記載の事由等の解約権が留保された労働契約の成立と判断した。そして，内定取消しに一般解雇法理と同様の制約を課すことにより，内定者の地位の保護を図っている（大日本印刷事件・最2小判昭54・7・20民集33巻5号582頁）。この判例法理の基礎には，内定取消しにより内定者が被る不利益が，すでに労働関係にある労働者が解雇された場合に匹敵するものであるとの認識があるといえる。

　この内定に関する判例法理は，新卒者の定期採用だけではなく，採用内定期間の短い中途採用の場合にも適用されている（オプトエ

レクトロニクス事件・東京地判平 16・6・23 労判 877 号 13 頁）。また，採用内定によって労働契約が成立するので，労働条件明示義務（労基15 条。本章 *2* 参照）は，この段階で履行されねばならないと解されている。

　なお，ここでいう内定とは，内定者が内定先会社一本に絞った段階での内定であり，就職活動の過程における一応の約束として口頭で伝えられる内定とは区別されなければならない。後者の内定については，理論上内内定と呼ばれ，特段の事情のない限り，いまだ労働契約は成立していないとの解釈が一般的である。もっとも，内内定もその取消しが労働契約締結過程における信義則に反し期待利益を侵害するときには不法行為を構成する（コーセーアールイー事件・福岡高判平 23・2・16 判時 2121 号 137 頁）。

内定取消し事由　判例は，使用者が内定を取り消すことができるのは，使用者に留保された解約権の行使が「採用内定当時知ることができず，また知ることが期待できないような事実であつて，これを理由として採用内定を取消すことが解約権留保の趣旨，目的に照らして客観的に合理的と認められ社会通念上相当として是認することができるものに限られる」としている（前掲・大日本印刷事件）。具体的には，内定者が卒業できなくなった場合や，内定時には予見できなかった身体的・精神的条件の変化により予定されていた労務の提供が不可能になった場合，企業の急激な経営不振により採用計画を見直さねばならない場合等をあげることができる。

　採用内定の取消しに対する解雇予告（労基 20 条）の適用については，内定取消しも解雇であるとして肯定する説と，労基法 20 条が就労を前提とする規定であることまたは解雇予告が適用除外される「試の使用期間中の者」とのバランスから否定する説とに分かれている（この場合でも民法 627 条 1 項が適用になり，2 週間前の予告を要す

る）。

内定者の内定辞退

採用内定を労働契約の締結とするならば，内定者の内定辞退は，法的には退職の意思表示に当たり，特段の理由を要せず，2週間後にその効力が生ずるのが原則である（民627条1項）。しかし，内定辞退の態様が著しく信義に反する場合には，内定者に損害賠償責任が生ずることもありえよう。

内定期間中の法律関係

採用内定期間中，企業はしばしば内定者に対し，レポートの提出や研修への参加を求める。内定者は，これらの企業からの要請に応ずる法的義務があるかは，意思解釈の問題である。

労働契約がすでに内定期間中に効力を発生しており，就労の始期が入社日とされているに過ぎないと解されるならば（就労始期付き労働契約），内定者は，研修参加などを義務づけられることになる。これに対して，内定期間中には労働契約の効力が発生していないと解せば（効力始期付き労働契約），内定者の研修参加などは，個別の同意を要するということになる。内定者が学生であるときは，学業が本分であることを考慮すると，特段の事情のない限り，効力始期付き労働契約と解するのが適当であろう。この場合，内定者に研修参加などを義務づけるためには，内定者の個別の同意を要する。もっとも，内定者が研修参加を義務づけられたとしても，会社は，学業への支障などの合理的理由のある場合には，研修参加などを免除すべき信義則上の義務を負っていると解すべきであろう（宣伝会議事件・東京地判平17・1・28労判890号5頁）。

Column⑲ 就活戦線異常なし？ ～～～～～～～～

新卒一括採用という採用慣行のもとでは，大学生の就職活動は在学中に行われることになる。この就職活動の過度な早期化を避けるために，これまで経団連は，採用選考活動開始時期などを示した「採用選

考に関する指針」という倫理憲章を定めてきた。この指針は，拘束力には限界があるが，それでも一定の就活ルールを形成してきたといえる。しかし，経団連は，2018年10月，2021年4月入社予定者からこの指針を作成しないとした。もっとも，この結果，企業の採用活動が直ちに「通年採用」方式になるわけではない。今度は，政府が2021年春および2022年春に卒業予定の学生の就職活動の現行ルールを維持すると表明しているからだ。

　そうとはいえ，就職活動のルールは，大学の現場感覚ではすでに形骸化しており，大学生の就職活動の長期化という傾向に歯止めがかかっていないように思われる。大学生の学業に影響を及ぼさない就職活動のあり方を大学関係者，経済団体関係者および行政が真剣に議論すべきであろう。

　また，高卒の場合，高校が生徒1人を1社にしか推薦しない方式がとられてきた。現在は事実上相当緩和されているとはいえ，高校生の就職先の選択肢を狭めているのではないかとの批判が起きている。この方式も高校生がスムーズに安定した雇用を得る仕組みとして機能してきたが，それが結果的に高校生の自主的な選択を阻害する可能性が高くなってきており，関係者の議論の中で見直しが必要であろう。

5 試 用 期 間

試用期間の意義

　試用期間とは，本採用に先立って，労働者の能力・資質等を判断するための期間である。実際，労働関係では，現実に仕事をさせてみないと能力を判断できないことが多い。そして多くの国では，試用期間中の解雇が，通常の解雇に比べて緩やかに認められる傾向にある。

　しかし日本にみられる新規学卒者の試用期間はいささか事情を異にしている。新規学卒者の採用は，ある程度長期にわたる雇用を前提として，相当な期間をかけて厳格な手続を経て行われている。し

たがって、この場合の試用期間は、その期間中の勤務状況によって労働契約締結の最終的な意思を確定する趣旨で設けられているのではないといえる。実際、3カ月程度の試用期間中には、新入社員研修が行われており、試用期間終了後に正式に配属先が決定されるということはあっても、処遇について変化がないのが一般的である。

試用期間の法的性質 　試用期間については法令による特段の規制はないが、判例は、管理職要員である新規学卒者の試用期間の法的性質を、その実態から検討して、試用期間中に管理職要員として不適格であると認めた場合に使用者が解約できる労働契約（解約権留保付き労働契約）と判断した（前掲・三菱樹脂事件最判）。この留保解約権の行使は、その趣旨、目的に照らして、客観的に合理的な理由が存し社会通念上相当として是認されうる場合にのみ許される。具体的には、企業者が、採用決定後の調査の結果により、または試用中の勤務状態等により、当初知ることができず、また知ることが期待できないような事実を知るに至った場合において、その事実に照らして解雇が客観的に相当と判断できる場合に、使用者は、解約権を行使することができるのである。

　判例は、この留保された解約権に基づく解雇は、通常の解雇よりも広い範囲において解雇の自由が認められるとする。しかし、新規学卒者が試用期間中に一般に高度の職業能力を求められるわけではないことを考慮すると、その具体的範囲は、実際には必ずしも広いとはいえないであろう。これに対して、採用が簡易に行われた中途採用者や、ヘッドハンティングなどにより特定の専門的能力を評価されて入社した者などの試用期間については、留保解約権の行使が相当と判断される可能性が大きくなるであろう。

　また判例は、使用者が労働者を新規に採用するに当たり、労働契約に期間を設けた場合、その期間を設けた趣旨・目的が労働者の適性を評価・判断するためのものであるときは、当事者が明示的に異

なる合意をしているなどの特段の事情のない限り，その期間は，契約の存続期間ではなく，試用期間と解されるとしている（神戸弘陵学園事件・最3小判平2・6・5民集44巻4号668頁；労判564号7頁）。なお，試用期間を延長することは，労働者の地位を不安定にするものであり，特段の事情のない限り基本的に無効とされるべきである。

★ 参考文献─────

労働契約の期間については，荒木尚志『有期雇用法制ベーシックス』（有斐閣），橋本陽子「労働契約の期間」日本労働法学会編『講座労働法の再生第2巻』（日本評論社）所収。採用の自由とその制限については，笹沼朋子「募集・採用差別」『講座21世紀の労働法第6巻　労働者の人格と平等』（有斐閣）所収。採用内定・試用期間については，水町勇一郎「労働契約の成立過程と法」『講座21世紀の労働法第4巻　労働契約』所収，毛塚勝利「採用内定・試用期間」『現代労働法講座10巻』（総合労働研究所）所収。

第8章 就業形態の多様化と非正規雇用

本章では，就業形態が多様化する現状をふまえて，非正規労働者である短時間労働者（いわゆるパート労働者），有期雇用労働者そして派遣労働者に関する法制度および処遇格差問題を取り上げ，またその他の多様な就労形態（なかには「労働者」概念に含まれない者もいる）にも言及する。

1 非正規雇用とは

　非正規雇用とは，正規雇用ではない雇用を意味する。正規雇用とは，企業にフルタイムで長期にわたって期間の定めのない労働契約によって直接雇用される雇用であり，正規雇用で就労する労働者を一般に「正社員」と呼んでいる（立法の中では，「通常の労働者」として表現されることが多い）。非正規雇用は，正規雇用を特徴づける属性の1つまたは複数を欠いている労働者であり，具体的には就業時間がフルタイムではないパート労働者（短時間労働者），契約期間が無期ではない有期雇用労働者，および直接雇用ではなく間接雇用の派遣労働者である。日本の労使関係と労働法は，長い間正社員を典型的な雇用としてきたので，非正規雇用は，非典型雇用と呼ばれることもある。

　非正規雇用は，常に存在してきたが，日本ではとくに21世紀に入り増加し，2019年現在2165万人となり，雇用者に占める比率が

38.1% に上っている（総務省「労働力調査」2019 年）。非正規雇用を雇用形態別に見ると，パート・アルバイトが 70.2% と圧倒的に多い。これに続くのが契約社員（フルタイムの有期雇用労働者）13.6% であり，社会的に注目される派遣労働者は 6.5%（約 141 万人）にとどまる（**図表 8-1**）。そして，有期雇用労働者は，雇用者全体の中で 26.0% である。有期雇用労働者の 38.3% が期間を定めない労働契約への転換を望んでいる。

　非正規雇用労働者のプロフィールは，雇用形態に応じて多様である。非正規雇用労働者の女性比率は 68.1% であり，とくにパート・アルバイトでは，76.8% と圧倒的に女性比率が高い。収入をみると，年 200 万円以下が多い。正社員を希望する非正規雇用労働者（いわゆる不本意非正規）は，30.7% であるが（厚労省「平成 26 年就業形態の多様化に関する総合実態調査」），とくに契約社員（53.8%）および派遣労働者（48.2%）に正社員希望が多い。そして，非正規雇用労働者は，「より多く収入を得たいから」および「正社員の方が雇用が安定しているから」という理由から正社員を希望している。また，非正規雇用の収入を主な収入源とする非正規雇用労働者は，47.7% であるが，男性が 80%，女性が 29.3% であり，男女差が大きい。

　以上のようなプロフィールからすれば，非正規雇用労働者の多くが，安定雇用および収入の上昇を希望していることがみてとれる。このことは，近年，社会的にも認識され，「働き方改革」の柱の 1 つとして正社員と非正規雇用労働者との格差を是正するための立法的な手当が進んでいる。ここでは，パートタイム，有期雇用および派遣労働に関する法制度を紹介する。

Column⑳　非正規地方公務員と会計年度任用職員の誕生 〜〜〜〜
　非正規雇用全体を見るうえで，忘れてはならないのが非正規公務員である。地方公共団体においては，約 64 万人が非正規地方公務員で

ある（2016年総務省調査）。地方公務員制度は，その基本的な仕組みにおいて，一般職の正規公務員とともに働く非正規公務員を予定していない。地方公務員法（地公法）が明文上非正規公務員を予定しているのは，本来は，最長1年の臨時的任用だけである（地公22条の3）。ところで，実際には，民間企業と同様に正規公務員だけでは仕事がこなせないために，地公法の予定していなかった非常勤公務員が多数存在している。そもそもその法的根拠も，形式的に地公法17条とするものから（一般職非常勤職員），22条の3の脱法的ともいえる解釈によるもの（臨時職員），あるいは本来は，特定の学識または経験を有する者を想定する3条3項3号に定められた特別職（顧問，参与，調査員，嘱託員が列挙されている）を根拠とする非正規公務員（特別職非常勤職員）もいる。

　非正規公務員は，民間企業以上に正規公務員との格差が大きい。たとえば，特別職非常勤職員には地公法が適用されないので，身分保障がなく，判例上は労働契約ではないとされるので，労働契約法も適用されない。また，これまでは，短時間勤務である非正規公務員は，地方自治法の規定上給与などの給付につき「非常勤職員」とされ，報酬と費用弁償しか支払われない（地方自治203条の2，204条）。この結果，常勤職員に支払われる各種手当を非常勤職員に支払うことができなかったのである。

　このような非正規地方公務員の状況を改善するために，2020年4月1日から会計年度任用職員制度がスタートすることになった。会計年度任用職員は，一会計年度を超えない範囲内の非常勤の職を占める職員と定義され（地公22条の2第1項），フルタイムとパートタイムがある（同項1号・2号）。会計年度任用職員制度が発足したことで，非正規地方公務員の制度上の根拠が明らかになった。今後は，非正規地方公務員は，会計年度任用職員に一本化されるべきである。また，この結果，パートタイム非正規公務員にも期末手当を支給する法的根拠ができた。その意味で，会計年度任用職員制度は，非正規地方公務員の待遇改善にとって一歩前進といえる。

　しかし，たとえば，公務員は労働契約ではなく，任命権者の任用が不可欠であるので，民間企業の有期雇用のような雇用継続に対する合理的期待は生じないとされていることにも示されるように，正規公務

員と非正規公務員との格差は，民間企業における格差是正の進展に比べて，依然として放置されている課題がほとんどである。今後の待遇改善が不可欠であろう。

～～～～～～～～～～～～～～～

2 パートタイム・有期雇用労働法制定に至る経緯

パート・有期雇用労働
者と労働関係法規の適
用

パート労働者について週の労働日数に応じた年休の比例付与（労基39条3項，第15章 *1* 参照），パート・有期雇用労働者に関する雇用保険の被保険者資格および有期雇用労働者に関する育児介護休業の取得要件などの例外を除いて，労基法，男女雇用機会均等法，安衛法，最低賃金法，労災保険法，労働組合法など労働関係法規は，通常の労働者（正社員）と区別なく，基本的にパート・有期雇用労働者にも適用される。

ところが多くの企業は，正社員には，その企業のいわば恒常的なメンバーという認識を前提に家族を含めた生活を保障するという発想で賃金その他の待遇を決定してきたのに対して（メンバーシップ型雇用），パート・有期雇用労働者の賃金その他の待遇は，企業に一時的・短期的に就業する労働者と位置づけて，正社員とは異なる体系のもとに決定され，大きな格差が設けられてきた。とくに，パート・有期雇用労働者には，賞与・退職金・昇給がない，あるいは，福利厚生を提供しないなどの実態があった。この状況を受けて，パート・有期雇用労働者に対する法政策が展開されることになった。

非正規雇用に対する法
規制の登場以前の状況

EU諸国とは異なり，日本には，長い間，正社員（正規雇用労働者）と非正社員（非正規雇用労働者）との待遇格差を是正する実

定法上の規定がなかった。この状況のもとで，職務内容が異ならず，勤務時間もほぼ同等であるパート労働者（臨時社員）と正社員との賃金格差に関する事例において，同一（価値）労働同一賃金の原則の存在を否定しながらも，均等待遇原則の理念が人格の価値を平等とみる市民法の普遍的な原理であることから，両者の格差が２割を超えるときには違法となるとする裁判例が登場した（丸子警報器事件・長野地上田支判平 8・3・15 労判 690 号 32 頁，高裁において，ほぼ地裁判決の内容で和解が成立）。しかし，その後の雇用形態の違いによる賃金格差は契約自由の範疇の問題であって違法ではないとする裁判例もあり（日本郵便逓送事件・大阪地判平 14・5・22 労判 830 号 22 頁），パート労働者に限っても，正社員との処遇格差に関する判例法理が形成されたといえる状況には至らなかった。

> パート労働法および労契法における処遇格差是正規定の登場

1993 年に短時間労働者の雇用管理の改善等に関する法律（パート労働法）が制定されたが，その内容は，事業主に雇用管理の改善などの努力義務を課すにとどまっていた。しかし，2007 年 6 月にほぼ全面的に改正され，事業主には，「通常の労働者と同視すべき短時間労働者」に対する差別的取扱いを禁止する非正規雇用労働者と正規労働者との待遇格差を是正する規定が登場した。すなわち，通常の労働者と①職務の内容が同一で，②職務の内容と配置の変更の範囲が同一と見込まれ，③期間の定めがない労働契約で雇用されているパート労働者（通常の労働者と同視される短時間労働者）に関しては，差別的取扱いをしてはならないとする規定が登場した（パート労働旧 8 条，このうち③は，2014 年改正で削除）。もっとも上記の適用要件を満たすパート労働者は，全体の 0.1% であり，③の要件を廃止しても 2.9% にとどまり，適用範囲に限界があった（JILPT「短時間労働者実態調査」(2010 年)，ニヤクコーポレーション事件・大分地判平 25・12・10 労判 1090 号 44 頁は，パート

労働者を「通常の労働者と同視すべき短時間労働者」と認めた唯一の裁判例である）。

　2012年の労働契約法改正は，期間を理由とする労働条件の不合理な相違を禁止する制度を導入した（労契旧20条）。この制度は，パート労働法の適用範囲の狭さを反省し，格差是正のために職務内容の同一性を要件としていないため，その適用対象が広く，施行から10年も経たないうちに数多くの裁判例が現れ，最高裁判決も登場することとなった。

　この動きを受けて，2014年のパート労働法改正においてパート労働者と通常の労働者との格差是正の仕組みにも労契法旧20条の仕組みが取り入れられることになった。そして，2018年の働き方改革関連法案により，パート・有期雇用労働者と通常の労働者（正社員）との格差是正を図る仕組みを一本化することになり，パート労働法の名称をパートタイム・有期雇用労働法（短時間労働者及び有期雇用労働者の雇用管理の改善等に関する法律〔2020年4月1日施行〕）に変更し，労契旧20条の規定をパートタイム・有期雇用労働法8条に統合した（労契旧20条削除。なお，中小企業におけるパートタイム・有期雇用労働法の適用は2021年4月1日から）。また，派遣労働者に関しても派遣先の労働者との待遇格差を是正する規定が設けられた（派遣30条の3）。

3 パートタイム・有期雇用労働法の仕組み

その適用対象——短時間労働者とは パートタイム・有期雇用労働法の適用対象となる「短時間労働者」（パート労働者）とは、1週間の所定労働時間が当該事業所の通常の労働者（正社員）に比べて短い労働者である（2条1項）。この定義からすれば、アルバイト、嘱託、準社員その他多様な呼称であっても、呼び方のいかんにかかわらず、通常の労働者よりも短い労働時間で働く者は、この法律にいう「短時間労働者」である。したがって、名称がパートであっても、通常の労働者と所定労働時間が同一である場合には、法の適用対象になる短時間労働者とはならない（しばしば、「擬似パート」と呼ばれる。以下、「パート労働者」という用語は、とくに断りのない限り、パートタイム・有期雇用労働法の適用対象である短時間労働者を指す）。

事業主の義務 事業主は、以下の(a)から(f)の措置を義務づけられている。また、事業主は、後述のように、パート・有期雇用労働者と通常の労働者との労働条件について均等・均衡処遇を義務づけられている。

(a) **労働条件の文書交付（6条）と就業規則（7条）** パート・有期雇用労働者を雇い入れたときは、事業主は、労基法における労働条件の書面による交付に加えて、労働条件に関する事項（「特定事項」：厚生労働省令で定めるもの）を文書の交付等（厚生労働省令で定める方法）により明示しなければならない（6条1項）。「労働条件に関する事項」（特定事項）とは、①昇給の有無、②退職手当の有無、③賞与の有無、④雇用管理の改善等に関する事項に係る相談窓口（同規則2条1項）である。6条1項に違反した事業主に対しては、罰則

（10万円以下の過料）が定められている（31条）。また事業主は，就業規則作成・変更の際に，パート労働者に係る事項についてはパート労働者の過半数代表から，有期雇用労働者に係る事項については有期雇用労働者から，意見を聴取する努力義務を負う（7条）。

(b) **賃金**（10条）　事業主は，通常の労働者と同視すべきパート・有期雇用労働者以外のパート・有期雇用労働者について，職務の内容，職務の成果，意欲，能力または経験等を勘案して，通常の労働者との均衡を考慮しつつ，賃金を決定するように努めなければならない（10条）。なお，ここにいう賃金は，通勤手当，退職手当，家族手当，住宅手当，別居手当，子女教育手当等を含まない（同規則3条）。ただし，これらの手当が職務内容に密接に関連して支払われているのであれば，均衡取扱いの対象となる。

(c) **教育訓練**（11条）　通常の労働者が従事する職務の遂行に必要な能力を付与する教育訓練については，省令で定める場合を除き，「職務内容同一短時間・有期雇用労働者」（通常の労働者と同視すべきパート・有期雇用労働者を除く）に対しても実施することが事業主の義務である（11条1項）。また，パート・有期雇用労働者に対しても，通常の労働者との均衡を考慮しつつ，職務の内容，職務の成果，意欲，能力および経験に応じて，教育訓練を実施することが努力義務とされている（同2項）。

(d) **福利厚生施設**（12条）　通常の労働者が利用する福利厚生施設（給食施設，休憩室，更衣室：パート有期則5条）については，その利用機会をパート・有期雇用労働者に与なえければならない。

(e) **通常の労働者への転換の推進**（13条）　通常の労働者への転換を推進するために，事業主は，パート・有期雇用労働者に対して，①通常の労働者を募集する場合に，募集事項を周知すること，②通常の労働者の新たな配置を行う場合に，配置希望の機会を与えること，③通常の労働者への転換のための試験制度など転換推進措置を

講じること，のいずれかの措置をとることが必要である。

(f) **事業主による説明義務**（14条）　事業主は，パート・有期雇用労働者を雇い入れたときには，速やかに，後述のパート・有期雇用労働者と通常の労働者の均等・均衡待遇に関する規定（8条・9条）および上記(b)から(e)において講ずることとしている措置の内容について，説明しなければならない（14条1項）。また，これらの規定および(a)〜(e)に関する措置についてその雇用するパート・有期雇用労働者から求めがあったときには，その決定にあたり考慮した事項を説明しなければならない（同2項）。さらに，事業主は，パート・有期雇用労働者が14条2項に定めるような説明を求めたことを理由として不利益な取扱いをしてはならない（同3項）。これらは，労働者の納得性を高めるための措置であり，パート・有期雇用労働者が不利益を恐れて説明を求めることを躊躇しないようにするものである。

```
実効性確保・紛争解決
手続き
```
厚生労働大臣は，パートタイム・有期雇用労働法に違反する事業主には報告を求め，または助言，指導，勧告をすることができる（18条1項）。報告をせず，または虚偽の報告をした事業主には20万円以下の過料が科せられ（30条），勧告に従わない場合，厚生労働大臣は企業名を公表することができる（18条2項）。事業主は，パート・有期雇用労働者からの相談に応じて適切に対応するために必要な体制を整備しなければならず（16条），パート・有期雇用労働者からの苦情については，苦情処理機関に苦情の処理を委ねるなど自主的な解決を図らなければならない（22条）。紛争が生じたときには，都道府県労働局長による助言・指導・勧告（24条1項）がなされ，また，均衡待遇調停会議による調停（25条・26条）がなされる。

4 パート・有期雇用労働者と通常の労働者の処遇格差是正

パート・有期雇用労働者についての不合理な待遇の禁止（8条）

事業主が雇用するパート・有期雇用労働者の基本給，賞与その他の待遇のそれぞれについて，当該待遇に対応する通常の労働者（正社員）の待遇との間において，両者の①「職務の内容」（業務の内容および業務に伴う責任の程度），②「職務の内容及び配置の変更の範囲」（これを「人材活用の仕組み」という）および③その他の事情のうち，当該待遇の性質および当該待遇を行う目的を考慮して，不合理と認められる相違を設けてはならない（8条）。この規定は，2018年の働き方改革関連法による改正によって，労契法旧20条とパート労働法8条を統合し，また，労契法旧20条に関する判例を踏まえて文言を修正して制定されたものである。

(a) **規定の趣旨**　本条は，後述の9条とは異なり，通常の労働者との職務内容などに相違があっても，労働条件の相違について争うことができる。その意味で，パート・有期雇用労働者の公正な処遇を図るため，パート・有期雇用労働者と期間の定めのない通常の労働者との職務の内容等の違いに応じた均衡のとれた処遇を求め（労契法旧20条に関するハマキョウレックス事件・最2小判平30・6・1民集72巻2号88頁；労判1179号20頁参照），また，場合によっては均等処遇としての機能も営む。

(b) **立証責任**　裁判においては，労働者が労働条件の相違が不合理であることを立証できる事実を主張し，これに対して使用者が当該相違が不合理であるとの評価を妨げる事実を主張することになる。

(c) **比較対象者**　パート・有期雇用労働者は，待遇の相違につ

いて「当該待遇に対応する通常の労働者」を特定してその不合理性を主張する。通常の労働者にも職務内容について多様なグループがある場合には，比較対象者の選定は重要な意味がある（たとえば，メトロコマース事件は，正社員全体を比較対象者とした1審（東京地判平29・3・23労判1154号5頁）と契約社員と職務内容が類似する正社員を比較対象者とした控訴審（東京高判平31・2・20労判1198号5頁）とで結論が大きく異なっている）。労契法旧20条・パート労働法8条においては，比較対象者が「当該事業場に雇用される通常の労働者」と規定されており，選定される比較対象者を特定する手がかりがなく，裁判例においても，有期雇用労働者の選択する比較対象者をそのまま認めるという立場と（前掲・メトロコマース事件東京高判など），比較対象者は客観的に定まるものとする立場（大阪医科薬科大学事件・大阪高判平31・2・15労判1199号5頁）とが対立していた。今後は，本条の「待遇のそれぞれについて，当該待遇に対応する通常の労働者」との文言の解釈問題となるので，後者の立場が妥当であろう。

(d) **不合理性の判断方法**　労契法旧20条は，①「職務の内容」，②「人材活用の仕組み」および③「その他の事情」を考慮して不合理性を判断するとしていた。これらは，判例によればそれぞれ並立的に判断される。労働者の待遇は，①および②のみで決まるものではなく，使用者の経営判断や労使交渉なども重要な決定要素であり，これらは③「その他の事情」として考慮される（長澤運輸事件・最2小判平30・6・1民集72巻2号202頁；労判1179号34頁）。また，有期雇用労働者が定年退職後に再雇用された者であることも（高年齢者雇用安定法9条の高年齢者雇用確保措置としての継続雇用制度，第22章**2**参照），当該有期雇用労働者と無期雇用労働者との労働条件の相違の不合理性判断において，「その他の事情」として考慮されるとしている（前掲・長澤運輸事件最判）。この解釈は，本条に引き継がれると考えてよい。

本条は，労契法旧20条の文言を「当該待遇の性質及び目的に照らして適切と認められるものを考慮して」判断すると修正した。たとえば，通勤手当が通勤費の補助という目的であれば，①の相違を重視する必要がないという趣旨である。このような判断方法は，本条によって新たに導入されたわけではなく，これまでの判例の立場を明文化したものである。

検討の対象となる待遇も基本給，賞与その他の待遇とより具体化された。ここでいう待遇とは，賃金だけではなく，教育訓練，福利厚生施設の利用など広い範囲を対象とする（短時間・有期雇用労働者及び派遣労働者に対する不合理な待遇の禁止等に関する指針〔平30・12・28厚労告430号第3,「同一労働同一賃金ガイドライン」，**図表8-2**参照〕）。また，待遇の「それぞれについて」と待遇の相違を個別的に検討できることを明確にした。これも判例の立場を明確にした修正といえる（前掲・ハマキョウレックス事件最判，長澤運輸事件最判など）。

(e) **待遇ごとの不合理性の具体的判断**　パート・有期雇用労働者と通常の労働者との待遇の相違の不合理性判断については，両者の職務内容などの相違について，それぞれの待遇の性質，趣旨・目的に照らして適切なものを考慮することになる。この場合，考慮された職務内容などが同じであれば同じ待遇を，異なっている場合には，その相違に応じた取扱いがされているかが検討される。より具体的には，同一労働同一賃金ガイドラインに，基本給・昇給，賞与，各種手当および福利厚生・教育訓練に類型を分けて，基本的な考え方が示されている（**図表8-2**参照，ただし，退職金，住宅手当，家族手当については記載がない）。

また，これまでの労契法旧20条に関する裁判例の蓄積も参考となる。基本給については，職務内容が異なる場合には，不合理性が否定される傾向にある（前掲・メトロコマース事件など。肯定例として，学校法人産業医科大学事件・福岡高判平30・11・29労判1198号63頁）。

パート・アルバイト	派遣労働者	契約社員	嘱託	その他
70.2%	6.5%	13.6%	5.8%	4.0%

厚生労働省「2019年　労働力調査」より

図表 8-2　同一労働同一賃金ガイドライン（パート・有期雇用労働者）

①基本給	基本給	趣旨・性格が様々である基本給（労働者の能力または経験に応じて支払うもの，業績または成果に応じて支払うもの，勤続年数に応じて支払うものなど）それぞれに照らして，通常の労働者とパート・有期雇用労働者の実態に違いがなければ同一の，違いがあれば違いに応じた支給。	
	昇給	労働者の勤続による能力の向上に応じて行う昇給については，同一の能力の向上には同一の，違いがあれば違いに応じた昇給。	
②賞与		会社の業績等への労働者の貢献に応じて支給する賞与（ボーナス）は，同一の貢献には同一の，違いがあれば違いに応じた支給。	
③各種手当	役職手当	役職の内容に対して支給される場合には，同一の内容の役職には同一の，違いがあれば違いに応じた支給。	
	その他の手当	特殊作業手当（業務の危険度・作業環境に応じて支給），特殊勤務手当（たとえば交替制勤務など），精皆勤手当（業務内容が同一の場合），時間外・休日・深夜の割増率，通勤手当，出張旅費，食事手当，単身赴任手当（同一の支給要件の場合），地域手当（特定地域での就労に対する補償）などは，同一の支給。	
④福利厚生・教育訓練	福利厚生施設（食堂，休憩室，更衣室）の利用，転勤者用社宅，慶弔休暇，健康診断に伴う勤務免除・有給保障	同一の利用・付与	
	病気休職	無期雇用のパート労働者	通常の労働者と同一の付与
		有期雇用労働者	契約期間を踏まえて同一の付与
	勤続期間に応じた法定外の有給休暇その他の休暇	同一の勤続期間であれば同一の付与	
	教育訓練（現在の職務に必要な技能・知識を習得するためのもの）	同一職務内容であれば同一の，違いがあれば違いに応じた実施	

また，賞与については，正社員の将来への動機付け，経営判断，労使交渉などを理由として不合理性が否定される傾向にある（前掲・メトロコマース事件など。肯定例として，前掲・大阪医科薬科大学事件）。諸手当については，職務内容などが直接的な関連を有しない通勤手当（前掲・ハマキョウレックス事件など）や，時間外割増手当率については（前掲・メトロコマース事件），不合理性が肯定され，職務に関連する手当については，職務内容が同一である場合はもとより，相違する場合でも，たとえば精皆勤手当のようにその趣旨が出勤の奨励にあるとされれば，不合理性が認められている（井関松山製造所事件・高松高判令元・7・8労判1208号25頁など）。

　家族手当では，その趣旨が生活費補助にあることから不合理性が肯定された例（前掲・井関松山製造所事件）もあれば，長期雇用を前提とする正社員の基本給の補助という趣旨と捉えて，不合理性を否定する例もある（日本郵便（大阪）事件・大阪高判平31・1・24労判1197号5頁）。また，住宅手当については，正社員に配置転換の可能性がある場合には不合理性が否定され（前掲・ハマキョウレックス事件など），その可能性に乏しい場合には，不合理性が肯定される傾向にある（前掲・日本郵便（大阪）事件など）。

通常の労働者と同視すべきパート・有期雇用労働者に対する差別的取扱いの禁止（9条）　事業主は，通常の労働者と比較して，①「職務の内容」が同一で，②当該事業所における慣行その他の事情からみて，雇用の全期間において，その「職務の内容及び配置の変更の範囲」が同一であると見込まれるパート・有期雇用労働者については，パート・有期雇用労働者であることを理由として，賃金の決定，教育訓練の実施，福利厚生施設の利用その他の待遇について，差別的取扱いをしてはならない（パート・有期9条）。

違反の効果　パートタイム・有期雇用労働法8条・9条が私法的な強行的効力を有することは，こ

れまでのパートタイム労働法旧8条・9条および労契法旧20条の判例を考慮すれば当然認めるところである。しかし，補充的効力については，明文の規定を欠き，また，パート・有期雇用労働者と通常の労働者との職務内容等の相違に応じた均衡のとれた処遇を求める規定であることから，否定されることになろう。したがって，8条・9条違反に対する救済は，不法行為に基づく損害賠償請求となる。ただし，就業規則の合理的解釈によって，実質的に補充する方法は残されている。もっとも，パート・有期雇用労働者および通常の労働者がそれぞれ別個の就業規則の適用を受けている場合には，この方法によることはできない。

Column㉑ 職務評価の実施ガイドライン

厚労省は，2010年に策定した「職務分析・職務評価実施マニュアル」を2012年11月に改め，新しいガイドライン「要素別点数法による職務評価の実施ガイドライン」を公表した。このガイドラインが採用した職務評価は，要素別点数法と呼ばれ，国際的に一般に通用している方法であり，パート労働者の職務と通常の労働者の職務を，構成要素ごとに点数化して，その大きさを比較する手法である。これによってパート労働者と通常の労働者の均等待遇がどの程度確保されているかをチェックすることを目的とする。ただし，ガイドラインは，評価項目を「知識・技能」と「責任」のみに設定しており，国際的に通用している4大評価項目の中の「負担」「労働環境」を導入していないこと，職務評価の実施主体が不明確であること，さらに，職務評価によって同等の労働とされたパート労働者について，賃金是正の段階で「活用係数」80％を取り込んでいることなど，問題も大きい。とはいえ，パートタイム・有期雇用労働法による格差是正においても，職務の「異なる程度」や「価値の大きさ」に応じて賃金・処遇が均衡になされるという格付け・賃金制度は，これからの日本の人事管理のあり方としても望ましいものであろう。そして，この手法は，今後，有期雇用労働者に適用対象を拡大する必要があろう。

5 労働者派遣法の仕組み

労働者派遣とは

企業は，中核的な業務を担う労働者を長期的に養成していくが，周辺的業務を担う労働者には同様の投資を行うことを躊躇して，コストをなるべく引き下げようとする。また，専門的業務については，自社で養成できない業務があり，かつ労働者として雇うにはコストがかかりすぎるという場合がある。このような企業のニーズに応えるのが，業務の外部委託や業務処理請負，労働者派遣である。業務処理請負の場合，労働関係は原則としてその請負業者と労働者との間に存在し，利用企業は直接の関係を持たない。これに対して，労働者派遣は，派遣元企業に雇われた派遣労働者が，派遣先企業の指揮命令（労働契約の本質的内容の 1 つ）を受けて就労するところに特徴がある（**図表 8-3** 参照）。

労働者派遣に対する法
規制の変遷

戦後の労働法制は，それまでの労働ボス（労働者供給事業者）制度などの封建的・前近代的な雇用関係を解体し，労働者の自立を図り，近代的な労働市場を創出することを目的として，労基法における中間搾取の排除（労基 6 条）とともに職業安定法によって労働組合による以外の労働者供給事業を禁止した（職安 44 条・45 条）。このような法政策は，当時の ILO 第 96 号条約の立場とも整合的であった。

この法政策によって労働者供給事業者から供給されていた労働者の直用化は進んだが，その地位は臨時工という非正規雇用にとどまった。また，業務委託・請負業者に業務を委託する間接雇用（その労働者は「社外工」と呼ばれた）も普及していった。

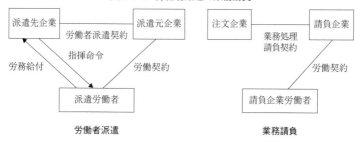

図表 8-3　労働者派遣と業務請負

労働者派遣　　　　　　　　　　　　業務請負

　そして，1970 年代以降には，IT 技術の急速な発展などを背景に
アメリカで始まった人材派遣企業が世界各国に進出し，日本におい
ても，戦後に排除の対象とした労働ボス制度のような悪質な業者で
はないが，職安法の禁止する労働者供給事業に該当するような事業
が次第に増加していった。

　このような状況を受けて，1985 年に労働者派遣法（労働者派遣事
業の適正な運営の確保及び派遣労働者の就業条件の整備等に関する法律）
が制定され，従来，労務供給事業として禁止されていたうち，この
法律によって定義された労働者派遣を取り出して合法化した。これ
により，労働者派遣の労働力受給システムにおける機能の有益性が
認められたのである。ただし，日本の労働者派遣法は，正社員にみ
られる長期雇用慣行に悪影響を与えない範囲において労働者派遣を
認めるという政策，すなわち，正社員を派遣に置き換えることを防
止すること（常用代替の防止）を前提とすることから出発した。この
結果，当初は，専門的業務（当初 11 業務，その後 26 業務まで拡大）お
よび長期雇用を行わないことが一般的な業務（たとえば，ビルメンテ
ナンスなど）についてのみ，労働者派遣事業が認められた（ポジティ
ブリスト方式）。この常用代替防止という理念は，現行法でも維持さ
れている（労派遣 25 条参照）。

　しかし，その後国際的には，ヨーロッパ諸国における労働者派遣

の解禁の動きを受けて，ILO が 1997 年に労働力需給システムにおける労働者派遣も含む民間事業を積極的に位置づけた第 181 号条約（民間職業仲介事業所条約）を採択し（第 96 号条約廃止），日本もこれを 1999 年に批准した。そして，派遣という雇用形態をより広い範囲で用いたいという経営側の要望が強まったこともあり，1999 年の労働者派遣法の改正により，1 年以内の一時的な業務については，労働者派遣を禁止された業務以外の業務では，自由に労働者派遣を利用することが認められることになった（ネガティブリスト方式）。この改正により，専門業務型と一時的業務に対応する一般業務型という 2 つの類型の派遣業務が併存することになった。そして，2003 年の改正により，一般業務は 3 年までの派遣が認められるようになり，また製造業務への派遣も解禁され，一般業務の派遣労働の利用制限が緩和された。2007 年の改正により，製造業派遣の派遣可能期間が 1 年から 3 年に拡大された。

　このように一貫して規制緩和の流れにあった労働者派遣法であったが，2008 年秋のリーマン・ショックがもたらした不況のなかで，非正規雇用を中心にリストラが進められ，とくに「派遣切り」という言葉に象徴されるように派遣先による労働者派遣契約の解除が相次いだ。その結果，派遣労働者が直ちに解雇されるという事態に社会的注目が集まり，派遣労働者の雇用安定が政治的にも重視されることになった。この流れの中で，2012 年に派遣労働者の保護を目的とする法改正がなされた。労働者派遣法の名称にも「派遣労働者の保護」が入ることになった（「労働者派遣事業の適正な運営の確保及び派遣労働者の保護等に関する法律」）。

　2015 年には，派遣労働が臨時的・一時的なものであることを原則とすることを確認し，常用代替を防止するとともに，派遣労働者のより一層の雇用の安定，キャリアアップを図るために，法改正がなされた。もっとも実際の改正内容は，従来の専門業務等 26 業務

と一般業務の区別を廃止し，また業務単位での期間制限を撤廃して，派遣労働者の個人単位および派遣先の組織単位での期間制限を設けるものであり，この改正が派遣労働の臨時的・一時的利用という目的に適合的であるかは明確ではない。

　2019年の働き方改革関連法は，非正規雇用と正規雇用との格差を是正するために，パート・有期雇用労働者（本章4参照）だけではなく，派遣労働者についても派遣先労働者との均等・均衡待遇を定める規定を導入した。

　いずれにしても，労働者派遣法は，その時々の法改正によって多様な仕組みが積み上げられており，その体系的な理解は容易ではない。

| 労働者派遣法の仕組み | (a) **定　義**　労働者派遣とは，自己の雇用する労働者を，その雇用関係を維持した |

まま，他人のために，その他人の指揮命令を受けて，労働に従事させることを意味する（労派遣2条1号）。この定義は，労働者派遣を派遣先の指揮命令を受けるという点で請負と区別し（「労働者派遣事業と請負により行われる事業との区分に関する基準」昭61・4・17労告37号参照），派遣先と雇用関係がないことにより出向等と区別している。また職業紹介と区別するために，派遣する労働者を派遣先に雇用させることを派遣先と約するものを含まないとしている（2条1号）。事業主が雇用し，労働者派遣の対象となるものが派遣労働者である（同条2号）。そして，この労働者派遣を業として行うのが労働者派遣事業である（同条3号）。派遣先が派遣された派遣労働者を別の派遣先に派遣すること（二重派遣）は，派遣先と派遣労働者との間に雇用関係がないので，労働者派遣にはあたらず，職安法の禁止する労働者供給にあたることになる。

　◆業務請負と派遣　製造業において，一部の生産ラインが業務委託や下請に出されるというようなやり方は，よくみられることである。厚労省

は，具体的に，請負（業務委託）が成立するためには，①当該請負業者が自己の雇用する労働者に対して，業務遂行に関して指示・管理などを自ら行うなど，その労働力を直接利用すること，②資金調達，法律上の事業主責任，設備や器材等の準備をして，請け負った業務を注文主から独立して処理することが必要であり，この基準を満たしていなければ，請負という形式がとられていても，労働者派遣事業にあたるとしている（昭61・4・17労告37号2条）。また，これらの基準を満たしていても，それが法の規定に違反することを免れるために故意に偽装されたものであって，その事業の真の目的が労働者派遣を業として行うことにあるときには，労働者派遣事業であることを免れることはできない（同告示3条）。したがって，契約形式が請負（業務委託）であっても，元請会社が下請会社の労働者に直接指揮命令するような実態があれば，労働者派遣とされる。これを「偽装請負」といい，違法な労働者派遣となる。この場合，派遣労働者と違法な派遣元の労働契約は，特段の事情のない限り，無効にはならない（パナソニックプラズマディスプレイ（パスコ）事件・最2小判平21・12・18民集63巻10号2754頁；労判993号5頁）。

(b) **労働者派遣事業の規制**　労働者派遣事業には，派遣労働者を常時雇用している方式（常用型）と派遣労働を希望する労働者が派遣元企業に登録をし，その労働者が実際に派遣先で就労を予定する期間中のみ，派遣元と労働契約を結ぶという方式（登録型）があるが，いずれにしても労働者派遣事業を実施するためには許可を要する。派遣先を特定の企業にのみ限定した派遣事業は許可要件を満たさない（7条1項1号）。また，派遣労働者の個人情報保護を考慮して，個人情報の適正な管理と秘密遵守のために必要な措置をとることが許可要件とされている（同項3号）。

日雇派遣（日々または30日以内の期間を定めて雇用する労働者派遣）は，原則として禁止される（35条の4第1項）。ただし，適正な雇用管理に支障を及ぼすおそれがないと認められる業務の場合（ソフトウェア開発などの専門職）および雇用機会の確保がとくに困難な場合（60歳以上，学生，年収500万円以上の者の副業，世帯収入500万円以上の

生計維持者以外の者）については，例外として日雇派遣が認められる（労派遣令4条1項・2項）。また，グループ企業の中の派遣会社は，当該グループ企業内の会社に対する労働者派遣の比率を全体の8割以下としなければならず（労派遣23条の2），また，離職した労働者を離職後1年以内に派遣労働者として受け入れることは禁止されている（40条の9第1項）。これらは正社員の雇用を派遣労働者に置き換える常用代替の防止策である。さらに，派遣元は，派遣労働者の数，労働者派遣の料金，マージン率，教育訓練，派遣労働者の平均賃金，派遣労働者の待遇の均衡・均等のために労使協定を締結しているか，その場合の協定対象派遣労働者の範囲などを，インターネットの利用，事業所の書類の備え付けその他の適切な方法により広く関係者に情報を提供しなければならない（23条5項，労派遣則18条の2）。これは，とくに派遣労働者が派遣元を適切に選択できるための情報提供である。

(c) **派遣対象業務**　労働者派遣は，法令により禁止されている業務以外は，自由に利用することができる（4条1項。ネガティブリスト方式）。労働者派遣法が派遣労働を禁止している業務は，①港湾運送業務（同項1号），②建設業務（2号），③警備業務（3号）および④病院等における医業等の医療関連業務（紹介予定派遣を除く。3号および労派遣令2条1項）である。その他，弁護士などの「士業」専門職，管理建築士，団体交渉などの使用者側当事者についても派遣対象から除外されている（令元基発0930001号「労働者派遣事業関係業務取扱要領」〔2019年9月14日施行〕第2の3参照，以下「取扱要領」という）。

(d) **労働者派遣契約**　派遣元事業主と派遣先事業主は，労働者派遣に関する契約である労働者派遣契約を締結する。この契約は商事契約の一種であるが，労働者保護の観点から強い規制が加えられている。たとえば，派遣先は，派遣労働者の国籍，信条，性別，社

図表 8-4　労働者派遣契約で定められる事項

1. 派遣労働者が従事する業務の内容，2. 派遣先の名称および所在地など，3. 派遣労働者の直接の指揮命令者，4. 労働者派遣の期間および派遣就業をする日，5. 派遣就業の開始・終了の時刻，休憩時間，6. 安全衛生，7. 苦情処理，8. 労働者派遣契約解除の際の派遣労働者の雇用安定措置，9. 労働者派遣契約が紹介予定派遣である場合，当該紹介予定派遣関係事項，10. 業務に伴う責任の程度，11. 派遣元責任者および派遣先責任者，12. 時間外労働等，13. 福利厚生施設の利用・便宜供与，14. 労働者派遣の終了後に労働者派遣契約の当事者間の紛争防止措置，15. 労働者を協定対象派遣労働者に限るか否か，16. 派遣労働者を無期雇用派遣労働者または 60 歳以上の派遣労働者に限るか否か。

会的身分，派遣労働者の正当な組合活動などを理由として，労働者派遣契約を解除してはならない（27 条）。また，労働者派遣契約では，**図表 8-4** の事項が定められる（26 条 1 項，労派遣則 22 条・32 条の 4。海外派遣について，労派遣 26 条 2 項に定める事項を追加する）。派遣元は労働者派遣契約の締結にあたって，事業許可（5 条）を受けていることを明示しなければならない。また，派遣を受けようとする者は，派遣の対象となる業務について，期間制限に抵触することとなる最初の日を派遣元に通知しなければならない。

◆労働者派遣契約の中途解約または終了と派遣労働者の解雇　派遣元は，派遣先が派遣就業に関し法令に違反した場合には，当該派遣を停止し，または労働者派遣契約を解除することができる（28 条）。

　派遣先は，その都合で労働者派遣契約を期間途中で解除する場合，当該労働者派遣契約に係る派遣労働者の新たな就業の機会の確保，賃金または休業手当の支払いに要する費用の負担など派遣労働者の雇用安定を確保する措置を講じなければならない（29 条の 2）。派遣元は，労働者派遣契約に係る派遣労働者が無期労働契約の場合，当該労働者派遣契約が期間途中で解除されても，そのことを理由に当該派遣労働者を解雇することは権利の濫用として無効となる（ラポール・サービス事件・名古屋高判平 19・11・16 労判 978 号 87 頁参照）。また，有期雇用派遣労働者が契約期

間が残っている場合には，派遣先の都合による労働者派遣契約の期間途中解除が「やむを得ない事由」に該当せず（プレミアライン（仮処分）事件・宇都宮地栃木支判平21・4・28労判982号5頁），派遣元の解雇は無効とされる（労契17条1項）。

　したがって，派遣元は，派遣先と連携して，派遣先の関連会社での就業をあっせんする等による派遣労働者の新たな就業機会の確保を図り，これができない場合には，賃金または休業手当（労基26条）を支払う義務を負う。

　派遣労働者が労働者派遣契約の定める派遣期間と同じ期間の有期労働契約を締結しているとき，派遣期間が終了した時点で当該有期労働契約も終了することになる。もっとも，派遣労働者の有期労働契約が更新されている場合，有期労働契約の雇止めの法理（労契19条）の適用が検討されることになろう。しかし，期間6カ月の労働契約が繰り返し更新され，約13年間にわたって派遣先で就労してきた労働者が，派遣先が労働者派遣契約を解除したために，雇止めされた事件において，長期間にわたって派遣を継続することは，「常用代替防止」の観点から法が予定するところではなく，派遣労働者の雇用継続に対する期待には合理性はないとして，雇止めの法理の適用を認めなかった裁判例がある（伊予銀行・いよぎんスタッフサービス事件・高松高判平18・5・18労判921号33頁。同旨の裁判例として，マイスタッフ・一橋出版事件・東京高判平18・6・29労判921号5頁）。しかし，特定の派遣先との労働者派遣契約が終了したとしても，派遣元が新たな派遣先を見いだす可能性があるならば，派遣労働者に雇用継続の合理的期待を認めたうえで，派遣元の雇止めに合理的理由があるかを判断すべきであろう。

◆派遣労働者の特定と差替え問題　労働者派遣契約の締結にあたって，派遣先は，労働者の面接や履歴書の送付を求めることなど，派遣労働者を特定する行為をしないように努めなければならない（労派遣26条6項）。派遣労働者を35歳未満の者とすることや，性別を限定することなども，この特定行為に該当する。派遣先が派遣元に派遣労働者の差替えを求めることも法の趣旨に反する。派遣元が派遣先の派遣労働者の交代先からの派遣要員の交代要請に応じたために当該派遣労働者が就業できない場合には，特段の事由がないかぎり民法536条2項の適用はなく，賃金請

求権は消滅するが，派遣元は休業手当を支払わなければならない場合がある（三都企画建設事件・大阪地判平 18・1・6 労判 913 号 49 頁）。

(e) **派遣可能期間の制限**　　i）派遣先事業所単位の期間制限　派遣先の同一組織単位に対し労働者派遣をできる期間（派遣可能期間）は，原則として 3 年である（40 条の 2 第 1 項・2 項）。派遣先が 3 年を超えて派遣を受け入れようとする場合は，派遣先の事業所の過半数代表者からの意見を聴く必要がある（同 4 項）。ここでいう「事業所」に該当するかは，「派遣先が講ずべき措置に関する指針」（平 11 厚労告 137 号。最終改正は平 30 厚労告 261 号。以下「派遣先指針」という）第 2 の 14 (2)・(3)に基づき，工場，事務所，店舗など場所的に独立し，経営の単位として人事・経理・指導監督・働き方などがある程度独立し，また，施設として一定期間継続するものであることなどから実態に基づいて判断される。また，「組織単位」とは，いわゆる「課」や「グループ」など，業務としての類似性，関連性があり，組織の長が業務配分，労務管理上の指揮監督権限を有することなどから実態に即して判断される。

ii）派遣労働者個人単位の期間制限　　同一の派遣労働者を派遣先の事業所における同一組織単位に対し派遣できる期間は 3 年に制限される（35 条の 3・40 条の 3）。

iii）期間制限の例外　　派遣元事業主に無期雇用される派遣労働者の派遣（40 条の 2 第 1 項 1 号），60 歳以上の派遣労働者の派遣（同 2 号，労派遣則 32 条の 4），終期が明確な有期プロジェクト業務に対する派遣および日数限定業務（1 カ月の勤務日数が通常の労働者の半分以下かつ 10 日以下であるもの）に対する派遣（40 条の 2 第 1 項 3 号），産前産後休業，育児休業，介護休業等を取得する労働者の業務に対する派遣同項 4 号・5 号については，派遣期間の制限が適用されない（同項ただし書き）。

◆**クーリング期間** 派遣先の事業所ごとの業務について労働者派遣の終了後再び派遣が利用される場合，および事業所の同一組織単位ごとの業務について労働者派遣の終了後に同一の派遣労働者を再び派遣する場合には，派遣終了と次の派遣開始の間の期間が3カ月を超えないときは，労働者派遣は継続しているものとみなされる。この期間が3カ月を超えると，派遣期間の算定が初期化されるので，クーリング期間とよばれている。この結果，同一業務について3カ月の派遣労働利用禁止期間（クーリング期間）があることになる（派遣先指針第2の14(3)）。この規制を確保するために，派遣先は，労働者派遣契約を締結するときには，派遣可能期間制限に抵触する最初の日を派遣元に通知しなければならない（労派遣26条4項）。派遣元は，この通知がないときは派遣先と労働者派遣契約を締結してはならない（同5項）。また，派遣元は，労働者派遣にあたり，派遣労働者に対して期間制限に抵触する最初の日を明示しなければならない（34条1項3号）。

(f) **派遣元事業主の講ずべき措置** ⅰ）特定有期雇用派遣労働者等の雇用安定措置 派遣元は，同一の組織単位に継続して1年以上派遣される見込みのある派遣労働者（特定有期雇用派遣労働者）等に対してその派遣終了後の雇用を継続させるため，以下のような措置（雇用安定措置）を講ずる義務または努力義務がある（30条）。

雇用安定措置は，具体的には①派遣先に対する直接雇用の依頼（同1項1号，書面が望ましい），②新たな派遣先の提供（同2号，合理的なものに限る（労派遣則25条の3）。派遣元が当該派遣労働者を無期雇用として同一派遣先に派遣することを含む），③派遣元事業主による（派遣労働者以外の）無期雇用（30条1項3号），④その他雇用の安定を図るために必要な措置（同4号，新たな就業の機会を提供するまでの間に行われる有給の教育訓練，紹介予定派遣など（労派遣則25条の5））である。

まず，特定有期雇用派遣労働者のうち同一の組織単位に継続して3年間派遣される見込みのある者に対しては，派遣元は，①～④のいずれかの措置を講じなければならない（30条2項）。また，①を

実施したが，結果的に直接雇用が実現しなかった場合には，②〜④のいずれかを追加的に講ずる義務がある（労派遣則25条の2第2項）。次に，同一の組織単位に継続して1年以上3年未満派遣される見込みのある特定有期雇用派遣労働者については，派遣元は，①〜④のいずれかの措置を講ずる努力義務がある（30条1項）。さらに，その他派遣元事業主に雇用された期間が通算1年以上の者（登録者も含む）について派遣元は，②〜④のいずれかの措置を講ずる努力義務がある（労派遣則25条3項・4項）。

ⅱ）キャリアアップ措置　　派遣元事業主は，雇用している派遣労働者のキャリアアップを図るため，①段階的かつ体系的な教育訓練（30条の2第1項），および②希望者に対するキャリアコンサルティングを実施する義務がある（同2項）。段階的かつ体系的な教育訓練における教育訓練計画は，雇用するすべての派遣労働者を対象とし，有給かつ無償（フルタイムで1年以上の雇用見込みの派遣労働者で毎年概ね8時間）で，キャリアアップに資する内容であり，とくに無期雇用派遣労働者に対しては，長期的なキャリア形成を念頭に置くことを要する。また，入職時の教育訓練もここに含まれる。

ⅲ）派遣労働者に関する均等・均衡処遇の確保　　労働者派遣法は，パートタイム・有期雇用労働法と同じように派遣労働者についても派遣先の通常の労働者との均等処遇および不合理な待遇の禁止・均衡処遇の仕組みを設けている。まず，派遣元は，雇用する派遣労働者の基本給，賞与その他の待遇のそれぞれについて，職務内容，人材活用の仕組みその他の事情のうち適切なものを考慮して，対応する派遣先に雇用される通常の労働者の待遇との間において不合理な相違を設けてはならない（均衡処遇，30条の3第1項）。また，派遣労働者と対応する派遣先の通常の労働者の職務内容および人材活用の範囲が同一の場合には，正当な理由なく，基本給，賞与その他の待遇のそれぞれについて，通常の労働者の待遇に比して不利な

ものとしてはならない（均等処遇，30条の3第2項）。以上のように派遣元は，派遣先の通常の労働者との均等・均衡を図ることが原則であるが（派遣先均等・均衡方式），この方式の代わりに，派遣労働者に派遣元が過半数代表者と締結した労使協定に定める労働条件を適用する方式も認められる（労使協定方式，30条の4）。さらに，派遣元は，派遣先の通常の労働者との均衡を考慮しつつ，派遣労働者の職務内容，成果，意欲，能力または経験その他の就業の実態に関する事項を考慮して，その賃金を決定するように努めなければならない（30条の5）。

　この不合理な待遇の禁止を実現するために，派遣元は，派遣先均等・均衡方式または労使協定方式のいずれかを選択する。

◆派遣先均等・均衡方式と労使協定方式　派遣先均等・均衡方式は，派遣元事業主が派遣先から比較対象労働者に関する待遇の情報を得て，派遣労働者の均等・均衡を図る仕組みである。派遣先は，派遣元事業主に労働者派遣契約の締結にあたって，あらかじめ派遣元事業主に対し，派遣労働者が従事する業務ごとに，比較対象労働者の賃金その他の待遇に関する情報などを書面の交付，ファクシミリ，電子メールなどにより提供しなければならない（労派遣26条7項）。派遣先は，これらの情報に変更があったときには，派遣元事業主に変更内容に関する情報を提供しなければならない（同10項）。比較対象労働者とは，職務の内容および人材活用の範囲が同一と見込まれる通常の労働者であり，該当者がいない場合には，職務内容が同一の者であり，その該当者がいないときにはこれらの労働者に準ずるものとなる（同8項，労派遣則24条の5）。

　派遣元は，派遣先からの情報提供を受けることなく派遣先と労働者派遣契約を締結してはならない（労派遣26条9項）。派遣元は，この書面などを労働者派遣が終了した日から3年保存しなければならない（労派遣則24条の3第2項）。

　これに対し，派遣元事業主が労働者の過半数代表と派遣労働者の待遇について労使協定を締結する労使協定方式の場合には，派遣先均等・均衡方式および均等処遇が適用されず，この労使協定に基づき待遇が決定される（30条の4第1項）。ただし，派遣先が業務の遂行に必要な能力を

付与するために実施している教育訓練（40条2項）および派遣先の福利厚生施設の利用（同3項）については，労使協定の対象とはならないので，派遣先均等・均衡方式によることになる。

　労使協定には，①対象となる派遣労働者の範囲（30条の4第1項1号），②(1)派遣労働者が従事する業務と同種の業務に従事する一般労働者の平均的な賃金の額と同等以上の賃金額，および(2)派遣労働者の職務の内容，成果，意欲，能力または経験等の向上があった場合に賃金が改善されること（同2号，通勤手当，家族手当，住宅手当，子女教育手当，別居手当などは除く），③職務の内容，成果，意欲，能力または経験等を公正に評価して賃金を決定すること（同3号），④労使協定の対象とならない待遇以外の待遇の決定方法（同4号），⑥段階的・計画的な教育訓練の実施（同5号），⑥その他，有効期間，対象派遣労働者の範囲を一部に限定する場合には，その理由など（同6号，労派遣則25条の10）を定めなければならない。

　派遣元は，労使協定を有効期間終了の日から3年間保存しなければならない（労派遣則25条の12）。

◆**一般労働者の平均賃金の算出方法**　一般労働者の平均的な賃金額は，派遣先に事業所その他派遣就業の場所の所在地を含む地域において派遣労働者が従事する業務と同種の業務に従事する一般の労働者であって，当該派遣労働者と同程度の能力・経験，地域別の賃金差を元に決定する（労派遣則25条の9）。具体的には，毎年，政府統計をもとに①職種別の基準値，②能力・経験調整指数および③地域指数を算出し，それらを掛け合わせて算出される額が職業安定局長の通知によって示される（令和2年度については，令元・7・8職発0708第2号）。

　また，通勤手当は，実費または一般労働者の通勤手当相当額と同等以上の額とする。この金額は，職業安定局長通知が示す（令和2年度は，1時間あたり時給換算で72円）。退職金については，労使協定において①退職手当（退職金）制度と比較，②一般労働者の退職金相当額と同等以上の額，③中小企業退職金共済制度等に加入する，という3つの方式から選択される。職業安定局通知は，②および③の金額の計算について，一般労働者の現金給与額に占める退職給付等の費用の割合を6%として算出することとしている。

iv）派遣労働者に対する明示事項　　派遣元は，派遣労働者の雇

用にあたって，派遣労働者としての雇用であること（32条1項），派遣就業条件，派遣先事業所の組織単位ごとの業務に関する同一の派遣労働者に係る派遣可能期間（3年間）の制限および派遣先事業所における業務に関する派遣可能期間（3年間）の制限にそれぞれ抵触する最初の日，ならびに当該労働者派遣に関する料金の額を派遣労働者に明示しなければならない（34条・34条の2）。

ⅴ）派遣先への通知　派遣元は，派遣労働者の氏名，当該派遣労働者が派遣可能期間の制限のない者（無期雇用派遣労働者等）か否か，健康保険・厚生年金保険の被保険者か否か，均等・均衡待遇について労使協定対象者であるか否かなどを派遣先に通知しなければならない（35条1項）。

ⅵ）派遣労働者に対する説明義務　派遣元は，派遣労働者の雇入れ時に賃金額の見込み等昇給の有無，退職手当の有無，賞与の有無，労使協定の対象となる派遣労働者に該当するか，苦情処理に関する事項，賃金決定の考慮要素（職務の内容，職務の成果，意欲，能力または経験その他の就業の実態に関する事項をどのように勘案しているか），均衡処遇のために講ずる措置などの待遇に関する情報を文書またはファクシミリ，電子メール等（派遣労働者が希望した場合）によって明示して，説明しなければならない（31条の2第1項・2項，労派遣則25条の14〜25条の16）。

また，派遣元は，派遣労働者の派遣の際に，待遇情報，就業条件（賃金，休暇，昇給の有無，退職手当の有無，賞与の有無，労使協定の対象となる派遣労働者に該当するか，不合理な待遇差を解消するために講ずる措置の説明，派遣先均等・均衡方式より講ずる措置，労使協定方式により講ずる措置（教育訓練，給食施設，休憩室，更衣室），職務の内容，職務の成果，意欲，能力または経験その他の就業の実態に関する事項を勘案してどのように賃金を決定するか）を明示し，説明しなければならない（労派遣31条の2第3項，労派遣則25条の19・25条の20）。

さらに，派遣元は，派遣労働者の求めに応じて，派遣労働者と比較対象労働者との間の待遇の相違の内容および理由等について説明しなければならない（労派遣31条の2第4項）。具体的には，派遣先均等・均衡方式による場合には，①派遣労働者および比較対象労働者の待遇のそれぞれを決定するにあたって考慮した事項の相違の有無，ならびに②派遣労働者および比較対象労働者の待遇の個別具体的な内容，または派遣労働者および比較対象労働者の待遇の実施基準である。労使協定方式による場合には，①派遣労働者が従事する業務と同種の業務に従事する一般労働者の平均的な賃金の額と同等以上であるものとして労使協定に定めたもの，および②労使協定に定めた公正な評価である。派遣元事業主は，派遣労働者が説明を求めたことを理由として解雇その他の不利益取扱いをしてはならない（31条の2第5項）。

　ⅶ）その他　派遣元は，上記の措置以外にも，派遣労働者の福祉の増進を図るように努めなければならない（30条の7）。そして，派遣元は，派遣管理台帳を作成し，これを3年間保存する義務を負い（37条），また，派遣元責任者を選任しなければならない（36条）。派遣労働者に係る事項について就業規則の作成または変更をする場合，あらかじめ，事業所において雇用する派遣労働者の過半数を代表すると認められるものの意見を聴くように努めなければならない（30条の6）。派遣元の講ずべき措置の詳細については，「派遣元事業主が講ずべき措置に関する指針」（平11・11・17厚労告137号，最終改正平30・12・28厚労告427号，以下「派遣元指針」という）に定められている。

　◆派遣元による派遣労働者の個人情報保護など　派遣元による派遣労働者の個人情報収集は，個人情報保護の観点から，業務の目的達成に必要な範囲に限定され，かつ派遣元は，収集目的の範囲内で保管し，使用することが義務づけられている（24条の3）。そして，派遣元は，人種，社会

的身分，出生地など社会的差別の原因となるおそれのある事項，思想信条，労働組合の加入状況に関する個人情報を原則として収集してはならないとされている（派遣元指針第2（11）⑴イ）。また，派遣元およびその従業者など（退職後も含む）は，業務上知り得た秘密を漏洩してはならない（24条の4）。

(g)　**派遣先の講ずべき措置**　　派遣先は，労働者派遣契約の定めに反することのないよう適切な措置を講じなければならない（労派遣39条）。また，派遣労働者の苦情の申出に対しては，派遣元と密接な連携のもとに適切かつ迅速な処理を図らねばならない（40条1項）。派遣元から派遣労働者について派遣先の業務遂行に必要な教育訓練の実施を求められた場合には，派遣先は，これに必要な措置をとらねばならない（同2項）。そして，派遣先は派遣労働者に，給食施設，休憩室および更衣室の利用の機会を与えなければならない（同3項，派遣則32条の3）。その他の福利厚生施設についても，派遣先は派遣労働者が利用できるよう配慮しなければならない（労派遣40条4項）。

その他，派遣先は，派遣元の求めに応じて，その雇用される労働者に関する情報，派遣労働者の業務の遂行の状況その他の情報であって必要なものを提供する等必要な協力をする配慮義務を負う（同5項）。そして，派遣先は，派遣先管理台帳を作成し（42条1項），これを3年間保存しなければならず（同2項），また，派遣先責任者を選任しなければならない（41条）。派遣先の講ずべき措置の詳細については，派遣先指針に定められている。

(h)　**派遣先による派遣労働者の雇用**　　ⅰ）派遣先の特定有期雇用派遣労働者の雇用　　派遣先は，その事業所その他の派遣就業の場所における組織単位ごとの同一の業務について，派遣元から継続して1年以上の期間同一の特定有期雇用派遣労働者に係る労務の提供を受けた場合において，引き続き同一業務に従事させるために労

働者を雇い入れようとするときは，当該派遣労働者を雇い入れるように努めなければならない（労派遣40条の4）。また，同一の事業所において派遣元から1年以上の期間継続して同一の派遣労働者を受け入れている場合，派遣先が通常の労働者の募集を行う時には，当該募集に係る事項を当該派遣労働者に周知しなければならない（40条の5第1項）。さらに，同一組織単位の業務について継続して3年間派遣労働に従事する見込みのある特定有期雇用派遣労働者については，派遣可能期間の制限がない場合を除き，労働者の募集に係る事項を当該派遣労働者に周知しなければならない（同2項）。

ⅱ）直接雇用申込みみなし制度　　派遣先等が①派遣労働者を派遣禁止業務に従事させること，②無許可事業主から労働者派遣の役務の提供を受けること，③事業所単位および個人単位の期間制限に違反して労働者派遣を受けること，ならびに④いわゆる偽装請負等であった場合には，派遣先等は，その派遣労働者の雇用主との労働条件と同じ内容の労働契約を申し込んだものとみなされる。ただし，派遣先等が違法派遣に該当することを知らず，かつ，知らなかったことに過失がない場合には適用されない（40条の6第1項）。

雇用申込みがあったとみなされる場合，派遣先等は1年間当該申込みを撤回することができず（同2項），1年以内に派遣労働者が承諾の意思表示をすると派遣労働者と派遣先等との間の労働契約が成立する（同2項）。この申込みは，期間内に派遣労働者から承諾または不承諾の意思表示がないときには，その効力を失う（同3項）。③の事業所単位の期間制限に関連して，期間制限を延長するための過半数代表者からの意見聴取手続きが適法に行われていない場合（①抵触日の1カ月前までに過半数代表から派遣可能期間を延長するための意見聴取を行わずに引き続き労働者派遣を受けた場合，②過半数代表者が管理監督者であった場合，③派遣可能期間を延長するための代表者選出であることを明示せずに選出された者から意見聴取を行った場合，および④非

民主的な方法によって選出された者から意見聴取を行った場合）には，期間制限に抵触することになり，その抵触日以降，受け入れた派遣労働者に対して派遣先が労働契約を申し込んだものとみなされる（労派遣則33条の3第2項，取扱要領第8の5(4)ニ(ロ)参照）。

　派遣元は，派遣先等から求めのあったときは，労働契約の申込みを受けたとみなされる派遣労働者に係る労働条件の内容（労働契約の申込みのあった時点のもの）を派遣先等に通知しなければならない（労派遣40条の6第4項）。

◆**派遣元による派遣労働者の雇用制限**　派遣期間終了後に，派遣先と派遣労働者が雇用関係を結ぶことを禁止する契約を派遣元が派遣労働者と締結してはならない（33条1項）。この規定は，派遣労働者の職業選択の自由を保障するという意味から，効力規定と解され，この規定に反する契約は私法的にも無効と解されている（ホクトエンジニアリング事件・東京地判平9・11・26判時1646号106頁参照）。

◆**紹介予定派遣（ジョブサーチ派遣）**　紹介予定派遣とは，労働者派遣のうち，労働者派遣事業と職業紹介事業の双方の許可を受けまたは届出をした者が，派遣労働者と派遣先の間の雇用関係の成立のあっせん（職業紹介）を行い，または行うことを予定してするものである（2条4号）。一時的な勤務から正社員となる可能性があることから「テンプ・ツウ・パーム（temp to perm）」ともいわれる。この場合の労働者派遣は，派遣先企業と派遣労働者にとって，一種の試用期間としての機能を有する。

　派遣元は，労働者を紹介予定派遣にかかる派遣労働者として雇い入れることを当該労働者に明示しなければならない（32条1項）。紹介予定派遣においては，派遣労働者を特定する行為の禁止が適用されないので（26条6項），派遣先は，派遣就業開始前または派遣就業期間中の求人条件の明示，派遣就業期間中の求人・求職の意思の確認，採用内定，派遣就業開始前の面接，履歴書の送付を求めること等を行うことができる。

　紹介予定派遣の派遣受入期間は，同一の派遣労働者について6カ月を超えてはならない。派遣先が紹介予定派遣を受けた場合において，派遣先が職業紹介を受けることを希望しなかった場合または職業紹介を受けた派遣労働者を雇用しなかった場合には，派遣元事業主の求めに応じ，

図表 8-5　派遣先を労基法・安衛法上の使用者または事業主とみなす場合

均等待遇，強制労働の禁止，公民権保障，労働時間・休日・休憩，年少者・女性の保護規定など。申告を理由とする不利益取扱い禁止，国の援助義務，法令規則の周知義務（就業規則を除く），記録の保存・報告義務，その他衛生管理等，安衛法上の事業者の義務の一部。

その理由を明示しなければならない。そして，派遣元事業主は，派遣労働者の求めに応じて，派遣先に対し理由の明示を求めたうえで，派遣先から明示された理由を，派遣労働者に対して書面で明示しなければならない（派遣元指針第 2 の 13，派遣先指針第 2 の 18）。

◆**労働基準法・労働安全衛生法など労働関係法規の適用**　労基法・安衛法の適用に関しては，原則として，派遣労働者の労働契約上の使用者である派遣元が責任主体となる。しかし，均等待遇など**図表 8-5** に示す事項については，派遣先も使用者・事業主とみなされる（労派遣 44 条 1 項・2 項・45 条）。また，労働時間・休憩・休日，女性の坑内労働・危険有害業務・育児時間・生理日の休暇（43 条 2 項，45 条 3 項），職場の衛生管理は，派遣先が使用者と見なされる。

　男女雇用機会均等法における妊娠・出産に関する不利益取扱いの禁止，セクシュアル・ハラスメント防止に関する雇用主の配慮義務，妊娠中および出産後の健康管理に関する措置については，派遣元および派遣先の双方に適用される（47 条の 2）。男女雇用機会均等法のその他の規定は，派遣元のみに適用される。そして，地域別最低賃金は，派遣先事業場に適用される最低賃金となる（最賃 13 条）。

6 社会保険・税金

パート労働者の社会保険・税金

日本の社会保険は，正社員を念頭において仕組みが作られてきたため，非正規労働者がその恩恵を受けることが難しい時期が長かった。たとえば，所定労働時間や日数が通常の労働者の概ね 4 分

の3未満のパート労働者には，社会保険の被保険者資格を認めないという取扱いがなされてきたのである（昭55・6・6厚生省保険局保険課長，社会保険庁医療保険部健康保険課長および同年金保険部厚生年金保険課長による都道府県民生主管部（局）保険課（部）長あて通知（内かん））。しかし，非正規雇用の社会保険の適用が重視されるようになり，2012年8月の厚生年金保険法・健康保険法改正によって，2016年10月以降は，週の所定労働時間や日数が通常の労働者の4分の3未満の労働者のうち，①週所定労働時間が20時間以上，②賃金が月額8万8000円（年額106万円）以上，③勤務期間が1年以上，④従業員501人以上の適用事業所であることを満たす者（ただし学生は除く）については，厚生年金，健康保険の被保険者として取り扱われることになった。なお，従業員数が500人以下の会社でも労使合意があれば，①〜③を満たす労働者について会社単位で社会保険に加入できる。

　また，非正規労働者の被保険者資格の問題は，とくに女性の働き方と大きな関連性をもっている。社会保険の被保険者資格がない非正規労働者は，国民年金の被保険者（第1号被保険者）として自ら保険料を納入する。しかし，当該労働者に被用者である配偶者がいる場合には（たとえば夫がサラリーマンであれば），自らの年収が130万円未満の場合には，国民年金の第3号被保険者として，保険料を納入せずに基礎年金を受給する権利が認められる。2012年の改正により，このような労働者の中で一定の労働時間（週20時間）と年収（106万円）を超える者は第2号被保険者になるが，それを超えない場合には第3号被保険者にとどまるのである（図表8-6）。健康保険制度についてもほぼ同様の問題があり，一定以下の収入に抑えておけば，自ら保険料を負担せずに被扶養者として健康保険上の給付を受けることができる。また，税制の問題もある。納税者に控除対象の配偶者がいる場合，配偶者の年収が年間103万円以下であると，

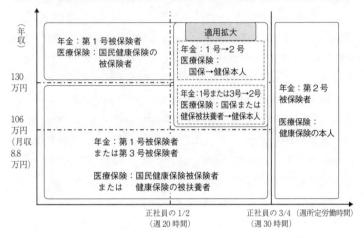

図表 8-6　現在の適用の要件，適用拡大で加入する制度の変化（労働者の場合）

納税者には配偶者控除が認められ，配偶者の年収が103万円から141万円以下の範囲であれば，配偶者特別控除が認められる。この配偶者控除の廃止論議は2014年にも浮上したが，専業主婦世帯の負担増につながるため，経済財政運営と改革の基本方針に明記することは見送りとなった。今後も検討は続くであろう。

　社会保険や税制の仕組みは，事実上，一定の収入未満の専業主婦やその夫を特別に優遇するという特徴をもっており，パート労働者が年収を一定額以下に抑えるという自発的な雇用調整（就労調整）の要因になっている。これらはパート労働者の時間あたり賃金の金額を抑制する効果も果たしているとして批判されている。

派遣労働者の労働・社会保険

　派遣労働者は，所定労働日数が月15日以上あり，週の所定労働時間が30時間以上であるか，または，前述の短時間労働者としての条件を満たしていれば，派遣元において社会保険（健康保険および厚生年金保険）に加入することができる。派遣元の常用雇用で

はない派遣労働者は，雇用期間が細切れになることがあるが，派遣が終了して派遣元との労働契約が終了しても，同一の派遣元のもとで1カ月以内に次の派遣が確実に見込まれる（派遣期間が1カ月以上のものに限る）ときには，使用関係が継続しているものとして取り扱い，被保険者資格を喪失させないことができる（平27・9・30保保発0930第9号，年管管発0930第11号）。労働保険である雇用保険ついては，所定労働時間が週20時間以上であり，31日以上の雇用の継続が見込まれる派遣労働者は被保険者資格を有する（雇保6条2号）。

労働者派遣法は，派遣労働者の社会保険の加入が促進されるように，派遣元に健康保険，厚生年金保険および雇用保険の被保険者資格確認事実を派遣先に通知しなければならない（労派遣35条1項5号，労派遣則27条1項）。この資格取得の手続きが済んでいないことを派遣先に通知するときは，具体的な理由を付さなければならない（労派遣則27条2項）。派遣先は，この通知を受け，その理由が適正でないと考えられる場合には，派遣元に対して当該派遣労働者を労働・社会保険に加入させてから派遣するように求めることとされている（派遣先指針第2の8）。

7 非雇用型の就業者

多様な非雇用型就業の発展

働き方が多様化するなかで，契約形式が労働契約ではなく，業務請負である就業者，非雇用型の就業者が増加している。雇用類似の働き方をする非雇用型の就業者は，古くから家内労働（内職）に従事する就業者が知られ，フリーランサーと呼称されるように一定の専門的就業者にも広がりをみせているが，近年では，IT技術の著しい進歩に伴って多様な非雇用型の就業者が登場している。当

初は，自宅でIT機器を利用するテレワーカー（在宅就業者）が注目された。現在では，個人が特定の業者から仕事を受注するのではなく，インターネットを通じて個人も，発注者（クラウドソーサー）も不特定多数のクラウドと称する媒体にアクセスして，仕事の受注がなされるクラウドワークが発達している。このシステムを通じて仕事を受注する個人はクラウドワーカーと呼ばれる。この仕組みにおいては，クラウドに指示するプラットフォームを提供している仲介事業者（プラットフォーム事業者）が介在している。このようにクラウドワークの仕組みは，プラットフォーム・エコノミー（あるいはギグ・エコノミー）と呼ばれているが，クラウドソーサー，クラウドワーカーおよびプラットフォーム事業者の3者関係の法的構成，とくにクラウドワーカーを労働法上の労働者として位置づけるのかは，国際的に注目の集まる課題となっている（厚労省「雇用類似の働き方に関する検討会報告書」（2018年）参照）。

家内労働者と家内労働法

家内労働法（1970年制定）が適用対象とする「家内労働者」とは，委託者（業者）から委託を受けて物品の製造または加工によって労働の対償を得ている者である。内職といわれるように専業主婦が家事の合間に行う手仕事が中心であり，ピークの1973年には，全国に約184万人いたが，2018年現在，約11万人と激減している。家内労働者の88%は女性である（厚労省「家内労働の現状」2018年）。家内労働法は，指揮命令下の労働といえず，労基法上の労働者とはされない家内労働者の低い交渉力を補うために，支払われる工賃の通貨払い，全額払い，毎月一定期日払原則を定め（6条），最低工賃を規定している（8条）。ただし，発注業者が倒産した場合には，工賃は賃金ではないので，一般の債権と同じ扱いしか受けず，先取特権は認められないなどの限界が指摘されている（第10章**4**参照）。また家内労働法は，安全および衛生に関する措置をとることを委託

者に義務づけて，安衛法に準じた規制を行っている（17条）。これが守られない場合には，委託は禁止され，機械や器具の使用停止命令が出される（18条）。労働災害に関して労災保険法は適用されないが，負傷・疾病が発生しやすい一定の作業に従事する家内労働者には，労災保険に特別加入できる制度がある（労災33条）。

近年では，IT 技術の発展に伴って自宅で情報機器を使うテレワーカー（在宅就業者，在宅ワーカー）は，約 126 万人（2013 年）に達している。このうち，副業として在宅ワークを行っているのが約 35 万人である（厚生労働省「在宅ワークの実態」2014 年）。

非雇用型のテレワーカー

テレワーカーには，通常の労働者であるが，就業形態としてテレワークを利用している「雇用」型（サテライトオフィスを使う場合もある）と請負やフリーの在宅就労者（SOHO〈Small Office, Home Office〉などともいう）などの「非雇用」型とに分類できる。非雇用型のテレワーク就業者は，家内労働者と同様の理由から労基法 9 条の「労働者」とはされず，家内労働法も，物品の製造または加工の従事者である家内労働者に対象が限定されているので，これらの就業者に適用される保護法規がない状況にある。もっとも，原稿をワープロ入力し，それをフロッピーディスクに保存する作業は「加工」であるから，この業務は家内労働法の適用を受けるとする行政解釈もある（平 2・3・31 基発 184 号，婦発 57 号）。

発注者との間で報酬支払い等に関するトラブルを経験するテレワーク就業者が少なくないため，就業条件を規制する仕組みが必要だという声が高まったが，「在宅ワークの適正な実施のためのガイドライン」が策定されるにとどまっている（2000 年制定，2010 年改正）。

ガイドラインの対象となる「在宅ワーク」とは，情報通信器機を活用して請負契約に基づきサービスの提供（たとえば，テープ起こし，データ入力，ホームページの作成，設計・製図等）を行う在宅形態での

就労をいうが，このガイドラインにより，注文者は，①契約条件の文書明示とその保存，②契約条件の適正化（報酬の支払期日や報酬の額など）等，契約において最低限確保されるべき事項を守るように要請される。

ILO は 1996 年に在宅形態の労働に関する第 177 号条約と第 184 号勧告を採択し，企業内で働く者との均等待遇を定めている。この条約・勧告が対象とする者は，就労場所を自宅とする就労者（ただし独立自営業は除く）であり，雇用関係にある労働者も対象である。

プラットフォーム・エコノミーとクラウドワーカー

プラットフォーム・エコノミーのもとで就業するクラウドワーカーは，約 150 万人と推定されている（総務省「平成 30 年版　情報通信白書」より）。プラットフォーム・エコノミーにおける仲介事業者は，仕事の受注のマッチングの場としてのクラウドを提供するだけではなく，クラウドワーカーの就業実績を評価する機能を有し，また，報酬支払いも決済機能を有している。このことを踏まえて，クラウドワーカーの抱える低報酬など問題点を適正に解決することが重要な法的課題である。具体的には，クラウドワーカーを労働法上の労働者として労働法制を適用する，あるいは，クラウドワーカーの実情に合わせた法整備などが今後の課題である。

AI（人工知能）の発展は，ICT 技術を今後も著しく進化させ，それに伴い多様な就業形態が生まれてくると予想され，今後もそこでの就業者の保護は，新しい問題を提起するであろう。

シルバー人材センターにおける就業

シルバー人材センターは，一定の年会費を払う高年齢者の会員のために，「臨時的かつ短期的な」就業（雇用ではない）の機会を提供することを業務としている（高年 38 条 1 項 1 号。第 22 章 **2** 参照）。高齢化社会のなかで，全国に約 1300 団体，約 71 万人の会員

がいる（全国シルバー人材センター事業協会「平成30年度事業報告」
(2018年)）。シルバー人材センターは，その発展が期待されている。
同センターは，注文主から請負または委任契約によってなんらかの
仕事を引き受け，これをセンターと会員の請負もしくは委任契約に
よって，会員に引き受けさせるものである。センターが元請業者，
会員が下請の個人自営業者という位置づけになる。会員の就業につ
いては，労組法，労基法，最低賃金法，労災保険法などの労働法が
適用されず，会員にはセンターの仕事を引き受ける義務はないし，
就業日数や所得の保障はない。センターが会員に仕事を提供する際
には，仕事の内容，方法，見積もり額などについて，本人かあるい
は班のリーダーを通じて説明を行う。多くのセンターは，会員の仕
事中の事故などに備えて，民間の団体傷害保険や賠償責任保険など
に加入している。裁判所は，会員が副班長の暴力によって失明した
ことについて，請負契約関係による就業であっても，センターと副
班長との間に実質的な使用関係があったと認めて，センターに民法
715条に基づく使用者責任を負わせた（大阪市シルバー人材センター
事件・大阪地判平14・8・30労判837号29頁）。また，社会通念上高年
齢者にとって危険性が高い作業を行わせるにあたって，シルバー人
材センターが健康保護義務を怠ったとして，損害賠償請求を認めた
事案もある（綾瀬市シルバー人材センター事件・横浜地判平15・5・13労
判850号12頁）。

| 有償ボランティア | ボランティア活動は，2017年には約700万人のボランティア活動者がいるといわれ |

ている。これらボランティアのなかには，有償ボランティアも存在
しており，なんらかの対価が支払われていることも多い。実際には
有償といっても，ほとんど実費弁済に近い程度の金額であり，賃金
とみなすほどのものではない。ただ，現実には，民間企業がボラン
ティアを活用して，単なるチープレーバーとして用いる危険性もあ

る。この場合には、最低賃金法違反の問題が浮上する場合もないわけではない。また、ボランティア活動中に事故が発生する場合もある。自分が負傷する場合も、他人を負傷させることもあるだろう。その場合、ボランティアといえども何らかの法的保護が必要であると考えられる。

　ボランティアの法的地位としては、①労働者類似のものと把握して、できるだけ労働法規を適用する考え方、②シルバー人材センターの就業者と同じく、ボランティアとサービスの受け手の間を請負関係とみなす考え方、③法律関係とはみなさないという考え方の3つがあるといわれている。いずれにしても、ボランティアの法的位置づけが明確でないままに放置されていることは問題であろう。

Column㉒ 　ワーカーズ・コレクティブ

　ワーカーズ・コレクティブとは、雇う―雇われるという関係ではなく、働く者同士が共同で出資して、それぞれが事業主として対等に働く労働者協同組合のことである。欧米では、19世紀の産業革命の中から生まれたワーカーズ・コレクティブが着実に数を増やしてきた。日本でも戦前から、本格的な労働者生産協同組合はあったが、その存在が注目されてきたのは1980年代以降である。高年齢者雇用の創出という関心から出発して、高齢者就労事業団等が統合して発足した日本労働者協同組合連合会は、ワーカーズ・コレクティブの代表的な存在であり、労働者協同組合法案の制定を求める運動をしてきた。このほか、生活協同組合などを中心に、介護や育児など主婦としての経験を生かしてコミュニティービジネスを展開するワーカーズ・コレクティブも急速に拡大している。ILOは2002年6月の第90回総会で「協同組合の促進に関する第193号勧告」を採択し、就労の創出、労働の再生に向けた協同組合の可能性に期待している。

★ 参考文献

　非正規雇用の全体像については、大木正俊「外部市場・非正規雇用と労働法制」、本庄淳志「労働者派遣」、篠原信貴「有期雇用」、

阿部未央「パートタイム労働法」『講座労働法の再生　第6巻』(日本評論社) 所収, **パートタイム・有期雇用労働法については,** 島田裕子「パートタイム・有期労働法の制定・改正の内容と課題」日本労働研究雑誌701号, 同一労働同一賃金：水町勇一郎『「同一労働同一賃金」のすべて』(有斐閣), **派遣労働については,** 萬井隆令『労働者派遣法論』(旬報社), 本庄淳志『労働市場における労働者派遣法の現代的役割』(弘文堂), 和田肇＝脇田滋＝矢野昌浩編著『労働者派遣と法』(日本評論社), **雇用関係類似の労働者については,** 鎌田耕一編著『契約労働の研究』(多賀出版)。

第9章 労働条件の決定と変更

労契法は，労働条件の決定における合意原則を定め，労働契約および就業規則による労働条件決定の仕組みを整理した。労働者の労働条件は，これに加えて，労基法や労働協約，労使慣行などの規範によって決定される。本章では，これらの多様な規範の相互関係を整理し，労働者の労働条件の決定および変更をめぐる法的問題を検討する。

1 労働条件決定の仕組みとその相互関係

労働条件決定の仕組み
と労働関係法規

労契法は，労使が対等な立場で合意によって労働条件を決定し，変更することを原則としている（労契1条・3条・8条。第6章 *2*
参照）。しかし，その労働条件は，画一的・集合的に決定される部分が多く，労働契約の締結時に具体的かつ個別的に決定されることは少ない。また，労働者の使用者に対する事実上の非対等性を踏まえて，労働条件の決定において，労働者を支援する仕組みが不可欠である。これが，労働契約における労働条件決定の特徴ともいえる。

そこで，労働条件の決定において，労働者を支援するために，次の3つの仕組みが用意されている。

第1に，労基法，最低賃金法などの労働関係法規に定められる強行規定である（労基13条，最賃4条2項）。これらは，労働条件の最低基準としていわば下支えの機能を有している。第2に，労働契約

法に規定される集団的な労働条件を定めた就業規則による労働条件の決定を規制する仕組みである。第3に、労組法に規定される集団的な労働関係における労働協約による労働条件の集団的決定の仕組みである。

◆**労働関係法規の私法的効力**　労基法および最賃法は、その定める労働条件が労働契約に対し、強行的・補充的な効力を有することを明文で定めている（労基13条、最賃4条2項）。労働関係法規がこのような規定を有しない場合、事業主に対する公法的な義務を課する規定が私法的強行性（労働契約の定める労働条件がそれに達しない場合に無効とする効力）を有するかは解釈に委ねられる。男女雇用機会均等法の性差別禁止に関する諸規定や高年齢者雇用安定法の60歳未満の定年年齢の禁止（同法8条）などのように禁止する内容が一義的であり、無効という効果がなじむ規定は、私法的強行性があると解されている。これに対し、高年齢者雇用安定法の雇用確保措置（同法9条）のように使用者に選択の余地がある場合には私法的強行性を認めるかについて議論が分かれている。

**労契法の定める労働
条件決定の仕組み**

労契法によれば、労働契約、就業規則、労基法などの法令、労働協約などの労働条件決定に関する多様な規範の役割は次のように整理されている。

(a)　**労働契約**　労働契約は、労働関係を発生させ、その締結時に労働条件を決定するもっとも基礎的な規範である（労契6条）。ただし集団的な労働条件については、就業規則および労働協約があればそれらによって決定されるので、労働契約自体が労働条件決定に果たす機能は大きなものではない。しかし、就業規則および労働協約を欠く場合、または個別的に決定することが認められている労働条件の決定は、労働契約の役割である（労契7条ただし書き参照）。

(b)　**就業規則**　労契法は、就業規則に労働条件決定における2つの役割を与えている（第6章**2**参照）。第1は、使用者が合理的な労働条件を定める就業規則を労働者に周知させた場合、その労働条

件が労働契約の内容になるという契約規律効である（労契7条）。この結果，とくに労働組合がないか，労働協約のない場合，就業規則は，労働条件決定に絶大な機能を発揮する。

第2は，就業規則の定める労働条件に最低基準としての強行的・直律的効力を付与する最低基準効である。すなわち，労働契約の定める労働条件のうち，就業規則に定める労働条件の基準に達しない部分を無効とし，それを補充する効力をもつ（労契12条）。この結果，就業規則を変更しないで，労使が個別的に労働条件を不利益に変更しても，その効力は否認されることになる（労契8条参照）。

(c) **労働関係法規**　労基法などの強行的な私法的効力を認められた諸規定について，これを下回る労働条件を定める労働契約の部分を無効とする。就業規則の定める労働条件は，法令に反する部分については，契約規律効も最低基準効も有しない（労契13条）。

(d) **労働協約**　労働協約の定める労働条件は，労基法などの労働関係法規に反しないかぎり，労働契約に対し強行的かつ補充的な規範的効力を認められている（労組16条。第19章 *3* 参照）。労働協約に違反する就業規則の定める労働条件は，契約規律効も最低基準効も有しない（労契13条）。

ただし，労働協約が個別の労働契約によって，より有利な労働条件決定を容認すると解される場合には，労働契約の定める労働条件が優先的な効力を有する。労働条件の個別化が進むなかでは，労働協約よりも有利な特約を有する労働契約が締結される可能性が次第に大きくなっている。

◆有利原則の法理　日本の労働協約の規範的効力が以上のように解されるのは，労働協約が一般に企業別に締結され，その企業の標準的な労働条件を定めているからである。このように労働協約の規範的効力と労働契約との関係に関しては，労働協約がどのようなレベルで締結されるかによって異なってくる。日本と異なり，労働協約が産業別レベルで締結

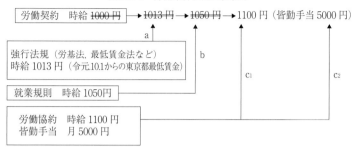

図表 9-1　労働条件決定の仕組み

されるドイツやフランスのような国では，産業別労働協約は，労働条件の最低基準を定める産業別の労基法のような役割を果たす。このような国々では，個別企業において産業別労働協約を上回るまたは下回る集団的労働条件が形成されたり，労働契約においてより有利な労働条件を定めたりすることが少なくない。つまり，ある労働者の労働条件について適用される規範がしばしば複数存在するため，複雑な法律問題を提起するのである。そこで，この問題を解決するために，労働者には複数の規範のなかからもっとも自分に有利な規範が適用されるという有利原則と呼ばれる法理が発達している。日本でも，この有利原則の法理が適用になるかが議論されている。労働協約の締結当事者の意思が明らかである場合にはそれに従うが，多くの場合，日本の労働協約の実態を踏まえて，原則として否定的に解されている。

多様な労働条件決定の仕組みの相互関係

労働法における多様な労働条件決定の仕組みの相互関係について，**図表 9-1** を参考にして説明しておこう。この図では，説明の便宜のために，東京都内の会社で，労働契約による時給を 1000 円とした。労働契約は，労基法などの強行法規に反することはできないので，この場合東京都の最低賃金である 1013 円に修正される（a 線。労基 13 条，最賃 4 条 2 項参照）。次に就業規則で時給 1050 円とされているならば，1050 円となる（b 線。労契 12 条）。また，労働協約において時給 1100 円とされていれば，時給は 1100 円となる（c1

線。労組 16 条)。さらに，労働契約で定めのなかった内容（ここでは皆勤手当）も，労働契約の内容となる（c2 線。同条）。

労使慣行

労働関係において，労働協約や就業規則などの明文の規定にない，または長期間にわたり反復継続した，明文の規定と異なる実際の取扱いを一般に労使慣行（または労働慣行）と呼ぶ。長期の継続的関係である労働関係においては，実際には労使慣行が大きな役割を果たしている。労使慣行は，一企業を超えた超企業的慣行（たとえば，秋北バス事件・最大判昭 43・12・15 民集 22 巻 13 号 3459 頁が事実たる慣習として指摘する，労働契約における労働条件は就業規則に定めるという労使慣行）と企業内慣行とがあるが，日本において労使慣行が法律問題となるのは，ほとんど企業内慣行である（集団的労使関係における慣行も労使慣行と呼ばれる）。企業内労使慣行は，それが労使双方を含む企業の過去および現在の構成員自身が形成した慣行であり，また，法律問題となるのが，契約の締結時の意思解釈ではなく，主として使用者の慣行破棄の局面であることに特徴がある。

企業内労使慣行は，次のような法的効力が認められる。第 1 に，就業規則および労働協約の規制のない労働条件についての労使慣行は，労使間の行為準則となることによって黙示の合意の成立が認められれば，労働契約の内容になり，労働契約の当事者を法的に拘束する効力を有する。また，労使慣行について「当事者がその慣習による意思を有している」ときは，事実たる慣習（民 92 条）として労働契約の内容となる。ただし，裁判例は，当該労働条件を決定しうる権限を有している者か，またはその取扱いについて一定の裁量権を有する者が規範意識を有していたことを要件とするため，労使慣行が事実たる慣習と評価されない傾向にある（商大八戸ノ里ドライビングスクール事件・大阪高判平 5・6・25 労判 679 号 32 頁：最 1 小判平 7・3・9 労判 679 号 30 頁〔上告棄却〕，東京中郵事件・東京高判平 7・6・28 労

判686号55頁など)。就業規則および労働協約の規制と異なる内容の労使慣行の場合，労働契約内容として認められた労使慣行の効力は，就業規則および労働協約との関係で次のように解することになる。まず，労使慣行の内容が就業規則（労契12条）および労働協約を下回る場合，労使慣行の効力は否定される（労組16条）。次に労使慣行の内容が就業規則および労働協約を上回る場合，就業規則との関係では，労使慣行の効力が優先され，労働協約との関係では，当該労働協約の締結当事者の意思解釈などを考慮してその効力が判断されることになる。

第2に，労使慣行は，就業規則および労働協約の抽象的規定などを補充して，解釈基準としての機能を果たすことがある。この場合，労使慣行は，就業規則および労働協約と一体化して法的効力を有する。

第3に，使用者がそれまでの労使慣行を無視して自らの権利を行使した場合，権利濫用判断の一指標として労使慣行違反が検討されることになる。

2 労働条件の不利益変更

労働条件の不利益
変更の多様な仕組み
とその相互関係

労働条件の決定方法が多様であるように，労働条件の不利益変更の仕組みも多様である。労働契約法は，労働条件の変更に労使の合意原則を明らかにしている（労契8条・10条ただし書き）。労使の合意による労働条件の不利益変更は，労働協約の規範的効力および就業規則の最低基準効に反しない範囲で有効性を有する。労使の合意によらない個別的な労働条件の不利益変更の手段として変更解約告知がある（後述）。

また，労契法は，労使合意原則の例外として，就業規則による集団的労働条件の変更手続を定めている（労契 9 条・10 条）。さらに，労働協約の規範的効力は，原則として労働条件の不利益変更にも及ぶと解されている。

労働協約による労働
条件の不利益変更

日本では，労働協約の規範的効力は一般的に労働契約よりも有利な労働条件だけではなく，不利な労働条件についても認められ

ている。これはすでに述べたように，企業別協約が労働条件の最低基準を定めるのではなく，当該企業の標準的労働条件を定める機能を有していることを反映したものである。このように労働協約の規範的効力は，両面的に作用すると解されているので，労働協約によって労働条件を不利益変更することができる（朝日火災海上（石堂・本訴）事件・最 1 小判平 9・3・27 労判 713 号 27 頁）。

　もっとも，判例は，労働協約が特定のまたは一部の組合員をことさら不利益に取り扱うことを目的として締結されたものであるなど労働組合の目的を逸脱して締結された場合には，例外的に労働協約の効力が及ばないと解している。具体的には労働協約の締結の経緯，会社の経営状態，協約の基準の全体としての合理性などを検討しているが，その判断基準を明確な規範として示しているわけではない（前掲・朝日火災海上（石堂・本訴）事件最判）。この点について，学説では，労働協約の内容よりも，締結手続を重視して，労働組合の意思形成過程に組合員が参加することができずに締結された労働協約については，組合員の意に反する労働条件の不利益変更の効力が否定されると解する有力説がある。

労働協約の一般的拘
束力と不利益変更

労働協約の一般的拘束力（労組 17 条。第 19 章 **3** 参照）を利用した労働条件の不利益変更に関して，判例は，通常の規範的効力に

比べてより慎重な態度をとっている（朝日火災海上保険（高田）事

件・最3小判平8・3・26民集50巻4号1008頁；労判691号16頁）。すなわち，未組織労働者への拡張適用に関しては，①未組織労働者が労働組合の意思決定に関与する立場にないこと，および②労働組合が未組織労働者のために活動する立場にないことから，不利益の程度・内容，労働協約の締結の経緯，当該未組織労働者に組合員資格があったかなどに照らして，「当該労働協約を特定の未組織労働者に適用することが著しく不合理であると認められる特段の事情があるときは，労働協約の規範的効力を当該労働者に及ぼすことはできない」としている。この判例の考え方に対して，非組合員，とくに組織対象から排除されている労働者は，組合の意思形成過程に関与することができない以上，不利益変更の効力が及ばないと解するべきであるという批判がある。

就業規則による労働条件の不利益変更

労契法は，判例法理を継受して（前掲・秋北バス事件，大曲市農協事件・最3小判昭63・2・16民集42巻2号60頁；労判512号7頁，第四銀行事件・最2小判平9・2・28民集51巻2号705頁；労判710号12頁），就業規則による労働条件の不利益変更に関する仕組みを規定した（労契9条・10条）。

使用者は，就業規則を変更しても労働者の合意なしに当然に労働契約の内容である労働条件を変更することができない（9条）。しかし変更された就業規則が労働者に周知され，かつ，その内容が合理的であるときには，その労働条件は，就業規則の内容によって不利益に変更される（10条本文）。この合理性審査においては，①労働者の受ける不利益の程度，②労働条件の変更の必要性，③変更後の就業規則の内容の相当性，および④労働組合等との交渉の状況その他の就業規則の変更に係る事情を総合的に考慮される。

合理性審査の判断基準の要素は，法文においては，並列的に列挙されているが，従来の判例法理を前提とすると，①労働者の受ける

不利益の程度と②労働条件の変更の必要性の比較衡量がもっとも重要である。そして，③の変更後の就業規則の内容について，その相当性が高ければ，就業規則の変更の合理性を補強し，逆に，相当性が低ければ，その変更の合理性のなさを補強することになる。この内容の相当性においては，労働条件を不利益に変更したことに対する代償措置や関連するその他の労働条件の改善状況も判断要素となる（前掲・第四銀行事件最判など参照）。④労働組合等との交渉の状況その他の就業規則の変更に係る事情も，就業規則の変更の合理性の有無の判断における補強要素である。労働組合等の交渉の状況の他に，これまでの判例において具体的には，他の労働組合または他の従業員の対応，同種事項に関する一般的状況などが判断要素とされてきた（前掲・第四銀行事件最判など参照）。使用者が労基法の定める就業規則の届出および意見聴取の義務（労基89条・90条。第2章**3**参照）を果たしているかもここでの判断要素となる（労契11条）。

　就業規則の変更の合理性判断は，裁判所における事後審査であり，また，多様な要素の総合判断であるので，当事者にとっての予測可能性が高いとは言えない。このことを補うために，非組合員や少数組合の組合員に対する就業規則による不利益変更について，使用者と多数組合とが同一内容の労働協約を締結している場合には，集団的な労使間での合意があることから，労使間の利益調整がなされたと推定できるとして，使用者と多数組合との交渉の状況を重要な判断要素とする有力説がある。しかし，判例は，多数組合といえども非組合員や少数組合の組合員の利益を代表する立場にないことから，①労働者の受ける不利益の程度と②労働条件の変更の必要性の比較衡量によって変更の合理性を判断できるような場合には，使用者と多数組合との合意を重要な判断要素とはしていない（みちのく銀行事件・最1小判平12・9・7民集54巻7号2075頁；労判787号6頁，函館信用金庫事件・最1小判平12・9・22労判788号17頁）。

また，年功的な賃金制度から成果主義的な賃金制度への変更のように，人事処遇制度の変更についての合理性判断においては，賃金支払総額が引き下げられるなどの労働条件の不利益がある場合だけではなく，その制度の適用によって賃金減額などの労働条件について不利益を受ける可能性のある労働者がいる限り，就業規則の不利益変更と評価される（ノイズ研究所事件・東京高判平 18・6・22 労判 920 号 5 頁）。そして，人事処遇制度の変更の合理性においては，当該制度の内容の相当性が重要な判断要素になる。

◆就業規則の不利益変更の合理性判断と就業規則の変更手続　使用者の就業規則の届出および意見聴取の義務を履行することについて，これを就業規則による労働条件の不利益変更の効力要件と解すべきかについては，肯定説と否定説が対立している。否定説は，就業規則による労働条件の不利益変更の効力の発生要件を定める労契法 12 条がこれらの義務の履行を要件としていないことを根拠としている。この場合，これらの義務の履行の有無は，変更の合理性判断において，就業規則の変更に係る事情の 1 つとされる。これに対し，肯定説は，労契法 11 条があえて就業規則の変更手続を労基法所定の方法としていることから（労契法 11 条がなくても，使用者がこれらの義務を負う），これらの手続上の義務の履行を効力要件と解している。

|個別合意による
労働条件の変更|

　労働契約の内容である労働条件は，労使合意により変更するのが原則である（労契 8 条）。ただし，労使の合意は，就業規則の最低基準効（労契 12 条）および労働協約の規範的効力（労組 16 条）に反することはできない。したがって，たとえば，就業規則を変更することなしに，労働者から就業規則を下回る労働条件について得た合意は労働条件を変更する効力がない（北海道国際航空事件・最 1 小判平 15・12・18 労判 866 号 14 頁）。

　また，使用者は，労働者と合意することなく，就業規則を変更することにより，労働者の不利益に労働条件を変更することはできな

いが（労契9条本文），労働契約の内容である労働条件は，労働者と使用者との個別の合意によって不利益に変更することができる（同条の反対解釈として，山梨県民信用組合事件・最2小判平28・2・19民集70巻2号123頁；労判1136号6頁）。ただし，労働者が使用者との関係で交渉力および情報力に格差があることを考慮して，この同意の認定は慎重でなければならない。とくに労働者にとって労働条件の不利益変更にあたる場合には，署名押印などの当該変更を受け入れる旨の労働者の行為があるとしても，直ちに労働者の同意があったものとみるのは相当でない。就業規則に定められた労働条件の不利益変更に対する労働者の同意の有無については，当該変更を受け入れる旨の労働者の行為の有無だけでなく，当該変更により労働者にもたらされる不利益の内容および程度，労働者により当該行為がされるに至った経緯およびその態様，当該行為に先立つ労働者への情報提供または説明の内容等に照らして，当該行為が労働者の自由な意思に基づいてされたものと認めるに足りる合理的な理由が客観的に存在しなければならない。

　集団的な労働条件の変更ができない個別的な労働条件については（労契10条ただし書き），労使の個別合意によって，労働条件を変更しなければならない。ただし，労使の個別合意による労働条件の変更の場合にも，労働者の合意について，それが真意（自由意思）に基づくものであるかについて，慎重に判断されねばならない。

――――――――
変更解約告知
――――――――
　雇用形態の多様化や労働条件の個別化が進むなかで，個別的な労働条件変更手段として変更解約告知が利用されることがある。変更解約告知とは，使用者が従来の労働条件を変更するために，労働者に新しい労働条件を提示し，それに合意しない場合には労働契約を解約するという告知を行うものである。裁判例では，個別的な労働条件の変更について，変更解約告知という労働条件の変更方法を認めた例もある（スカン

ジナビア航空事件・東京地決平7・4・13労判675号13頁）。しかし，集団的な労働条件の変更について，就業規則の変更によるべきとして，変更解約告知という変更方法の利用が否定されている（大阪労働衛生センター事件・大阪地判平10・8・31労判751号38頁）。

　変更解約告知は，就業規則の不利益変更に比べて，労働者の意思が直接反映するという意味では，労働条件対等決定原則に適うという側面がある。しかし，労働者と使用者が個別に直接対峙する変更手段であるので，労使の非対等性が十分に考慮されねばならない。そこで，変更解約告知においては，労働者が労働条件の変更に異議のある場合に，一応労働条件の変更を受け入れ，一定期間の間にその変更の相当性を争うことを可能にする留保付承諾を認める必要がある。この留保付承諾が認められないとすると，労働者は，提示された労働条件を承諾するか，解雇されるかの二者択一を迫られることになる。これでは，変更解約告知が労働者自身の実質的意思を反映するという機能を持つことはできない。留保付承諾を認めることは，変更解約告知が解雇の一種ではなく，労働条件変更のための制度として機能するための前提条件なのである。とくに有期労働契約の更新時においては，留保付承諾を認めることが重要である。留保付承諾をしたことが雇止めの合理的理由とされるならば，雇用継続を希望する労働者には不利益変更について争うことができないことになるからである（日本ヒルトンホテル（本訴）事件・東京地判平14・3・11労判825号13頁参照。もっとも同事件・東京高判平14・11・26労判843号20頁は，留保付承諾をしたことを雇止めの合理的理由としている）。

　そこで，変更解約告知においては，使用者に特段の明確な意思のないかぎり留保付承諾を認めているものと解する必要がある。しかし，使用者が留保付承諾を明示的に排除する場合，困難な問題が生じる。民法では，変更の申込みに条件を付けて承諾するということは，この申込みを拒絶して，新しい申込みをしたとみなされるから

である（民528条）。この場合には，変更解約告知は，もはや労働条件変更手段というよりも解雇の一類型と考えるべきであり，整理解雇の判断基準（第12章*1*参照）に準じて検討することになろう。

◆留保付承諾に関する学説の動向　学説では，現行法においても，使用者の意向にかかわらず，留保付承諾を認めようとする解釈が示されている。この見解は，契約の成否ではなく，継続的契約である労働契約の労働条件変更制度としての変更解約告知には，民法528条が適用されないとして，労働者の留保付承諾を変更申込みの拒否＝新たな契約の申込みではないとする。この見解が実務で採用されるならば，解釈論として変更解約告知が労働条件法理としての位置を確保することになろう。しかし，抜本的には立法的に解決することが望ましい。

★　参考文献────

　　日本労働法学会編『講座労働法の再生第2巻』（日本評論社）第3部「契約内容の決定と変更」所収論文，『同講座第5巻』第2部「労働協約」所収論文，荒木尚史『雇用システムと労働条件変更法理』（有斐閣），大内伸哉『労働条件変更法理の再構成』（有斐閣），桑村裕美子『労働者保護法の基礎と構造』（有斐閣），菅野和夫『労働法〔第12版〕』（弘文堂）196頁以下，土田道夫「労働条件の不利益変更と労働者の同意」西谷敏先生古稀記念『労働法と現代法の理論』（日本評論社）所収。

第10章 賃　金

> 労働者にとって賃金は最も重要な労働条件の1つである。このことに着目して，労働法制は，賃金について労働者保護の視点からその最低額や支払方法などについて規制を加えている。本章では，賃金に関する法的諸制度およびそれをめぐる法的問題を検討する。

1 賃金に関する諸制度のあらまし

賃金請求権の発生　労働者は，労働契約に基づいて労働に従事し，その対価として賃金を受け取るが，特別の定めがない以上，労働義務を履行してはじめて賃金を請求できるようになる（ノーワーク・ノーペイの原則，民624条1項）。また，月給，週給のように期間を定めた報酬については，その期間終了後でなければ，労働者は賃金を請求できない（同条2項）。2017年民法改正によって，使用者の責めに帰することのできない事由によって労働ができなくなったとき，および労働契約が履行の中途で終了したときには，労働者が履行した割合に応じて報酬を請求できることが明確にされた（民624条の2）。

労働者が客観的に労働給付の意思と能力があるにもかかわらず（債務の本旨に従った履行の提供），使用者の責任で（責めに帰すべき事由），労働給付が不可能であるときには，労働者は賃金請求権を失

わない（危険負担法理。民536条2項。なお労働義務については，第6章 **3**参照。解雇無効後の賃金請求権については，第12章 **1**参照）。

労働法令などの賃金保護法規の諸類型
労働者にとって賃金は，生活の糧であり，最も重要な労働条件の1つである。このことから労働法は，賃金保護に関連するさまざまな法制度を設けている。

第1は，賃金の定義（労基11条）および平均賃金の算出方法（12条）といった賃金保護の法的制度の前提となる規定である。

第2は，賃金が労働者とその扶養家族の生活を支える金銭であることに着目する規制である。この規制には，①最低賃金法による最低賃金額を定める制度（最低賃金制度。本章 **3**参照），②賃金の支払方法に関する規制（賃金支払4原則。労基24条。本章 **2**参照），③非常時の繰上げ払い（労基25条），④休業手当（労基26条。本章 **5**参照），⑤出来高給における保障給（労基27条。およそ平均賃金の60%），⑥倒産時における賃金の立替払制度（賃金支払確保法。本章 **4**参照）などがある。

また労働法令ではないが，民法の賃金先取特権，破産法，会社更生法，民事再生法などの賃金債権に関する諸規定も労働者の賃金債権確保に重要な役割を果たす（本章 **4**参照）。この他，民事執行法には賃金債権（賞与・退職金を含む）の差押えの限度を定める規定がある（民執152条）。

第3に，賃金が重要な労働条件であることに着目した規制として，労働契約の締結にあたり，賃金を書面で明示することを定めた規定（労基15条）および就業規則の必要的記載事項とした規定（労基89条2号）がある。このほか，使用者が賃金台帳を作成し（労基108条），3年間保管する義務（労基109条）が定められている。

第4に，差別禁止という観点からの規制である。労基法3条（国籍・信条・社会的身分）の労働条件差別の禁止（第3章 **2**参照）および

4条（性別）による賃金差別の禁止（第4章**2**参照），パートタイム・有期雇用労働法9条がこれにあたる。

| 賃金の定義 |

労基法は，賃金について，「労働の対償として使用者が労働者に支払うすべてのもの」（11条）と定義している。この「労働の対償」とは，実際の労働に直接的に対応する報酬だけでなく，使用者が支給基準を定めて支払うすべてのものを含む。日本の賃金には，家族手当などのように実際の労働に対応しない報酬が含まれており，これらを労基法の保護対象から除外するのは適切でないからである。退職金は，賃金の後払い的性格を持つと同時に，退職の事由に応じてその支給額が変動するなど功労報償的性格も有しているが，その支給基準が就業規則に定められるので（労基89条3号の2），労基法上の賃金である。これに対して，結婚祝い金など使用者が任意的・恩恵的に支払うもの，福利厚生目的で支給されるもの（資金貸付，住宅貸与など）および業務のために会社が負担すべき金銭（出張旅費など）は賃金に該当しない。また顧客が労働者に直接支払うチップは，「労働の対償」ではあるが，使用者が支払うものではないので，賃金にあたらない。さらに，ストック・オプションは，この制度から得られる利益が発生する時期および金額ともに労働者の判断に委ねられているため，労働の対償ではなく，これも賃金にはあたらないとされている。ただし，ストック・オプションは労働条件の一部であるので，当該制度を創設した場合，就業規則に記載しなければならない（労基89条10号，平9・6・1基発412号，なお税法上は，給与所得とされている。荒川税務署長事件・最3小判平17・1・25民集59巻1号64頁；労判885号5頁）。

退職手当（退職金）を除く賃金請求権の消滅時効は3年，退職手当請求権の消滅時効は5年である（労基115条）。

◆**民法改正と賃金の消滅時効**　労基法がその制定以来，賃金請求権の消滅時効を 2 年としてきたのは，民法が使用人の給与等の消滅時効を 1 年としていた（民旧 174 条）ことに対する労働者保護の観点からの特則としてであった。しかし 2017 年民法改正は，消滅時効に関する規定を大幅に改正するなかで，短期消滅時効に関する規定を削除し，一般債権には，①債権者が権利を行使することができることを知った時から 5 年間行使しない時および権利を行使することができる時から 10 年行使しないときに時効によって消滅すると整理された（民 166 条 1 項）。このことに伴い，厚労省において労基法の消滅時効に関する規定の見直しの検討が進められた。その結果，賃金請求権および付加金の消滅時効期間を本則では 5 年とするが，経過措置をおき，当分の間，これを 3 年とする改正法案が提出されている（2020 年 2 月現在。なお，この改正法が成立した場合には，2020 年 4 月より施行が予定されている）。

◆**平均賃金**　平均賃金は，労基法上の金銭給付（解雇予告手当，休業手当など）を計算する際に用いられる。その額は，算定すべき事由の発生した日以前の 3 カ月間に支払われた賃金総額をその期間の総日数で割った金額である（労基 12 条 1 項）。ただし，臨時で支払われた賃金および 3 カ月を超える期間ごとに支払われる賃金は，計算の基礎となる賃金総額に算入しない（同条 4 項）。

2　賃金支払方法の 4 原則

通貨払いの原則　賃金は通貨で支払わねばならない（労基 24 条 1 項）。この規制は，かつて横行した，賃金を製品などの現物で支払うという弊害の多い支払方法を禁止することが目的である。「通貨」とは，日本において通有力のある貨幣である。

　通貨払いの原則については，次の 3 つの例外が認められている（同条 1 項ただし書き）。第 1 に法令に別段の定めがある場合があげられているが，実際にこのような法令は存在していない。第 2 は，労

働協約の定めによって，小切手，通勤定期券などの現物を支給する場合である。第3は，厚生労働省令で定める賃金について確実な支払いの方法で厚生労働省令で定めるものによる場合である。具体的には，労働者本人の同意があり，労働者の指定する本人名義の口座に振り込まれることを条件として，銀行その他の金融機関の口座または証券会社の預り金などへの賃金の振込み（労基則7条の2第1項）が認められている。そして退職金は，口座振込みに加えて，小切手・郵便為替による支払いができる（同条2項）。

直接払いの原則　使用者は，賃金を直接労働者に支払わねばならない（労基24条1項）。これは，中間搾取や本人以外の者（年少者の親）が賃金を奪うことの排除を目的とする規制である。したがって，代理人に対する支払いも直接払いの原則に反する。この規制は厳格に解されており，労働者が第三者に賃金債権を有効に譲渡した場合においても，使用者がその譲受人に賃金を支払うことは違法とされる（小倉電話局事件・最3小判昭43・3・12民集22巻3号562頁）。ただし，税金滞納のための賃金の差し押さえ（国徴76条）および民事執行法に基づく差し押さえ（民執152条）の場合は直接払いの原則が適用されない。

全額払いの原則　(a) **全額払いの原則の趣旨と例外**　使用者は，賃金の全額を支払わねばならない（労基24条1項）。この趣旨は，使用者による罰金などの賃金からの一方的な控除を禁止することにある。労基法は，「法令に別段の定めがある場合」および事業場の労働者の過半数代表と使用者との書面協定（24条協定）による場合，全額払いの原則の例外を認めている（同項ただし書き）。「法令」に基づく控除としては，所得税，地方税，雇用保険料，年金保険料，健康保険料などがある。また，さまざまな給与天引制度は，書面協定が必要である（組合費のチェック・オフ制度については，第17章 *3* 参照）。

(b) **全額払いの原則と相殺禁止**　　全額払いの原則についての定めは，その趣旨が労働者の確実な賃金受領の確保にあることから，使用者による賃金債権の相殺を禁止していると解されている（関西精機事件・最2小判昭31・11・2民集10巻11号1413頁）。しかし，判例は，全額払いの原則の例外として，一定の場合に相殺が許容されるとしている。

　まず，調整的相殺と呼ばれる例外である。これは，使用者が賃金支払事務のうえで生じることのある過払賃金の清算のために後に支払われるべき賃金と相殺することである。したがって，本来支払われるべき賃金額を支払うための手段という性格を有する。この調整的相殺は，その行使の時期，方法，金額等からみて労働者の経済生活の安定を脅かすおそれのない場合には全額払いの原則が禁止する相殺にあたらないと解されている（福島県教組事件・最1小判昭44・12・18民集23巻12号2495頁）。

　次に，相殺の合意が労働者の自由意思に基づくと認められる合理的理由が客観的に存在するときには，全額払いの原則に反しないとされる（日新製鋼事件・最2小判平2・11・26民集44巻8号1085頁；労判584号6頁。合意相殺）。ただし，相殺の合意が労働者の自由意思に基づくものであるとの認定は，厳格かつ慎重に行わなければならないというのが判例の立場である。これは，労使関係においては労働者の意思表示が事実上使用者の圧迫に影響を受けることに配慮したものである。この判例について，労働者の合意は，全額払いの原則の強行法規性を免れる要件とはなりえないとする批判がある。

　なお，労働者の自由意思による賃金債権の放棄も全額払いの原則に抵触しないと解されている（シンガー・ソーイング・メシーン事件・最2小判昭48・1・19民集27巻1号27頁）。

◆賃金減額の合意と賃金債権の放棄に関する労働者の意思表示　使用者が就業規則を変更することなく，労働者との合意によって賃金を引き下げることは，就業規則の最低基準効に反し無効であるが（労契12条。第9章 *2* 参照），労働者が引き下げられた賃金を受領することで未払い部分の賃金債権の放棄に当たるかが問題となる余地がある。この点について，判例は，賃金債権の放棄に関する労働者の意思表示について，合意相殺の場合と同様にそれが労働者の自由な意思に基づいてされたことが明確でなければならないとしている（北海道国際航空事件・最1小判平15・12・18労判866号14頁）。

毎月1回以上・
一定期日払いの原則

労基法は，毎月1回以上，一定期日に賃金を支払うことを使用者に義務づけている（労基24条2項）。その趣旨は，労働者の生活のペースを考えて，賃金支払いの間隔があまりに長くなることおよび支給日が不安定になることを防止するところにある。年俸制の賃金にもこの原則が適用され，賃金の支払いは毎月1回以上行われねばならない。この原則は，臨時に支払われる賃金や賞与・手当などで1カ月を超える期間に対する賃金には適用されない（同項ただし書き，労基則8条）。

　なお，毎月1回以上の原則と一定期日払いの原則とを分けて，賃金支払方法の5原則として説明されることもある。

3 最低賃金制度

最低賃金制度とは

最低賃金制度は，賃金の低廉な労働者の保護のために，国が賃金の最低額を定め，これを使用者に強制するものであり，最低賃金法（第9章参照）により定められる。労働契約に定められた最低賃金額より低い賃金は，無効とされ，最低賃金額と同じ定めをしたものとされる（最賃4条

図表 10-1 地域別最低賃金の例

都道府県	時間額
東京都	1013 円
大阪府	964 円
埼玉県	926 円
北海道	861 円
宮崎県	790 円
全国加重平均	901 円

(2019 年 10 月現在)

2 項,強行的および補充的効力)。最低賃金は,時間単位で定める(3条)。また,使用者は,最低賃金の概要を常時作業場の見やすい場所に掲示するなどの方法により労働者に周知する措置をとらねばならない(8 条,周知義務)。なお,派遣労働者は,派遣先の事業場所在地の最低賃金額が適用される(13 条・18 条)。

> 最低賃金の種類

日本の最低賃金制度は,地域別最低賃金と特定最低賃金(旧産業別最低賃金を継承)の2 種類である。

◆**最低賃金の減額の特例**　①精神または身体の障害により著しく労働能力の低い者(最賃 7 条 1 号),②試用期間中の者(同条 2 号),③認定職業訓練(職開 24 条 1 項)のうち職業に必要な基礎的な技能およびこれに関する知識を習得させることを内容とするものを受ける者(最賃 7 条 3 号),および④軽易な業務に従事する者および断続的労働に従事する者(同条4 号,最賃則 3 条 2 項)について,都道府県労働局長の許可を条件に,減額された最低賃金を適用することができる。

(a) **地域別最低賃金**　　地域別最低賃金は,全国各地域について,賃金の低廉な労働者とその使用者に対して適用される最低賃金である(**図表 10-1 参照**)。その賃金額は,地域における労働者の生計費および賃金ならびに通常の事業の賃金支払能力を考慮して定める(最賃 9 条 2 項)。労働者の生計費を考慮するにあたっては,労働者が健康で文化的な最低限度の生活を営むことができるよう,最低賃金額が生活保護費を下回ることのないように生活保護に係る施策との整合性に配慮することとされた(同条 3 項)。これは,最低賃金額が生

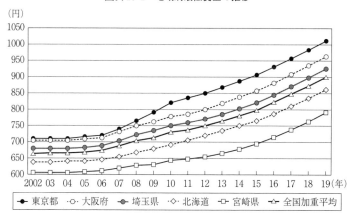

図表 10-2　地域別最低賃金の推移

（円）

2002 03 04 05 06 07 08 09 10 11 12 13 14 15 16 17 18 19（年）

●— 東京都　·○· 大阪府　●— 埼玉県　·◇· 北海道　·□· 宮崎県　·△· 全国加重平均

活保護費を下回る地域が出てきたことから 2007 年法改正によって導入された。これ以降，最低賃金額が毎年大幅に上昇し，最低賃金額と生活保護費の逆転現象は解消されたが，政府は，デフレ脱却の一環として最低賃金額を 3% 程度引き上げる方針を維持しているため，最低賃金額の大幅な上昇が続いている（**図表 10-2** 参照）。

　地域別最低賃金の決定のプロセスは，おおまかに次のとおりである。毎年，中央最低賃金審議会が地域別最低賃金額改訂の目安に関する公益委員見解を発表する。この見解を参考に，地方最低賃金審議会が，関係労使の意見，賃金実態調査の結果等を考慮して審議決定する。この決定を受けて，都道府県労働局長が決定し，これを公示する（10 条〜12 条・14 条）。

　地域別最低賃金は，最低労働条件であり，その違反には罰則が適用される（50 万円以下の罰金，40 条）。労働者は，事業場に最低賃金法違反の事実があるとき，その事実を都道府県労働局長，労働基準監督署長または労働基準監督官に申告し是正のための適当な措置をとるよう求めることができる（34 条）。

(b) **特定最低賃金**　特定の産業について，関係労使が基幹的労働者を対象として，地域別最低賃金より金額水準の高い最低賃金を定めることが必要と認めるものについては，特定最低賃金が定められている（最賃 15 条。2007 年法改正以前の産業別最低賃金）。現在，製造業，小売業を中心に全部で 229 の特定最低賃金があるが（2019 年 3 月末日現在），改定が遅れて，地域別最低賃金の方が高額であることも少なくない（この場合には，地域別最低賃金が適用になる）。特定最低賃金の適用を受けると，その額を下回る賃金額の定めは無効とされるが（4 条 2 項），地域別最低賃金のような最低労働基準ではないとの位置づけから，罰則の適用がない（この点は，産業別最低賃金制度とは異なる）。

4 賃金債権の保護

賃金の先取特権

民法は，賃金債権の弁済を確保するために，賃金・退職金など「雇用関係に基づいて生じた債権」について使用者の総財産上に法定担保物権である一般先取特権を認めている（民 306 条・308 条）。先取特権の認められた賃金・退職金債権については，優先弁済権を得る。農業に従事した労働者は，最後の 1 年間の賃金について，工業に従事した労働者は，最後の 3 カ月の賃金について，その労役によって生じた果実または製作物の上に先取特権を有する（動産先取特権。民 311 条 7 号・8 号・324 条）。

一般先取特権は，使用者に弁済可能な財産がなければならず，また特別先取特権（民 329 条 2 項）や動産質権（民 334 条），抵当権（民 339 条）に劣後する。動産先取特権についても，賃金支払期日が到来しないかぎり，先取特権を実行できないが，その段階では，すで

に賃金に対応して生じた果実または製作物が使用者の財産に残っていない可能性が高い。また，先取特権は，第三者に引き渡された動産には追及力を持たない。さらに，賃金関係の先取特権は，税金（税徴8条など）および社会保険料（厚年88条など）についての先取特権にも劣後する。

倒産手続と賃金債権の保護

破産法による破産手続では，破産手続開始前の3カ月間の賃金債権が，破産手続によらずに，破産財団から随時に破産債権に先立って弁済を受ける財団債権とされる（破149条1項・151条）。また，破産手続終了前に退職した者の退職金債権は，退職前の3カ月間の賃金総額に相当する額が財団債権となるなどの保護が与えられている（破149条2項）。財団債権とされなかった賃金・退職金債権は，破産財団に属する財産について優先権のある優先的破産債権となり（破98条），財団債権および抵当権などの別除権に劣後することになる。会社更生法による会社更生手続では，更生手続開始前6カ月間の賃金（会更130条1項）および手続後に生じた賃金（会更127条2号）が共益債権となり，更生手続によらず随時弁済されるなどの保護がある（会更132条）。民事再生法による再生手続では，手続開始決定前に生じた賃金・退職金債権は，一般優先債権とされ，再生手続によらないで随時弁済される（民再122条1項・2項）。しかし，倒産全体の8割は，倒産法制の外でなされる私的整理などで処理されている。この場合には，早い者勝ちの状況が生まれ，賃金債権等の回収はきわめて困難となっており，賃金債権保護の一層の充実はなお今後の課題である。

未払賃金の立替払制度

賃金の支払の確保等に関する法律（賃確法）は，企業倒産により賃金未払いのまま退職した労働者に対して，未払賃金の一部を立替払いする制度を設けている（7条）。

図表 10-3　立替払対象賃金額・立替払額の上限

年　齢	立替払対象賃金額の上限	立替払額の上限（左欄の金額の8割）
45歳以上	370万円	296万円
30歳以上45歳未満	220万円	176万円
30歳未満	110万円	88万円

　立替払制度の適用を受けるためには，①当該企業の事業主が，労災保険の適用事業の事業主であり，かつ1年以上事業を実施していたこと，②その企業が倒産したこと，が必要である。この場合，倒産とは，法律上の倒産（破産手続開始決定〔破産法〕，特別清算開始命令〔会社法〕，再生手続開始決定〔民事再生法〕，更生手続開始決定〔会社更生法〕）だけではなく，中小企業事業主について，労働基準監督署長が当該事業が事業活動を停止しており，再開の見込みがなく，かつ賃金支払能力がないと認定した事実上の倒産も含む（賃確令2条）。

　この立替払いを受けることのできる労働者は，破産の申立て等（事実上の倒産の認定申請）の6カ月前から2年間に退職した者である（賃確令3条）。未払賃金額等については，法律上の倒産の場合には，破産管財人等が証明し，事実上の倒産の場合には，労働基準監督署長が確認する。立替払請求は，破産手続開始決定等（事実上の倒産の認定）の日から2年以内になさなければならない。立替払いの対象となる賃金は，退職日の6カ月前から立替払請求日の前日までに支払期日が到来している未払賃金（定期給与と退職金）である（賞与は含まない）。ただし，総額が2万円未満の場合は立替払いの対象とならない。立替払いの額は，未払賃金の8割であるが，立替払額には退職日の年齢に応じた上限が定められている（賃確令4条。図表10-3参照）。なお，立替払事業は，独立行政法人労働者健康福祉機構が行っている。

◆**賃金の支払の確保等に関する法律（賃確法）**　この法律は，1973（昭和48）年のオイルショック以降の景気停滞のなかで発生した企業倒産に伴う賃金未払事件の多発化に対応して制定された。賃確法は，上記の未払賃金立替払制度を定めるほか，事業主に貯蓄金の保全措置を義務づけ（3条），退職金の保全措置を努力義務として課し（5条），また退職労働者の未払賃金について通常よりも高率の遅延利息を定めている（6条）。

5　休業と賃金

休業手当と休業期間中の賃金請求権

労基法26条は，使用者に帰責事由のある休業の場合に，労働者に平均賃金の6割の休業手当を支払うことを罰則付きで義務づけている。そして，使用者がこの休業手当を支払わない場合には，労働者の請求により裁判所は，それと同額までの付加金の支払いを使用者に命じることができる（労基114条）。

　このような労基法の規定とは別に，労働者は，使用者に帰責事由があるために労働契約に基づく労働義務を履行できない場合，その反対給付である賃金請求権を失わない（危険負担の法理。民536条2項）。この場合には，労働者は使用者に賃金の全額を請求できる。

　そこで，労基法26条（休業手当）と民法536条2項により発生する労働契約上の賃金請求権との関係をどのように理解するのかが問題となる。すなわち，両者の帰責事由の異同が検討されねばならない。

労基法と民法の帰責事由の範囲

判例は，労基法26条の休業手当の趣旨を使用者の負担において労働者の生活を平均賃金の6割の限度で保障しようとするものととらえる。したがって，同条は，民法536条2項の適用を排除し

ないとする（ノースウエスト航空事件・最 2 小判昭 62・7・17 民集 41 巻
5 号 1283 頁；労判 499 号 6 頁）。そして，労基法 26 条の帰責事由は，
休業中の賃金について，労働者の生活保障のために使用者に負担さ
せることが社会的に正当と言えるかという観点から検討しなければ
ならないとする。したがって，「使用者の責に帰すべき事由」とは，
取引における一般原則である過失責任主義とは異なり，民法 536 条
2 項の「債権者の責めに帰すべき事由」（故意，過失または信義則上こ
れと同視すべき事由）よりも広く，使用者側に起因する経営，管理上
の障害を含むものであるとする。すなわち，民法では，「外部起因
性」および「防止不可能性」という 2 要件をみたして使用者の責に
帰すべきでない経営上の障害も，それが使用者の支配領域に近いと
ころにおいて発生している場合には，労基法 26 条の休業手当が支
払われるのである。この結果，民法 536 条 2 項の帰責事由よりも広
い範囲において，労働者の生活保障の観点から，労基法 26 条の休
業手当（平均賃金の 6 割）が支払われる。そして，民法 536 条 2 項の
帰責事由にも該当する場合には，さらに残る 4 割を使用者に請求す
ることができる。

6 退職金・賞与をめぐる問題

退職金の不支給・減額
退職金は，退職事由によりその支給額が異
なることが多い。退職金規定による退職金
の減額または不支給は，具体的な退職金請求権が退職の時点で定め
にしたがって算定された額について発生すると解されるかぎり，全
額払いの原則には抵触しない。また，退職金が既往の労働に対する
報酬としての性格（賃金の後払い的性格）と功労報償的性格とを併せ
持つことから，使用者に対してその功労を抹消するような行為が行

われた場合には，退職金の減額・不支給が許されると解されている。

懲戒解雇は，就業規則において退職金の不支給事由とされるのが一般的である。しかし，退職金は，給与および勤続年数を基準として，支給条件が明確に規定されている場合には，賃金の後払い的性格が強く，労働者は，退職金の受給を見込んだ生活設計を立てていることが多い（生活保障的機能）。したがって，労働者の退職金受給に対する期待を剥奪するためには，懲戒解雇を自動的に退職金の不支給事由に該当すると解するのではなく，当該労働者の永年の勤続の功を抹消してしまうほどの重大な不信行為があることを要する（企業外非行を理由とする懲戒解雇について，不支給規定の合理的な限定解釈から3割の限度で退職金支給を認めた裁判例として，小田急電鉄（退職金請求）事件・東京高判平15・12・11労判867号5頁）。

また，競業避止を目的として，退職後一定期間内に同業他社に就職した場合，その退職金額を自己都合退職の際の半額とする規定は有効と解されている（三晃社事件・最2小判昭52・8・9労経速958号25頁）。この最判は，退職金の減額・不支給条項について，同業他社への就職を禁止する合理的理由や，それが禁止される期間・場所，その減額の程度等を考慮して，同業他社への就職がもたらす使用者に対する不利益の程度に応じて，退職金の減額・不支給という手段が許容される合理的な範囲を確定しようとしている（競業避止義務については，第12章 **5**参照）。

賞与の支給日在籍要件 賞与の支給日は，当該賞与の計算期間からある程度離れているのが一般的である。賞与の具体的な請求権の発生時期は，当該賞与の支給条件の定めによる。また，労働者は，退職の時期を原則として任意に選択できる。したがって，支給日に在籍していることを賞与支給の要件としている場合，原則として支給日に賞与の具体的な請求権が発生すると解されるので（大和銀行事件・最1小判昭57・10・7判時1061号118頁は，

賞与の支給日に在籍する慣行および規定の合理性を認めている），賞与の計算期間に在籍したが，賞与支給日以前に退職した労働者について，当該賞与の請求権は生じない。ただし，定年退職者や整理解雇対象者など退職の時期を任意に決定できない労働者に関しては，例外的に支給日に在籍していなくとも賞与請求権を肯定してよいであろう。また，労使交渉の難航の結果，賞与がたとえば支給予定月の6月に支給されず9月に支給された場合において，支給予定月を超えて9月の支給日以前に退職した労働者も賞与請求権が肯定されよう。賞与に過去の労働に対する報酬という側面がある以上，賞与の支給日が成績査定期間から著しく離れていることは，労働者の退職の自由に対する不当な制約と解されるからである。

Column㉓ 従業員兼務取締役と退職金 ～～～～～～

　　従業員が，勤務していた会社の取締役などの役員となることがある。この場合に，この役員が従業員としての身分を保有しているかが問われることがある。典型的には，退職慰労金ないし退職金をめぐる問題においてである。取締役に対して退職慰労金などが支払われるか否かは，株主総会の決議によって定められる（会社361条）。仮に従業員としての地位がある場合に，従業員の退職金の支給規定に基づいて支給される部分については，従業員の権利として保障されるので，会社法361条の適用を受けないことになるからである。

　　取締役が従業員を兼務しているか否かは，役職名で決定されるのではなく，具体的な職務において，会社から指揮監督を受けて就労している実態があるかによって判断されている。裁判例では，このような従業員兼務取締役の従業員としての退職金請求が認められた事例が少なくない（たとえば，前田製菓事件・大阪高判昭53・8・31判時918号114頁；最2小判昭56・5・11判時1009号124頁参照）。

～～～～～～～～～～～～～～～～～～～～～～～～～～～～

★ 参考文献―――

　　日本労働法学会編『講座労働法の再生第3巻』（日本評論社）第1部所収の諸論文，日本労働法学会誌89号『賃金処遇制度の変化

と法』所収の諸論文，季刊労働法 185 号「特集・能力・成果主義賃金と労働法の課題」所収の諸論文。土田道夫＝山川隆一編『成果主義人事と労働法』（日本労働研究機構），神吉知郁子『最低賃金と最低生活保障の法規制』（信山社），唐津博「最低賃金法」，藤本茂「賃金の支払の確保等に関する法律」島田陽一ほか編『戦後労働立法史』（旬報社）所収。

第11章 労働契約の展開と人事制度

労働契約の展開過程において，労働者は，人事評価を受け，また人事異動を経験する。さらに，病気などで長期に欠勤することもある。そして，労働契約に基づく労働の給付は，企業の集団的・組織的な秩序にしたがって行われる。本章では，これらの労働契約の展開過程における各ステージで起こる多様な紛争をめぐる法律問題を解説する。

1 配転・出向・転籍

人事異動の諸形態　配転・出向・転籍は，企業における一般的な人事異動の形態である。しかし，配転・出向・転籍は，法的に考えるとそれぞれ独自の問題点があり，別個に検討する必要がある。

配置転換（配転）とは，労働者が勤務する企業において配置された職場から他の職場に異動することであり，短期間の一時的な異動である応援とは区別される。一般に事業場が変わる配転を転勤と呼び，同一事業場内での配転は，配置替えといわれる。また，勤務場所の変更だけではなく，従事すべき職務（職種）の変更も配転と呼ばれる。

出向とは，労働者が，勤務していた企業に在籍のまま，他の企業において，そこの労働者として勤務することであり，在籍出向ともいわれる。原則として出向した企業（出向先）から元の企業（出向

元）に復帰することが予定されている。

転籍とは，労働者の所属する企業が指定した別の企業に勤務するために，所属企業を退職し，同時に別企業と労働契約を締結することであり，移籍出向ともいわれる。一般に，転籍した労働者が元の企業に復帰することは予定されていない。

配転命令権の法的根拠 労働者の就業の場所（勤務場所）および従事すべき職務（職種）は，日常的な労働の提供のように，使用者が労働指揮権をその都度行使することによって特定されるものではなく，労働契約の要素であり，あらかじめ労働契約によって決定されるべき重要な労働条件である（労基15条1項，労基則5条1項1号の3参照）。しかし，労働契約の締結時に，これらの労働条件を明示的に定めることは一般的でない。そこで，使用者が労働者に配転を命ずる権利（配転命令権）の存否は，労働契約の意思解釈の問題となる。

判例は，労働契約法制定以前から就業規則または労働協約に「会社は業務上の都合により転勤を命ずることができる」などの包括的な規定があり，また実際に配転が行われていてそれが空文化していない限り，労働契約上，使用者が包括的な配転命令権を有すると解している（東亜ペイント事件・最2小判昭61・7・14労判477号6頁）。労契法のもとでこの判例法理を整理すれば，就業規則の包括的な配転条項が合理的であれば，使用者は，労働契約上，配転命令権を有することになる（労契7条）。したがって，日本の長期雇用型の労働契約においては，使用者に包括的な配転命令権があると解されるのが一般的である。

もっとも，包括的な配転命令権を承認するのは，配転によって賃金などの基本的労働条件に変更がないことが前提となっている。配転命令によって，労働条件を一方的に不利益に変更することは許されないからである（労契8条参照）。また，配転が基本給に連動する

職能資格の降格を含むときは，配転命令の有効性は，降格の有効性（本章**2**参照）と一体に判断される（日本ガイダント事件・仙台地決平14・11・14労判842号56頁）。

| 配転命令権の限定 |

勤務場所および職種は，個別的に決定できる労働条件であり，労働契約において就業規則の内容と異なる労働条件を合意する可能性がある（労契7条ただし書き）。したがって，勤務場所または職種について労働契約に明示の合意がある場合（勤務地限定社員，医師・教員などの高度な専門職など），使用者の配転命令権は，その合意の範囲に限定される。また，勤務地および職種に関する採用時などの事情から，勤務場所および職種に関して黙示の合意が認められることもある（日本レストランシステム事件・大阪高判平17・1・25労判890号27頁は，採用条件や本人の家庭の事情からの希望などから，個別的に黙示の勤務地限定が認められた事例である）。なお，労働条件通知書に記載された勤務場所および職種は，労使の合意を判断する一要素ではあるが，新卒者の採用のように長期の雇用を予定している場合には，当面のものと解される可能性が高い。

裁判例において，客室乗務員の勤務地が東京と認められた事例（エール・フランス（転勤）事件・東京高判昭49・8・28労民集25巻4＝5号354頁）や，いわゆる現地採用の工場の現場作業者について，勤務地および職種（工員）の限定が認められた事例もあったが（蔵田金属工業事件・松江地決昭51・3・16判時819号99頁など），とくに近年においては，ある特定の勤務地または職種に長期間勤務したという事実だけではこれらの労働条件に関する黙示の合意が認められない傾向にある。たとえば，就業規則の配転条項を認識していたことから現地採用の現場作業者の勤務地限定が否定され（エフピコ事件・東京高判平12・5・24労判785号22頁），採用後機械工として17～28年間勤務した労働者についても職種限定が否定されている（日産自動

車村山工場事件・最1小判平1・12・7労判554号6頁）。

　また，アナウンサー（日本テレビ網事件・東京地決昭51・7・23判時820号54頁）のように専門職として職種限定が認められてきた職種についても，最近では，長期雇用型の労働者については職種限定が否定される傾向にある（アナウンサー〔九州朝日放送事件・福岡高判平8・7・30労判757号21頁：最1小判平10・9・10労判757号20頁〔棄却判決〕〕，客室乗務員〔ノース・ウエスト航空（FA配転）事件・千葉地判平18・4・27労判921号57頁〕）。

　このように判例は，紛争の対象となった労働契約の意思解釈を通じて結果的に使用者に包括的な配転命令権を認めるのが一般的である。これは，長期雇用型の労働者について就業の場所および従事すべき業務が確定的に特定されていないという現実を反映している。

　　┌─────────────┐
　　│ 配転命令権の濫用 │　使用者の配転命令権は，その行使において，
　　└─────────────┘　権利濫用法理（民1条3項，労契3条3項）
によって制約を受ける。判例は，「転勤，特に転居を伴う転勤は，一般に，労働者の生活関係に少なからぬ影響を与えずにはおかないから，使用者の転勤命令権は無制約に行使することができるものではなく，これを濫用すること〔は〕許されない」（前掲・東亜ペイント事件）とする。

　判例は，権利濫用の有無を判断するために以下の3つの具体的指標をあげている。第1に，業務上の必要性の有無である。ただ，この業務上の必要性について，「当該転勤先への異動が余人をもっては容易に替え難いといった高度の必要性に限定することは相当でなく，労働力の適正配置，業務の能率増進，労働者の能力開発，勤務意欲の高揚，業務運営の円滑化など企業の合理的運営に寄与する点が認められる限りは，業務上の必要性の存在を肯定すべきである」（前掲・東亜ペイント事件）として，これを緩やかに考えている。この結果，裁判例において業務上の必要性が否定されることは稀であ

る（業務上の必要性が否定された事例として，NTT東日本（北海道・配転）事件・札幌地判平 18・9・29 労判 928 号 37 頁などがある）。

　もっとも，配転による職務の変更に連動して基本給にあたるような重要な労働条件の変更を伴う場合には，業務上の必要性について，判例とは異なり厳格な審査が必要である。

　第 2 に，転勤命令に業務上の必要性があっても，それが組合活動に対する報復的措置などの不当な動機・目的による場合には権利濫用として無効とされる。具体例としては，セクシュアル・ハラスメントの被害者に不利益処分を課すること（名古屋セクハラ（K 設計）事件・名古屋地決平 15・1・14 労判 852 号 58 頁），会社批判を強硬に繰り返す労働者への報復（朝日火災海上保険（木更津営業所）事件・東京地決平 4・6・23 労判 613 号 31 頁），労働者を退職させる意図（マリンクロットメディカル事件・東京地決平 7・3・31 労判 680 号 75 頁），内部通報を動機とする（オリンパス事件・東京高判平 23・8・31 労判 1035 号 42 頁）などの場合がある。

　第 3 に，転勤命令に業務上の必要性があっても，それが労働者に対し通常甘受すべき程度を著しく超える不利益を負わせるものも権利濫用とされる。裁判例では，単なる単身赴任によって生ずる不利益では足りず，配転命令に応ずると，労働者が負っている育児・介護・看護などに関する家庭責任が果たせなくなり，家族全体の生活に多大な影響を与える程度の家庭生活上の不利益が，「通常甘受すべき程度を著しく超える不利益」と判断されている（ネスレ日本事件・大阪高判平 18・4・14 労判 915 号 60 頁，前掲・NTT 東日本（北海道・配転）事件，明治図書出版事件・東京地決平 14・12・27 労判 861 号 69 頁，北海道コカ・コーラボトリング事件・札幌地決平 9・7・23 労判 723 号 62 頁）。

| 使用者の私生活 |
| 配慮義務 |

これまで日本のほとんどの男性労働者は，転居や単身赴任も厭わず，使用者の配転命令に従うことにより，企業の効率的な運営に大きく貢献をしてきた。判例が単身赴任をせざるえない事情を転勤に伴う通常の不利益と判断してきたのもこの現実の反映である（前掲・東亜ペイント事件参照）。

　しかしこのような雇用慣行は，その背後に男性労働者の家族の犠牲を伴ってこそ，成立してきたことを忘れてはならない。これからは，男女が対等な立場で職業生活に関与できる社会を実現しなければならない（男女共同参画社会）。また，職業生活と家庭生活の両立（仕事と生活の調和，ワーク・ライフ・バランス）という視点からも，従来の配転に関する雇用慣行は見直されるべき側面がある。実際，最近では勤務地を限定する労働契約を採用する企業が増加しているが，労働契約の解釈においても労働者の職業生活と家庭生活を適切に調整できる理論枠組みが求められている。

　このような理念は，労契法において，仕事と生活の調和の配慮の原則が規定され（3条3項），労働契約の解釈の指導理念としてではあるが，実定法のなかに取り入れられた。この観点からすると，労働契約の締結時に就業の場所および従事すべき業務が特定されていないことから，使用者に広範な配転命令権行使の自由を認める従来の労働契約の解釈は再考しなければならない。このような解釈は，労働契約締結の時点では，労働者がその後の私生活の変化を予測することは不可能であるという事実をあまりに軽視しているからである。使用者が労働者の長期にわたる継続勤務により多くの利益を得ていることに対応して，使用者は，労働契約上の信義則として，労働者の仕事と生活の調和の実現という視点から労働者の私生活の形成および展開に配慮する義務を負っていると考えるべきである（使用者の私生活配慮義務）。今日の少子化社会では，職業生活と家庭生

活との調和をめざす私生活配慮義務は、もはや労働者の個人的利益にとどまらず、高度な社会的要請を含んでいると考えられる。裁判例でも、使用者が信義則上労働者の被る不利益を軽減、回避する配慮義務を負っているとしたものがある（帝国臓器製薬事件・東京地判平5・9・29労判636号19頁）。

使用者は、私生活配慮義務に基づいて、労働者の転勤に伴う不利益を経済的に補う措置（赴任先住居の提供、単身赴任手当の支給、帰宅旅費の支給、特別休暇の付与など）をとることが要請される。また、使用者は、転勤命令によって労働者が従来負っていた家庭責任を果たせなくなるなどの経済的な補塡だけでは解消できない生活上の不利益が生じる場合には、当該転勤の人選自体を見直すことを要請される。この際、配転命令の業務上の必要性は、それによって労働者が被る私生活上の不利益の程度と相関的に判断されるべきである（前掲・ネスレ日本事件は、このような判断を示す裁判例として注目される）。

◆育児介護休業法と私生活配慮義務　育児介護休業法26条は、事業主の配慮義務の1つとして、転勤命令権の発動にあたって、労働者の育児・介護に関する家庭状況に配慮すべきことを定めている。裁判例では、労働者が育児・介護を理由として転勤命令の再考を求めたときには、事業主は、この配慮義務に基づいて転勤命令について高度の業務上の必要性があるかを検討しなければならず、これを欠いたときには、当該命令が権利の濫用として無効となるとした事例がある（前掲・明治図書出版事件）。このように育児介護休業法26条は、配転命令における使用者の私生活配慮義務についての実定法上の根拠の1つであるということができる（第15章参照）。

出向命令の法的性質

出向は、配転と同様に実務では労働者に対する使用者の業務命令として発せられる。しかし、その法的性質には、配転と区別すべき重要な相違がある。すなわち、出向は、労働契約の本質的な内容である具体的な労働給

付先および労働指揮権者を変更し，そのことにより，労働者は，労働契約締結時に予測できない重大な労働条件の不利益変更を被る可能性がある。したがって出向は，労働契約内容の重大な変更であり，労働者の同意なしに使用者が出向を命ずることはできない（労契8条参照）。また，出向に伴って具体的な労働指揮権者が変更されることを，使用者の権利の出向先への譲渡とみて，民法625条1項を根拠として（労働給付義務の一身専属性），出向には労働者の承諾が必要であるとも主張されてきた。

　しかし，出向に労働者の同意を要するといっても，それが出向命令時の個別的同意に限定されるわけではなく，事前の包括的同意を排除しない。したがって，どのような場合に出向に関する労働者の承諾（合意）が肯定できるかが問題となる。学説・判例は，一般に出向に伴って生じる労働者の不利益に着目して，包括的な出向命令権の承認には，配転命令権の場合に比べ慎重な態度をとっている。判例は，就業規則に出向命令に関する規定があるだけではなく，労働協約において出向労働者の労働条件などについて詳細な規定が定められている事案において，会社が従業員の個別的同意なしに，出向を命じることができるとした（新日本製鐵（日鐵運輸第2）事件・最2小判平15・4・18労判847号14頁）。一般に，出向命令権に包括的な合意が認められるのは，密接な関連会社間の日常的な出向であって，出向先での賃金・労働条件，出向期間，復帰の仕方などが出向規程等によって労働者の利益に配慮して整備され，当該職場で労働者が通常の人事異動の手段として出向を受容している場合に限定されると考えられる。

　なお，出向命令権は，それが肯定された場合，出向命令の必要性，対象労働者の選定に係る事情その他の事情に照らして，その出向命令が権利濫用とされると，当該命令が無効になる（労契14条）。

| 出向中の労働契約関係 |

出向中の労働契約関係は，複雑な法律問題を提起する。出向労働者が，出向元に籍を残しながら（出向元を休職），出向先の指揮命令に服するという状態を，法的にどのように構成するかが問われるのである。このことは，具体的には出向労働者に対する懲戒処分権限や賃金支払義務の帰属をめぐって議論されることになる。また，出向労働者を出向元が復帰させる権限を有しているかも重要な論点である。

(a) **出向労働者と出向先および出向元との労働契約関係** 出向労働者と出向先および出向元との労働契約関係は，その具体的な実態に即した理論構成がとられねばならない。もっとも，出向労働関係の労働契約の権利義務関係の配分は，基本的には出向元と出向先との出向契約によって決定され，その実態は多様である。したがって，出向中の労働契約について，一義的に定義することはできないが，一般的には次のように考えられよう。

まず，出向は，労働者が労働給付先から指揮監督を受けるという点で，労働者派遣（第8章**5**参照）と共通するが，派遣先と派遣労働者との間には労働契約関係がないと定義されている。これに対して，出向は，出向先と出向労働者が労働契約関係にあることで，労働者派遣とは区別される。

次に，出向先と出向労働者の労働契約関係の具体的内容は，出向契約における出向先に対する権限配分によって決定される。出向元が全面的あるいは部分的に賃金支払義務者であるときなど出向元に雇用主としての基本的な権限が留保されている以上，出向労働者の労働契約は，出向元とのそれを基盤とするものであり，出向先とは，出向先の権限に応じて部分的な労働契約関係があるにとどまる。すなわち，出向元と出向労働者の労働契約関係の一部が出向先に内容的に配分されて存在するという特殊な三者間の労働契約関係であると考えるのが妥当であろう。したがって，解雇権のような出向労働

者の従業員たる地位に関する権利は出向元にある。これに対して，具体的な労働給付に関しては，出向先は，出向労働者に対して労働契約上の使用者である。したがって，出向労働者は，出向先の就業規則の適用を受け，その違反について出向先により懲戒解雇以外の懲戒処分を課される。また，出向先は，出向労働者に対して安全配慮義務などの信義則上の義務を負う。

◆**出向労働者に対する復帰命令の効力**　出向労働者が出向元の復帰命令に応ずる義務があるかという特殊な問題について，判例は，出向元が出向労働者に復帰を命ずる場合，特段の事由のないかぎり，当該出向労働者の同意を得る必要はないとしている（古河電気工業・原子燃料工業事件・最2小判昭60・4・5民集39巻3号675頁；労判450号48頁）。それは，出向が労働者と出向元のもともとの労働契約内容に変化を与えるものではなく，復帰命令はもともとの労働契約において合意されていた出向元での労務提供を命ずるものにすぎないからである。

(b)　**労働法規の適用**　労働法規における使用者または事業主が出向元または出向先のいずれに該当するかについては，出向元と出向先の権限配分に応じて定まることになる。したがって，たとえば労基法の各規定については，管理権限を有する側に適用になる。また，労災保険法や労働安全衛生法などは出向先に適用され，雇用保険法などは主たる賃金支払義務者に適用される。

転籍の法的性質

転籍については，2つの理論構成の可能性がある。第1は，元の労働契約を合意解約して，転籍先の企業と新たな労働契約を締結するという構成である。そして第2は，出向元の労働給付請求権の民法625条1項に基づく出向先への譲渡という構成である。いずれの理論構成をとるとしても，転籍は労働者の同意を不可欠とする。

問題は，出向の場合のように，事前の包括的同意の余地があるかということである。第1の法律構成による場合には，少なくとも出向先との新たな労働契約の締結につき事前の包括的同意を認めるこ

とはできない。これに対し、第2の法律構成による場合には、出向についてと同様に理論的には事前の包括的合意の余地が生じる。しかし転籍の場合には、元の企業への復帰可能性がなく、出向について想定される以上に労働者の不利益の可能性が大きいので、労働者の同意が認定されることは、きわめて限定的な場合と考えるべきであろう。

2 昇進・昇格・降格

従来の人事処遇制度の
あらまし

労働者が企業においてキャリアを形成していくうえで、その具体的な指標として重要な関心事となるのが昇進・昇格である。そして、昇進・昇格は、一般に賃金上昇に連動している。どのような人事処遇制度を設計するかは、当然、各企業の自由である。近年に至るまで、多くの企業は、職能資格制度を採用していた（図表11-1参照）。しかし、最近では、成果をより人事処遇に直結させる成果主義的な要素を人事処遇制度に取り入れる企業が増加している。また、職能資格制度は職位と基本給との連動性を欠き、柔軟な人事配置の妨げになるなどの認識から、職務と基本給を連動させた職務等級制度を採用する企業が増加している。もっとも、職務等級制度においては、職務の具体的内容を明確にすることが求められるが、現状においては、必ずしも詳しい職務分析を前提とする制度ばかりではないとされている。

このような多様な人事処遇制度の理解は、人事処遇をめぐる法的紛争に対処する前提となる。ここでは、職能資格制度について説明しておこう。図表11-1のモデルでは、職務遂行能力を職能資格によって区分し、その職能資格のなかで資格等級が定められている。

図表 11-1　職能資格制度モデル

職能資格	資格等級	対応職位	昇級・昇格候補要件
経 営 職			
上級管理専門職	参事1級	部　　長	滞留義務年数の経過 過去3回の人事考課成績の持点が9点以上 各資格等級の職務遂行基準に達していること
	参事2級	次　　長	
中級管理専門職	参事3級	課　　長	
	参事4級	課長補佐	
初級専門職	副参事1級	係　　長	
	副参事2級		
指揮監督職	主事1級	主　　任	
	主事2級		
	主査1級		滞留義務年数の経過 過去3回の人事考課成績の持点が6点以上
	主査補		
一 般 職	社員1級		各資格等級ごとの滞留義務年数の経過
	社員2級		
	社員3級		

（『目で見る労働法教材〔第2版〕』（有斐閣）74頁より）

賃金は，一般にこの資格等級に基づいて決まっている。資格等級および職能資格は，昇級・昇格候補要件を満たすと昇級または昇格する。この要件は，経験年数（滞留義務年数）および人事考課成績などから成り立っている。職能資格は，賃金に直接連動しているので，職能資格を低位に引き下げること（降格）は，労働条件の不利益な変更になる。職能資格は，職務遂行能力の到達度に応じたものであるので，一般に低位の資格への降格を予定していなかった。

　下位の職位から上位の職位につくことは，昇進と呼ばれるが（**図表 11-1** の「対応職位」の上昇），このためには，その職位に必要な職能資格または資格等級に達していることを要する。このことからも人事考課がきわめて重要な意味を有していることがわかるであろう。

このため，使用者には人事考課における公正査定義務があるとされている。

以上のような職能資格制度は，もともとは年功的な賃金制度に能力主義的な要素を加味するために導入されたものであるが，実際の運用は，基本的に年功的処遇となっていることが多いと言われている。これは，多くの企業において，多少の早い遅いはあっても，一定の経験年数の経過によって昇格させることが，従業員全体の動機づけのために必要であると判断されたためである。したがって，職能資格制度のもとでも，日本の賃金制度の特徴とされる年功的処遇は基本的に維持されてきた。

成果主義的人事制度の導入

年功的な賃金制度は，長期雇用を前提とした雇用の仕組みに適合的な制度である。しかし，最近では，グローバルな規模での企業間競争の激化を背景として，長期にわたって形成された能力だけではなく，短期の成果を基準に労働者を評価し，それを賃金に反映させる制度である成果主義賃金に組み替える企業も登場している。そして，全面的に成果主義賃金に切り替えなくても，賃金制度のなかに成果主義的要素を取り入れる企業が増加している。

成果主義賃金では，短期的な目標の達成度に応じて賃金が増減する。このような賃金制度は，営業職のように労働者の仕事が成果と直結するような場合には比較的適合的といえる。しかし，仕事の成果が客観的に表れにくい職務では，賃金制度の設計が困難である。成果主義賃金制度への変更について，必要性は認めるものの，不安があるとする労働者が多いのはその現れである。このような不安を持つ理由は，収入が不安定となる恐れよりも，適切な評価制度が確立されないのではという不安が大きい。

このように，成果主義賃金制度または成果主義的要素の導入が成功するか否かは，労働者側が納得する透明度の高い人事評価制度が

確立されるかどうかにかかっているといえよう。

昇進・昇格をめぐる法的紛争と昇格請求権および昇進請求権

昇進・昇格をめぐっては，特定の労働者を昇進または昇格させないことが，不当労働行為（第 18 章参照），女性差別（第 4 章参照）あるいは思想信条差別（第 4 章参照）にあたるかが争われてきた。これらの紛争では，使用者の人事考課が差別的であるかが問われるため，労働者側の立証がきわめて困難となっている。

最近では，年俸制の導入など能力主義的または成果主義的な賃金制度が導入されるなかで，公正な人事考課の重要性が高まり，使用者は人事考課において，信義則上，公正査定義務（適正評価義務）を負っているという考え方が唱えられている。

違法な昇進・昇格差別は，不法行為を構成し，使用者が損害賠償責任を負うことになる。これに加えて，労働者が昇格した地位または昇進した地位にあることが認められるかが問われる。これが昇格請求権および昇進請求権の問題である。

昇格・昇給は，使用者の人事考課を踏まえて裁量的判断によって決定される。ただし，職能資格制度が使用者の裁量を排除する仕組みとなっている場合，あるいは実際には年功的に運用され，客観的要件の充足だけで昇格が行われる労使慣行がある場合には，昇格請求権が認められることがある（芝信用金庫事件・東京高判平 12・12・22 労判 796 号 5 頁）。また，昇進については，企業の効率的運営に関する人事配置の問題であるので，原則として，使用者の幅広い裁量に委ねられる。もっとも，実際の運用において，特定の地位に自動的に昇進させるような労使慣行があれば，昇進請求権が認められる可能性がある。

降格をめぐる法的紛争

降格をめぐる問題を考えるうえでは，降格という用語がさまざまな局面で用いられる

ので，その意味を整理しておくことが必要である。すなわち，「降格」には「昇格の反対措置」としてのそれと，「昇進の反対措置」としてのそれ，そして，懲戒処分としての降格がある（これは「降職」と呼ばれることも多い。本章3参照）。

　まず，課長を係長に降格するという「昇進の反対措置」としての降格は，人事配置の問題であり，職能資格が下がるわけではなく，かりに就業規則に根拠規定がないとしても，使用者の人事権の行使として，広い裁量が認められ，例外的に裁量権の濫用とならない限り許され，これに伴う賃金減額もやむをえないと解される（エクイタブル生命保険事件・東京地決平2・4・27労判565号79頁）。

　これに対して，「昇格の反対措置」としての降格は同様には考えられない。先に紹介したような通常の職能資格制度では，降格が予定されていないのが普通であるからである。これは，職能資格が経験と実績の積重ねの中で長期的に獲得されるものであり，短期的な営業成績などにより引き下げることになじまない性格を有するためである。「昇格の反対措置」としての降格は，職能資格制度においてそれを認める仕組みになっている必要がある（アーク証券事件・東京地決平8・12・11労判711号57頁。なお，配転に降格が伴う場合，配転命令はその有効性と降格の有効性の双方を満たす必要がある〔本章1参照〕。それが労働条件の不利益変更になるかは別途の検討を要する。第9章参照）。このことは，職務等級制度においても同様である。

　また，職務の役割によって報酬が決定されている賃金制度において，担当する職務の変更が人事権の行使として有効であるとしても，それに伴って就業規則に根拠なく報酬を引き下げることは許されないとした裁判例がある（コナミデジタルエンタテインメント事件・東京高判平23・12・27労判1042号15頁）。

　さらに懲戒処分としての降格（降職）措置は，就業規則などの定めを要する（本章3参照）。

3 懲 戒 処 分

懲戒処分の意義と機能 ── 懲戒処分は，企業の定立した企業秩序を維持するために，その違反者に制裁を課する制度である。使用者は，労働契約における企業秩序維持義務違反に対して，普通解雇，損害賠償請求および人事権の行使による不利益措置をとることが可能であるが，労働関係の歴史のなかで，もっとも活用されてきたのは懲戒処分であった。これは，軽微な規律違反に解雇で臨むのは，人事管理上得策ではないし，損害賠償請求は事実上困難であるなど，労働契約上の措置では，適切な制裁的効果が得られなかったからである。また，労働者にとっても，懲戒解雇に至らない懲戒処分であれば，解雇に比べて雇用を喪失しないという利点もあり，労働契約上の措置よりも妥当性が高い場合が少なくない。

懲戒権の法的根拠 ── 懲戒処分が企業秩序の維持にとって合理的な措置であるとしても，それは，私人間における制裁である以上，それを許容する法的根拠を要する（懲戒権の法的根拠）。しかし，労基法は，懲戒処分について，一定の規制を加えているが（労基89条9号・91条），積極的な法的根拠を与えていない。また，労契法も判例法理である懲戒権濫用法理を取り入れたが（労契15条），使用者の懲戒権の根拠規定を置いていない。

　使用者の懲戒権の根拠について，学説上使用者が企業秩序維持のために企業自体に内在する固有の権限として当然に懲戒権を有するとする固有権説と，労働契約における労働者の同意を要するとする契約説が対立してきた。両者の対立は，労働関係の法的構成に労使の合意に基づかない使用者の権限を承認するのが妥当かという基礎

理論的な問題にかかわる。また，解釈論としては，固有権説は，就業規則などの根拠を要せずに使用者が労働者に懲戒処分を課することができるとする傾向にあるのに対し，契約説は，労使の合意があることが懲戒処分の適法性の前提となると考える。

判例は，使用者の懲戒権の法的根拠について明示的に論じていない（国鉄中国支社事件・最1小判昭和49・2・28民集28巻1号66頁，関西電力事件・最1小判昭和58・9・8労判415号29頁など）。このことから判例が使用者の懲戒権について固有権説な理解に立っていると解することもできるが，判例は，懲戒処分の適法性を使用者の企業秩序定立権および労働者の労働契約上の付随義務としての企業秩序遵守義務から根拠づけている。

まず，企業秩序定立権について，判例は，「企業は，その存立を維持し目的たる事業の円滑な運営を図るため，それを構成する人的要素及びその所有し管理する物的施設の両者を総合し合理的・合目的的に配備組織して企業秩序を定立し，この企業秩序のもとにその活動を行うもの」（国鉄札幌運転区事件・最3小判昭54・10・30民集33巻6号647頁；労判1329号12頁）として，使用者が固有に企業秩序定立権を有するとする。また，労働者は，「労働契約を締結して企業に雇用されることによって，企業に対し労務提供義務を負うとともに，これに付随して，企業秩序遵守義務その他の義務を負う」（富士重工事件・最3小判昭和52・12・13民集31巻7号1037頁；労判287号7頁）とする。そして，判例は，「使用者の懲戒権の行使は，企業秩序維持の観点から労働契約関係に基づく使用者の権能として行われる」と整理している（ネスレ日本懲戒解雇事件・最2小判平18・10・6労判925号11頁。判例が，これによって，懲戒権の法的根拠について契約説に移行したと解する立場もある）。ただし判例は，企業秩序遵守義務が，労働契約上の義務であり，使用者の定立する企業秩序に一般的に服する義務ではないとして，他の従業員の企業秩序違反に

ついての調査協力義務を制約的に解している（前掲・富士重工事件）。

　また，判例は，「使用者が労働者を懲戒するには，あらかじめ就業規則において懲戒の種別及び事由を定めておくことを要する」とする（フジ興産事件・最2小判平15・10・10労判861号5頁。契約説の立場において，これがまさに懲戒権の発生根拠である）これは，懲戒処分が労働者に対する制裁措置であることから，罪刑法定主義類似の原則の要請に基づく懲戒権の行使要件と位置づけているものと解される。したがって，もともと固有権説の帰結とされた使用者が就業規則の根拠なしに懲戒処分を課することが可能であるという立場は否定されている。

　以上のことから，判例は，懲戒権の発生根拠を使用者固有の権限に求めているが，その行使は，労働契約に基づいて労働者に生じる企業秩序遵守義務の範囲に限定されるという立場にあると解することができる。そうすると，判例の立場は，具体的な解釈論としては，契約説と大きな差異がないと評価できる。

　ただし，判例のように企業秩序の定立とその維持の必要性から直ちに，実定法上の根拠なしに使用者が固有権として法的に懲戒権を含む企業秩序定立権を有すると考えることは理論的根拠に乏しい。労基法が就業規則に制裁の種類と程度を記載することを求め（労基89条9号），労契法が合理的な就業規則規定を労働契約の内容とするとしていることからすれば（労契7条），使用者の懲戒権の根拠は，契約説によるのが妥当である。なお，労基法上，就業規則の作成義務のない使用者が懲戒処分を予定するときには，労働契約の締結にあたって，就業規則に準ずるものにより懲戒処分事由およびその種類を労働者に周知する必要がある。

| 懲戒処分の種類 |

懲戒処分の種類は，直接には経済的不利益を伴わず，被処分者に対し将来を戒める戒告または譴責（一般に始末書提出を伴う），減給，降格，降職，出勤

停止，懲戒休職および懲戒解雇などが代表例である。懲戒解雇は，退職金の不支給を伴うのが一般的である。このため，退職金の不支給を伴わない懲戒理由の解雇として諭旨解雇という懲戒処分を置いていることが多い（懲戒解雇と退職金不支給については第10章参照）。

　これらの懲戒処分のうち減給については，1回の額が平均賃金の1日分の半額を超え，総額が一賃金支払期における賃金の総額の10分の1を超えてはならない（労基91条）。また，出勤停止および懲戒休職は，その期間中賃金が発生しないので，その長さによって経済的には減給以上に苛酷なものとなる可能性がある。そこで，出勤停止および懲戒休職の有効性は，労基法の減給制裁制限を超える経済的な不利益を被処分者に与えることを十分に考慮して判断されねばならない。

　譴責などの懲戒処分に伴って，始末書の提出が求められることが多い。しかし，始末書の提出によって労働者に意に反する見解の表明を課することになる場合には，その人格的利益を著しく侵害するので，労働者に強制することはできないと解される。

懲 戒 事 由　懲戒処分は，就業規則に列挙される事由に限定される（限定列挙）。具体的には，業務命令違反，無断欠勤などの出退勤に関わる規律違反，勤務成績不良などの職務怠慢，職場規律違反，重要な経歴詐称，会社に重大な損害を与える行為，企業の名誉・信用を毀損する行為，従業員として体面を汚す行為などが代表例である。ここでは，これらのうち経歴詐称，私生活上の行為，を理由とする懲戒処分について検討する。

　(a)　**経歴詐称**　労働契約の締結時における学歴や職歴，犯罪歴などに関する経歴詐称は，しばしば懲戒処分の対象とされる。判例は，雇用関係が信頼関係を基礎とする継続的契約関係であることを踏まえて，採用において労働力評価に直接関わる事項に限らず，企業秩序維持に関係する事項についても必要かつ合理的な範囲内で労

働者が真実告知義務を負っているとして，経歴詐称を懲戒処分の対象とすることを肯定している（炭研精工事件・東京高判平3・2・20労判592号77頁：最1小判平3・9・19労判615号16頁）。これに対して，学説においては，経歴詐称は，それ自体が企業秩序違反となるといえず，信頼関係破壊としての普通解雇となるか，または採用の意思表示が詐欺による取消し（民96条），あるいは錯誤による無効（95条）となることはあっても，懲戒処分の対象とはなりえないとする批判が強い。判例は，懲戒処分の対象を重要な経歴詐称に限定しているが（就業規則でも重要な経歴詐称に限定する規定が多い。また判例は，たとえば，経歴書に記載が求められる罰を確定した有罪判決と限定している），労働力評価に直接関わる事項を超えて，真実告知義務を拡大するのは疑問がある。

採用にあたっての個人情報の収集は，その目的の範囲内に限るとされている（職安5条の4）。これは，労働者の個人情報保護の観点から，個人情報の収集を必要最小限に制約する趣旨である。また，個人情報保護法およびそれに基づく厚生労働省指針も，同法の適用事業者となる使用者が労働者の個人情報を収集する場合，その利用目的を明確に特定することを求めている。ところが，「企業秩序関係事項」という漠然とした目的が認められると，結果として，労働者の個人情報を広く収集することを合理化することになる。したがって，労働者に真実告知義務を課する範囲は，原則として労働力評価に直接関わる事項に限定されると解するべきであろう。

(b) **私生活上の行為**　就業規則では，「企業の名誉，信用を損なう行為」または「従業員としての体面を汚す行為」などを懲戒事由とするのが一般的である。これらの懲戒事由は，職場における行為ではなく，私生活上の行為を対象とするため，労働者の私生活の自由との調整が重要な課題となる。

判例は，職場外でなされた職務遂行に関係のない行為であっても，

企業の円滑な運営に支障をきたすおそれがあるので，企業秩序維持のために，これらの行為を懲戒処分の対象とすることは許されるとしている（前掲・関西電力事件）。しかし，企業秩序という概念は少なくとも職場内における規律を中核とするものであり，私生活にまで及ぶのは例外的であることを忘れてはならない。

この点，判例は，従業員が企業外での政治活動で逮捕・起訴され，それが報道されたことが，「不名誉な行為をして会社の体面を著しく汚したとき」という懲戒事由にあたるとして懲戒解雇された事例において，会社の体面とは会社関係者の主観的感情ではなく，社会一般の客観的評価であり，具体的な業務阻害の結果や取引上の不利益の発生は要しないが，当該行為の性質，情状のほか，会社の事業の種類・態様・規模，会社の経済界に占める地位，経営方針およびその従業員の会社における地位・職種等諸般の事情から総合的に判断し，従業員の行為により会社の社会的評価に及ぼす影響が相当に重大であると客観的に評価される場合でなければ，従業員の行為は懲戒事由に該当しないとしている（日本鋼管川崎製鉄所事件・最2小判昭49・3・15民集28巻2号265頁）。このような限定的な判断基準は私生活の自由との調整という観点から妥当であろう。職場外および業務外における同僚または取引先とのつきあいまたは個人的交際におけるトラブルや兼職に対する規制違反も，この基準から判断されよう。

懲戒権についての労働契約法の規制　使用者の懲戒権の行使について，労契法は，懲戒権濫用に関する判例法理を取り入れ（ダイハツ工業事件・最2小判昭58・9・16労判415号16頁），①使用者が労働者を懲戒できる場合，懲戒処分がその対象となる労働者の行為の性質およびその態様その他の事情に照らして，②客観的に合理的理由を欠き，③社会通念上相当であると認められない場合は，権利の濫用として無効になるとした（労契

15 条)。

(a) **懲戒権の根拠**　「使用者が労働者を懲戒できる場合」とは，使用者の懲戒権が労働契約に根拠を有することを意味する。すなわち，就業規則その他これに準ずるものに懲戒処分の種類，程度および事由が記載され，それが合理的であり，かつ労働者に周知されていることを要する。

(b) **懲戒事由該当性**　懲戒処分の「客観的に合理的な理由」があるとは，具体的な事情のもとで当該非違行為が就業規則に規定された懲戒事由に該当する場合である。また，罪刑法定主義類似の諸原則が適用され，就業規則の懲戒事由は，その制定前の行為に適用することは許されず（不遡及の原則），同じ事由について繰り返して処分してはならない（一事不再理の原則）。さらに，懲戒処分の際に使用者が認識していなかった非違行為を当該懲戒処分の理由として後から追加して主張することは許されない（山口観光事件・最 1 小判平 8・9・26 労判 708 号 31 頁）。

(c) **懲戒処分の相当性**　懲戒事由該当性が認められる場合，当該懲戒処分に社会通念上相当性があるかが判断される。具体的には使用者が就業規則に規定されているなかから選択した懲戒処分が，その対象となる労働者の行為の性質およびその態様その他の事情に照らして適当であったかが検討される。この際には，当該懲戒処分の種類の選択において非違行為の性質や被処分者の事情などの情状が十分に考慮されているかが審査される。この場合，企業秩序の維持という観点から，事前の警告や教育的な指導などの懲戒処分以外の措置によって対処することが可能であったかという視点が重要である。また，懲戒事由に該当する非違行為があったときには，非違行為者の地位を不安定にしないために，合理的な期間内に懲戒処分を課する必要がある（前掲・ネスレ日本懲戒解雇事件最判は，非違行為の時点から 7 年以上経過してからの諭旨退職処分を懲戒権の濫用とした）。

懲戒解雇については，被処分者を企業から排除しなければ企業秩序
の維持または回復ができないかという視点から検討される必要があ
る。

　懲戒処分は先例に準じたものであることが要請される（平等取扱
いの原則）。また，懲戒処分の実施においては，不利益処分であるの
で，適正手続が要求される。かりに就業規則等で懲戒手続が制度化
されていなくても，被処分者に対して，懲戒該当事由を詳しく告知
し，本人に弁明の機会を与えることは不可欠の手続である。

Column㉔　**内部告発と公益通報者保護制度**

　公益通報者保護法が制定されてから，大企業を中心に会社内部での
自浄作用の強化のために，内部通報制度の整備が進んだ。しかしなが
ら，この自浄作用は十分に機能しておらず，企業外への内部告発が契
機となって明るみに出る不祥事があとを絶たない。このことから公益
通報者保護法による公益通報者の保護の拡大が議論されている。

　労働法においては，労働者の内部告発の正当性について，公益通報
者保護法の制定以前から一定の判断枠組みを形成してきた。すなわち，
①告発内容が真実であるか，または真実と信じるに足りる相当な理由
のあること，②告発目的が公益性を有するか，少なくとも加害目的で
はないこと，③告発の手段・方法が相当であることなどの条件を満た
している場合には，内部告発に対する懲戒処分について，懲戒事由該
当性を欠く，もしくは懲戒権の濫用であるとして，これを無効とする
というものである（大阪いずみ市民生協（内部告発）事件・大阪地堺支判平
15・6・18労判855号22頁）。したがって，解雇・懲戒処分に関する規
制に乏しいという条件のもとで公益通報者を特別に保護する仕組みを
設けた諸国の制度と日本の公益通報者保護制度は異なる状況にある。
しかし，裁判による事後的救済以外に，適切な内部告発を公益通報と
して適法とし，また企業に内部通報制度の確立を促進する機能を果た
し，通報者を保護しようとする公益通報者保護法は重要な意義を有す
る。

　公益通報者保護法によれば，公益通報とは，労働者が，不正な目的
なしに，使用者，派遣先および請負先において，刑法，食品衛生法，

図表 11-2　通報先別公益通報の要件

通報先	不正な目的でないこと	真実相当性があること	その他の特別要件
労務提供先等	○	×	×
行政機関	○	○	×
第三者（行政機関を除く）	○	○	○

金融商品取引法，JAS 法，大気汚染防止法，廃棄物処理法，個人情報保護法などの 470 の法令（2019 年 9 月 1 日現在）に違反する事実等（通報対象事実）があるか，まさに生じようとしているときに，その事実を労務提供先等や，行政機関または消費者団体もしくは報道機関などの第三者に通報することをいう（2 条）。公益通報は，その通報先ごとに要件が異なっている（**図表 11-2 参照**）。労務提供先等に対する通報について，公益通報の要件を軽くしているのは，公益通報者の負担を軽くし，事業者自身の自浄作用によって問題を解決することに期待しているからである。また，第三者について要件を厳しくしているのは，事業者およびそこに雇用される者に対する通報の与える影響の大きさを考慮したものである。行政機関を除く第三者に課される特別な要件とは，①事業者内部または行政機関に対する公益通報をすれば，具体的に解雇その他不利益を受ける，または証拠隠滅などが行われると信ずるに足りる相当な理由があるか，②労務提供先から正当な理由なく公益通報をしないことを要求されている場合，③労務提供先等に対する書面による公益通報後，20 日経過しても，調査を行う旨の通知がなく，また正当な理由なしに調査を行わない場合，④個人の生命または身体に危害が発生し，またはその急迫した危険があると信ずるに足りる相当な理由がある場合である（3 条 3 号）。公益通報をしたことを理由とする解雇は無効とされ（3 条柱書き），その他の不利益取扱いも禁止される（5 条 1 項。派遣労働者の保護については，4 条・5 条 2 項）。

　公益通報者保護法については，繰り返し検討が続けられてきた。最近では，2018 年に消費者委員会に設置された公益通報者保護専門調査会が報告書を公表したが，法改正について一致した方向性が示された事項は多くはなかった。具体的には，通報対象者の範囲に退職者お

および役員を含めること，3条2号に定める公益通報（2号通報）の要件
を緩和すること，内部通報および外部通報体制を義務づけること
（300人以下の民間事業者は努力義務），消費者庁に行政機関の一元的窓口
を設けることなどに留まっている。

　なお，公益通報者保護法は，その通報対象事実を基本的に刑罰法規
違反に限定している。したがって，公益通報者保護法が対象とする公
益通報とは，従来の裁判例のなかで実際に問われた内部告発の一部で
ある。公益通報者保護法の制定によって，公益通報者保護法の適用対
象外の内部告発を理由とする解雇その他の不利益取扱いが有効とされ
るわけではなく，これらについては，従来の裁判例の判断枠組みに基
づいて救済が得られることを忘れてはならない（前掲・オリンパス事件
は，内部通報者に対する配転命令を無効とした事例である）。

4 休 職 制 度

休職制度の意義と機能

休職とは，労働者が何らかの事情で長期に
わたり勤務できない場合に，従業員として
の地位を留保したまま，勤務を免除される制度である（一般に無給）。
休職が認められる代表的な理由としては，長期の療養を要する疾病
または負傷（傷病休職），長期にわたる自己都合による欠勤があった
とき（事故欠勤休職。石川島播磨重工業事件・最2小判昭57・10・8労経
速1143号8頁）および刑事事件における起訴（起訴休職）がある（そ
の他，懲戒処分としての懲戒休職がある）。起訴休職以外の休職制度に
は，解雇を猶予するという側面があり，休職期間満了時に，なお労
働に復帰できない休職者は，退職扱いまたは解雇されることになる。

傷 病 休 職

労働者が業務外における傷病によって長期
に療養を要することがあるが，多くの会社
では，これを労働給付不能として，直ちに解雇などの措置に処する

のではなく，長期の休職期間を設けている。休職者は，休職期間満了時までに傷病の治癒によって健康が回復し，労働給付が可能となれば復職できるが，休職期間満了時に，なお傷病が治癒せず，労働給付が不能であるときは，使用者は，就業規則の規定に従い，退職扱いにし，または猶予していた解雇権を行使することができる（横浜市学校保健会（歯科衛生士）事件・東京高判平 17・1・19 労判 890 号 58 頁，独立行政法人 N 事件・東京地判平 16・3・26 労判 876 号 56 頁）。ただし，使用者がその復職の可否を判断する際，職種限定の労働契約ではないときには，休職前の業務だけではなく，その能力，経験，地位，使用者の規模や業種，その労働者の配置や異動の実情，難易等を考慮して，配置替え等により現実に配置可能な業務の有無を検討しなければならない（東海旅客鉄道（退職）事件・大阪地判平 11・10・4 労判 771 号 25 頁）。また，使用者は，休職していた労働者が直ちに従前の仕事に復帰できなくとも，軽易な作業から始めて，適当な時期にもとの仕事に戻れるならば，それを認めるよう配慮しなければならない（全日本空輸（傷病休職）事件・大阪地判平 11・10・18 労判 772 号 9 頁）。

起訴休職　労働者は，起訴中であっても，釈放されていれば基本的に労働給付が可能である。したがって，起訴された労働者を起訴休職とするのは，裁判のため，通常の労働給付が不可能となるような事情があるか，事件の性質・内容や会社の業務の性質，労働者の職務内容・地位に照らして，当該労働者の就労が企業秩序維持を著しく阻害するか，会社の名誉を毀損したり，その信用が失墜したりするという事情が必要であり，また起訴休職を継続するためにはそれらの条件が維持されていることを要する（全日本空輸（起訴休職）事件・東京地判平 11・2・15 労判 760 号 46 頁）。

★ 参考文献————

　人事制度全般について，土田道夫『労務指揮権の現代的展開』
（有斐閣），土田道夫＝山川隆一『成果主義人事と労働法』（日本労
働研究機構）。**配転・出向について**，小畑史子「使用者の人事権と
労働者の職業キャリア・個人の生活および事情」日本労働法学会編
『講座労働法の再生第2巻』（日本評論社）所収，土田道夫「『出向
労働関係』法理の確立に向けて」菅野和夫先生古稀記念『労働法学
の展望』（有斐閣）所収。**懲戒処分について**，島田陽一「懲戒権の
根拠」『労働法の争点』（有斐閣）所収，淺野高宏「懲戒処分と労働
契約」前掲・『講座労働法の再生第2巻』所収，**休職について**，龔
敏「休職・休業と労働契約停止の理論」前掲・『講座労働法の再生
第2巻』所収。**内部告発・公益通報者保護法について**，土田道夫ほ
か『条文から学ぶ労働法』（有斐閣）第4章，大内伸哉ほか『コン
プライアンスと内部告発』（日本労務研究会），島田陽一＝諏訪康
雄＝山川隆一「企業秘密と内部告発」労働判例 858 号 6 頁。

第12章 労働契約の終了

労働契約は，使用者による解雇や，契約期間の満了，労働者の任意による退職（辞職），労使双方の合意（合意解約），定年および労働契約の当事者の消滅などにより終了する。また，合併，事業譲渡，会社分割などの企業組織の変動は，そこに就労していた労働者の雇用に大きな影響を与える。本章は，労働契約の終了およびそれと併せて企業組織の変動と労働契約の承継を検討する。

1 解　雇

**解雇自由から解雇権
規制へ**

　解雇とは，使用者による労働契約の一方的解約と定義できる。賃金を生活の糧としている労働者にとって，解雇は，いつの時代でもどこの国でも，生活の基盤を揺るがす脅威である。しかし解雇を法的に制限するという考え方は，そう古いものではない。日本でも，民法は，雇用期間の定めのないとき当事者は，「いつでも解約の申入れをすることができる」（627条1項）とする。これは，当事者の人身の自由を保障するためである。この規定は，使用者が自由に労働者を解雇する権利（解雇権）の根拠規定の1つである（解雇自由の原則）。また，期間の有無を問わず，「やむを得ない事由」があるときには，当事者は，即時に雇用を解約できる（即時解雇。民628条）。この規定もまた，使用者の解雇権の根拠規定である。

　しかし，現代に至ると，多くの国で解雇が労働者にもたらす大き

な不利益に着目して，使用者の解雇権を制限する法制度が形成されている。国際的にも ILO 第 158 号条約（使用者の発意による雇用の終了に関する条約〔1982 年〕，未批准）は，使用者の解雇権を大きく制限し，解雇に正当事由を要求するほか，手続的規制を定めている。

　日本では，労基法において解雇予告制度などの解雇規制をするだけではなく，判例法理によって解雇権が厳しく制限されてきた（解雇権濫用法理）。この判例法理は，使用者の解雇権の行使が客観的に合理的な理由がなく，社会通念上相当として認めることができないときには，権利の濫用として無効になるというものであった（日本食塩製造事件・最 2 小判昭 50・4・25 民集 29 巻 4 号 456 頁）。また，判例は，普通解雇事由があるとされる場合でも，当該事件の具体的事情のもとで，労働者を解雇することが著しく不合理であり，社会通念上相当といえないときも，当該解雇を権利濫用として無効と判断した（高知放送事件・最 2 小判昭 52・1・31 労判 268 号 17 頁）。この解雇権濫用法理は，解雇が労働者の生活に与える影響を考慮して，使用者の不必要な解雇権行使を制約しようとしたものと評価できる。これは日本の企業が長期に従業員を雇用する慣行を有し，安易に解雇権を行使しない雇用管理が反映しているためといえるが，同時に，国際的にも，解雇に正当事由を要求するのが基本的方向である（前掲 ILO 第 158 号条約 4 条など参照）。労働契約，とくに期間の定めのないものは，その締結によって企業の一員となり，従業員の地位を獲得するという機能がある（地位設定契約）。そして，解雇は，企業の成員としての従業員の地位を奪い，企業から排除する機能がある。このことに着目すると，解雇には企業の成員が納得できる理由を要すると考えるべきであろう。解雇規制の正当化根拠を継続的契約関係に内在する信義則に求める考え方は，この解雇の機能から支持することができる。そして，2003 年労基法改正により，この判例法理が労基法において明文化され（労基旧 18 条の 2），労契法の制定に

伴って，労基法から労契法に移されたのである（労契16条）。この規定によって，実定法においても，もはや使用者の解雇自由の原則（民627条）は後景に退き，使用者の解雇権行使には，客観的合理的理由が必要であるという一般的規制が確立したのである。

| 解雇権を規制する諸規定 | 使用者の解雇権を規制する現行の規定は，次のように整理することができる。第1に解雇事由を就業規則に定めることとした規定（労基89条3号），第2に解雇予告（20条）および解雇理由説明書の交付（22条）などの解雇手続に関わる規定，第3に一定期間中の解雇を禁止する規定（19条），第4に差別禁止および労働者の権利行使の確保などの観点からの特定の事由についての解雇禁止規定（3条・104条2項など），第5に解雇権を一般的に制約する規定（労契16条・17条）に分類することができる。

| 解雇事由の明示 | 労基法は，就業規則に解雇事由を具体的に列挙することを使用者に義務づけている（労基89条3号）。労契法が解雇権の行使に合理的理由を要すると規定していることを考慮すると，就業規則に列挙された解雇事由は単なる例示ではなく，それら以外に基づく解雇は許されないと解される（限定列挙説）。

| 解雇予告制度 | (a) **基本的仕組み**　解雇の意思表示は，民法では2週間後に効力を生じるとされている（民627条1項）。これは継続的契約関係において，不意の契約解消により相手方が受ける不利益を緩和しようとする趣旨であった。労基法は，この期間を労働者保護の方向で強化し，30日間の予告期間を使用者に罰則付きで義務づけた（解雇予告義務。労基20条1項）。この予告期間の日数は，1日分の平均賃金の支払いによりその日数を短縮することができる（同条2項）。そして使用者は，30日分以上の平均賃金を支払うならば，予告なしに解雇できる（解雇

予告手当)。解雇予告制度の趣旨は，解雇による労働者の不利益を緩和するために，解雇の意思表示を受けた労働者が，1カ月間，生活を保障されながら求職活動を行えるようにすることにある。

遅刻，欠勤について減給のない月給制が適用となる労働者を翌月から解雇しようとする使用者は，月の前半に解雇予告をしなければならない（民627条2項）。このほか，年俸制が適用になる労働者について，「6箇月以上の期間によって報酬を定めた場合」にあたり，3カ月前の解約予告が必要となるかが問題となる（同条3項）。しかし，年俸制適用労働者であっても，労基法が賃金を毎月1回以上支払うことを使用者に義務づけているので（労基24条2項），「6箇月以上の期間によって報酬を定めた場合」にはあたらず，民法627条3項は適用されないと解するべきである。

なお，労基法20条は，民法627条2項・3項の適用を排除する効力を有するとする考え方もある。

(b) **適用除外**　天災事変その他やむをえない事由のために事業の継続が不可能となった場合または労働者の責に帰すべき事由による解雇については，解雇予告なしに解雇することができる。これを即時解雇と呼ぶ。この場合，使用者は，行政官庁に認定を受ける必要がある（除外認定。労基20条3項）。ここにいう「労働者の責に帰すべき事由」とは，解雇予告を必要としない程度に重大な事由があったかという観点から判断される。なお，除外認定を受けていない解雇も，客観的に予告を要しないと認められる事由があれば，私法上有効と解されている。

次に有期労働契約については，期間満了による契約の終了は，解雇ではないので，そもそも労基法20条の適用対象とはならないが，その期間中の解雇に関しては，解雇予告の適用除外に該当する場合を除き，解雇予告を要する（同21条。**図表12-1**参照）。なお，有期労働契約の雇止めに労基法の解雇予告制度は適用がないが，労基法

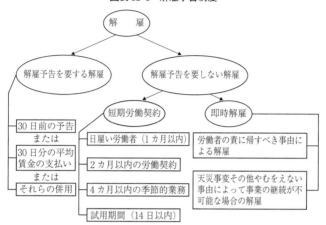

図表 12-1 解雇予告制度

14 条 2 項に基づく告示は，有期労働契約を 3 回以上更新し，または雇入れの日から起算して 1 年を超えて継続勤務している者に係るものに限り，あらかじめ当該契約を更新しない旨明示されているものを除き，当該有期労働契約の雇止めをしようとする場合には，少なくとも当該契約の期間の満了する日の 30 日前までに，その予告をしなければならないとしている（平 15 厚労告 357 号，平 24 厚労告 551 号。ただし，私法的効力はない）。

(c) **予告義務違反の解雇** 使用者は，解雇予告義務を遵守せず解雇した場合，労基法の定める制裁を受ける可能性がある（労基119 条）。では，予告なしに解雇された労働者は，解雇の無効を主張することができるのであろうか。判例は，解雇予告義務違反の解雇について，即時解雇としての効力は生じないが，使用者が即時解雇に固執する趣旨でないならば，解雇はその意思表示後 30 日を経過するか，予告手当を支払えば，その効力を生じるとしている（相対的無効説。細谷服装事件・最 2 小判昭 35・3・11 民集 14 巻 3 号 403 頁）。しかし，この相対的無効説によると，労働者が解雇の効力を争わず，

労務提供をせずに、解雇手当だけを請求しても、その請求は認められないことになる。当該解雇は、解雇通知の30日後には有効に成立することになるからであり、この30日間について、当該労働者には労働給付がないので、賃金請求権も発生しないからである。そこで、学説においては、解雇予告義務違反の解雇について、労働者が解雇無効を争うか、解雇予告手当の支払いのみを請求するかを選択できるとする見解が有力である（選択権説）。

解雇理由証明書の交付 使用者は、労働者が退職の際に請求した場合には、使用期間、業務の種類、その事業における地位、賃金または退職の事由についての証明書（退職証明書）を遅滞なく交付しなければならず、退職の理由が解雇の場合には、その理由を記載しなければならない（労基22条1項）。また、労働者が解雇予告期間中に請求した場合に、使用者は、解雇理由について証明書（解雇理由証明書）を遅滞なく交付しなければならない（同条2項）。この解雇理由に関しては、当該解雇に関わる事実関係および就業規則の根拠規定が示される必要がある。

解雇理由証明書の交付は、解雇手続として解雇理由を明示することを求めているわけではないという限界があるが、解雇の客観的合理的な理由の判断にあたっては、解雇理由証明書の存在およびその記載が重要な意義を有する。まず、労働者が請求したにもかかわらず使用者が解雇理由証明書を交付しなかったときには、当該解雇が客観的合理的理由を欠くものと推定されると解することができる。次に、解雇の効力に関する民事裁判において、使用者がこの証明書記載の理由以外の解雇事由を主張する場合、使用者は、証明書に記載できなかった合理的理由を立証することが求められる。

なお、退職証明書および解雇理由証明書には、労働者が請求しない事項を記載してはならない（同条3項）。

◆解雇理由証明書と民事裁判における主張制限　使用者の解雇理由証明書

交付義務は，使用者の公法上の義務にとどまり，解雇の効力を民事裁判で争う場合に使用者の主張を制限する効力はないと解するのが一般的である。しかし，労基法のなかに定められた解雇に関する規定において，解雇理由証明書に記載される解雇理由と「客観的に合理的な理由」との内容が別であると解することは，解雇を争う労働者には不利である可能性があり，また，使用者にとっても，合理的必要性に乏しいと思われる。したがって，使用者が主張できる解雇理由は，この証明書記載の理由に限定されると解するべきではないだろうか。このように解することは，とくに労働審判制度を前提にすると，解雇紛争の未然防止または早期解決に資することになるであろう。

解雇禁止期間　労基法は，業務上の傷病に基づく休業期間中および産前産後の休業期間中ならびにそれぞれその後の 30 日間について解雇を禁止している（19 条 1 項）。これらの状態にある労働者の求職活動の困難性を配慮した規定である。この場合，使用者は，休業期間終了時に解雇予告をすることができる。この規定は，労働者の業務外の病気休職が事後的に業務に起因する疾病とされた場合にも遡って適用になる（東芝（うつ病）事件・東京高判平 23・2・23 労判 1022 号 5 頁）。

　ただし，業務上の傷病につき打切補償が行われたとき（労基 19 条 1 項ただし書き・81 条），または労災保険法の傷病補償年金が給付されたときには（労災 19 条），解雇禁止が適用されない。これに対し，労災保険法により療養補償給付及び休業補償給付を受けている労働者については，打切補償の対象となる労基法 75 条の規定によって補償を受けている労働者には該当せず，その期間中は解雇が禁止されるとする裁判例がある（学校法人専修大学事件・東京高判平 25・7・10 労判 1076 号 93 頁）。

　天災事変その他やむをえない事由のために事業の継続が不可能となったときも解雇禁止が適用されない（労基 19 条 1 項ただし書き）。この場合には，行政官庁の認定を要する（除外認定。同条 2 項）。も

っとも除外認定を欠く解雇も，客観的に除外事由があるならば，私法的には有効と解されている。

法律による特別の解雇禁止理由

労基法などの労働関係法令は，労働関係における差別禁止，労働者の権利行使の確保，労働紛争解決手続への参加保障などの観点から，特別の事由についての解雇を禁止している。これらのうちには，労基法3条（国籍・信条・社会的身分）のように明文規定ではないが解雇が禁止されていると解釈されている規定と直接解雇禁止を明記している規定がある。解雇が禁止される主要な規定をあげると，労基署に対する申告（労基104条2項など），紛争解決制度の利用（個別労働紛争4条3項，均等17条2項・18条2項），性別（均等6条4号），婚姻，妊娠，出産等（同9条），不当労働行為（労組7条1号），公益通報（公益通報3条）などがある。

解雇権の一般的規制

労契法は，「解雇は，客観的に合理的な理由を欠き，社会通念上相当であると認められない場合は，その権利を濫用したものとして，無効とする」（16条）として使用者の解雇権を一般的に規制する。解雇の有効性は，これまでの裁判実務と同様に，まず，客観的合理的理由の存否が，つぎに当該具体的な事情のもとで解雇に相当性があったかが判断される。もっとも，この判断手法は，解雇事由が労働者側に起因する解雇（普通解雇）について形成されたのであり，整理解雇の有効性の判断基準は，それと相対的に独自に形成された。

解雇に関する裁判において，労使のどちらが解雇の合理的理由の存否について証明する責任があるのか（証明責任の分配）は，就業規則の解雇事由が限定列挙と解するならば，使用者が負うことになる。仮に，例示列挙説に立つとしても，これまでの裁判実務のように解雇の合理的理由の証明責任は使用者が負い，解雇の合理的理由がある場合，具体的事情のもとで当該解雇に相当性があったかについて

労働者が証明責任を負うと考えるのが適当であろう。

◆**有期労働契約の期間中の解雇**　労契法は，有期労働契約の期間中の解雇について「やむを得ない事由」を要するとした（17条1項）。これは，労契法16条の「客観的合理的理由」と民法628条の「やむを得ない事由」との関係が不明確であったことを整理した意義がある。労契法17条1項の「やむを得ない事由」とは，解雇事由に客観的合理的理由があることに加えて契約期間の満了時を待つことができない程度の重大なものであることと解するべきであろう。そして，この規定は，強行規定と解されている。また，解雇予告は，労基法の規制に服する。

> **解雇事由**

就業規則に規定される解雇事由は，「精神または身体の障害により，職務に耐えられないと認められたとき」など労働者の労働能力自体に原因があるもの，「勤務成績または能率が不良で，業務に適しないと認められるとき」など労働者の勤務状態に問題があるもの，「業務の縮小その他やむを得ない会社の都合によるとき」など使用者側に起因するものをあげ，最後に「その他前各号に準ずるやむをえない事由のあるとき」というような包括条項を置き，くわえて企業秩序違反などの懲戒解雇事由が別途定められるというのが一般的である。このように解雇の客観的合理的理由を類型化するならば，①労働能力の低下，②職務不適格，③企業秩序違反および④会社都合（整理解雇）と整理できる（その他，特殊な解雇理由としてユニオン・ショップ協定に基づく解雇がある。第17章 **3** 参照）。もっとも，就業規則の解雇事由は，抽象的一般的であるので，その具体的な適用が問題となる。

(a)　**労働能力の低下**　精神的または身体的な労働能力の低下によって，労働者が労働契約で予定された労働給付ができなくなったことは，解雇の合理的理由となる。したがって，当該労働者の職務が特定されている場合には，従前の職務を遂行できないことが当然に合理的な解雇事由にあたることになる。これに対して，使用者が労働者の職務内容の決定に広範な裁量権を有しているときには，そ

のときに配置されていた業務について労働能力が低下したとしても，それが直ちに解雇の合理的理由とはされない。その労働者の能力，経験，地位，使用者の規模や業種，その社員の配置や異動の実情，難易等を考慮して，配置替え等により現実に配置可能な業務の有無を検討し，これがある場合には，当該労働者を配置可能な業務に配置すべきであると考えられているからである（東海旅客鉄道（退職）事件・大阪地判平 11・10・4 労判 771 号 25 頁）。また，休職期間満了後に一定の職務を遂行できるが，直ちに従前の勤務に復帰できなくても，合理的期間内に復帰可能であれば，使用者は労働者の復職を受け入れねばならないと解されている。この判断は休職期間満了後の解雇についても適用される（第 11 章 **4** 参照）。

(b) **職務不適格**　解雇の合理的理由としての職務不適格，すなわち勤務能力ないし適格性の低下が解雇事由に該当するかは，まず，当該労働契約上，当該労働者に求められている職務能力の内容を検討したうえで，当該職務能力の低下が，当該労働契約の継続を期待することができない程に重大なものであるか否か，使用者側が当該労働者に改善矯正を促し，努力反省の機会を与えたのに改善がされなかったか否か，今後の指導による改善可能性の見込みの有無等の事情を総合考慮して決すべきであるとされている（ブルームバーグ・エル・ピー事件・東京高判平 25・4・24 労判 1074 号 75 頁）。勤務成績不良という事由も職務不適格の一態様と解することができる。

これに対し，ヘッドハンティングなどにより一定の専門的能力を買われて入社したという事情のある労働者（フォード事件・東京高判昭 59・3・30 労判 437 号 41 頁）や正社員と職務内容の異なる非正規従業員については，配置転換や教育訓練の機会を付与することを要せず，長期雇用を予定される労働者に比べて容易に解雇が有効とされる傾向にある。

(c) **企業秩序違反**　労働者の非行による企業秩序違反は，懲戒

処分のなかでもっとも重い懲戒解雇に処せられることが多い（第11章3参照）。しかし、企業秩序違反に対して、本人の再就職など将来を考慮して、懲戒解雇ではなく、解雇（この場合、懲戒解雇と区別するために普通解雇と呼ぶことが多い）が選択されることもある。懲戒解雇事由は、解雇事由の1類型と解することができる。したがって、懲戒解雇事由に該当する場合には普通解雇を行うことができる。なお企業秩序違反についても、それが重大なものであり、かつ研修などを通じて矯正できない場合にはじめて解雇事由に該当する。

◆転換解雇　無効な懲戒解雇を、当該懲戒解雇の意思表示には普通解雇の意思表示が含まれていたとみなして、普通解雇としては有効とすることを転換解雇と呼ぶ。転換解雇を承認する裁判例もあるが（日本経済新聞社事件・東京地判昭45・6・23労民集21巻3号980頁）、制裁としての懲戒解雇と普通解雇とでは趣旨が異なり、また安易に懲戒解雇が行われる可能性があるので、このような無効行為の転換を認めることはできないとする裁判例が多い（たとえば、与野市社会福祉協議会事件・浦和地判平10・10・2判タ1008号145頁）。もっとも、この場合でも懲戒解雇の意思表示の時点で、予備的に普通解雇の意思表示をなすことは可能である。

| 解雇の社会的相当性 | 就業規則に定める解雇事由があるときでも、当該具体的事情のもとにおいて、社会的相 |

当性のない解雇は権利濫用として無効となる（前掲・高知放送事件最判）。この具体的事情とは、解雇事由に該当するとされた行為の態様、性質、動機、業務に及ぼした影響のほか、本人の反省の状況、日頃の勤務態度などが考えられる（飲酒癖に起因する勤務態度不良の部長に対する解雇が、解雇回避措置をとっていなくても社会的相当性に欠けるものではないとした例として、小野リース事件・最3小判平22・5・25労判1018号5頁）。

| 整理解雇 | 解雇は雇用調整の手段としても利用される。これは、労働者側には責任がなく、会社の |

都合による解雇であるので、整理解雇と呼ばれて他の解雇から区別

される。整理解雇に関する裁判例が積み重なるなかで，その有効性を判断するために，①人員整理（人員削減）の必要性，②解雇回避努力，③被解雇者選定基準の合理性，④労働者側に対する説明・協議という4つの判断基準が形成されてきた（代表的な裁判例として，東洋酸素事件・東京高判昭54・10・29労判330号71頁，高田製鋼所事件・大阪高判昭57・9・30労判398号38頁）。これらの裁判例が形成してきた法理は，主として第1次石油危機以降の経済不況のなかで昭和50年代にとられた大企業の人員削減をモデルに形成されたところに特徴がある。もっとも，そのすべての内容が，日本に独自な考え方というわけではなく，労働者側に対する説明・協議を重視するなどヨーロッパ諸国の整理解雇規制立法と同様の考え方も見出すことができる。

(a) **人員整理の必要性**　　これまでの多くの裁判例においては，経営の悪化を前提とする防衛的な人員整理の必要性が検討され，当初は，「倒産必至」という高度の必要性を要するという判断もあったが，現在では，経常赤字が続いているとか，合理的な経営政策の一環であるなど経営上人員整理が客観的に必要であることが一応証明されればよいとされる。最近では，経営の選択と集中などの経営戦略の変化にともなう合理化などの手段としての人員整理についても，その必要性が認められるようになっている。人員整理の必要性が否定されるのは，人員整理後，会社がその対象部門に新規採用を行うとか，株主に異常な高配当をするなどという明らかに合理性の欠ける場合である。

なお，会社更生法上の更生会社における人員削減の必要性について，更生計画の遂行において，人員削減の内容および時期に合理性が認められるときには，人員削減の必要性が認められるとする裁判例がある（更生会社日本航空インターナショナル（運航乗務員）事件・東京高判平26・6・5労経速2223号3頁，日本航空客室乗務員解雇事件・東

京高判平 26・6・3 労経速 2221 号 3 頁）。

(b) **解雇回避努力**　　これは，可能な限り解雇以外の雇用調整手段をとったかを検討する基準である。日本の企業は，雇用調整にあたって，解雇を回避して，さまざまな人件費削減手段をとる。一般的には残業規制，休日増，新規採用停止，パートタイム労働者などの非正規従業員の削減，中途採用の停止，配転・出向，一時休業，希望退職募集などが代表的な手段である。とくに希望退職募集は，平成不況時のリストラの主要な手段であった。裁判例でも正社員の整理解雇については，希望退職募集の有無が解雇回避努力の評価において重要な意義が与えられることが多い（あさひ保育園事件・最 1 小判昭 58・10・27 労判 427 号 63 頁）。もっとも企業は，ここに列挙される手段のすべてを尽くすことが求められているわけではなく，当該人員整理の必要性および企業の規模などに応じて可能な限り解雇を回避する努力を尽くすことが要請されているのである。

　なお今後は，解雇回避措置とは異なるが，企業が失業回避措置としての再就職のあっせんまたは支援などの措置をとっていたかが整理解雇の有効性の判断基準として重要性を増してくるであろう。

(c) **被解雇者選定基準の合理性**　　被解雇者選定について，勤務成績，勤怠状況，勤続年数，年齢，職種，本人の生活に対する影響度などそれぞれに一定の合理性の認められる基準が想定されるが，それらの優先度は，日本において社会的合意がない。そこで裁判例では，当該人員整理の被解雇者選定基準として，不当な差別があるなど客観的にみて不合理な点が認められないかが検討されることになる。この点では，当該基準が労使間の十分な協議を経ていたかを重視すべきであろう。なお，被解雇者選定基準については，その適用が適正であったかも検討される。

(d) **説明・協議**　　この基準は，整理解雇に至る過程において，労働者側が十分な説明を受け，また協議する機会が与えられたかと

いう手続的な基準である。もともとは，労働組合との協議が念頭に置かれた基準であるが，現在では企業は，労働組合の有無を問わず，また，労働者側からの要請の有無にかかわらず，十分な説明・協議によって労働者側の納得を得る努力が求められる（企業の説明責任）。

(e) **整理解雇の有効性判断**　裁判例において形成されたこれら(a)～(d)の4つの判断基準について，判例・学説は，その1つでも欠けると整理解雇の有効性が否定されるという厳格な要件であると解する立場（4要件説）と，解雇権濫用にあたるかを総合的に判断するための要素であると解する立場（4要素説）とに分かれている。もっとも後者の立場でも，これらの要素のいずれかが欠けている整理解雇は，解雇権濫用と判断されることが多いとされている。

◆整理解雇の有効性と労契法16条　労契法16条の判断枠組みのなかで整理解雇の有効性に関する4つの判断基準を整理すると，人員整理の必要性，解雇回避努力および被解雇者選定基準の合理性が「客観的に合理的な理由」に該当し，説明・協議が十分になされたかが当該整理解雇における具体的事情を判断する「社会通念上相当であると認められない場合」にあたると解することができる。後者については，労働者に帰責事由のある解雇の場合のように当該解雇の個別的事情が問題となるのではなく，整理解雇に至るプロセスのなかでの集団的な手続が審査の対象となるところに特徴がある。

労働協約による解雇
制限

労働協約における解雇制限規定は，解雇に際して労働組合との協議またはその同意を義務づける規定（解雇協議約款または解雇同意約款）と解雇事由を列挙する規定とに大別することができる。解雇協議約款または解雇同意約款に違反する解雇については，学説・判例ともに無効と解している。その理由は，これらの約款が規範的効力（労組16条）を有するという立場と，これらが労働条件に関する基準とはいえないため規範的効力はないが，重要な手続違反があり，解雇権濫用にあたるとする考え方に分かれる。なお，解雇事由

を列挙する労働協約の規定は，規範的効力を有すると解される。

| 解雇の救済と今後の課題 |

労契法は，解雇権の濫用について，解雇の無効をその効果としている（労契16条）。

この結果，裁判においては，解雇が無効とされると，従業員としての地位および解雇期間中の賃金支払い（民536条2項）が認められる。もっとも，解雇された労働者が実際に原職復帰することは困難である。これは労働関係が人的な関係であるため，よほど職場における人間関係が良好に保たれていないと元の職場に戻るのが事実上困難であることに加え，法的にも使用者の義務が賃金支払いにとどまり，実際に就労させる義務はないと考えられているからである（就労請求権。第6章 *3* 参照）。原職復帰が困難な場合には，労使の合意により，解決金の支払いなどを条件に労働契約を合意解約することが多い。労働審判においては，その過程で，金銭解決による和解で終了することが少なくない。また，解雇予告手当の支払いや解雇を不法行為として損害賠償を請求する紛争もある。ただし，この場合，損害賠償の範囲の確定が困難な問題となる。このような実態を踏まえて，労使にとって適正な雇用終了の仕組みを制度化することも今後の立法課題である。その際には，労働者が雇用終了後，そのキャリアを生かし，かつ発展させて次の雇用機会を得ることができるよう職業紹介，職業能力開発などと連動した仕組みが考案されるべきである。

◆退職強要と擬制的解雇または準解雇の法理　雇用調整などの場合，使用者が労働者に退職を勧奨することがある。この退職勧奨の態様が執拗であり，社会的相当性を欠くときには，不法行為にあたることはいうまでもない（下関商業事件・最1小判昭55・7・10労判345号20頁）。そして，このような退職強要行為の結果として，労働者がやむなく退職した場合には，これを解雇に準じて取り扱い，無効とすべきとする見解（擬制的解雇），あるいは無効とはいえないが違法解雇に準じた損害賠償を認めるべきであるとする学説（準解雇）が提唱されている。

解雇無効と中間収入
の償還・控除

解雇が無効である場合，解雇期間中の賃金については，使用者はその全額を労働者に支払わねばならない（民536条2項）。この場合，労働者が解雇期間中に他の仕事によって得ていた収入（中間収入または中間利益）を「自己の債務を免れたことによって」得た利益として使用者に償還しなければならないかが，解雇期間中の中間収入の償還・控除の問題である（同項後段）。

この点についての判例の立場は以下のとおりである（あけぼのタクシー事件・最1小判昭62・4・2労判506号20頁）。

第1に，使用者が解雇期間中の賃金を支払う際に，当該賃金の支給対象期間と時期的に対応する期間内に得た中間利益の額を控除することができる。すなわち，賃金から控除できる中間利益は，その利益の発生した期間が賃金の支給の対象となる期間と時期的に対応するものであることを要し，ある期間を対象として支給される賃金からそれとは時期的に異なる期間内に得た利益を控除することは許されない。

第2に，使用者は，中間利益の控除にあたり，平均賃金の算定基礎となる賃金（労基12条1項所定の賃金）については，その総額のうち平均賃金の6割に達するまでの部分については利益控除の対象とすることが許されない。そして，中間利益の額が平均賃金額の4割を超える場合には，さらに平均賃金算定の基礎に算入されない賃金（労基12条4項所定の賃金）の全額を対象として利益額を控除することが許される。

以上によれば，使用者は，まず，平均賃金の算定基礎となる賃金について，当該賃金が発生した時期に対応する時期に生じた中間利益を平均賃金額の6割を超える部分から控除することになる。この控除によって中間利益の未控除額が残った場合，中間利益のない期間に発生した平均賃金の算定基礎となる賃金から控除することはで

きないが，賞与などの平均賃金の算定基礎とならない賃金（労基12条4項）がある場合には，その全額から中間利益の未控除額を控除することができる。ただし，この控除の対象となる平均賃金の算定基礎とならない賃金も，中間利益が発生した時期に対応する賃金でなければならない。

　この判例法理とは異なり，解雇による就労拒否は使用者の意思による労働義務の免除であり，中間収入は，すべて副業として，償還の対象とならない，あるいは少なくとも使用者の利益償還請求権が信義則上制約を受けるなどの有力説が唱えられている。

2 有期労働契約の雇止め（更新拒否）

有期労働契約の雇止め
と労働契約法

　有期労働契約の雇止めをめぐる紛争に関しては，反復更新された有期労働契約が，職務内容，更新手続，採用・更新時の諸事情などを総合的に勘案して，客観的に「期間の定めのない契約と実質的に異ならない状態」（東芝柳町工場事件・最1小判昭49・7・22民集28巻5号927頁）にあるか，そうではなくとも当事者がその雇用関係にある程度の継続期待があったときには（日立メディコ柏工場事件・最1小判昭61・12・4労判486号6頁），その雇止めに解雇法理（労契16条）が類推適用されるという判例法理が形成されてきた。雇止め自体は，法律行為ではなく，新たな契約を締結しないという事実行為であるので，それが法的に無効となるわけではない。しかし，判例は，雇止めが違法とされた場合，当該有期労働契約が更新されたと同様の法律関係が生ずるという効果を認めている（なお，労働契約の期間設定の趣旨・目的が労働者の適性判断である場合について，第7章 *5* 参照）。

この判例法理は，労働契約法において明文化されている（労契19条）。労契法19条の条文は，複雑な構成となっている。これは，「期間の定めのない契約と実質的に異ならない状態」という判例法理の用語（同条1号。「雇用継続の合理的期待」類型は同条2号），および解雇権濫用法理適用の効果が新たな有期労働契約の締結となることを同時に法文化したことに起因する。

まず，「期間の定めのない契約と実質的に異ならない状態」について，反復更新された有期労働契約の雇止めが期間の定めのない労働契約に対する解雇と社会通念上同視できる場合としていることが法文の趣旨である。

つぎに，有期労働契約の雇止めが権利濫用とされた場合の効果が新たな有期労働契約の締結であることについては，労働契約の成立が労働者の申込みに対する使用者の承諾という過程を経ることを前提とした法文の構成となっている。もともと有期労働契約の雇止めは，解雇の意思表示のように労働契約を終了させる効果のある法律行為ではなく，使用者が新しい有期労働契約を締結する意思がないことを労働者に通知するという事実行為に過ぎない。そこで，新しい有期労働契約の締結という効果は，労働者の有期労働契約の申込みに対する使用者の承諾という構成によって表現したのである。

法文によると，労働者が新しい有期労働契約締結の申込みをすることが求められているようであるが，実際の雇止めに関する紛争は，多くの場合，使用者が当該有期労働契約を更新しないことを労働者に伝えることからはじまる。そこで，使用者の雇止めに対する異議申立てなどの労働者の雇用継続の意思が確認できる行為をもって，労働者の申込みと解される。

労働者の有期労働契約締結の申込みに対する使用者の拒絶は，「客観的に合理的な理由を欠き，社会通念上相当であると認められないとき」には，「従前の有期労働契約の内容である労働条件と同

一の労働条件で当該申込みを承諾したものとみなす」とされている。この場合には，使用者の承諾の意思表示が擬制されるのである。

　労働者の申込みは，有期労働契約の期間中または期間満了後「遅滞なく」されることが求められている。この「遅滞なく」というのは，正当な，または合理的な理由に基づく遅れは許されると解されている。

　　　　　　　　　　　　有期労働契約の雇止めに対する判例法理の
　有期労働契約の更新の　　うち，「雇用継続に対する合理的期待」を
　限度の設定および不更　　法的に保護する類型（労契19条2号）は，
　新条項　　　　　　　　当該合理的期待の発生が適用の要件となる。
そこで，有期労働契約更新の合理的期待の発生を阻止するために，
有期労働契約について，その締結時に更新回数または通算契約年数
の限度を定める条項，または更新の際に当該更新を最後とする条項
（不更新条項）が挿入されることがある。これらの条項は，労使の交
渉力の不平等を踏まえ，労契法の脱法的な行為とならないように慎
重な解釈が必要である。

　(a)　**有期労働契約の締結時における更新回数・通算契約年数の限度
の設定**　　日本では，一定の範囲において有期労働契約を自由に利
用することが認められており，それが労使双方にとって合理性があ
る以上，有期労働契約の締結当初において，更新の限度が設定され，
それが厳格に運営されているならば，当該有期労働契約の締結期間
中に雇用継続に対する合理的期待が発生する特別の事情がある場合
を除いて，「雇用継続に対する合理的期待」は発生しないと解され
る。

　(b)　**有期労働契約の不更新条項**　　有期労働契約が更新され，雇
用継続の合理的期待が生じた後で，その更新時に挿入された不更新
条項については，その具体的事情を慎重に判断して，労働者が真に
これに合意したと合理的に判断される場合以外には，「雇用継続の

合理的期待」を消滅させる効果を認めることはできないと解すべきである（本田技研工業事件・東京高判平 24・9・20 労経速 2162 号 3 頁など）。

3 任意退職および合意解約の意思表示

退職の意思表示を
めぐる法的問題

期間の定めのない労働契約を締結している労働者が，民法 627 条 1 項に基づき解約の意思表示をした場合には，何らの理由も要せず，2 週間を経過したときにその効力が生ずる。この解約は，労働者の一方的意思表示により法的効果が生ずる単独行為であり，相手方の同意がないかぎり，労働者はこれを撤回することができないとされてきた。民法 627 条 1 項は，労働者の人身の自由を確保することに重要な意義を有する強行規定であり，この規定が定める期間を当事者の合意により延長することは許されないとするのが一般的理解である。これに対して，解雇予告期間が労基法によって 30 日間とされていることを考慮して，労働者の退職予告も 30 日間まで延長することが違法でないとの有力説もある。なお，遅刻，欠勤について減給のない月給制が適用となる労働者は，翌月から退職しようとするときには，月の前半に解約を申し入れる必要がある（民 627 条 2 項。なお，年俸制適用労働者であっても同条 3 項が適用されないことについては，本章 *1* 参照）。

　もっとも，労働者は，退職の意思表示をしても，それを会社が承諾したときに退職する意向であることも少なくない。このときには，労働者の退職の意思表示は，労働者と使用者の合意により労働契約を終了させる合意解約の申込みと解されることになる。この場合，使用者が承諾の意思表示をすれば，労働契約は終了する。

労働者の退職をめぐる紛争は，主として労働者がいったん退職の意向を使用者に示したものの，あとでこれを撤回しようとするときに発生する。

| 労働者の退職の意思表示の瑕疵 |

労働者の退職の意思表示に効果意思がないか（意思の欠缺），または瑕疵があれば，その意思表示は無効または取り消される。たとえば，遠距離転勤を拒否すると懲戒解雇となるとの会社側の発言が強迫（民96条）にあたり，この発言に基づき懲戒解雇を回避するためにした退職の意思表示が取り消された裁判例がある（損害保険リサーチ事件・旭川地決平6・5・10労判675号72頁）。また，強迫のように相手に畏怖を生じさせていない場合でも，懲戒解雇事由がないにもかかわらず，それがあるように労働者に思わせて退職の意思表示を引きだした場合には，詐欺（同条）または錯誤（同95条）が成立することになる（錯誤の例として，昭和電線電纜事件・横浜地川崎支判平16・5・28労判878号40頁）。さらに，反省の意を表すために副学長の指導で提出した退職届の効力について，大学側は退職の意思がないことを知っていたとして，心裡留保に関する民法93条ただし書きに該当して無効とされた裁判例がある（昭和女子大学（中山）事件・東京地判平4・12・21労判623号36頁）。

しかし，一般に表示意思が尊重されるのが原則であるので，労働者の退職の意思表示について，これらの規定が適用できることは必ずしも多くない。たとえば，会社役員が労働者に対して，退職の申し出がない場合には査問委員会が開かれ懲戒処分が検討されるとか，賞与も支給されなくなる可能性がある等と，退職の申し出をするか否かの早期の決断を迫ったという事例でも，会社役員らに労働者を畏怖させて退職の意思表示をさせる意図まではなく，強迫があったとはいえないとされている（大阪屋事件・大阪地判平3・8・20労判602号93頁）。

| 退職の意思表示の撤回 | 退職の意思表示の撤回に関する裁判例では，労働者の退職の意向が任意退職の意思表示 |

（辞職，民627条1項の解約権の行使）なのか，合意解約の申込みなのかが検討される。実際には当事者の意識が曖昧であることが多い。そこで裁判例では，任意退職の意思が確定的である場合を除き，合意解約の申込みとして取り扱っている。学説もこの裁判例の態度を概ね支持している。これは，任意退職の意思表示と解すると，もはやその法的効果を阻止することができないと一般に考えられているのに対し，合意解約の申込みと解するならば，使用者の承諾の意思表示がない間は，いまだ法的効果が発生していないということになり，申込みの撤回が認められるからである（岡山電気軌道事件・岡山地判平3・11・19労判613号70頁）。

| 退職の意思表示に対する承諾 | 労働者の退職（合意解約）の申込みに対して，会社のどのような行為が，その承諾の意思表示と評価されるかが問題となる。た |

とえば，大隈鉄工所事件において，原審（名古屋高判昭56・11・30判時1045号130頁）が労働者の採用手続から推し量り，退職の承認について人事部長の意思のみによって会社の意思が形成されたと解することはできないとした判断を，最高裁は経験則に反するとして差し戻した（最3小判昭62・9・18労判504号6頁）。この問題は，結局，会社内部において，退職の申し出に対する承認の権限がどこに与えられているかという事実判断の問題といえよう。

Column㉕ 訓練費用・研修費用の返還と賠償予定の禁止 〜〜〜〜〜

労働者が退職する際に，会社がその労働者に行った訓練または研修の費用の返還を求めることがある。この訓練費用または研修費用の返還が労基法16条の賠償予定の禁止に抵触するか問題となる。このことは，訓練などの趣旨や，費用の返還が労働者の退職を阻害する効果を有するかどうかなどに照らして評価すべきものである。たとえば，

新入社員研修や業務の遂行に当然に必要とされる技能の訓練のための費用は，本来使用者が負担すべきものであり，一定期間勤続せずに退職する労働者にその返還を求めることは労基法 16 条に違反する（サロン・ド・リリー事件・浦和地判昭 61・5・30 労判 489 号 85 頁）。また，大企業を中心に普及している海外留学制度に伴う費用の返還に関して，留学が労働者本人の自由意思によるものであり，業務と直接関わりがないものであるときは，一定期間勤務すれば返還を免除するという特約の付いた消費貸借契約が成立していると解され，労基法 16 条に違反しないとした裁判例（長谷工コーポレーション事件・東京地判平 9・5・26 労判 717 号 14 頁）がある反面，留学とはいっても業務との関連性が強く，業務命令としてなされたような場合には，費用の返還は労基法 16 条に違反するとした裁判例もある（新日本証券事件・東京地判平 10・9・25 労判 746 号 7 頁）。このほか，看護師のいわゆるお礼奉公に関しては，看護学校在学中，病院から学費や生活費の支給を受け，看護師資格取得後は 2 年以上病院に勤務するとの約定は紳士協定にすぎず，法的拘束力を有しないとした裁判例がある（武谷病院事件・東京地判平 7・12・26 労判 689 号 26 頁）。

4 企業組織再編と労働契約の承継

合併・事業譲渡・
会社分割

今日，経済のグローバル化のもとでの厳しい企業間競争のなかで，会社の買収などに伴う会社の統合や事業部門の廃止など企業組織の再編が，会社法などの法制面の整備もあって，頻繁に起きている。企業組織の再編は，労働者に雇用喪失の危険も含めた大きな影響を与える。

企業組織の再編の主要な形態は，2 つ以上の会社が合同する合併，事業の全部または一部が他の会社に譲渡される事業譲渡，および事

業の部分的な包括承継である会社分割である。労働契約の承継など
の雇用の維持については，企業組織の変動がどの方法によって行わ
れるかに応じて，その取扱いが異なっている。

◆「事業」概念について　ここでいう事業とは，会社法上の概念であり，
一般に各種の権利義務（事業用財産など）および経済的価値のある事実関
係（取引先関係，経営上のノゥハゥなど）を含む有機的一体として機能する
財産と定義され，一般に従業員はこれに含まれないと解されている。

**合併・事業譲渡と
労働契約の承継**

合併は，その成立の日に会社の権利義務が
包括的に承継される（会社750条1項・752
条1項・754条1項・756条1項）。したがっ
て，労働契約も当然に承継されるので，合併それ自体に伴って労働
者が雇用を失うことはない（労働契約の包括承継）。

　これに対して，事業譲渡（会社467条）は，譲渡当事者間の合意
によって譲渡される財産が決定される。したがって，事業譲渡にお
いては，労働契約の承継も譲渡当事者の合意を要するので（労働契
約の特定承継。タジマヤ事件・大阪地判平11・12・8労判777号25頁），
事業譲渡に伴って労働者の雇用が不安定な状況に置かれる可能性が
ある。

　事業譲渡における労働契約の承継に関しては，主として，2つの
問題を生じることになる。

　第1は，譲渡会社と譲受会社との合意により，労働契約関係が譲
受会社に移転するとされた労働者がこれを拒否することができるか
という問題である。事業譲渡に伴う労働契約関係の移転は，前述の
転籍にほかならないのであり，労働者はこれを拒否することができ
るといえる（民625条1項。本位田建築事務所事件・東京地判平9・1・31
労判712号17頁）。

　第2は，労働契約関係の移転から除外された労働者が，労働契約
の承継を譲受会社に求めることができるのかという問題である。事

業譲渡の結果として，譲渡会社が消滅したり，事業譲渡された部門が廃止されたりすると，労働者は，解雇法理の適用を受けることなしに，雇用を喪失する危険に晒されることになる。これに対して，これまで労働者の雇用喪失を回避するための多様な解釈論が提起されてきた。たとえば，労働契約も事実上有機的一体性をなす事業の一部であるという認識を前提に，特約のないかぎり譲渡される事業に従事する労働者の労働関係もそのまま移転するという合意を譲渡当事者間に推定するという解釈がそれである（日伸運輸事件・大阪高判昭 40・2・12 判時 404 号 53 頁など）。

しかし，譲渡当事者が一部労働者を排除する意思が明確な場合について労働契約の承継を認めることは解釈論としては困難である。そこで，会社法における事業譲渡の仕組みを前提としつつ，典型的な事業譲渡には現れないような逸脱的な行為について，労働者保護の観点から救済を与えようとする裁判例が登場している。たとえば，会社の解散に際して，新会社を設立し，そこに事業を譲渡し，実質的に事業を継続するという場合に，この解散が偽装解散であるとして，法人格否認の法理などを活用して，譲受会社への労働契約の承継を認めるという例が典型的である（新関西通信シムテムズ事件・大阪地決平 6・8・5 労判 668 号 48 頁。法人格否認の法理については，第 6 章 **4** 参照）。そして，親会社が子会社を解散し，別の子会社にその事業を譲渡させた例では，当該子会社の法人格が否認される場合，子会社の従業員の雇用が親会社に承継されるとした裁判例も登場している（第一交通産業ほか（佐野第一交通）事件・大阪高判平 19・10・26 労判 975 号 50 頁）。

また，譲渡当事者間に譲渡会社の労働者を譲受会社にそのまま従事させることを原則とし，労働条件が引き下げられることに異議のある者を譲渡会社の解雇により排除するという合意があったという事例において，この合意に基づく譲渡会社による解雇が合理的理由

を欠き無効とし，またこの合意のうち譲受会社の提示する労働条件に応じない労働者を排除する部分を公序に反し無効とし，その結果，解雇が無効とされた労働者の労働契約に譲渡当事者間の合意の原則部分が適用され，その労働契約が譲受会社に承継されるとした裁判例がある（勝英自動車（大船自動車興業）事件・横浜地判平15・12・16労判871号108頁：東京高判平17・5・31労判898号16頁）。

　なお，学説においては，事業譲渡が全部譲渡であり，合併と同一の経済的な目的を達成できる「事実上の合併」の場合に，譲受企業への労働契約の承継を認めようとする見解も主張されている。

　◆事業譲渡における労働契約の承継をめぐる立法問題　事業譲渡において，労働契約の承継について譲渡当事者間の合意を要するとしても，事業譲渡に伴って労働者が雇用を喪失することを安易に認めるのは妥当ではない。労契法が解雇を一般的に規制するのは（本章 *1* 参照），労働者が合理的な理由もなく雇用を失うことは回避されねばならないからである。国際的にみても，EU 諸国は，理事会指令（企業譲渡指令1977・2・14）に基づいて，この問題について労働者保護の方向で立法的に解決しており，日本でも立法課題といえる。

　　　　　　　　　　　会社分割（会社757条以下，吸収分割または
会社分割と労働契約承　新設分割）は，分割会社の雇用する労働者
継法　　　　　　　の労働契約に大きな影響を与える。そこで，
会社分割制度の導入にあたって，会社分割に伴う労働契約の承継に関して分割会社と関係労働者との協議を義務づけ（商法平12改正附則5条1項），また，「会社分割に伴う労働契約の承継等に関する法律」（労働契約承継法）を制定し，関係労働者の労働契約の承継に関する制度を整備した（労働協約の承継については，第19章 *3* 参照）。

　労働契約承継法によれば，分割会社は，会社分割を行うときには，当該分割の関係労働者に対し通知期限日までに，当該関係労働者との間の労働契約を承継会社等（吸収分割では吸収分割承継会社，新設分

図表 12–2　会社分割の手続の流れ

```
┌─────────────────────────────────────────┐
│            分割計画書等の作成               │
└─────────────────────────────────────────┘
        ┌──────────────┴──────────────┐
┌──────────────────┐        ┌──────────────────┐
│  従業員代表との協議  │        │ 分割に係る労働者との協議 │
└──────────────────┘        └──────────────────┘
┌──────────────────┐        ┌──────────────────┐
│  分割計画書等の本社  │        │  分割に係る労働者への通知 │
│   への備え置き     │        └──────────────────┘
│      2          │          （異議申出期間）
│      週          │         通知日と期限日
│      間          │         との間に13日間
└──────────────────┘
┌─────────────────────────────────────────┐
│              株主総会等                   │
└─────────────────────────────────────────┘
┌─────────────────────────────────────────┐
│              会社分割へ                   │
└─────────────────────────────────────────┘
```

割では新設分割設立会社）に承継する旨の分割契約等（吸収分割では
「吸収分割契約」，新設分割では「新設分割計画」）における定めの有無な
どを書面により通知しなければならない（労働契約承継2条1項）。

　労働契約承継法は，分割会社において従事する業務に応じて，
「承継される事業に主として従事する労働者」と「その他の労働者」
に区分する（2条1項1号・2号，**図表12-3**参照）。労働契約の承継に
関する通知の対象者は，第1に「承継される事業に主として従事す
る労働者」である。この労働者の労働契約は，分割契約等に承継す
る旨の定めがある場合，当該承継会社等に承継される（3条）。この
承継については，民法625条1項が適用されず，当該労働者が拒否
することはできないと解されている（日本アイ・ビー・エム（会社分
割）事件・東京高判平20・6・26労判963号16頁）。また，労働者の労
働契約の承継の定めが分割契約等にないとき，当該労働者は，異議
申出期限日までにそのことについて異議を申し出ることができる
（4条1項）。この場合，当該労働者の労働契約は，承継会社等に承
継されることになる（同条4項）。

　第2に，「その他の労働者」のうち，その労働契約の承継が分割

図表 12-3　労働契約承継法における労働者の区分と労働契約の承継

	分割契約等への記載の有無	通知の有無	異議申出権の有無	異議申出権の行使	承継会社等への承継
承継される事業に主として従事する労働者の労働契約	有	有	無		有
	無	有	有	行使	有
				不行使	無
その他の労働者の労働契約	有	有	有	行使	無
				不行使	有
	無	無	無		無

契約等に規定されている者が労働契約の承継に関する通知の対象者となる。この場合，当該労働者は，異議申出期限日までにそのことについて異議を申し出ることによって（5条1項），その労働契約は，承継会社等に承継されないことになる（同条3項）。

　その他の労働者の労働契約であって，その承継が分割契約等に規定されていない場合，通知の対象とされず，また労働契約承継法に基づく労働契約の承継の対象とはならない。

　このように分割会社の労働者にとって，承継事業に「主として従事する労働者」とされるか否かは重要な意味を持つ（その詳細な基準等については，労働契約承継法施行規則および「分割会社及び継承会社等が講ずべき当該分割会社が締結している労働契約及び労働協約の承継に関する措置の適切な実施を図るための指針」平12労告127号参照。以下，「実施指針」とする）。このことについて，分割会社と労働者との間で見解の相違があるときは，両者の協議（労働契約承継7条，商法平12改正附則5条）により，その解消に努めることが期待されている（実施指針）。

会社分割に係る労使協議と労働契約の承継

会社分割の手続において，商法平12改正附則5条に基づく協議（5条協議）および労働契約承継法7条に関する措置（7条措

置）が予定されている。

(a) **5条協議**　　商法平12改正附則5条に基づく協議においては，承継事業に従事する個別労働者を保護することを目的として，分割会社が当該労働者に対し，承継会社の概要，当該労働者の区分について十分説明し，本人の希望を聴取したうえで，当該労働者にかかる労働契約の承継の有無，業務内容，就業場所その他の就業形態等について協議することが予定されている。この協議にあたって，労働者が労働組合を当該協議の代理人として選定した場合には，分割会社は，当該労働組合と誠実に協議することが求められる（「5条協議」。実施指針参照）。「承継事業に主として従事する労働者」は，会社分割において吸収分割承継会社または新設分割設立会社に労働契約が承継されることに法的に争えないことが基本である。しかし，この5条協議が全く行われなかったか，または，協議の際の説明や協議の内容が著しく不十分であるため，5条協議の趣旨に反することが明らかな場合には，当該労働契約承継の効力を争うことができる（日本アイ・ビー・エム（会社分割）事件・最2小判平22・7・12民集64巻5号1333頁；労判1010号5頁）。

(b) **7条措置**　　労働契約承継法は，会社分割について，関係労働者だけではなく，その雇用する労働者全体の理解と協力を得る努力義務を分割会社に課している（7条）。具体的には，労働者の過半数代表と会社分割を行う背景および理由，会社分割後の分割会社および設立会社等の負担すべき債務の履行の見込み，労働者の区分の判断基準，労働協約の承継，その他労働関係上の諸問題について協議その他これに準ずる措置をとることを分割会社に求めている（実施指針）。7条協議は，分割会社の努力義務であり，その義務違反が労働契約承継の効力を左右する事由にはならない。ただし，7条措置が不十分であったために，5条協議がその実質を欠くことになったような特段の事情のある場合に，5条協議違反の有無を判断する

事情の1つとなる（前掲・日本アイ・ビー・エム（会社分割）事件）。

5 労働契約終了後の法律問題

競業避止義務の概要 競業避止義務とは，労働者が在職中または
退職後，同業他社で就労しない義務のこと
である。在職中については，就業規則などの定めを欠いていたとし
ても，労働契約の信義則上の付随義務である誠実義務の内容をなし
ているといえる（エープライ事件・東京地判平15・4・25労判853号23
頁）。

退職後の競業避止義務については，労働者の職業選択の自由を制
約することに配慮して，当事者間の合意など特別な契約上の根拠が
あり，かつそれが必要かつ合理的な範囲である限りにおいて認めら
れる。競業避止義務の特約の合理性に関して裁判例は，競業禁止行
為の範囲，競業禁止の必要性，競業禁止の場所的制約の範囲，禁止
期間の長さ，代償措置の程度および違反に対する制裁の程度などを
総合的に考慮して判断しているが，安易に特約を有効とせず（新日
本科学事件・大阪地判平15・1・22労判846号39頁），また，特約の有
効性の範囲を厳格に限定する傾向にある（アートネイチャー事件・東
京地判平17・2・23労判902号106頁，これに対して，比較的容易に競業
避止義務を容認する裁判例としてヤマダ電機事件・東京地判平19・4・24
労判942号39頁がある）。

特約が有効である場合，競業避止行為の差止め（フォセコ・ジャパ
ン・リミティッド事件・奈良地判昭45・10・23下民集21巻9＝10号1369
頁，トーレラザールコミュニケーションズ（業務禁止仮処分）事件・東京
地決平16・9・22労判882号19頁）や損害賠償（東京学習協力会事件・
東京地判平2・4・17労判581号70頁），退職金の減額（第10章 *6* 参照）

などの対抗措置がとられることになる。

　なお，退職後の競業避止の特約がなくても，社会通念上自由競争の範囲を逸脱した競業行為は違法である（三佳テック事件・最1小判平22・3・25労判1005号5頁）。

秘密保持義務の概要　労働者は，労働契約の付随義務の1つとして，使用者の営業上の秘密を保持する義務を負っている（在職中の秘密保持義務）。また，不正競争防止法は，労働者が使用者から示された「秘密として管理されている生産方法，販売方法その他の事業活動に有用な技術上又は営業上の情報であって，公然と知られていないもの」（営業秘密，2条6項）を「不正の利益を得る目的で，又はその保有者に損害を加える目的で」（同条1項7号）使用ないし開示する行為について，使用者が差止め，損害賠償，廃棄・除去，信用回復などの請求をすることができるとした。したがって，労働者は，特約の有無にかかわらず，退職後も不正競争防止法の範囲において，企業秘密を保持する義務を負っているといえる。

★ 参考文献――――
　雇用の終了について，道幸哲也＝小宮文人＝島田陽一『リストラ時代　雇用をめぐる法律問題』（旬報社），『講座21世紀の労働法第4巻　労働契約』（有斐閣），日本労働法学会編『講座労働法の再生第2巻　労働契約の理論』（日本評論社）第6部「労働契約の終了」所収論文，大竹文雄＝大内伸哉＝山川隆一編『解雇法制を考える』（勁草書房），土田道夫「解雇権濫用法理の法的正当性」日本労働研究雑誌491号，東京大学労働法研究会編『注釈労働基準法（上）』（有斐閣）318頁以下（野田進）。合併・事業譲渡・会社分割について，野田進「企業組織の再編・変容と労働契約」季刊労働法206号，島田陽一「企業組織再編と労働関係」ジュリスト1326号，成田史子「企業変動・企業倒産と労働契約」『講座労働法の再生第2巻労働契約の理論』所収，「特集・労働契約承継法の検証と課題」季刊労働法197号，本久洋一「企業組織の変動と使用者概念」労働法

律旬報 1615＝1616 号，菅野和夫「会社解散と雇用関係──事業廃止解散と事業譲渡解散」山口浩一郎先生古稀記念『友愛と法』（信山社）所収。競業避止義務・秘密保持義務について，河野尚子「営業秘密・不正競争防止法と守秘義務」，石田信平「営業秘密保護と退職後の競業避止義務」日本労働法学会誌 132 号所収。

IV　私生活と労働生活のデザイン

　　1日は24時間しかない。職場で過ごす時間が長ければ，家庭や地域で過ごす時間が短くなるのは当たり前だ。こんな単純なことは誰もが理解しているはずだが，なお，私生活と労働生活のバランスのよい配分を実現することは，簡単ではない。長い間，日本では，労働時間が著しく長く，経済活動が優先される一方，私生活は「わたくしごと」として軽視されてきた。長く職場にいることが評価されたり，勤勉だと褒めそやされた時代もあった。しかし，労働時間や余暇に対する考え方は，とくに若い人々の間で急激に変化している。労働することだけに価値をおく人は減少しており，また，ある程度の長期休暇をとることによって仕事への発想が豊かになることを理解する人も増えている。豊かな人生を設計するには，労働時間や休暇制度の仕組を知ってプライベートライフを充実させ，同時に，働きがいのある人間らしい職場を作り上げることが必要不可欠である。

第13章 労働時間

労基法が定める労働時間の原則は，1987年に週48時間から週40時間へと改正され，その結果，統計上の労働時間は大幅に短縮した。しかし，現実には，依然として過長な労働時間やサービス残業・不払残業の実態がある。

1 労働時間制度の歴史と現状

労働時間制度の歴史　労働運動と労働法の歴史は，一面では労働時間短縮の歴史でもある。各国の初期労働保護立法は，年少・女子労働者についての労働時間規制を1つの端緒とするものであり，1日8時間・1週48時間労働の原則を定めたILO第1号条約（1919年）は，19世紀末以降の8時間労働制獲得に向けた長年の労働運動を背景としている。そしてその後も，ILO条約をはじめとする国際条約や各国の立法を通じて，休日や年次休暇の保障など，広い意味での労働時間規制が普及し，次第に休息権という理念が定着していった。1948年に国連で採択された世界人権宣言24条は，「すべて人は，労働時間の合理的な制限及び定期的な有給休暇を含む休息及び余暇をもつ権利を有する」と宣言し，66年の国際人権規約（A規約）7条も，「休息，余暇，労働時間の合理的な制限及び定期的な有給休暇」の権利を定めている。わが国でも，

憲法27条2項は「就業時間，休息その他の勤労条件に関する基準」を法律で定めると規定し，1947年に制定された労基法は，わが国で初めて1日8時間労働制や最低6日の年次休暇の制度を導入した。しかし，その後の先進各国の労働時間水準は，立法や労働協約を通じて，ILO第47号条約（1935年）が宣言的に定めた週40時間の原則をも超えて大きく進展し，年次休暇についても，西欧諸国ではすでに5労働週以上に達している。

労働時間の実情と法改正：時短と弾力化

(a) 改正の背景 厚労省の労働時間調査によれば（**図表13-1**），労働者1人平均の年間総労働時間は1970年代までほぼ一貫して短縮したものの，1980年代には2100時間前後でほぼ横ばいとなり，ドイツやフランスと比べて400〜500時間も長いという状況になった。このようにわが国の労働時間が諸外国に比べて長いことの原因は，①所定時間（労働者が労働すべき時間として設定された時間）が長く，完全週休2日制も十分に普及していないこと，②所定外時間（残業）が長いこと，③年次休暇の日数が少なく，その取得率も低いことにある。そのようなわが国の長時間労働は，80年代には国際経済摩擦の原因の1つともなり，政府は労働時間短縮による内需拡大を政策目的として掲げたものの，十分な効果は得られなかった。そのため，政府は，ついに労基法の法定労働時間基準を改正することによって，労働時間の短縮を強力に推進することになった。

(b) 改正の経緯と内容 労基法の第4章・労働時間の規定は，1987年に40年ぶりの大改正が施された。この改正の意義は，週48時間制から週40時間制への段階的移行や年休日数の増加など，労働時間の短縮に向けた法定基準の改善とともに，フレックスタイム制や3カ月単位の変形労働時間制，裁量労働制といった，多様な働き方に対応するための弾力的労働時間制度が導入されたことにある。また，92年には労働時間短縮のための支援措置などについて定め

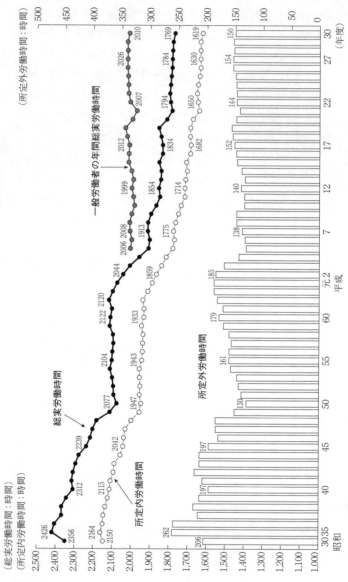

図表 13-1 労働者 1 人の平均年間総実労働時間の推移

(総実労働時間：時間)
(所定内労働時間：時間)

(所定外労働時間：時間)

総実労働時間

一般労働者の年間総実労働時間

所定内労働時間

所定外労働時間

注）1 事業所規模 30 人以上。2 数値は、年度平均月間値を 12 倍し、小数点以下第 1 位を四捨五入したものである。3 所定外労働時間は、総実労働時間から所定内労働時間を引いて求めた。4 昭和 58 年以前の数値は、各月次の数値を合算して求めた。

（厚生労働省大臣官房統計情報部「毎月勤労統計調査」より）

た時短促進法が時限立法として制定された。さらに93年および98年の労基法改正でも，政府による規制緩和政策を反映して，新たな裁量労働制の導入などの弾力化がなされると同時に，時間外労働に関する上限基準の制度化や年休日数の増加など，労働時間短縮に向けた措置が採用された。

2000年代に入ると，労働時間は雇用との関係でも注目を集めるようになった。労働時間の短縮により雇用を維持・創出しようというワークシェアリングの発想がそれである。ワークシェアリングには，パートタイム労働に対する保護を強化しつつそれを増大させるオランダ・モデルなどがあり，わが国でも当時すでに一部の企業でその試みがなされていたほか，2002年3月には政府・日本経団連・連合の間で雇用対策を目的とした「ワークシェアリングに関する政労使合意」が交わされた。

上記の時短促進法は，2005年に「労働時間等の設定の改善に関する特別措置法」と名称変更され，その内容も大きく修正されて翌年から施行された。この法律は，厚生労働大臣による「労働時間等設定改善指針」の策定（4条，平20・3・24厚労告108号）と，事業主等による労働時間等の設定の改善に向けた実施体制の整備（6条以下）を主たる内容とするものであり，それまでの時短推進委員会に代えて，労使同数で構成される「労働時間等設定改善委員会」を全事業場または個々の事業場を単位として設置できることとした（6条）。この労働時間等設定改善委員会は，その5分の4以上の賛成多数によって労働時間に関する労使協定に代わる決議をすることができる（7条・7条の2）。ほかに，同一の業種に属する2以上の事業主による労働時間等設定改善実施計画の作成と厚生労働大臣によるその承認について定められている（8条以下）。

Column㉖ 労働時間の統計と実態 ～～～～～～～～～～
一連の労基法改正を経て，政府による統計上の年間総労働時間は次

第に短縮し，2009 年度には遂に 1800 時間を切るまでになった。しかし，近年の労働時間短縮は，いわゆるリーマン・ショック以降の景気後退に伴う経済活動の停滞によるところが大きい。さらに，統計上の数字の意味についても留意が必要である。つまり，この統計上の労働時間数はパートタイム労働者などの短時間就労者をも含めた平均の数字であって，一般労働者の年間総労働時間はこれまでも年間 2000 時間前後でほぼ横ばいか，上昇傾向にあった。つまり，近年の統計上の総労働時間の短縮は，労働者全体について労働時間が短縮した結果ではなく，実は，短時間就労者の増加がその原因だったのである。しかも，それらの数字はあくまで事業所を対象としたいわば表向きの調査結果であり，実際にはそのような統計には現れない長時間労働や，残業をしても残業代や割増賃金が支払われないというサービス残業の実態がある。

(c) **働き方改革と労働時間法制**　　長時間労働の規制に向けた動きは，安倍内閣が掲げる働き方改革政策の下で，大きな展開を見せることになった。2015 年 4 月には，それまでの検討経緯を踏まえ，弾力化に向けた労働時間制度改正を含む労基法改正案が国会に提出されたが，野党側からの「残業代ゼロ法案」との批判を受け，継続審議・廃案となった。その後も過労死との関連での長時間労働の規制は重要な論点となり，厚労省は 2016 年 12 月に「『過労死等ゼロ』緊急対策」を，2017 年 1 月には「労働時間の適正な把握のために使用者が講ずべき措置に関するガイドライン」を公表した。そして，同年 3 月に連合と日本経団連との間で，1 カ月の残業時間の上限を「100 時間未満」とする労使合意が成立したことを受けて，新たな法案が準備された。その後も，厚労省の不手際から，裁量労働制の拡大に関する条文が法案から削除されるという出来事もあったものの，最終的に，2018 年 6 月に「働き方改革関連法」の一環として時間外労働の上限規制と，柔軟な働き方のための労働時間規制の弾力化を組み合わせた労基法改正が成立し，2019 年 4 月 1 日から施

行された（中小企業については翌年4月1日）。

◆**労基法と安衛法の連携**　2018年の働き方改革関連法は，労基法と安衛法の関係について，新たな連携関係をもたらすことになった。関連法の一部である安衛法改正により，同法には労基法との関連性を強化する規定が盛り込まれたからである。具体的には，産業医の権限強化（安衛則14条の4）や，事業者（使用者）による産業医に対する情報提供の充実・強化（安衛法13条4項・13条の2第2項，安衛則14条の2第1項・15条の2第3項）が図られる一方で，医師による労働者に対する面接指導に関する規定が拡充された。

　医師による面接指導については，これまでも安衛法66条の8により，1週間あたり40時間を超えて労働させた時間が1カ月あたり100時間を超え，かつ，疲労の蓄積が認められる場合には，事業者は労働者の申出により受けさせるものとされていた。このたびの改正により，上記時間が100時間から80時間に引き下げられたうえ，事業者はそれを超えた労働者にはその情報を通知するものとされ，そのための前提として，事業者は，高度プロフェッショナル制度適用者を除くすべての労働者について，規則の定める客観的な方法により労働時間を把握し，記録を作成・保存しなければならないことになった（安衛法66条の8の3，安衛則52条の7の3）。また，時間外労働の上限規制が適用されない研究開発業務従事者の時間外労働に相当する時間が月100時間を超えた場合（安衛法66条の8の2，安衛則52条の7の2）と，労働時間規制が適用除外とされる高度プロフェッショナル制度適用者の健康管理時間（第14章 **5** 参照）が月100時間を超えた場合（安衛法66条の8の4，安衛則52条の7の4）には，事業者は，労働者の申出によることなく，医師による面接指導を行わなければならない。

Column㉗　**勤務間インターバル制度** ～～～～～～～～～

　勤務間インターバル制度とは，前日の勤務終了から翌日の勤務開始までの間に一定以上の時間間隔を置くことを意味し，長時間勤務に伴う疲労の蓄積を緩和するという意義を有している。すでにヨーロッパでは広く普及しているが，わが国ではほとんど採用されていない。このたびの働き方改革をめぐる法改正でも，制度の導入を法的義務とすることは見送られたが，使用者による労働時間等設定改善のための努

力義務の1つとして加えられた（労働時間等の設定の改善に関する特別措置法2条）。また，高度プロフェッショナル制度を採用する際の労使協議による選択的決議事項の選択肢の1つとして，11時間以上の勤務時間インターバルを設けることが掲げられている（労基41条の2第1項5号イ，労基則34条の2第9項）。

2 労働時間の原則と算定

労働時間の原則 労基法32条は，使用者は，労働者に，1週間について40時間，1日について8時間を超えて労働させてはならないと定めている。この1週40時間の原則は，1987年の改正によってそれまでの週48時間から短縮されたものであり，その後の段階的移行の結果，現在では，労基法40条に基づく特例労働時間が認められる場合を除き，ほとんどの事業場で週40時間の原則が適用されている。

　労基法が定める1週40時間・1日8時間の原則は，あくまで1週間および1日当たりの労働時間の上限を意味するものであり，週5日労働，つまり週休2日制を強制するものではない。また，その場合の1週間・1日当たりの法定時間は，総量としての労働時間であって，労働者が実際に就労義務を負う時間帯（所定時間）は，その範囲内において，就業規則などによって定められる（労基89条1号）。

　◆**特例労働時間**　特例労働時間とは，労基法40条に基づいて認められる例外であり，事業場規模10人未満の販売業，興行（映画の製作業を除く），保健衛生業，飲食娯楽業では，週44時間の原則が適用される（労基則25条の2）。

労働時間の意義と評価

(a) **労働時間の概念**　労基法上の労働時間とは，使用者が労働者を「労働させ」た時間をいい，これは一般に，休憩時間を含む「拘束時間」と区別する意味で，「実労働時間」と呼ばれる。しかし，実労働時間とはいっても，労働者が現実に肉体的活動や作業をしている時間だけを意味するものではない。たとえば，昼休み時間中に職場に留まって来客当番や電話番をする場合や，トラック運転手が貨物の積み卸しの間待機している場合のような「手待時間」は，たとえ具体的な作業はしていないとしても，作業の遂行のために場所的に拘束されているという意味では労働時間に当たると解されている。

そこで，従来の学説・判例の多くは，労働時間の一般的な定義としては，「労働者が使用者の指揮命令下にある時間」として理解してきた（指揮命令下説。最高裁もこの立場をとっている。三菱重工長崎造船所事件・最 1 小判平 12・3・9 労判 778 号 11 頁）。この指揮命令下にある時間とは，使用者が明示的に労働者に対して指示や命令を与えた場合だけでなく，包括的な指示や，黙示の指示・命令を行った場合をも含む。そして，労働者の行動や活動状態が労働時間に該当するか否かは，使用者による労働者に対する強制の有無や程度，本来予定された労務の遂行にとって不可欠ないしは不可分のものか否か，法令による作業や行為の強制の有無などの要素に基づいて，個別具体的に判断すべきものである。

(b) **労働時間の評価**　労基法上の労働時間か否かは，それが労基法による労働時間規制違反に対する罰則（119 条）適用の要件ともなるものである以上，客観的に評価されるべきものであり（客観説），労使の主観的な意図や就業規則，慣行などによる取扱いのいかんによって左右されるものではない。以前の下級審判例の中には，労務提供に不可欠な行為であっても，そのための準備行為については，それを労働時間に含めるか否かは就業規則の規定や職場慣行に

よって決まるとしたものがあったが（主観説），それは最高裁によって明確に否定された（前掲・三菱重工長崎造船所事件最判）。

　このような観点からすれば，たとえば，作業の前後の打合せや準備時間，更衣，洗身，入浴などの時間は，それが本来の作業と密接不可分のものであり，使用者によって義務づけられていると認められるかぎり労働時間に該当し，それ自体としては職務の遂行とはいえない始業前の朝礼やラジオ体操，教育訓練などのための時間であっても，労働者が懲戒処分などの不利益措置によって参加を強制されるような場合には，労働時間と評価される。また，法令によって使用者に義務づけられた特殊健康診断（安衛66条2項）のための時間のほか，安全衛生教育，安全・衛生委員会の開催時間なども，労働時間に当たると解される。さらに，上記最高裁判決の考え方は，大星ビル管理事件最高裁判決（最1小判平14・2・28民集56巻2号361頁；労判822号5頁）によって労働者が実際に肉体的作業をしていない時間の評価にも応用され，ビル管理人について深夜の時間帯に仮眠時間として指定された時間（不活動仮眠時間）であっても，労働からの解放が保障されていない場合には労働時間に当たるとされた。

　また，その後の裁判例の中には，マンション住込み管理員が所定時間外の時間や休日にも管理員としての業務や住民サービスに従事している場合に，そのような時間が労働時間に該当するか否かが争われたものがあり，下級審判例の結論は分かれていたが，最高裁は，所定時間外の時間帯についても，マニュアルを通じて一定の黙示の指示があったと認められるかぎりで時間外労働に従事したものと認める判断を示した（大林ファシリティーズ（オークビルサービス）事件・最2小判平19・10・19労判946号31頁。なお，同判決は，休日のうち平日の所定時間外に相当する時間帯や，管理員が通院や犬の散歩をしていた時間については時間外労働に当たらないとも判断している）。

なお，労働者が使用者により何らかの強制や拘束を受けていると
しても，そのことから直ちに労働時間と評価されるわけではない。
たとえば，所定の始業時刻よりも前に遅刻認定時を設定し，それに
遅れた場合には賃金カットや懲戒処分などの措置をとることは，一
般には出退勤管理の問題であって，そのような遅刻認定時が当然に
労働時間の開始時点となるとはいえない。

　◆呼出待機　就労途中に次の作業の開始まで待機する場合とは異なり，
所定の労働時間外において，労働者がスマホなどで呼び出された場合に
は直ちに会社などの所定の場所に移動して労働することが義務づけられ
ることがあり，そのような状態のことを呼出待機という（医療関係などで
は，「オン・コール」と呼んでいる）。この場合，労働者はどこで何をしてい
てもよいが，一定の時間内に所定の場所に到着する必要があったり，就
労のため飲酒が禁止されるなど，その行動には何らかの制約を伴うこと
になる。しかし，呼出待機そのものは，労働者に対する場所的拘束が弱
いため労働時間とはいえず，呼出後，実際に労働を開始した時点から労
働時間となると考えられる（移動開始の時点から労働時間となるという考え
方もある）。フランスではすでにそのような趣旨の立法規定があり，その
場合，事実上の拘束に対して使用者が相応の手当を支払うべきことを義
務づけている。なお，医師による時間外・休日割増賃金請求が問題とな
った奈良県（医師・割増賃金）事件（大阪高判平22・11・16労判1026号
144頁；最3小決平25・2・12労判1069号96頁）では，医師が交代で自宅等
において待機し，宿直担当医から連絡があれば病院に移動して医療行為
に従事するという「宅直」の制度は，医師の自主的な取組みによるもの
であり，病院からの命令によるものではないとの理由で待機時間は労働
時間に当たらないとしたが，結論についてはともかく，その理由づけに
は疑問がある。

　Column㉘　使用者の労働時間適正管理義務　～～～～～～～～
　労基法が労働時間を規制し，時間外・休日労働や深夜労働について
割増賃金の支払いを義務づけていることは，使用者が個々の労働者の
始業・終業時刻を把握し，労働時間を適正管理する義務を負うことを
当然の前提とするものと解される。ところが，実際には使用者がいち

いち労働時間を把握せず，それを労働者の自己申告に委ねたりする結果，実際の労働時間に対応した賃金や割増賃金が支払われなかったり，長時間労働が放置されるという事態が生じてきた（サービス残業，不払残業）。そこで厚生労働省は，2001年に「労働時間の適正な把握のために使用者が講ずべき措置に関する基準」（平13・4・6基発339号）を定めてこの問題に対処することになり，現在では「労働時間の適正な把握のために使用者が講ずべき措置に関するガイドライン」（2017年1月20日）が定められている。それによれば，使用者は，自ら現認することにより，またはタイムカードやICカードなどの記録を基礎として始業・終業時刻を確認し，記録しておかなければならない。また，自己申告制によりそれを行わざるをえない場合であっても，その対象となる労働者に対して，労働時間の実態を正しく記録し，適正に自己申告を行うことなどについて事前に十分な説明を行うこと，自己申告により把握した労働時間が実際の労働時間と合致しているか否かについて実態調査を実施すること，時間外労働時間数の上限を設定するなどの措置を講じないこと，労働時間の適正な申告を阻害する要因があるときはその改善のための措置を講ずることなどが求められる。

労働時間の算定

(a) **労働時間算定の原則と特例** 労基法上の労働時間は，以上のような意味での実労働時間について，1週間および1日を単位として算定される。この場合の1週間とは，就業規則その他に別段の定めがないかぎり日曜日から土曜日までの暦週をいい，同じく1日とは，午前0時から午後12時までの暦日をいう。ただし，暦日を超える継続勤務の場合には，始業時刻の属する日の1日の労働として扱われる（昭63・1・1基発1号）。また，労働時間は事業場を異にする場合においても通算されるが（労基38条1項），これは同一事業主の異なる事業場の場合だけでなく，事業主を異にする場合をも含む（昭23・5・14基発769号）。坑内労働については，その特殊性のために，休憩時間を含めて入坑から出坑までの時間が労働時間とみなされる（同条2

項。いわゆる坑口計算）。

(b) **事業場外労働**　労基法による労働時間規制は，使用者が労働時間を具体的に把握・算定することを前提としている。しかし，たとえばセールスマンや保険外交員などのように，労働者が事業場外で労働する場合で，使用者の具体的な指揮監督が及ばないときには，使用者による労働時間の把握・算定は事実上困難である。そこで，このような場合の労働時間の算定については，労働者は原則として当該事業場の所定労働時間労働したものとみなされ，通常所定労働時間を超えて労働することが必要となる場合には，その通常必要とされる時間労働したものとみなされる（労基38条の2第1項）。また，このうちの通常必要とされる時間については，その実情を知る労使の間の協定により，その長さを定めることができる（同条2項）。ただし，このようなみなし時間による処理は，あくまで労働時間を算定し難い場合についてのものであり，たとえ事業場外の労働であっても，監督者がいて労働時間を把握できる場合や，タクシーのタコグラフや無線による指示などにより，使用者が間接的にせよ労働時間を把握できるときには，労働時間のみなし処理は適用されない（昭63・1・1基発1号）。最近の裁判例の中には，旅行会社に派遣されて旅行添乗員としての業務に従事していた者につき，旅行の指示書や添乗業務の就労実態などから労働時間の把握は可能であり，事業場外労働のみなし制が適用される「労働時間が算定し難いとき」には当たらないとしたものがある（阪急トラベルサポート（第2）事件・最2小判平26・1・24労判1088号5頁）。

3 休　　憩

休憩付与の原則と例外　　使用者は，労働時間が 6 時間を超える場合には少なくとも 45 分，8 時間を超える場合には少なくとも 1 時間の休憩時間を労働時間の途中に与えなければならない（労基 34 条 1 項）。休憩時間とは，労働時間の途中に，労働者が労働から解放された時間，ないしは使用者の指揮命令下にない時間をいい，行政通達（昭 22・9・13 発基 17 号）は，「労働者が権利として労働から離れることを保障されて居る時間の意」であるとしている。前述のように，手待時間と評価される時間は休憩時間ではなく労働時間であり，休憩時間とはいいながら必要に応じて作業に従事すべきこととされている場合は，休憩時間を与えたことにはならない（住友化学事件・最 3 小判昭 54・11・13 判タ 402 号 64 頁）。

休憩時間についての規制は，労働者が休息によって心身の疲労を回復し，ひいては疲労が原因となる労働災害を防止することを目的とするものであり，使用者にとっても，連続労働による作業能率の低下や労働災害の回避というメリットがある。しかし，現行の休憩時間の規制には，労働時間が 8 時間を超えて相当長時間に及ぶ場合についての配慮がなく，その最短時間（分割）や最長時間（休憩時間を含む拘束時間の上限）についての規制もないなど，制度的な問題点も多い。また，EU などに見られるような，仕事を終えてから次の仕事を始めるまでの間の一定の休息を確保するための「休息時間」に関する規制も，わが国には存在しない。

なお，休憩時間付与の例外として，列車の運転手や航空機の乗務員など，長距離の継続乗務に従事するものなどについては，休憩を与えないことができる（労基 40 条，労基則 32 条）。

休憩付与方法の 原則と例外	(a) **途中付与の原則**　休憩時間は，労働時間の途中に与えなければならない。それは，休憩時間の性質からは当然のことである。

外国では，休憩時間の全部または一部を労働時間の最初または最後に置くことにより，就業時間を短縮することもみられるが，労基法の解釈としては，そのような扱いは認められないと解するほかない。

(b) **一斉付与の原則**　使用者は，休憩時間を事業場ごとに一斉に与えなければならない（労基34条2項）。これは，労働者が休憩をとりやすくするとともに，労働監督上の便宜のためである。この原則の例外としては，労基法40条に基づく商業，サービス業などの適用除外（労基則31条）と，坑内労働の適用除外（労基38条2項ただし書き）があるほか，1998年の改正により，従来の行政許可制に代えて，労使協定の締結を条件とする例外が認められた（労基34条2項ただし書き）。これらの場合には，交替による休憩付与が可能となる。

(c) **自由利用の原則**　使用者は，労働者に休憩時間を自由に利用させなければならない（労基34条3項）。休憩時間とは，もともと労働者が使用者の指揮命令から解放された時間である以上，労働者がその時間を自由に利用できるのは当然のことであり，ことさらに自由利用の原則が規定された趣旨は，それ以上に，使用者に対して積極的に労働者による休憩時間の自由利用を確保すべきことを義務づけることにあると解される。

しかし，この自由利用の原則も，絶対的なものと解されているわけではない。判例によれば，休憩時間の自由利用といえども，労働者が企業施設内にとどまるかぎり，使用者の企業施設に対する管理権の合理的行使による制約や，企業秩序維持の要請による制約は免れず，たとえば休憩時間中のビラ配布には使用者の許可を必要とし

たり，それに反するビラ配布が企業秩序を乱すおそれがある場合には，懲戒処分の対象とすることも許されるとされている（第20章 **3** 参照）。

　なお，休憩時間自由利用の原則は，坑内労働（労基38条2項ただし書き），警察官，消防職員，児童のための施設の職員など（労基則33条）については適用されない。

4 休　　日

| 休日の原則 |

労基法は，使用者が労働者に対して毎週少なくとも1回の休日を付与することを義務づけ，週休制の原則を定めている（35条1項）。労働者が1日を単位として労働から解放されることにより，労働者に対して休息や疲労回復，家庭生活や社会生活のための時間を保障することを目的とするものである。現在では週休2日制がかなり普及したが，法律上の原則としては依然として週1日の休日が強制されるにすぎない。

　休日とは，原則として暦日，つまり午前0時から午後12時までを意味するが（昭23・4・5基発533号），たとえば連続3交替制の場合には，例外的に継続24時間の休日が認められる（昭63・3・14基発150号）。また，労基法上，休日は就業規則の記載事項とされる（89条1号）ものの，西欧にみられる日曜日休日の原則は定められておらず，休日をあらかじめ特定しておくことも強制されない。

| 変形休日制 |

労基法35条2項は，4週間を通じ4日以上の休日を与える使用者には1項の週休制の原則は適用しないと定めている。これは，特定の4週間のうちに4日の休日を与えればよいということであり，その場合には，4週間の起算日を就業規則等によって明らかにしなければならない（労

基則12条の2第2項)。この制度では，その採用の要件が緩やかなことに加え，休日を事前に特定すべきことが要求されないため，きわめて変則的な休日付与や長期間の連続労働（最大48日間）が可能となり，週休制の原則は大きく形骸化することになる。

休日振替・代休

休日があらかじめ就業規則などにより特定されている場合に，その日を労働日とし，別の日（労働日）を休日として入れ換えることを休日の振替という。休日の振替をしても，1週1日ないしは4週4日の休日が確保されるかぎり，労基法には抵触しない。しかし，いったん休日が特定された以上，それは労働義務の設定に関する労働契約内容の変更を意味するため，使用者は当然に休日振替をなしうるわけではない。一般には，就業規則などによって休日の振替を必要とする場合には休日を振り替えることができる旨の規定を設け，あらかじめ振り替えるべき日を特定したうえで労働者に予告・通知して振替を行うことが必要と解されており（昭23・4・19基収1397号），就業規則などには，休日振替の具体的事由や振替の手続なども規定する必要がある（昭23・7・5基発968号）。休日の振替がなされれば，元の休日は労働日となるから，その日について休日労働としての割増賃金を支払う必要はないが，休日振替の結果，当該週の労働時間が1週間の法定労働時間を超えたときは，その超えた時間については，週当たりの時間外労働として割増賃金を支払う必要がある。

休日の振替と区別すべきものに代休がある。代休とは，休日労働をさせた場合に，その代わりにその後の労働日の労働義務を免除することをいうが，事後に代休を与えたからといって，割増賃金の支払義務を免れることができるわけではない。代休については法律上の規制はなく，賃金の支払いなどについては就業規則の定めなどがあればそれによることになる。

5 時間外・休日労働と深夜業

時間外・休日労働
の要件

(a) 時間外・休日労働の意義と要件 労基法は，労働時間および休日の原則に対する例外として，一定の条件の下に法定時間を超え，または法定の休日に労働させることを許容したうえ，その時間について割増賃金の支払いを義務づけている。このような意味での労基法上の時間外・休日労働とは，1日または1週の法定時間を超えた労働や，原則週1日の法定休日の労働のことをいい，所定時間を超えるが法定時間以下の労働（法定内時間外労働，法内残業）や，法定基準を上回る休日（法定外休日）の労働とは区別される。

労基法上，時間外・休日労働が許容される場合としては，①災害その他避けることのできない事由によって臨時の必要がある場合（労基33条1項・2項。労働基準監督署長の許可または事態急迫のときは事後の届出が必要であり，事後の届出による労働が不適当な場合には，その時間に相当する休憩または休日の付与が命じられることがある），②公務による臨時の必要がある場合（同3項。実際の対象は一般職〔非現業〕の地方公務員に限られるほか，公立学校の教員については，給与特別措置法によりこの規定が適用される），③労使協定（いわゆる36〔サブロク〕協定）の締結を条件として，その定めるところによって行われる場合（36条）があり，このうち最も一般的なものが，③の労使協定による場合である。

(b) 36協定に基づく時間外・休日労働 36協定は，使用者と，当該事業場の過半数組合，それがないときは過半数代表者との間で締結される（労基36条1項）。36協定には，①時間外・休日労働をさせることのできる労働者の範囲，②対象期間，③時間外・休日労

働をさせることができる場合，④1日・1カ月・1年のそれぞれの期間についての延長時間および休日労働日数，⑤時間外・休日労働を適正なものとするために必要な事項として厚生労働省令で定める事項（36条2項，労基則17条1項。有効期間の定めなど）を定めたうえ所定の様式により労働基準監督署長に届け出なければならない（労基則16条）。

36協定の当事者となる過半数代表者については，労基則6条の2により，選挙などの方法により選出することが求められる。そのような方法によらず，従業員の親睦団体の代表者が当事者となった36協定は無効であり，それを前提とした残業命令も有効とは認められないとした裁判例がある（トーコロ事件・東京高判平9・11・17労判729号44頁：最2小判平13・6・22労判808号11頁）。

(c) **時間外労働の上限規制**　36協定に基づく時間外労働の限度に関しては，従来，坑内労働および健康上有害な業務の場合は1日について2時間とされてきたが（労基36条6項1号。ほかに，育児介護休業法に基づく時間外労働の免除措置につき，第15章2を参照），それ以外の場合については，厚生労働大臣が労働時間の延長等の限度等に関する基準を定め，行政指導の対象とされていたに過ぎない。

しかし，2018年の法改正により，この基準の内容は労働基準法本文に取り込まれ，1カ月45時間，1年間360時間が限度基準とされ（36条4項），36協定が定める延長時間はそれを超えない時間に限るものとされた（同3項）。また，36協定で定める延長時間を例外的に超えることのできる「特別条項付き協定」については，原則規制を超えることのできる月数（1年につき6カ月まで）や「特別の事情」（臨時的なものに限る）についての規制はあったものの，原則規制を超えることのできる時間数については労使の判断にゆだねられていた。このたびの改正により，特別条項付き協定で協定できる上限時間についても，年間720時間の上限（同5項）のほか，休日

労働を含めて月 100 時間未満および過去の複数月について平均 80 時間以下という制限が新たに設けられた（同 6 項 2 号・3 号。この制限に対する違反は，それ自体が罰則の適用対象となる。119 条 1 号）。

従来の限度基準においては，①工作物の建設等の事業，②自動車の運転の業務，③新技術，新商品等の研究開発の業務については適用除外とされてきたが，この点についても見直され，③の適用除外は継続されるが（36 条 11 項），①と②については，5 年間の猶予期間の経過後に適用されることになった（ただし，一定の猶予措置と特例措置がある。附則 139 条・140 条）。また，医師についても 5 年後から適用されることになっているが，その間一定の特例措置が認められるほか（労基附則 141 条），現在，厚労省の検討会において医師の労働時間のあり方について検討がなされている。

このほか，厚生労働大臣は，従来と同様，36 協定が定めるべき事項についての指針を定めることができ（労基 36 条 7 項），36 協定当事者は，協定の内容がその指針に適合したものとなるようにしなければならない（同 8 項）。

なお，2010 年から施行された労基法 37 条 1 項ただし書きによる週 60 時間を超える時間外労働に対する 5 割以上の割増賃金の支払いについて，中小企業については当分の間適用しないとする労基法附則 138 条の規定は，2023 年 4 月 1 日をもって廃止される。

時間外労働義務　時間外・休日労働は，法定基準を超えた労働であって，労働者は労働契約上当然にその義務を負うわけではなく，労基法 33 条や 36 条も，直接労働者に時間外・休日労働の義務までを課しているわけではない。そこで，労働者はいかなる根拠や条件の下に時間外・休日労働義務を負うことになるのかが問題となる（これは主として労基法 36 条の場合について論じられるものであり，労基法 33 条の場合の労働義務については，非常時における信義則上の義務や公務の特殊性を根拠としてそれを肯定する見

解が多い）。

　まず，36協定それ自体が時間外・休日労働義務の根拠とならないと解する点では，現在の学説・判例は一致している。36協定は，使用者がそれにしたがって労働者に時間外・休日労働をさせても労基法違反として処罰されないとの効果（いわゆる免罰的効果。ただし，これは36協定それ自体の効果というよりも，労基法が36協定の締結を条件に時間外・休日労働を許容していることの結果である）をもたらすにとどまり，それによって労働契約上の権利義務が形成されると解すべき根拠もないからである。そのため，36協定の存在に加え，いかなる条件が満たされれば時間外・休日労働義務が発生するのかが活発に論じられた。学説・判例は，就業規則や労働協約に時間外・休日労働を命ずることがある旨の規定があれば，使用者の命令によって労働者に時間外・休日労働義務が具体的に発生するとの見解（包括的合意説ないし包括的命令権説）と，時間外・休日労働があくまで法的には例外であることなどを理由に，労働者の個別的同意が必要であるとする見解（個別合意説）とに分かれ，さらに後者の見解は，労働者の同意はその都度なされなければならないのか，それともある程度事前の包括的同意でよいのかについて意見が分かれた。

　この問題について，最高裁は，就業規則において36協定の範囲内で労働時間を延長して労働させることができる旨定められているときは，その規定の内容が合理的なものであるかぎり，それが労働契約の内容をなすから，その範囲内での使用者の命令によって労働者は時間外労働義務を負うとの判断を示した（日立製作所武蔵工場事件・最1小判平3・11・28民集45巻8号1270頁；労判594号7頁）。これは，最高裁の就業規則理論（第9章**2**参照）を応用したものであり，この場合に合理性評価の対象とされたのは，実際には就業規則ではなく36協定の内容である。

　しかし，かりに時間外・休日労働義務の根拠を就業規則に求める

としても，それはあくまで労働者が本来労働契約上負っている労働義務を超えた例外的義務なのであるから，通常の場合以上に，労働者側の正当な理由による拒否の可能性が認められると解すべきである。裁判例の中には，電算写植機オペレーターが眼精疲労の状態にあり，医師から時間外労働を控えるよう診断されていることは，時間外労働命令を拒否することのできるやむをえない理由に当たるとしたものがある（前掲・トーコロ事件判決）。

◆**法定内時間外労働・法定外休日労働**　以上とは異なり，法定内の時間外労働および法定外休日労働については労基法の規制は及ばず，その義務については，基本的には就業規則などの定めのいかんによると解されている（東洋鋼鈑事件・広島高判昭48・9・25判時724号86頁：最2小判昭53・11・20労判312号32頁）。

割 増 賃 金

(a)　割増賃金支払義務・代替休暇　時間外・休日労働に対しては，使用者は割増賃金の支払いが義務づけられる（労基37条1項）。以前は一律2割5分以上であった割増率は，1993年の労基法改正により2割5分以上5割以下の範囲内で命令で定めるものとされ，現在，時間外労働については2割5分以上，休日労働については3割5分以上である（平6政令5号）。ただし，時間外・休日労働は賃金の支払対象である所定の労働時間や労働日以外になされるものであるから，賃金の100%部分も一緒に支払うのでなければ割増賃金を支払ったことにはならない。なお，行政通達は，法定休日の労働が8時間を超えても，その時間の割増率は，深夜業に該当しないかぎり3割5分以上でよいとしている（昭22・11・21基発366号など）。

2008年の法改正により（2010年4月1日施行），1カ月60時間を超える時間外労働に対しては，50%以上の割増賃金の支払いが義務づけられることになった（労基37条1項ただし書き。ただし，この規定は，当分の間，中小企業には適用されない〔労基附則138条〕。なお，

かかる附則の規定は，2023 年 4 月 1 日をもって廃止される）。また，この特別の割増賃金については，労使協定の締結を条件に（労基則 19 条の 2 参照），それに代わる代替休暇付与も認められる（労基 37 条 3 項）。

なお，法文上は，割増賃金の支払いは労基法 33 条または 36 条の規定にしたがってなされた適法な時間外・休日労働について義務づけられるようにも読めるが，それらの規定の要件を満たさない違法な時間外・休日労働についても，使用者が割増賃金支払義務を負うのは当然のことである。

(b) **割増賃金の算定**　割増賃金は，通常の労働時間または労働日の賃金（通常の賃金。労基則 19 条参照）を基礎として計算されるが，それには家族手当，通勤手当（労基 37 条 5 項）のほか，別居手当，子女教育手当，住宅手当，臨時に支払われた賃金，賞与などの 1 カ月を超える期間ごとに支払われる賃金（労基則 21 条）は算入されず，それだけ割増賃金の単価は低くなる。なお，割増賃金そのものは通常の賃金ではないため，割増賃金算定の基礎には含まれない。

割増賃金を実際の時間数にかかわらず定額としたり，基本給などを基礎として定率として支払うことも可能であるが，そのためには，支払われる賃金のうち割増賃金部分が明確に区別できなければならず，また，実際の労働時間に基づいて計算された割増賃金額がそれを上回る場合には，使用者はその差額分を支払う必要がある（小里機材事件・東京地判昭 62・1・30 労判 523 号 10 頁：最 1 小判昭 63・7・14 労判 523 号 6 頁）。

(c) **割増賃金の算定・支払方法**　労基法は，同法 37 条等によって算出された割増賃金額の支払いを最低基準として強制するものであるが，割増賃金の計算方法までを強制するものではない。そのため，割増賃金を時間外労働の時間数にかかわらず定額払いとしたり，歩合給などの定率払いとすることも当然には否定されない。ただし，

そのためには，単に残業代が給与に含まれるとするだけでは足りず（高知県観光事件・最2小判平6・6・13労判653号12頁），通常の労働時間の賃金に当たる部分と割増賃金に当たる部分を判別することができることが必要であり，その金額が労基法37条等に基づいて算出した金額を下回る場合は，使用者はその差額を支払う必要がある（医療法人社団康心会事件・最2小判平29・7・7労判1168号49頁，日本ケミカル事件・最1小判平30・7・19労判1186号5頁。ほかに，タクシー運転手の歩合給と割増賃金の関係についての裁判例として，国際自動車事件・最3小判平29・2・28労判1152号5頁がある）。

深夜業　割増賃金は，原則として午後10時から午前5時までの間の深夜業に対しても支払いが義務づけられ，その割増率は2割5分以上である（労基37条3項）。深夜業が時間外労働と重なった場合の割増率は5割以上，休日労働と重なった場合は6割以上である（労基則20条）。

　深夜業に関しては，1999年4月に，それまで女性労働者の深夜業を原則として禁止していた労基法の規定が廃止された。それに伴い，「深夜業に従事する女性労働者の就業環境等の整備に関する指針」（平10労告21号）に基づく行政指導がなされるほか，深夜業に関する労使の自主的な努力を推進することになり（平成10年労基法改正法附則12条），電機などのいくつかの産業や大企業において，深夜業に関する自主的なガイドラインが作成されている（育児介護をする労働者の深夜業制限につき，第15章**2**参照）。今後は，男性を含めた深夜業に関する立法的枠組みの導入が重要課題である。

6 労働時間規制の適用除外

　労基法による労働時間の規制は，次のような一定の範囲の労働者

については適用が除外される（労基41条）。それらの者には，労働時間のほか，休憩，休日に関する規定も適用されないが，年休（39条）および深夜業に対する割増賃金の支払い（37条3項）に関する規定は適用される。

(a) **農業・水産業従事者**（労基41条1号）　　これらの事業では，天候や季節により労働日や労働時間が左右されやすく，労働時間の規制になじまないために，それに従事する者には労働時間規制の適用が除外される。

(b) **管理監督者・機密事務取扱者**（労基41条2号）　　管理監督者とは，労働条件の決定その他の労務管理について経営者と一体的な立場にある者をいい，職務の内容や職責の重要性のために厳格な労働時間管理になじまず，役職手当の支給など，その地位にふさわしい処遇がなされていると考えられることから，労働時間規制の適用が除外される。また，機密事務取扱者とは，経営者と一体不可分の活動をする者で，厳格な労働時間管理になじまないものをいう（社長秘書など）。そのような者に該当するか否かは，社内での肩書いかんにはよらず，あくまで実質的な権限や処遇の内容によって判断すべきものである。しかし，実務上は，課長などの一定の職位以上にある者が一律に管理監督者として扱われることが多く（管理監督者の実態に関する調査研究委員会『管理監督者の実態に関する調査研究報告書』日本労務研究会〔2005年〕），法律上の要請と実態の間には大きな乖離が生じている。そのこともあって，近年，法律上の管理監督者に該当するか否かをめぐって割増賃金の支払いが争われる裁判例が増加しており，全国的なハンバーガーチェーンの店長が管理監督者に当たらないとして，未払いの割増賃金支払請求が認容された事例もある（日本マクドナルド事件・東京地判平20・1・28労判953号10頁）。その一方で，実質的に管理監督者と評価される者については，深夜業に対する割増賃金支払いの規定（労基37条3項）は適用されるが，

管理職手当の中に深夜割増賃金分が含まれていると評価されること
もありうる（ことぶき事件・最2小判平21・12・18労判1000号5頁）。

　なお，行政通達によれば，本社の企画，調査部門に配置されるス
タッフ職（社内で管理監督者と同格以上に位置づけられ，経営上の重要事
項に関する企画立案等の業務を担当する者）については，企業内におけ
る処遇の程度によっては，管理監督者の範囲に含めて取り扱うこと
が妥当であるとしている（昭63・3・14基発150号）。

　(c)　**監視・断続的労働従事者**（労基41条3号）　　監視または断続
的労働に従事する労働者については，労働基準監督署長の許可を条
件として，労働時間規制の適用除外が認められる。常態として身体
的・精神的緊張が少なく，労働密度の薄いことがその理由であり，
同時にそのことが許可の基準でもある（許可基準に関しては，警備業
者が行う警備業務についての平5・2・24基発110号などの行政通達が出さ
れている）。なお，たとえ業務自体は監視・断続労働に該当するとし
ても，行政許可を得ていない場合には，適用除外は認められない。
このほか，別に本務をもつ労働者が宿直または日直の業務に従事す
る場合についても，労働基準監督署長の許可を受けたときは，当該
業務について労働時間の規制は適用されない（労基則23条）。

　★　**参考文献**────
　　　労働時間法全般については，東京大学労働法研究会『注釈労働時
　　間法』（有斐閣），片岡昇＝萬井隆令編『労働時間法論』（法律文化
　　社）。**労働時間をめぐる個別問題については**，『講座21世紀の労働
　　法第5巻　賃金と労働時間』（有斐閣），道幸哲也ほか編『変貌する
　　労働時間法理』（法律文化社）。**労働時間法改正の動向については**，
　　島田陽一「働き方改革と労働時間法制の課題」ジュリスト1517号，
　　「特集・働き方改革の帰結と展望」法律時報91巻2号。

第14章 弾力的労働時間制度

近年のたび重なる労基法の改正により，弾力的な労働時間制度が導入・拡大された。本章では，そのような制度の仕組みと，それらがどのような意味で弾力的なのかを学ぶ。

1 労働実態の多様化と弾力的労働時間制度

弾力的労働時間
制度の意義

1日・1週あたりの法定労働時間を超えて柔軟に労働時間を配分したり，労働時間をあらかじめ特定するのではなく，労働時間の配分そのものを柔軟に決定することができる制度のことを，ここでは弾力的労働時間制度と呼ぶことにする。このような制度は，たとえば連続交代制の技術的要請に基づく変形労働時間制として古くから認められてきたものであり，ILO 第1号条約は，3週間を限度として，1週平均48時間の範囲内で1日8時間・1週48時間を超える労働時間配分を認め，わが国の労基法も，当初から4週間を上限として同様の制度を定めていた。しかし，近年の就労形態や労働実態の多様化，生活様式や労働者意識の変化などに伴い，より柔軟な労働時間配分を可能とする制度が求められるようになり，1987年の労基法改正により新たな弾力的労働時間制度が導入され，さら

図表 14-1　変形労働時間制の有無，種類別採用企業割合

(単位：%)

企業規模・産業・年	全企業	変形労働時間制を採用している企業[1]	変形労働時間制の種類(複数回答)			変形労働時間制を採用していない企業
			1年単位の変形労働時間制	1か月単位の変形労働時間制	フレックスタイム制	
平成30年調査計	100.0	60.2	35.3	22.3	5.6	39.8
1,000人以上	100.0	74.5	22.0	46.8	24.4	25.5
300〜999人	100.0	68.8	29.9	35.6	10.7	31.2
100〜299人	100.0	62.4	31.8	28.7	7.6	37.6
30〜99人	100.0	58.2	37.4	18.1	3.9	41.8
鉱業，採石業，砂利採取業	100.0	80.2	66.2	16.0	6.3	19.8
建設業	100.0	61.5	56.1	4.9	2.1	38.5
製造業	100.0	63.6	51.2	8.8	7.8	36.4
電気・ガス・熱供給・水道業	100.0	69.1	27.4	46.3	8.7	30.9
情報通信業	100.0	45.3	8.9	13.9	25.3	54.7
運輸業，郵便業	100.0	76.3	50.1	28.4	3.7	23.7
卸売業，小売業	100.0	58.1	34.9	20.2	4.1	41.9
金融業，保険業	100.0	27.6	4.6	18.1	8.7	72.4
不動産業，物品賃貸業	100.0	46.5	21.6	21.2	6.9	53.5
学術研究，専門・技術サービス業	100.0	35.8	14.0	8.9	13.9	64.2
宿泊業，飲食サービス業	100.0	63.4	26.1	37.5	2.3	36.6
生活関連サービス業，娯楽業	100.0	47.4	25.3	22.5	5.3	52.6
教育，学習支援業	100.0	60.5	43.0	17.9	2.0	39.5
医療，福祉	100.0	68.7	21.8	47.3	1.7	31.3
複合サービス事業	100.0	56.2	29.3	27.2	12.3	43.8
サービス業（他に分類されないもの）	100.0	46.5	25.3	16.8	8.5	53.5
平成29年調査計	100.0	57.5	33.8	20.9	5.4	42.5

注：1)　「変形労働時間制を採用している企業」には，「1週間単位の非定型的変形労働時間制」を採用している企業を含む。

にその後のたび重なる法改正によってそれが拡大された。

　弾力的労働時間制度は，2つに大別することができる。1つは，変形労働時間制であり，業務の性質や事業運営上の必要に合わせて，1日・1週あたりの法定時間を超える労働時間の配分が認められる制度である。もう1つは，労働時間の配分を労働者自身が決定することができる制度であり，フレックスタイム制（以上の制度の利用状況につき，**図表14-1**参照），裁量労働制と高度プロフェッショナル制度がある。

2 変形労働時間制

変形労働時間制の趣旨　変形労働時間制とは，一定の期間を平均して労働時間が週40時間を超えないことを条件に，1日8時間・1週40時間の法定時間を超えて労働させることができる制度である（法定時間を超えても，あらかじめ定められた時間の範囲内では時間外労働として扱われない）。その場合の一定の期間の上限の違いにより，1カ月単位，1年単位，1週間単位の3種類があり，それぞれに異なる要件が定められている（**図表14-2**）。しかし，この制度は，労働時間の変動の結果として，労働者の生活時間に大きな影響をもたらす可能性があるため，育児・介護を行う者，職業訓練などを受ける者など特別の配慮を要する者については，そのために必要な時間を確保できるような配慮をすることが求められる（労基則12条の6）。

1カ月単位変形労働時間制　1カ月単位変形労働時間制（労基32条の2）とは，労使協定の締結または就業規則（就業規則作成義務が課されない使用者の場合はそれに準ずるもの）の定めを条件として，1カ月以内の一定の期間とそ

図表 14-2　変形労働時間制の要件

	1カ月単位変形制	1年単位変形制	1週間単位変形制
変形期間	1カ月以内	1カ月を超え1年以内	1週間
対象事業	制限なし	制限なし	労働者30人未満の小売業，旅館，料理店および飲食店の事業
採用の条件	労使協定締結（届出義務あり）または就業規則の定め	労使協定締結（届出義務あり）	労使協定締結（届出義務あり）
週平均労働時間	40時間以下（特例時間適用事業場については44時間以下）	40時間以下（特例時間適用事業場でも同じ）	40時間以下（特例時間適用事業場でも同じ）
労働時間変形の限度	制限なし（例外：労基60条3項）	1日10時間・1週52時間（例外：同左）	1日10時間
労働日・労働時間の特定等	労使協定または就業規則による事前の特定	労使協定による事前の特定*	1週間ごとの，当該1週間開始前の書面による労働者への通知**
連続労働日数	制限なし	原則6日（労使協定で定められる特定期間については12日）	制限なし

＊対象期間を1カ月以上の期間に区分するときは，最初の期間を除く期間の労働日および各労働日の労働時間は，当該期間開始の30日前までに過半数組合または過半数代表者の同意を得て特定できる。
＊＊緊急でやむをえない事由がある場合には，前日までに書面により労働者に通知することにより，あらかじめ通知した労働時間を変更することができる。

の起算日を設定し，その期間について平均して週40時間を超えない範囲内で，あらかじめ特定された週または日に，法定時間を超えて労働させることができる制度である。このあらかじめ特定された労働時間については，法定時間である1日8時間・1週40時間を超えても，時間外労働としては扱われない（なお，変形労働時間制に

おいて時間外労働となる時間は後述のとおりであり，変形期間を平均して週法定時間に収まってさえいれば時間外労働にはならないというものではない。大星ビル管理事件・最1小判平14・2・28民集56巻2号361頁；労判822号5頁参照）。この変形制においては，適用対象事業や労働時間変動の限度について格別の制限はなく，交代制の場合に広く利用されているほか，タクシー業のような，2日分の労働時間を集中した労働日と非番日を繰り返す隔日勤務も可能となる。

◆変形労働時間制における時間外労働　変形労働時間制においては，次の①～③が時間外労働となる（このような算定をするのは，それぞれの時間外労働に対する割増賃金が，それに対応する賃金支払期日に支払われる必要があるためである）。

① 1日あたりの時間外労働：8時間を超える労働時間が定められた日はそれを超えて労働した時間，それ以外の日は8時間を超えて労働した時間

② 1週あたりの時間外労働：週40時間を超えて労働時間が定められた週はそれを超えて労働した時間，それ以外の週は週40時間を超えて労働した時間（①で時間外労働となる時間を除く）

③ 変形期間についての時間外労働：変形期間における法定時間の総枠（40時間×変形期間中の総日数÷7）を超えて労働した時間（①および②で時間外労働となる時間を除く）

　変形労働時間制においては，労働日ごとの労働時間はあらかじめ就業規則等によって特定されていなければならず（労基89条1号により，始業・終業の時刻も定める必要がある），たとえ平均して週40時間に収まっていても，そのような定めがなかったり，使用者が業務の都合に応じて任意に労働時間を決定・変更するような場合は，変形労働時間制とは認められない（昭63・1・1基発1号）。また，使用者は，あらかじめ就業規則などにより変形期間の起算日を明らかにする必要があり（労基則12条の2第1項。他の変形労働時間制についても同じ），そのような規定にかかわらず任意に変形期間を特定・変更することはできない。ただし，たとえば勤務割表などにより個人

や班ごとの労働時間を決定する場合には，就業規則には勤務割表の作成手続や周知方法などの一般的事項を定めておき，各日ごとの勤務割は，変形期間の開始前までに具体的に特定することで足りる（昭63・3・14基発150号）。なお，一度特定された時間の事後的な変更につき，就業規則において，労働者からみてどのような場合に変更が行われるのかを予測することが可能な程度に変更事由を具体的に定めている場合には可能であるが，「業務上の必要がある場合，指定した勤務を変更する」という程度の定めでは事後的な変更は認められないとした裁判例がある（JR東日本（横浜土木技術センター）事件・東京地判平12・4・27労判782号6頁）。

> **1年単位変形**
> **労働時間制**

(a) 制度の趣旨・経緯　1年単位変形労働時間制（労基32条の4）は，最初1987年の労基法改正によって3カ月単位の変形労働時間制として導入され，その後，93年の改正により，変形期間の上限が1年に拡大されたものである。最長1年にわたって事業や業務の繁閑に応じて労働時間を柔軟に配分・編成することを可能とし，そのことを通じて全体としての労働時間を短縮することを目的とする制度である。この制度はまた，中小規模の事業場を中心に，完全週休2日制によることなく法定時間の週40時間への移行に対応するためにも利用され（この制度により，1日の所定時間を維持したまま年間所定休日を増やすことによって，週40時間の原則をクリアできる），労働省（当時）の調査によると，この制度を採用する事業場は，95年には調査対象の8.7%であったのに対し，翌年には15.9%，97年には35.9%へと一挙に増加した。

　この制度は，98年に再度改正されたが，その趣旨は，一方で休日の確保を図りつつ，制度利用の要件を緩和するというものである。

　(b) 制度利用の要件　この制度を利用するためには，労使協定を締結し，対象労働者と1年以内の一定期間（対象期間）とその起

図表14-3 1年単位変形労働時間制の主要パターン

【例1】対象期間1年：夏冬型　　　　　　　　＊休日：毎週土・日

	4月〜9月	10月〜3月
1日所定時間	1日7時間	1日9時間

1週平均40時間以下

【例2】対象期間3カ月；年末年始繁忙・夏休み対応　　＊休日：原則毎週土・日

	4月〜7月	8月	9月・10月	11月	12月・1月	2月
1日所定時間	8時間	7時間＋休日増	9時間	8時間	9時間＋土曜労働	7時間＋休日増

1週平均40時間以下　　　　　　　　　1週平均40時間以下

【例3】対象期間1年；1日所定時間固定型
＊所定時間：1日8時間（固定）＊休日：毎週日曜日，祝日，年末年始，お盆，ゴールデンウィーク，その他（合計年間102日以上）　▨は連続休日

4月	5月	6月	7月	8月	9月	10月	11月	12月	1月	2月	3月

算日，協定の有効期間を定め，対象期間中の労働日と労働日ごとの労働時間を週平均40時間以下の範囲で特定しなければならない。労使協定は，労働基準監督署に届け出る必要がある。労働時間特定（変形）のパターンとしては，季節や時期ごとの業務の繁閑に応じて労働時間を変動するもの（**図表14-3の例1・2**），1日の所定労働時間を固定し，休日の配分により1年あたりで週平均40時間以下とするもの（同・例3）や，労働日ごとに不規則に変動させるもの（カレンダー方式）などがある（なお，時間外労働となる時間については，313頁の◆を参照）。

　対象期間中の労働日および各労働日の労働時間は，あらかじめ特定されていることが原則であるが，対象期間を1カ月以上の期間に区切ったときは，2回目以降の期間の労働日および各労働日の労働時間については，協定で定められた各期間の総労働日数と総労働時間の範囲内で，使用者が労使協定の労働者側当事者の同意を得て，

各期間開始の30日前までに書面によって特定することができる（労基32条の4第2項，労基則12条の4第2項）。

　1年単位変形制は，最長1年にわたって労働時間を変動することが可能となる制度であるため，それが無制限に実施されると労働者の生活に大きな支障が生ずることにもなる。そのため，この制度では，1日および1週あたりの労働時間と，連続労働日数の限度について厚生労働大臣が命令で定めをすることができることになっており，現在，労働時間の限度は1日10時間・1週52時間，連続労働日数の限度は原則6日，労使協定で特定期間として定められた期間については12日となっている（労基則12条の4第4項・5項）。

　また，この制度は，対象期間途中の定年退職予定者，中途採用者，別の事業場からの転入者などについて，対象期間のうち一部のみ適用することもできるが，その結果，週平均40時間を超えて労働した場合は，その超えた時間については，労基法37条に従って計算された割増賃金を支払わなければならない（労基32条の4の2）。

　◆変形期間が3カ月を超える場合の加重要件　対象期間が3カ月を超える場合については，1998年の労基法改正により，労働時間変動の上限が，それまでの1日9時間・1週48時間から1日10時間・1週52時間に緩和されたことの見返りとして，時間外労働の上限に関して通常よりも厳しい基準（1カ月42時間・1年320時間。労基36条4項）が適用されるほか，労働日数の限度（1年あたり280日以下など），1週48時間を超える週の回数（対象期間3カ月ごとに3回まで）および連続週数（3週まで）の制限，従前よりも所定時間を延長する場合の休日数の増加など，加重された要件が課される（労基則12の4第3項・4項）。

1週間単位変形 労働時間制

1週間単位変形労働時間制（労基32条の5）は，日ごとの業務に著しい繁閑の差が生ずる小規模事業であって，それを予測したうえで各日の労働時間を特定することが困難なものについて，労使協定の締結を条件に，1週間ごとに，その開始までに各労働日の労働

時間を労働者に書面で通知することにより（ただし，緊急でやむをえない事由があるときは，前日までの書面の通知により，あらかじめ通知した労働時間を変更することもできる。労基則12条の5第3項），週40時間の範囲内で，1日10時間まで労働させることができるというものである。事業の実情に合わせ，労働時間の効率的配分を可能とすると同時に，全体としての労働時間短縮をも狙ったものである。

　この制度を利用できるのは，労働者数30人未満の小売業，旅館，料理店，飲食店の事業に限られるが（労基則12条の5第1項・2項），各労働日の労働時間をあらかじめ特定することなく，1週間ごとにそのつど変動できる（そのため，この制度は非定型変形労働時間制とも呼ばれる）点にこの制度の特徴がある。しかし，実際にはほとんど利用されていない。

3 フレックスタイム制

制度の趣旨

　フレックスタイム制とは，始業・終業時刻を固定的に定めるのではなく，3カ月以内の清算期間として定められた期間に労働すべき一定の労働時間（総労働時間）を定めたうえ，その範囲内で，労働者が自ら始業・終業時刻を決定することができるという制度である（労基32条の3）。この場合，1日または1週の労働時間が法定時間を超えても時間外労働としては扱われず，清算期間における法定労働時間の総枠（40時間×清算期間中の総日数÷7）を超えた時間が時間外労働となる（36協定では，清算期間を通算して時間外労働をすることができる時間を協定する）。労働者自身が始業・終業時刻を決定することにより，生活時間と労働時間を調整しながら効率的に働くことを可能とすることを目的とした制度である。

図表 14-4　フレックスタイム制の例

```
  7時        10時        14時              22時
  ├─フレキシブルタイム─┤├─コアタイム──┤├─ フレキシブルタイム ──┤
  └────────────── 就業時間帯 ──────────────┘
```

要件と運用

フレックスタイム制を採用するためには，労使協定を締結し，対象となる労働者の範囲，清算期間とその起算日，清算期間における総労働時間のほか，標準となる 1 日の労働時間（年休日の労働時間処理に用いる）を定める必要がある。労働者が必ず出勤して労働しなければならない時間帯（コアタイム）や労働者が就業できる時間帯（就業時間帯）を設ける場合には，その開始および終了の時刻も定めなければならない（労基則 12 条の 3）。このような時間帯を定めた例が**図表 14-4** である。

また，フレックスタイム制の要件のうち，清算期間が 3 カ月以内という要件は，2018 年の労基法改正によって，それまでの 1 カ月以内から延長されたものである（32 条の 3 第 1 項 2 号）。これによって，より長期間にわたる労働時間の配分調整が可能となるが，逆に長時間労働をもたらすおそれがあることから，清算期間が 1 カ月を超える場合には，清算期間開始後 1 カ月ごとの週平均労働時間が週 50 時間以下でなければならず（同条 2 項），清算期間が 1 カ月を超える労使協定については，それ以下の場合にはない届出義務が課される（同条 4 項）。

フレックスタイム制においても，使用者は労働時間管理義務は免れない。つまり，使用者は労働者の実労働時間を把握しなければならず，それが清算期間の総労働時間を超える場合には，所定外労働または法定時間外労働としての賃金・割増賃金の支払義務を負う。

なお，ある清算期間に過不足となった時間を次の清算期間に繰り越すことができるかという問題があるが，行政通達（昭 63・1・1 基発 1 号）は，超過分の時間についての賃金はその清算期間の賃金支

払日に支払わなければならない（そのかぎりでは時間の繰越しはできない）が，不足分の時間を次の清算期間に繰り越すことは，賃金の前払いと過払賃金の調整的相殺（第10章**2**参照）による処理として可能だとしている（ただし，その結果，次の清算期間の労働時間が法定時間の総枠を超えたときは，その分について割増賃金を支払う必要がある）。しかし，通達が指摘しているのはあくまで賃金の処理についてであって，時間そのものの繰越しではない。制度的には，外国の立法にみられるように，一定の限度で時間の繰越しを認めることとすべきであろう。

4 裁量労働制

制度の趣旨と経緯

裁量労働制とは，業務の遂行の手段および労働時間配分の決定を労働者の裁量にゆだね，その場合の労働時間については，一定の時間労働したものとみなすという制度である。最初，1987年の労基法改正によって，研究開発など，使用者の具体的な指揮監督になじまず，通常の方法による労働時間の算定が適切でない業務について，時間労働時間を含めてみなし処理をする制度として導入されたものである。

　この制度により，みなし時間を8時間以下とすれば，割増賃金の支払い自体が不要となる（ただし，裁量労働制においても休憩，休日，深夜業についての規制は適用される）。そのためこの制度は，賃金を時間ではなく労働者個人の成果や能力に応じて決定することを可能とする制度として注目され，経営者側からはその対象業務の拡大が主張されるようになった。そして，そのことをうけて，98年の労基法改正により，当初の裁量労働制（専門業務型裁量労働制）とは別に，新たな裁量労働制（企画業務型裁量労働制）が導入された。また，

図表 14-5　裁量労働制の要件

要件	専門業務型裁量労働制	企画業務型裁量労働制
対象業務	業務の性質上その遂行の方法を大幅に労働者の裁量にゆだねる必要があるため当該業務の遂行の手段および時間配分の決定等に関し具体的な指示をすることが困難なものとして命令で定める業務：①研究開発，②情報処理システムの分析・設計，③取材・編集，④デザイナー，⑤プロデューサー・ディレクター，⑥その他厚生労働大臣の指定する業務（コピーライター，情報処理システムエンジニア，インテリアコーディネーター，ゲーム用ソフトの創作，証券アナリスト，金融商品開発，大学における教授研究（主として研究する業務に限る），公認会計士，弁護士，建築士，不動産鑑定士，弁理士，税理士，中小企業診断士）	事業の運営に関する事項についての企画，立案，調査および分析の業務であって，当該業務の性質上これを適切に遂行するにはその遂行の方法を大幅に労働者の裁量にゆだねる必要があるため，当該業務の遂行の手段および時間配分の決定等に関し使用者が具体的な指示をしないこととする業務
対象労働者	常態として対象業務に従事する労働者	常態として対象業務に従事し，対象業務を適切に遂行するための知識，経験等を有する労働者
採用条件	労使協定の締結（届出義務あり）	労使委員会における委員の5分の4以上の多数による決議とその届出
決議・協定事項	①対象業務の特定 ②みなし労働時間数 ③対象業務の遂行の手段および時間配分の決定等に関し，当該業務に従事する労働者に対し具体的な指示をしないこと ④労働者の健康および福祉を確保するための措置とその使用者による実施 ⑤労働者からの苦情の処理に関する措置とその使用者による実施 ⑥命令で定める事項 ⅰ）協定の有効期間の定め ⅱ）⑤・⑥の措置として講じた措置に関する記録の保存	①対象業務の範囲 ②対象労働者の範囲 ③みなし労働時間数 ④当該労働者の健康および福祉を確保するための措置と使用者によるその実施 ⑤対象業務に従事する労働者からの苦情の処理に関する措置と使用者によるその実施 ⑥制度の適用についての労働者の同意および同意しない労働者に対する不利益取扱いの禁止 ⑦命令で定める事項 ⅰ）決議の有効期間の定め ⅱ）④・⑤の措置として講じた措置および⑥の同意に関する記録の保存

2003年の労基法改正では，企画業務型裁量労働制の要件が緩和される一方で，専門業務型裁量労働制の要件が加重されたが，両制度の要件には依然として大きな違いがある（**図表 14-5 参照**）。

　裁量労働制は，労働者にとって柔軟な働き方を可能とする反面，労働時間管理がおろそかになり，結果的に長時間労働が放置されたり，実際には労働者が十分に裁量的な働き方をしていないにもかかわらず制度が適用されることにより，残業代や割増賃金の節約のために悪用される危険性もはらんでいる。それだけに，制度の導入にあたっては，労使協定や労使委員会決議の内容について慎重な検討がなされるべきであり，制度導入後もその運用・実施状況についての十分な監視が必要である。

専門業務型裁量労働制

　専門業務型裁量労働制（労基 38 条の 3）は，命令で定められた研究開発業務などとくに専門性の高い業務（労基則 24 条の 2 の 2 第 2 項。**図表 14-5 参照**）のうちから，労使協定によって対象となる業務を特定し，当該業務の遂行の手段および時間配分の決定等に関しては使用者が具体的な指示をしないことを定めれば，当該業務に就いた労働者は，労使協定で定められた時間労働したものとみなされるというものである。労使協定には期間の定めをし，労基署に届け出なければならない（労基則 24 条の 2 の 2 第 3 項・4 項）。なお，専門業務型裁量労働制の対象業務のうち，情報処理システムコンサルタント，インテリアコーディネーター，ゲーム用ソフトの創作，証券アナリスト，金融商品開発，2 級建築士・木造建築士，税理士，中小企業診断士は 2002 年から（平 14 厚労告 22 号），大学の教授研究の業務は 2004 年から（平 15 厚労告 354 号）認められたものであり，労使協定事項のうち，労働者の健康福祉確保措置，苦情処理措置およびそれらについての記録の保存は，2003 年の法改正によって新たに加えられたものである。

企画業務型裁量労働制

(a) **要 件**　企画業務型裁量労働制（労基 38 条の 4）は，「事業の運営に関する事項についての企画，立案，調査及び分析の業務」を対象業務とするものであり，下記の労使委員会における決議とその届出を採用の条件とすることに特徴がある（決議事項等につき**図表 14-5**，制度の実施につき**図表 14-6** 参照）。制度の採用に労使協定ではなく労使委員会決議が必要とされる理由は，複数の労使委員による話合いを通じて適用対象業務や適用対象労働者の範囲を特定するなどの制度設計を行い，さらに制度の実施状況についても監視する機能を期待したことにある。この決議は，制度の導入当初は委員全員の合意によることが必要であったが，2003 年の改正により委員の 5 分の 4 以上の多数による決議で足りることになった（このことは，かりに使用者側委員全員が賛成しても，労働者側委員の過半数が賛成しなければ決議が成立しないことを意味する）。

　この制度を採用することができる事業場は，当初「事業運営上の重要な決定が行われる事業場」，つまり，実際上は本社またはそれに準ずる事業場に限られていたが，2003 年の改正によってそのような制限は外された。しかし，この改正後も，適用対象事業場は，本社・本店のほか，「当該事業場の属する企業等に係る事業の運営に大きな影響を及ぼす決定が行われる事業場」や，「独自に，当該事業場に係る事業の運営に大きな影響を及ぼす事業計画や営業計画の決定を行っている支社・支店等である事業場」であることが必要であり，その対象業務も，「企業等に係る事業の運営に影響を及ぼす事項又は当該事業場に係る事業の運営に影響を及ぼす事業計画や営業計画」についての業務であることが求められる（下記「指針」参照）。また，この制度の適用については，労使委員会の決議に基づき，労働者本人の個別同意が必要となる（労基 38 条の 4 第 1 項 6 号）ほか，使用者は，同じく決議に基づき，労働者の就労状況に応

図表 14-6　企画業務型裁量労働制の実施

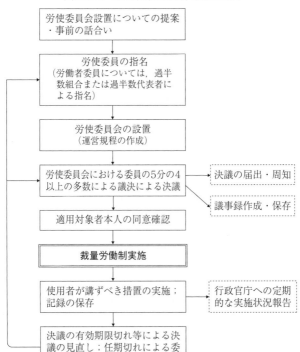

じてその健康・福祉を確保するための措置や，苦情処理のための措置を講じ（同項 4 号・5 号），さらに制度の実施状況を行政官庁に報告しなければならない（同条 4 項）。ほかに，労使委員会が決議すべき事項や制度の実施にあたって労使が留意すべき事項については，厚生労働大臣が詳細な「指針」を定めている（同条 3 項。平 11 労告 149 号）。

　(b)　**労使委員会**　　労使委員会は，企画業務型裁量労働制の採用にとどまらず，「賃金，労働時間その他の当該事業場における労働条件に関する事項を調査審議し，事業主に対し当該事項について意

見を述べること」を任務とするものである（労基 38 条の 4 第 1 項）。
労使委員会は労使同数で構成され，その労働者側委員は，過半数組
合または過半数代表者により任期を定めて指名される必要がある
（同条 2 項）。

　労使委員会は，企画業務型裁量労働制に関する決議のほか，労基
法第 4 章に定められた労働時間に関するすべての労使協定に代わる
決議（協定代替決議）をすることができる（同条 5 項。この場合の決議
についても，委員の 5 分の 4 以上の賛成が必要とされる）。この協定代替
決議は，労働時間に関する諸制度を労使委員会の決議により柔軟に
導入することを目的とするものであり，そのため，36 協定に代わ
る決議を除き，行政官庁に届け出ることを要しない。

5 高度プロフェッショナル制度の導入

制度の趣旨・要件

　　　　　　　　　「働き方改革関連法」の一環として，新た
に高度プロフェッショナル制度が導入され
た（労基 41 条の 2）。この制度は，「高度の専門的知識等を必要とし，
その性質上従事した時間と従事して得た成果との関連性が通常高く
ないと認められるものとして厚生労働省令で定める業務」（対象業
務）に，一定額以上の年収のある労働者（対象労働者）を就かせたと
きは，労基法第 4 章で定める労働時間，休憩，休日および深夜の割
増賃金に関する規定の適用を除外するというものである（同条 1 項
本文）。この場合の年収額は，施行規則により 1075 万円と定められ
ている（労基則 34 条の 2 第 6 項）。

　この制度を適用するためには，まず，労使同数で構成されるいわ
ゆる労使委員会において 5 分の 4 以上の多数による一定の事項（労
基 41 条の 2 第 1 項各号）についての決議がなされ，使用者がその決

議を届け出る必要がある。そのうえで，使用者は対象労働者に該当する労働者から書面その他の方法により個別に同意を得なければならない。労働者が同意を拒否したことを理由に解雇その他の不利益な取扱いをすることはできず，労働者がいったん同意した場合でも，決議の定めるところにより自由に撤回することができる。なお，本条にいう労使委員会には38条の4の労使委員会に関する規定が準用され（41条の2第3項），労使協定に代わる決議をすることもできる。

| 労働時間規制の適用除外と代替措置 |

この制度の適用により，労基法上の労働時間規制が適用除外となり，使用者は労働時間を直接把握し，管理する義務を負わないことになるが，それに代えて，一定の健康確保措置をとることが義務づけられる。具体的には，①対象労働者が事業場内にいた時間と事業場外で労働に従事した時間の合計時間（健康管理時間）を把握する措置を講ずること，②年間104日以上かつ4週4日以上の休日を確保すること，③勤務間インターバル制度の採用，上記①の健康管理時間を一定の範囲内とすること，まとまった休日の付与，対象労働者の健康診断の実施のうち，いずれかの措置を労使委員会決議等の定めるところにより講じることが求められる（同条1項3号〜5号）。また，健康管理時間が一定時間を超える労働者については，安衛法により医師による面接指導が義務づけられる（安衛66条の8の4第1項）。ほかに，対象労働者の健康福祉確保措置（労基41条の2第1項6号），苦情処理手続（同8号）などについても決議する必要がある。

さらに，企画業務型裁量労働制についての38条の4第3項等が準用されることから（41条の2第3項），高度プロフェッショナル制度についても「労働基準法第41条の2第1項の規定により同項第1号の業務に従事する労働者の適正な労働条件の確保を図るための

指針」（平31・3・25厚労告88号）が定められており，労使委員会は，当該決議の内容が同指針において適合したものとなるようにしなければならないものとされる（同4項）。

★ 参考文献─────

　弾力的労働時間制度全般については，日本労働法学会編『講座労働法の再生第3巻』（日本評論社）。企画業務型裁量労働制については，盛誠吾「新裁量労働制の要件」労働法律旬報1488号，同「裁量労働制──対象業務の拡大問題を中心に」労働法律旬報1522号，同「裁量労働制の要件変更」労働法律旬報1554号。高度プロフェッショナル制度の問題点については，「特集・働き方改革法─労働時間法制」労働法律旬報1927＝1928号。

第 15 章

ワーキングライフとプライベートライフ

> 休暇は，労働者が健康で働き続けるための不可欠な労働
> 条件であり，同時に，家族と豊かな時間を共有し，地域
> の文化・社会活動に従事し，かつ教養を深めたりするた
> めにも必要不可欠である。本章では，くらしを豊かにす
> るような，労働生活と私生活との調和の仕組みをとりあ
> げる。

1 年次有給休暇（年休）

> **年休取得の実態と**
> **制度改正の経緯**

年次有給「休暇」は，賃金の支払いを受け
ながら労働義務を免れることができる制度
である（これに対して，はじめから労働義務が
ない日は「休日」という）。

ILO は，1936 年に第 52 号条約（「年次有給休暇に関する条約」）を
採択し，労働者に最低 6 日間の年休の権利を認めた。労働基準法が
1947 年に制定されたとき，6 日間の年休を定めたのはこの条約の影
響を受けたものである。しかし，第 52 号条約は，「最低 6 日間は分
割を許さない」という分割禁止規定をおく一方で，年休付与におい
て一定以上の出勤率を条件としていない。また，16 歳未満の者に
最低 12 日の休暇を与えることを定め，疾病に基づく就業不能期間
を年休の一部とすべきではないとしている。以上の規定に適合でき
ないために，日本はいまだに ILO 第 52 号条約すら批准できないで

いる。

ILO は，1970 年には第 132 号条約を採択して，年休日数を 1 年につき最低 3 労働週とし（3 条 3 項），そのうち 2 労働週は継続して与えるべきだとした（8 条 1 項・2 項）。欧米ではこのように，長期間にわたって休暇をとることが本来の年休の制度の趣旨である。たとえばフランスで初めて 2 週間の年休を制度化した 1936 年法は，バカンス法とよばれて，長期の休暇を年休と考えていた。これにくらべて日本の場合は，長期よりは 1 日ごとに休暇をとる方がむしろ通常の年休の利用の仕方である。年休の継続取得の慣行は，日本では定着していない。

2018 年には，常用労働者 30 人以上の民間企業の労働者 1 人が利用できる年休の付与日数は 18.2 日であり，実際の取得日数は 9.3 日，取得率は 51.1％ だった（厚生労働省「平成 30 年就労条件総合調査」）。18 日以上の年休が与えられているのに，そのうちの 9 日しか利用しないのである。なぜこのように取得率が低いのだろうか。その理由は，①年休をとりたくてもとれない（仕事が忙しい，周囲・上司への気がね，年休取得に伴う不利益取扱い），②病気，育児・介護などへの備え，③余暇意識の低さなどにある。①においては人員配置の不十分さが，②については病気休暇や育児・介護休暇がとりにくいという現実が，それぞれ，年休消化の障害になっている。

年休に関する労基法の条文は，これまでに数次にわたって改正された。1987 年には，年休の最低付与日数が 6 日から 10 日になり，計画年休制度が導入された。1993 年には，年休権発生のための最低勤続期間要件が 1 年から 6 カ月になり，1998 年には，年休日数の逓増方式（勤続年数に応じて年休日数を増やす方式）に関して，より多くの休暇日数が付与されるようになった。それでもなお，ILO 第 52 号条約について述べたのと同じ理由から，日本は ILO 第 132 号条約を批准できないでいる。年休の最低取得単位が原則 1 日とさ

れていることが，年休制度の消化率を低めているのではないかという理由から，2008年には，年休の時間単位付与制度が導入された。さらに，2018年に成立した「働き方改革」関連法による改正で，使用者は，10日以上の年次有給休暇取得資格がある労働者には，毎年5日について時季を指定して年休を付与しなければならないことになった（労基39条7項）。

年休権の成立要件と日数

労基法は，使用者に対して，①雇入れの日から6カ月間継続勤務して，全労働日の8割以上出勤した労働者に，継続したまたは分割した10労働日の有給休暇を与えること（39条1項），②1年6カ月以上継続勤務した労働者には，6カ月を超えて継続勤務した日から起算した勤務年数2年の間は，1年につき年休日数を1日ずつ加算すること，③勤続2年6カ月に達した日以降は，勤続1年ごとに年休日数を2日ずつ加算し，最大日数20日までの休暇を与えること（同条2項）を義務づけている（**図表15-1**参照）。

年休は基本的に1労働日を単位として与えられるが，通達は，労働者の請求により使用者が任意に与える場合にかぎり，半日の年休を付与することも差し支えないとしてきた（昭63・3・14基発150号，平7・7・25基監発33号）。2008年の法改正により，使用者は，事業場の労使協定の定めにより，1年に5日の範囲内で年休を時間単位で与えることができる（労基39条4項）。

週所定労働日数が4日以下または年間所定労働日数216日以下の短時間労働者（いわゆるパートタイム労働者）に対しては，年休が労働時間に比例して付与される（年休の比例付与，労基則24条の3第3項。**図表15-2**参照）。ただし，週所定労働日数が少なくても，週所定労働時間が30時間以上の労働者には，通常の労働者と同様の休暇が付与される。

年休を取得するには，使用者の許可や承認は必要ない。6カ月間

図表 15-1　年休の付与日数（労基 39 条）

勤続年数	6 カ月	1 年 6 カ月	2 年 6 カ月	3 年 6 カ月	4 年 6 カ月	5 年 6 カ月	6 年 6 カ月以上
年休日数	10 日	11 日	12 日	14 日	16 日	18 日	20 日

図表 15-2　パートタイム労働者への年休の付与日数（労基則 24 条の 3 第 3 項）

週所定労働日数	1 年間の所定労働日数	雇入れの日から起算した継続勤務期間						
		6 カ月	1 年 6 カ月	2 年 6 カ月	3 年 6 カ月	4 年 6 カ月	5 年 6 カ月	6 年 6 カ月以上
4 日	169～216 日	7 日	8 日	9 日	10 日	12 日	13 日	15 日
3 日	121～168 日	5 日	6 日	6 日	8 日	9 日	10 日	11 日
2 日	73～120 日	3 日	4 日	4 日	5 日	6 日	6 日	7 日
1 日	48～ 72 日	1 日	2 日	2 日	2 日	3 日	3 日	3 日

注）週所定労働日数が 4 日以下または年間所定労働日数 216 日以下の労働者については，年次有給休暇が労働時間に比例して付与される。週所定労働日数は少なくても，週所定労働時間が 30 時間以上の労働者には，通常の労働者と同様の年次有給休暇が付与される。

継続的に勤務して（継続勤務要件）8 割以上出勤したという要件（出勤率要件）が満たされれば，年休を取得する権利が発生する（全林野白石営林署事件・最 2 小判昭 48・3・2 民集 27 巻 2 号 191 頁，国鉄郡山工場事件・最 2 小判昭 48・3・2 民集 27 巻 2 号 210 頁。以下，両者をあわせて「3・2 判決」という）。出勤率は，「全労働日」を分母とし，「出勤した日」を分子として計算される。「全労働日」とは，就業規則などの規定によって，労働契約上労働義務がある日をいう。ただし，就業規則で「労働義務があるが欠勤しても差し支えない日」としていても，祝日，土曜日，年末・年始等の各休日は労働日に含ませてはならないとした判決がある（エス・ウント・エー事件・最 3 小判平 4・2・18 労判 609 号 12 頁）。「出勤した日」については，労災による休業期間，育児・介護休業期間，産前産後の休業期間はいずれも，

法律の規定によって出勤したものと扱われている（労基39条10項）。年休取得日も出勤したものとして扱われる（昭22・9・13発基17号，平6・3・31基発181号）。

　問題となるのは，労働者の責めに帰すべき事由以外の事由により労務が履行されなかった日の取扱いである。最高裁は，無効な解雇のように使用者が就労を正当な理由なく拒んだために就労できなかった日は，労働者の責めに帰すべき事由ではない不就労日であり，出勤した日にあたるが，使用者側に起因する経営・管理上の障害による休業日は，全労働日から除かれる，と判断した（八千代交通事件・最1小判平25・6・6民集67巻5号1187頁；労判1075号21頁）。行政解釈も，「当事者間の衡平等の観点から出勤日数に算入するのが相当でないものは，全労働日に含まれない」とした（平25・7・10基発0710第3号）。これについては，出勤率の計算において使用者側の事情が労働者に不利に働くことは妥当かどうか，見解が分かれるところであろう。

　日本では，このように年休権発生に関して，「継続勤務要件」と「出勤率要件」が必要とされている。いずれも，休暇を労働者に対する報償としてとらえる発想であるといえよう。しかし前者の要件に関しては，派遣労働やパートタイム労働，契約社員などが増えて雇用形態が多様化してきた現在では，1つの企業での勤続期間を価値のあるものとして評価することは意味をもたなくなってきている。継続勤務要件の判断にあたっては，雇用契約の期間が形式的に継続しているか否かを判断するのではなく，年休の制度趣旨を踏まえて，勤務の実態，当該雇用契約の期間，期間契約を採用する理由，次の雇用契約との間隔，採用手続き，他の労働者との均衡等を総合して，「実質的に判断すべき」とする判決がある（日本中央競馬会事件・東京高判平11・9・30労判780号80頁）。後者の要件（出勤率要件）は諸外国では例をみないものであり，休暇を報償とみること自体が休暇

の権利保障の理念に原理的に反しているとして批判されている。制度的には早急に改正することが望ましい。

年休の時季指定と
時季変更

(a) **時季指定権**　年休権が発生した時点では，いつ年休権を行使するかは定まっていないから，労働者が具体的にそれを利用するときには，「時季」を指定して請求する必要がある。これが，労働者の時季指定権である（労基 39 条 5 項本文）。これは労働者による一方的な指定であって，相手方の承諾は必要ではなく，この行為によって，指定された日の労働義務が消滅するのである（「3・2 判決」）。この点に関する判例は，「年休には使用者の承諾・許可が必要」と規定する就業規則の定めがあっても，それは，事前の代替要員の確保を容易にして時季変更権の行使をなるべく不要ならしめようとの配慮であって，使用者が時季変更権を行使する旨の意思表示あるいはそれを行使しない旨の確認のためのものであると解している（此花電報電話局事件・最 1 小判昭 57・3・18 労判 381 号 20 頁）。ただし，前述のように，2018 年の法改正は使用者による時季指定を取り入れ，使用者は，10 日以上の年休が付与される労働者に対しては，年休の日数のうち 5 日について，基準日から 1 年以内の期間に，労働者ごとに時季を定めて付与しなければならないと規定する（労基 39 条 7 項）。使用者は，この条文の下で，実際に労働者に年休を取得させなければならない。ただし労働者が自ら時季指定権を行使した場合や，計画年休によって年休が付与された場合には，それらの日数分については，使用者は年休付与義務を免除される（同条 8 項）。

　「時季」とは，季節と具体的な時期の両方を含む概念である。したがって，労働者が季節を指定して，その後に使用者と調整して具体的な時期を確定する方法もあるが，それよりは，最初から労働者が具体的な時期を指定するやり方のほうが一般的である。

(b)　**時季変更権**　　このような労働者の時季指定に対応するものとして，請求された時季に年休を与えることが「事業の正常な運営を妨げる場合」には，使用者は，他の時季にこれを与えることができる（労基39条5項ただし書き）。これを時季変更権という。労働者による年休の時季指定の効果は，使用者による適法な時季変更権の行使を解除条件として発生する。しかし，使用者が時季変更権によって他の年休日を指定したとしても，労働者がそれによって拘束されるわけではなく，改めて別の時季に年休を取得することは可能である。

年休付与が事業の「正常な運営を妨げる」かどうかは，企業の規模，労働者の職務の内容，業務の繁閑，代替要員の確保の難易，同時期における年休取得者の有無などを総合して判断される。実際上は，事業場や職場に配置されている要員数は必要最小限度に抑制されていることが多いので，労働者が1人でも年休を取得するとただちに「事業の正常な運営を妨げる」場合になってしまうような実態がないわけではない。最高裁は，使用者は勤務割を変更して代替勤務者を配置するなど，状況に応じた通常の配慮をする必要があり，それが可能であるにもかかわらずその配慮をせずに時季変更権を行使することは許されないと述べた（弘前電報電話局事件・最2小判昭62・7・10民集41巻5号1229頁；労判499号10頁，横手統制電話中継所事件・最3小判昭62・9・22労判503号6頁）。また，受注量が多くて人員が常に不足している状況にある貸切バスの会社で労働者が請求した時季に年休を付与できなかった例について，裁判所は，業務量の予測が困難であるという使用者側の主張をしりぞけて「通常の配慮が尽くされて」いなかったとの結論を出した（西日本JRバス事件・名古屋高金沢支判平10・3・16労判738号32頁）。時季変更権を行使するには，人員に余裕をもった配置をしておかねばならないし，使用者は年間の事業の見通しの中で，ある程度計画だった年休付与

を予定しておかねばならないということになるだろう。

　また，研修期間中の年休取得について，使用者は，休暇期間における具体的な訓練の内容が，これを欠席しても予定された知識，技能の修得に不足を生じさせないものであると認められないかぎり，事業の正常な運営を妨げるものとして時季変更権を行使することができる，とした判決がある（日本電信電話事件・最2小判平12・3・31労判781号18頁）。

　時季変更権の行使の時期について，労基法に定めはない。しかし，指定された休暇日の直前になってからの変更権行使は労働者に不利益をもたらすので，使用者は，事業の正常な運営を妨げるという「事態発生の予測が可能になってから合理的期間内に時季変更権を行使しなければならず，不当に遅延した」行使は許されないとする判例がある（高知郵便局事件・最2小判昭58・9・30労判416号31頁）。ただし労働者の時季指定が休暇日に近接して行われたために使用者が時季変更権を行使するか否かを事前に判断する時間的余裕がなかったという場合には，事前に行使されなかったから直ちに不適法とはいえず，時季変更権の行使が事後であっても適法であると解される（前掲・此花電報電話局事件最判）。

　(c)　**長期休暇**　　時季変更権の行使を争う事例の多くは，1日単位やせいぜい数日単位で利用される年休に関する事例である。これに対して，1カ月程度の長期休暇を請求する事例もないわけではない。長期休暇は一般に，代替者を確保することについても困難を伴うことが多いので，他の労働者の休暇予定などとの事前の調整が必要になる場合が多い。労働者がこうした調整を経ないで長期休暇を請求した場合について，最高裁は，どの程度の年休を認めてどの程度時季変更権を行使するかについて，使用者が裁量的な判断を行うとしている（時事通信社事件・最3小判平4・6・23民集46巻4号306頁；労判613号6頁）。長期で連続した年休取得に限っての判断だと

考えられる。

　もっとも日本の年休が「コマ切れ」でしかとれないこと自体がもっと批判されるべきであろう。長期間のバカンス休暇をとることによってはじめて，労働者の文化的な生活が豊かに育まれる。ILO水準の最低2週間の継続休暇期間が，具体的に保障される必要がある。

計画年休制度　年休は，労働者が自ら欲したときに自由に利用するのが建前であるが，それだけにゆだねていると，年休の消化率はきわめて低い水準にとどまってしまう。そのような実態を改善してよりいっそう年休の消化率を高めるために，1987年の労基法改正によって，職場で一斉にまたは交替で計画的に年休を取得する制度が導入された。これが「計画年休制度」である。

　使用者は，事業場の過半数組合または過半数従業員代表との間の書面による協定により「有給休暇を与える時季に関する定め」をしたときは，年休日数のうち5日を超える部分については，この定めにしたがって年休を与えることができる（労基39条6項）。ただし，少なくとも5日分の年休は，労働者が個人として自由に使える年休として残しておかなければならない。

　労使協定によって実現される計画年休のタイプとしては，①事業場全体でとる一斉休暇型，②班ごとにとる交替制休暇型，③計画表を作成して個人ごとにとる個人別休暇型がある（昭63・1・1基発1号）。このように事業場協定で年休日を特定すると，その期間に年休をとりたくない労働者が別の日に年休を時季指定しても，使用者はその行使を拒否することができるし，計画年休日に労働者が出勤してきても，使用者はその就労を拒否することができるというのが，実務上の解釈である（昭63・3・14基発150号。三菱重工業長崎造船所事件・福岡高判平6・3・24労民集45巻1＝2号123頁）。あくまでも労

働者の時季指定が優越し，計画年休は労働者の個別の同意なくして
は導入できないという考え方もあるが，これは1987年法改正以前
の法解釈にほかならない。現在では，より積極的に計画年休を利用
して，できるだけ年休取得率を向上させる方向が望ましいし，長期
連続休暇を実現するために計画年休を最大限に活用する法解釈が選
択されるべきであろう。

　◆**年休の繰り越し，買い上げ**　制度の趣旨からいって，年休は当該年度
　内に使い切ることが望ましい。しかし実際には，年休の消化率は低く，
　翌年に繰り越されることが多い。この点に関する規定はないが，行政解
　釈上，未消化の年休権は翌年まで繰り越すことができるとされている
　（昭22・12・15基発501号）。繰り越された場合には，2年間の消滅時効の
　適用があると解されるので（労基115条），年休権はそれが発生した年度
　の翌年度末まで行使できることになる。当該年度分と繰り越された前年
　度分の年休がある場合には，労働者の時季指定は，まず繰越分からなさ
　れたものと推定するのが，合理的な意思解釈であろう。年休を与えずに，
　代わりに金銭を払うこと（年休の買い上げ）は，年休制度の趣旨に反し，
　違法であるが（昭30・11・30基収4718号），退職が近くなってもなお未消
　化の年休が残っており，使用者側の事情によってそれが消化しきれない
　場合には，取り残した年休日数分の賃金相当額を，使用者に対する損害
　賠償として請求することも可能であろう。

　　　　　　　　　　　　　　年休の本来の目的は心身の休息や私生活の
　　　　年休の使途　　　　　充実にある。しかし，年休をどのように利
用するかは，本来，労働者の自由である。判例も，「年次有給休暇
の利用目的は労基法の関知しないところであり，休暇をどのように
利用するかは，使用者の干渉を許さない労働者の自由である」と明
言した（「3・2判決」）。労働者は休暇をとるにあたって年休の利用目
的を使用者に告げる必要はないし，かりに目的を申告したとしても，
それ以外の目的に年休を使うことは自由であろう。

　さて，法律によって争議行為が禁止されている公務員については，
全員が一斉に年休届けを出して職場を離脱するという「一斉休暇闘

争」がよくみられたところである。最高裁は，一斉休暇闘争は，実質的には年休に名を借りた同盟罷業にほかならず，本来の年休権の行使ではないと判断したが，「他の事業場における争議行為に休暇中の労働者が参加」しても，それは年休の成否には影響しないとしてきた（「3・2判決」）。しかしその後，最高裁は，一斉休暇闘争ではない年休取得について，すなわち，たまたま年休を利用して自己の所属する事業場の争議行為に労働者が参加した場合についても，「業務を運営するための正常な勤務体制」の存在を前提とする年休制度の趣旨に反するとして，年休は成立しないとする判断を下している（津田沼電車区事件・最3小判平3・11・19民集45巻8号1236頁）。

――――――――――
年休の取得と
不利益取扱い
――――――――――

使用者は，年休を取得した労働者に対して，「賃金の減額その他不利益な取扱いをしないようにしなければならない」（労基附則136条）。最高裁は，この規定は使用者の「努力義務」を定めたものであって，労働者の年休取得を理由とする不利益取扱いの私法上の効果を否定するまでの効力を有するものではないと解釈し，そのうえで，勤務予定表作成後に年休を取得すれば皆勤手当を支給しないという取扱いは，それが年休権を保障した趣旨を実質的に失わせるものでないかぎり，公序に反して無効とすることはできないとした（沼津交通事件・最2小判平5・6・25民集47巻6号4585頁；労判636号11頁）。

　しかし，労基法136条は，通常の努力規定（「努めなければならない」）とは異なる形をとっている。それだけに，「努力義務」であるから私法的効果を否定する効力がないという解釈には，明確な根拠はない。むしろ，労基法が年休を有給で保障しているのはその期間を出勤したものとして扱うべきだとの要請を含むものであるから，皆勤手当の支給や昇給に関して，年休の取得を欠勤として取り扱うことは，年休権保障の趣旨からみても違法と解釈すべきといえよう。

2 家族的責任への支援策——育児介護休業制度

育児・介護の支援法制
の展開

1985年制定の男女雇用機会均等法は，育児のための便宜供与を女子労働者のみを対象に規定したが，徐々に，性別役割分業の見直しが進み，1991年の育児休業法は，男女労働者が育児休業を申し出ることができるという規定をおいた。1995年に日本はILO第156号条約を批准して，育児介護休業法を成立させたが，この法改正によって育児休業に加えて介護休業に関する規定が新設された。なお，公務員については，「国家公務員の育児休業等に関する法律」「地方公務員の育児休業等に関する法律」等が適用されている。介護休業については，一般職の国家公務員には「一般職の職員の勤務時間，休暇等に関する法律」が適用され，行政執行法人職員および地方公務員については育児介護休業法に特例が設けられている（育介61条）。

育児介護休業法の数次の改正に加えて，2003年には，少子化対策の観点から，次世代育成支援対策推進法が制定された。同法は，常時101人以上の労働者を雇用する一般事業主に，一般事業主行動計画の策定・届出を義務づけている（同法12条1項）。行動計画に盛り込まれる内容は「行動計画策定指針」（平26・11・28関係8大臣連名告示1号）に示されており，事業主に，①子の出生時の父親の休暇取得の促進，育児休業期間中の代替要員の確保などを含む，子育てを行う労働者の職業生活と家庭生活の両立支援のための雇用環境の整備，②所定外労働の削減や年休取得の促進などを含む，働き方の見直しに資する多様な労働条件の整備などを，計画に盛り込むように求めている。

事業主は，一定の要件を満たす場合には，申請により，厚生労働大臣から次世代認定マーク（愛称：くるみん）を受けることができる。これによって，子育てサポート企業であることを内外にアピールすることが可能である。

2007年に制定された労働契約法は，労働契約の基本原則に「仕事と生活の調和」という理念を明確に位置づけた（労契3条3項）。同条は，休暇や配転のあり方に関わって，ワーク・ライフ・バランスを尊重する労働契約法理をさらに推進する効果をもたらすであろう。

育児と介護をめぐる各種の権利・支援制度概要

(a)　育児時間と変形労働時間制の適用　1歳未満の子を育てる女性は，1日2回，少なくとも30分の育児時間を請求することができる（労基67条1項）。しかし女性のみが取得できる育児時間制度には批判がある。最近では授乳のためではなく保育園の送迎に育児時間が利用されており，その目的のためには男女労働者がこれを利用できることが望ましいからである。使用者は「育児を行う者，老人等の介護を行う者」（男女労働者）に1カ月単位・1年単位・1週間単位の変形労働時間制度を適用する場合には，育児と介護に必要な時間を確保できるように「配慮をしなければならない」（労基則12条の6）。

(b)　育児休業制度と介護休業制度　1歳未満の子（実子と養子の双方，また特別養子縁組の監護期間中の子，養子縁組里親に委託されている子が含まれる）を養育する労働者は，男女を問わず，育児休業を取得できる（育介2条1項・5条1項）。ただし，日々雇用される者はこのかぎりではない（2条1号）。

期間を定めて雇用される労働者については，①同一事業主に引き続き雇用された期間が1年以上であり，②子が1歳6カ月になるまでの間に労働契約が満了することが明らかでないときには，育児休

業の申出をすることができる（5条1項ただし書）。

　育児休業の申出は，特別の事情がないかぎり，1人の子について1回に限られる（同条2項）。なお，子が1歳になるまで育児休業をしており，その子が1歳到達日以後，保育園に入れないなどの要件を満たす場合には，休業は1歳6カ月まで延長することができる（同条3項）。事業主は原則として休業の申出を拒むことはできない（6条1項）。育児休業の権利はこの意味で，労働者の一方的意思表示によって効果が生じる権利（形成権）である。子どもが1歳になる前に配偶者が育児休業を取得していれば，同一の子につき子が1歳2カ月になるまで休業が延長できる（パパ・ママ育休プラス，9条の2）。また，夫が妻の出産後8週間以内に育児休業を取得した場合は，再取得が可能である（5条2項）。配偶者が専業主婦（夫）である労働者もまた，育児休業を取得できる。

　介護について，労働者は，「負傷，疾病又は身体上若しくは精神上の障害により」要介護状態にある対象家族，すなわち配偶者（事実婚も含む），父母，子，配偶者の父母などの介護のために，対象家族1人につき，3回まで分割して介護休業をすることができる（2条2号～4号・11条2項1号）。

　期間を定めて雇用される労働者については，①同一事業主に引き続き雇用された期間が1年以上であり，②介護休業開始予定日から起算して93日を経過する日から6カ月を経過する日までに労働契約が終了することが明らかでない者は，介護休業の申出をすることができる（11条1項ただし書）。

　育児・介護休業期間中の賃金の支払いは，事業主に対して義務づけられていないため，労使が自由に決定する。雇用保険法は，育児休業期間について，賃金の67％相当額の「育児休業給付金」（ただし6カ月を経過すると50％）を支給する定めをおく（雇保61条の4，同法附則12条）。また，介護休業期間について，賃金の67％の「介護

休業給付金」が支給される（同法61条の6，同附則12条の2）。健康保険と年金保険の保険料の本人負担分および事業主負担分は，育児休業に関しては免除されており（健保159条，厚年81条の2），免除された期間分も保険料は支払ったものとして扱われることになっている。一方，介護休業期間中は社会保険料の免除はない。

Column㉙ 男性の育児休暇取得の実態 ～～～～～～～～～～

　比較的早い時期から，育児休暇制度を「利用したいと思う」労働者の割合は増え続けてきた。2008年の段階でも，休暇を利用したい者は，男性が31.8%，女性が68.9%であり，男性でも育児に関わる制度利用を希望する割合が高かった（厚労省「今後の仕事と家庭の両立支援に関する調査結果」2008年）。ところが2017年度の民間企業の育児休業取得率をみると，女性は83.2%であるのに比べて，男性はわずか5.14%にすぎない。しかも男性の場合，たとえ育休をとったとしても，期間が著しく短く，5日未満が56.9%，5日〜2週間未満が17.8%であり，2週間未満の期間しか利用していない者が7割強である。一方，女性は，8カ月を超える期間の利用者が76%を占めている（内閣府「令和元年男女共同参画白書」）。育休取得のジェンダー格差の理由はさまざまであり，育児責任をもつ世代の男性の長時間労働の実態，育児休暇中の所得保障の不十分性も要因であろう。加えて，男性はこうあるべきだという先入観によって，上司が部下の育児休業取得を妨げるパタニティ・ハラスメントを指摘する声もある（渥美由喜「男性の育休取得が激減——背景に『パタハラ』」日本経済新聞電子版2013年8月5日）。

(c) **看護休暇と介護休暇**　小学校就学前の子を養育する労働者は，申出によって，子が1人なら年に5日，子が2人以上なら年に10日まで，看護のために休暇を取得することができる（育介16条の2第1項）。休暇は半日単位で取得することが可能である（同2項，同施行規則34条1項）。また，要介護状態にある対象家族の介護のために，1人につき年5日，2人以上なら年10日まで，休暇を取得できる（育介16条の5第1項）。

(d) **所定外労働・時間外労働の制限と深夜業の免除**　事業主は，3歳に満たない子を養育する労働者が請求した場合ならびに要介護状態にある対象家族の介護を行う労働者が請求したときは，事業の正常な運営を妨げる場合を除いて，所定内時間を超えて労働させてはならない（育介16条の8第1項・16条の9第1項）。

また，事業主は，小学校就学前の子を養育する労働者が請求した場合ならびに要介護状態にある対象家族の介護を行う労働者が請求したときは，事業の正常な運営を妨げる場合を除いて，1カ月に24時間，1年に150時間を超える時間外労働をさせてはならない（17条1項・18条1項）。

さらに，事業主は，小学校就学前の子を養育する労働者が請求した場合ならびに要介護状態にある対象家族の介護を行う労働者が請求した場合には，事業の正常な運営を妨げる場合を除いて，深夜業（午後10時から午前5時までの労働）をさせてはならない（19条1項・20条1項）。ただし，勤続1年未満の労働者，深夜において常態として保育もしくは介護ができる同居の家族等がいる労働者，1週間の所定労働日数が2日以下の労働者，所定労働時間のすべてが深夜にある労働者は，深夜業免除を請求することはできない（19条1項1号～3号・20条1項，同施行規則61条・66条）。

深夜業免除規定をめぐっては，日本航空インターナショナル事件の東京地裁判決（平19・3・26労判937号54頁）が，深夜業免除申請をした客室乗務員のうち，多数組合の組合員には深夜業免除パターンの乗務を月12～13日割り当てながら，少数組合の組合員（原告ら）には月2日程度しか割り当てなかったことについて，会社による正当な理由のない労務の受領拒否にあたるとして，原告らに対して，多数組合の組合員が受領した日数分の賃金の支払いを認めた。

(e) **所定労働時間の短縮措置等**　3歳未満の子を養育する労働者であって育児休業をしていないものが請求した場合，事業主は，1

日の所定労働時間を原則として 6 時間とすることを含む所定労働時間の短縮措置を講じなければならない（育介 23 条 1 項，同施行規則 74 条 1 項）。ただし労使協定で，一定の労働者を当該短縮措置の対象から除外することが許されている（育介 23 条 1 項 1 号～3 号）。しかし同時に，その対象から除外した労働者に対しては，育児休業に関する制度に準ずる措置または始業時刻変更等の措置を講じなければならない（同条 2 項）。

　要介護状態にある対象家族の介護を行う労働者であって介護休業をしていないものが請求した場合にも，連続する 3 年間に 2 回以上利用可能な措置として，所定労働時間の短縮措置を含む選択的な措置を講じなければならない（同条 3 項，同施行規則 74 条 3 項）。

　(f) **事業主の努力義務**　小学校就学前の子を養育する労働者については労働者の区分（たとえば 1 歳未満の子，3 歳までの子，小学校就学前の子を，それぞれ養育する労働者という区分）に応じて，また，家族介護をする労働者について，事業主は，始業時刻の変更や所定外労働の制限に関する措置などいくつかの措置を講ずる努力義務を負う（育介 24 条）。

　(g) **育児・介護休業等の個別周知**　事業主は，育児休業や介護休業について就業規則に定めている事項（たとえば育児休業中や休業後の待遇など）について，労働者に個別に周知させるための措置を講ずる努力をしなければならない（育介 21 条 1 項）。これは，使用者が労働者やその配偶者の妊娠・出産・介護について知ることを前提とした規定であるため，労働者が自発的に知らせやすい職場環境にあることが重要であり，育児休業等に関する不利益取扱いやハラスメントが明確に防止されている必要がある（育児介護ハラスメント〔ケア・ハラスメント〕については，第 4 章 **6** を参照）。

　(h) **転勤についての配慮**　事業主は，労働者を転勤させようとするときには，育児や介護を行うことが困難となる労働者について，

その育児・介護の状況に配慮しなければならない（育介26条）。

以上の育児介護休業法の規定の詳細は，**図表15-3**を参照のこと。

育児・介護と不利益取扱い

事業主は，育児休業，介護休業，子の看護休暇，介護休暇，所定外労働の制限，時間外労働の制限，深夜業の制限，さらに所定労働時間の短縮等について，労働者がそれらの申出をしたこと，またはそれらを取得したこと等を「理由として」，解雇その他不利益な取扱いをしてはならない（育介10条・16条・16条の4・16条の7・16条の10・18条の2・20条の2・23条の2）。

育児休業の申出等を「理由とする」不利益な取扱いに該当する具体的内容は，「指針」に示されているが，それらの行為は，労働者が育児休業等の申出等をしたこととの間に因果関係がある行為である（育介法指針平21年厚労告509号第2の11(1)）。妊娠・出産等を理由とする不利益取扱いに関する場合と同様（第4章**3**参照），厚労省は，広島中央保健生活協同組合事件・最高裁判決を契機として，育児介護休業法解釈通達を一部改訂した（平21・12・28・職発1228第4号，雇児発1228第2号）。すなわち，育児休業の申出・取得を「契機として」不利益取扱いが行われた場合は，原則として育介法違反の不利益取扱いがなされたと解されること，ただし，業務上の必要性があるため当該不利益取扱いを行わざるをえない特段の事情がある場合，または，労働者が当該取扱いに同意するような合理的な理由が客観的にある場合においては，この限りではない，ということになる。

育児介護休業後に原職復帰できるかどうかは，キャリアの継続を求める労働者にとって最大の関心事である。育児休業を取得して職場復帰した女性に対して，①担当業務の一方的変更（海外ライセンス業務から国内ライセンス業務へ），②役割グレードの引下げ，③年俸の減額という不利益処遇がなされたコナミデジタルエンタテインメ

ント事件で，東京高裁判決（平23・12・27労判1042号15頁）は，上記の②と③を人事権の濫用で違法と判断した。しかし，裁判所に，育児休業明けの一方的担務変更（上記①）を休業取得に関わる不利益取扱いとしてとらえる発想はなく，結論として権利濫用とは認められなかった。育児介護休業法は，休業後の原職復帰を明記しておらず，同法22条は「事業主は，……休業後における就業が円滑に行われるようにするため，……労働者の配置その他の雇用管理……に関して，必要な措置を講ずるよう努めなければならない」，とするのみである。指針も，「育児休業……後においては，原則として原職又は原職相当職に復帰させることが多く行われているものであることに配慮すること」と記載しているにすぎない（平21厚労告509号第2の7(1)）。実際には多くの労働者が，もとの仕事に復帰できるのかどうか不安を感じつつ，休業をしている現状にある。

　3ヵ月の育児休業取得により翌年の昇格試験の受験機会を拒否したことは育介法10条違反としたもの（医療法人稲門会事件・大阪高判平26・7・18労判1104号71頁），育児のための短時間勤務制度利用を理由とする昇給拒否は育介法23条の2違反としたもの（社会福祉法人全国重症心身障害児〔者〕を守る会事件・東京地判平27・10・2労判1138号57頁）がある。

図表 15-3　育児・介護休業法における制度の概要

		育児関係	介護関係
休業制度	休業の定義	○労働者が原則としてその1歳に満たない子を養育するためにする休業 *2条1号・5条1項*	○労働者がその要介護状態にある対象家族を介護するためにする休業 *2条2号〜4号*
	対象労働者	○労働者（日々雇用を除く） *2条1号* ○有期契約労働者は，次の要件を満たすことが必要 ・同一の事業主に引き続き雇用された期間が1年以上であること ・子が1歳6か月（2歳までの休業の場合は2歳）を経過する日までに労働契約期間が満了し，更新されないことが明らかでないこと *5条1項* ○労使協定で対象外にできる労働者 ・雇用された期間が1年未満の労働者 ・1年（1歳以降の休業の場合は，6か月）以内に雇用関係が終了する労働者 ・週の所定労働日数が2日以下の労働者 *6条1項1号・2号, 則8条*	○労働者（日々雇用を除く） *2条2号* ○有期契約労働者は，次の要件を満たすことが必要 ・同一の事業主に引き続き雇用された期間が1年以上であること ・介護休業取得予定日から起算して93日経過する日から6か月を経過する日までに労働契約期間が満了し，更新されないことが明らかでないこと *11条1項* ○労使協定で対象外にできる労働者 ・雇用された期間が1年未満の労働者 ・93日以内に雇用関係が終了する労働者 ・週の所定労働日数が2日以下の労働者 *12条2項*
	対象となる家族の範囲	○子 *2条1号*	○配偶者（事実婚を含む。以下同じ。），父母，子，配偶者の父母，祖父母，兄弟姉妹及び孫 *2条4号・5号*
	回数	○子1人につき，原則として1回（ただし，子の出生日から8週間以内にした最初の育児休業を除く。） *5条2項* ○以下の事情が生じた場合には，再度の育児休業取得が可能 *則5条*	○対象家族1人につき，3回 *11条2項1号*

346

		・新たな産前産後休業，育児休業又は介護休業の開始により育児休業が終了した場合で当該休業に係る子又は家族が死亡等した場合 ・配偶者が死亡した場合又は負傷，疾病，障害により子の養育が困難となった場合 ・離婚等により配偶者が子と同居しないこととなった場合 ・子が負傷，疾病，障害により2週間以上にわたり世話を必要とする場合 ・保育所等入所を希望しているが，入所できない場合	
	期間	○原則として子が1歳に達するまでの連続した期間 　　　　　　　　5条1項 ○ただし，配偶者が育児休業をしているなどの場合は，子が1歳2か月に達するまで出産日と産後休業期間と育児休業期間とを合計して1年間以内の休業が可能 　　　　　　　　9条の2	○対象家族1人につき通算93日まで 　　　　　　　11条2項2号
	期間 （延長する 場合）	○子が1歳に達する日においていずれかの親が育児休業中であり，かつ次の事情がある場合には，子が1歳6か月に達するまで可能 　　　　5条3項，則6条 ・保育所等への入所を希望しているが，入所できない場合 ・子の養育を行っている配偶者（もう一人の親）であって，1歳以降子を養育する予定であったものが死亡，負傷，疾病等により子を養育することが困難になった場合 ※同様の条件で1歳6か月から2歳までの延長可 　　　5条4項，則6条の2	

子の看護休暇	制度の内容 *16条の2* *16条の3*	○小学校就学の始期に達するまでの子を養育する労働者は，1年に5日まで（当該子が2人以上の場合は10日まで），病気・けがをした子の看護又は子に予防接種・健康診断を受けさせるために，休暇が取得できる ○半日（所定労働時間の2分の1）単位での取得も可能。ただし，1日の所定労働時間が4時間以下の労働者及び，労使協定により，半日単位での取得が困難と認められる業務に従事する労働者は，1日単位での取得。 ○労使協定により，所定労働時間の2分の1以外の時間数を半日と定めることも可能	
	対象労働者 *16条の2* *16条の3*	○小学校就学の始期に達するまでの子を養育する労働者（日々雇用を除く） ○労使協定で対象外にできる労働者 ・勤続6か月未満の労働者 ・週の所定労働日数が2日以下の労働者	
介護休暇	制度の内容 *16条の5* *16条の6*	○要介護状態にある対象家族の介護その他の世話を行う労働者は，1年に5日まで（対象家族が2人以上の場合は10日まで），介護その他の世話を行うために，休暇が取得できる ○半日（所定労働時間の2分の1）単位での取得も可能。ただし，1日の所定労働時間が4時間以下の労働者及び，労使協定により，半日単位での取得が困難と認められる業務に従事する労働者は，1日単位での取得 ○労使協定により，所定労働時間の2分の1以外の時間数を半日と定めることも可能	
	対象労働者 *16条の5* *16条の6*	○要介護状態にある対象家族の介護その他の世話を行う労働者（日々雇用を除く） ○労使協定で対象外にできる労働者 ・勤続6か月未満の労働者 ・週の所定労働日数が2日以下の労働者	
所定外労働を制限する制度	制度の内容	○3歳に満たない子を養育する労働者がその子を養育するために請求した場合においては，事業主は所定労働時間を超えて労働させてはならない *16条の8第1項*	○要介護状態にある対象家族を介護する労働者がその対象家族を介護するために請求した場合においては，事業主は所定労働時間を超えて労働させてはならない *16条の9*
	対象労働者	○3歳に満たない子を養育する労働者（日々雇用を除く） ○労使協定で対象外にできる労働者 ・勤続1年未満の労働者 ・週の所定労働日数が2日以下の労働者	○要介護状態にある対象家族を介護する労働者（日々雇用を除く） ○労使協定で対象外にできる労働者 ・勤続1年未満の労働者 ・週の所定労働日数が2日以下の労働者

	期間・回数	○1回の請求につき1か月以上1年以内の期間 ○請求できる回数に制限なし	○1回の請求につき1か月以上1年以内の期間 ○請求できる回数に制限なし
	例外	○事業の正常な運営を妨げる場合は，事業主は請求を拒める	○事業の正常な運営を妨げる場合は，事業主は請求を拒める
時間外労働を制限する制度	制度の内容	○小学校就学の始期に達するまでの子を養育する労働者がその子を養育するために請求した場合においては，事業主は制限時間（1か月24時間，1年150時間）を超えて労働時間を延長してはならない *17条1項*	○要介護状態にある対象家族を介護する労働者がその対象家族を介護するために請求した場合においては，事業主は制限時間（1か月24時間，1年150時間）を超えて労働時間を延長してはならない *18条1項*
	対象労働者	○小学校就学の始期に達するまでの子を養育する労働者 ただし，以下に該当する労働者は対象外 ・日々雇用される労働者 ・勤続1年未満の労働者 ・週の所定労働日数が2日以下の労働者	○要介護状態にある対象家族を介護する労働者 ただし，以下に該当する労働者は対象外 ・日々雇用される労働者 ・勤続1年未満の労働者 ・週の所定労働日数が2日以下の労働者
	期間・回数	○1回の請求につき1か月以上1年以内の期間 ○請求できる回数に制限なし	○1回の請求につき1か月以上1年以内の期間 ○請求できる回数に制限なし
	例外	○事業の正常な運営を妨げる場合は，事業主は請求を拒める	○事業の正常な運営を妨げる場合は，事業主は請求を拒める
深夜業を制限する制度	制度の内容	○小学校就学の始期に達するまでの子を養育する労働者がその子を養育するために請求した場合においては，事業主は午後10時〜午前5時（「深夜」）において労働させてはならない *19条1項*	○要介護状態にある対象家族を介護する労働者がその対象家族を介護するために請求した場合においては，事業主は午後10時〜午前5時（「深夜」）において労働させてはならない *20条1項*
	対象労働者	○小学校就学の始期に達するまでの子を養育する労働者 ただし，以下に該当する労働者は対象外 ・日々雇用される労働者 ・勤続1年未満の労働者 ・保育ができる同居の家族	○要介護状態にある対象家族を介護する労働者 ただし，以下に該当する労働者は対象外 ・日々雇用される労働者 ・勤続1年未満の労働者 ・介護ができる同居の家族

		がいる労働者 保育ができる同居の家族とは，16歳以上であって， イ　深夜に就労していないこと（深夜の就労日数が1か月につき3日以下の者を含む） ロ　負傷，疾病又は心身の障害により保育が困難でないこと ハ　6週間（多胎妊娠の場合は14週間）以内に出産する予定であるか，又は産後8週間を経過しない者でないこと のいずれにも該当する者をいう ・週の所定労働日数が2日以下の労働者 ・所定労働時間の全部が深夜にある労働者	がいる労働者 介護ができる同居の家族とは，16歳以上であって， イ　深夜に就労していないこと（深夜の就労日数が1か月につき3日以下の者を含む） ロ　負傷，疾病又は心身の障害により介護が困難でないこと ハ　6週間（多胎妊娠の場合は14週間）以内に出産する予定であるか，又は産後8週間を経過しない者でないこと のいずれにも該当する者をいう ・週の所定労働日数が2日以下の労働者 ・所定労働時間の全部が深夜にある労働者
	期間・回数	○1回の請求につき1か月以上6か月以内の期間 ○請求できる回数に制限なし	○1回の請求につき1か月以上6か月以内の期間 ○請求できる回数に制限なし
	例外	○事業の正常な運営を妨げる場合は，事業主は請求を拒める	○事業の正常な運営を妨げる場合は，事業主は請求を拒める
所定労働時間の短縮措置等		○3歳に満たない子を養育する労働者（日々雇用を除く）であって育児休業をしていないもの（1日の所定労働時間が6時間以下である労働者を除く）に関して，1日の所定労働時間を原則として6時間とする措置を含む措置を講ずる義務 　　23条1項，則74条1項 ただし，労使協定で以下の労働者のうち所定労働時間の短縮措置を講じないものとして定められた労働者は対象外 1　勤続1年未満の労働者 2　週の所定労働日数が2日以下の労働者 3　業務の性質又は業務の実施体制に照らして，所	○常時介護を要する対象家族を介護する労働者（日々雇用を除く）に関して，対象家族1人につき次の措置のいずれかを，利用開始から3年以上の間で2回以上の利用を可能とする措置を講ずる義務 ・所定労働時間を短縮する制度 ・フレックスタイム制 ・始業・終業時刻の繰上げ，繰下げ ・労働者が利用する介護サービスの費用の助成その他これに準ずる制度 ただし，労使協定で以下の労働者のうち所定労働時間の短縮措置等を講じないものとして定められた労働者

	定労働時間の短縮措置を講ずることが困難と認められる業務に従事する労働者 *23条1項* ○上記3の労働者について，所定労働時間の短縮措置を講じないこととするときは，当該労働者について次の措置のいずれかを講ずる義務 ・育児休業に関する制度に準ずる措置 ・フレックスタイム制 ・始業・終業時刻の繰上げ，繰下げ ・事業所内保育施設の設置運営その他これに準ずる便宜の供与 *23条2項*	は対象外 1　勤続1年未満の労働者 2　週の所定労働日数が2日以下の労働者 *23条3項*
小学校就学の始期に達するまでの子を養育又は家族を介護する労働者に関する措置	○小学校就学の始期に達するまでの子を養育する労働者に関して，育児休業に関する制度，所定外労働の制限に関する制度，所定労働時間の短縮措置又はフレックスタイム制等の措置に準じて，必要な措置を講ずる努力義務 *24条1項* ○小学校就学の始期に達するまでの子を養育する労働者に関して，配偶者出産休暇等の育児に関する目的で利用できる休暇制度を講ずる努力義務 *24条1項*	○家族を介護する労働者に関して，介護休業制度又は所定労働時間の短縮等の措置に準じて，その介護を必要とする期間，回数等に配慮した必要な措置を講ずる努力義務 *24条2項*
育児休業等に関するハラスメントの防止措置 *25条*	○事業主は，育児休業，介護休業その他子の養育又は家族の介護に関する制度又は措置の申出・利用に関する言動により，労働者の就業環境が害されることがないよう，労働者からの相談に応じ，適切に対応するために必要な体制の整備その他の雇用管理上必要な措置を講ずる義務	
ハラスメントに関する責務 *25条の2*	○育児休業等に関する言動に起因する問題に関する国，事業主，労働者の責務	
労働者の配置に関する配慮	○就業場所の変更を伴う配置の変更において，就業場所の変更により就業しつつ子の養育や家族の介護を行うことが困	

26条	難となる労働者がいるときは，その子の養育や家族の介護の状況に配慮する義務
不利益取扱いの禁止	○育児・介護休業，子の看護休暇，介護休暇，所定外労働の制限，時間外労働の制限，深夜業の制限，所定労働時間の短縮措置等について，申出をしたこと，又は取得したこと，ハラスメントの相談を行ったこと等を理由とする解雇その他不利益な取扱いの禁止 *10条・16条・16条の4・16条の7・16条の10・18条の2・20条の2・23条の2・25条の2*
育児・介護休業等の個別周知 *21条*	○事業主は，次の事項について，就業規則等にあらかじめ定め，周知する努力義務 ・育児休業及び介護休業中の待遇に関する事項 ・育児休業及び介護休業後の賃金，配置その他の労働条件に関する事項 ・その他の事項 ○事業主は，労働者又はその配偶者が妊娠・出産したことを知った場合や，労働者が介護していることを知った場合に，当該労働者に対し，個別に関連制度を周知する努力義務

3 特別休暇制度

多彩な休暇制度の必要性

労働者は，病気や事故，家族，親類や知人の慶弔行事への出席など，さまざまな私生活上の理由により仕事を休まざるをえない。しかし，これらの理由による不就労は，労働契約上は，労働者の責に帰すべき事由による一種の債務不履行になる。労働者と使用者のどちらにも帰責事由がない場合には，民法の危険負担の原則によって（536条1項），使用者は反対給付である労働者からの賃金請求を拒むことができる。

　そのようなことはあまりにも不合理なので，多くの場合，企業は各種の特別休暇制度を取り入れて，労働者のこうした不測の事態による休暇・休業に対応している。2018年現在，特別休暇制度がある企業割合は59.0％であり，これを休暇の種類別にみると，「夏季

休暇」42.9％,「病気休暇」25.7％,「リフレッシュ休暇」13.1％,「ボランティア休暇」4.5％, 教育訓練休暇 5.8％, それら以外の 1 週間以上の長期休暇 14.4％ となっている。病気休暇制度を設けている企業のうち, 無給としている企業割合は 33.8％ である（厚労省「平成 31 年就労条件総合調査」）。ただし, 病気による不就労は, 健康保険制度から, 休業 4 日目以降は賃金の 3 分の 2 にあたる傷病手当金が支給される（健保 99 条）。

特別休暇については, 先進国の多彩な休暇制度が参考になる。フランスでは, 無給の場合が多いとはいえ, 訓練タイプの休暇や社会活動のための休暇のリストがきわめて豊富である。ドイツでは休暇の種類は少ないが, 使用者の賃金負担が原則である。いずれにせよ, 年休を細切れにしていざというときに備えている日本の労働者からみれば, 独仏の特別休暇制度はうらやましいほど充実しているといえよう。

★ 参考文献────

休暇制度全般については, 野田進＝和田肇『休み方の知恵』（有斐閣）, 野田進『「休暇」労働法の研究』（日本評論社）, 和田肇「年次有給休暇と働き方」『講座労働法の再生第 4 巻』（日本評論社）, 育児休業制度・介護休業制度については, 武井寛「育児・介護休業法の意義と課題」『労働法の争点』（有斐閣）, 水島郁子「改正育児・介護休業法の意義と課題」ジュリスト 1282 号, 柴田洋二郎「育児介護休業法の課題」『講座労働法の再生第 4 巻』（日本評論社）。

第16章 安全・健康に働く権利

> 生命・身体・健康は労働者にとって最も重要なものであり，それらが労働によって損なわれるようなことがあってはならない。そのためにも使用者は，職場に存在するさまざまな危険を適切に管理して，設備・環境・体制を十分に整え，事故や病気を発生させないようにする責務を負うのである。

1 安全で健康に働くために

労働基準法（労基法）は，制定当初，第5章に「安全及び衛生」（42条〜55条）を定めて，労災予防法制をスタートさせた。その後，公害とならんで大規模労災が大きな社会問題となり，1970年には労働災害の被災者数が約165万人を数えるという事態を迎えた。このような現実に対処するために，1972年に，労基法第5章が分離・独立して，労働安全衛生法（安衛法）が成立した。このほかにも，安全衛生法制として，作業環境測定法，じん肺法，労働災害防止団体法などが制定されているが，本章ではそれらを取り上げる余裕はない。

大規模災害のみならず，「過労死」「過労自殺」が社会問題化してからかなりの年月が経過しており，安全で健康に働くための環境整備にますます関心が高まっている。

不幸にして労災・職業病が発生した場合には，被災労働者や遺族

に関する救済がなされなければならない。これらも当然ながら労災の抑止効果をもつ制度である。「災害補償」について規定する労基法第8章と，この事業主の補償責任を担保する制度である労災保険法を，ここでは取り上げる。

　本章では，また，労働条件の適切な規制が労働者の安全と健康のために最大の意義を有することをふまえて，中でも特別な保護の対象とされている年少者保護および妊娠・出産期の女性労働者保護（母性保護）を検討する。1997年の男女雇用機会均等法改正に伴う労基法改正によってほとんど撤廃されたとはいえ，女性特有の身体的・生理的特性ゆえの保護として残っている一般女性保護についてもあわせて言及する。

2 労働安全衛生

安衛法とは　安衛法は，職場における労働者の安全と健康を確保し，快適な職場環境の形成を促進する法律である。この法律は，労基法上の労働者を対象にして，「事業者」が遵守すべき安全衛生の最低基準を定める。また同時に，元請業者や注文者にも罰則つきの義務を課している。安衛法はこれまでにも頻繁に改正されており，2014年には，ストレスチェックの実施が事業主に義務づけられ，2018年には労働者の健康確保のために産業医制度の強化を図るなどの法改正が行われた。

　◆事業者　「事業者」とは，事業主を意味する。これは個人企業であればその個人，法人企業であれば法人自体を意味し，事業主のために行為する個人を含まない。「使用者」に代えてこの言葉が用いられたのは，安全衛生の責任が事業主体そのものにあることを明確にするためだといわれている（昭47・9・18発基91号）。ただし法違反に対する罰則は実際

の行為者に対して科され，行為者でない事業主（法人を含む）については両罰規定（安衛122条）により罰金刑が科される。

企業内の安全衛生
管理体制

安衛法は，事業者に対して，労働災害の防止をはかるために，事業場ごとに安全衛生管理体制を整備充実するように求めている（第3章）。

この関連で事業者の義務として重要なものは，**図表16-1**にあるように，①安全衛生の最高責任者である「総括安全衛生管理者」の選任，②「安全・衛生委員会」の設置，③「産業医」の選任である。建設業および造船業の下請労働者が混在する作業現場においては，業者が混在していることによる災害を防ぐために，元請事業者に特別な義務を課すような体制が作られている。

安全衛生のための
基準等

安衛法は，事業者等に対して，遵守すべき安全衛生の基準を定めている。それらの基準の中心にあるのは，「労働者の危険又は健康障害を防止するための措置」（第4章）と，「機械等並びに危険物及び有害物に関する規制」（第5章）である。そのほか，安全衛生教育の実施や無資格者の就業制限など「労働者の就業に当たっての措置」（第6章），一定業務における作業環境測定の実施や労働者の健康診断など「健康の保持増進のための措置」（第7章）についても定めがある。これらの規定を受けて膨大で詳細な規則の体系が存在する。それらはたとえば，安衛法施行令，安衛則，ボイラー及び圧力容器安全規則，クレーン等安全規則，鉛中毒予防規則などだが，これらの政省令は頻繁に改正されている。

労働者の健康管理に関して，事業者は，①定期的な一般健康診断（安衛66条1項）と，②一定の有害業務に関する特別な健康診断（同条2項）を実施する義務を負う。③事業者は，これらの健康診断の結果についての医師の意見を勘案して，必要なときは就業場所の変

図表 16-1　企業内の安全衛生管理体制

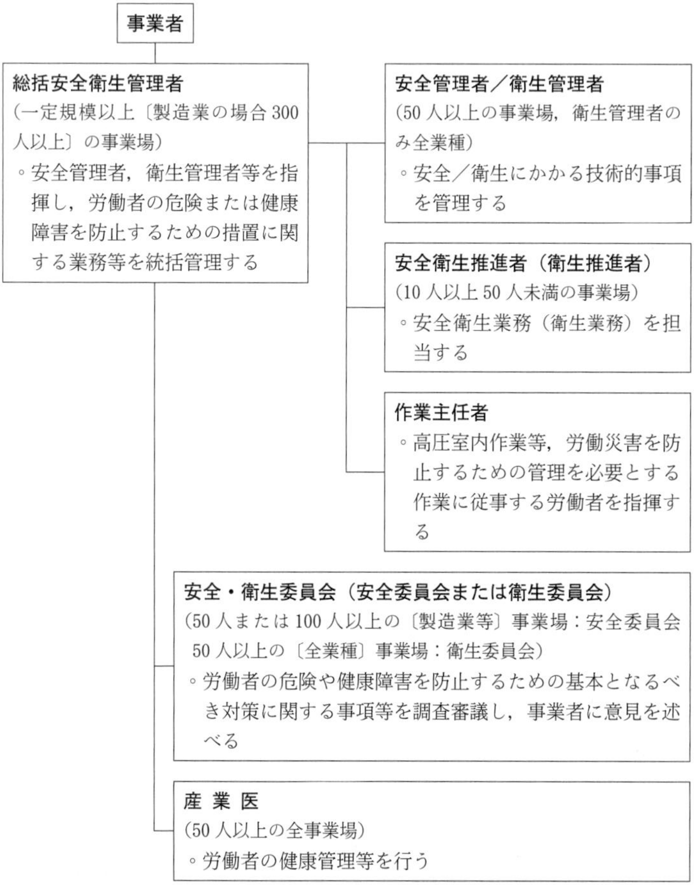

事業者

総括安全衛生管理者
（一定規模以上〔製造業の場合 300 人以上〕の事業場）
・安全管理者，衛生管理者等を指揮し，労働者の危険または健康障害を防止するための措置に関する業務等を統括管理する

安全管理者／衛生管理者
（50 人以上の事業場，衛生管理者のみ全業種）
・安全／衛生にかかる技術的事項を管理する

安全衛生推進者（衛生推進者）
（10 人以上 50 人未満の事業場）
・安全衛生業務（衛生業務）を担当する

作業主任者
・高圧室内作業等，労働災害を防止するための管理を必要とする作業に従事する労働者を指揮する

安全・衛生委員会（安全委員会または衛生委員会）
（50 人または 100 人以上の〔製造業等〕事業場：安全委員会
50 人以上の〔全業種〕事業場：衛生委員会）
・労働者の危険や健康障害を防止するための基本となるべき対策に関する事項等を調査審議し，事業者に意見を述べる

産　業　医
（50 人以上の全事業場）
・労働者の健康管理等を行う

（『目で見る労働法教材〔第 2 版〕』100 頁より）

更，作業転換，労働時間の短縮などの措置を講じなければならない（66 条の 5 第 1 項）。また，④事業者は，労働時間が一定の要件に該当する者（時間外労働が月 80 時間を超え，かつ疲労の蓄積が認められる労働者。安衛則 52 条の 2 第 1 項）について，医師による面接指導を行

い，その結果に応じた適切な措置を講じなければならない（安衛66条の8第1項）。厚生労働省は，2002年の「過重労働による健康障害防止のための総合対策について」（平14基発0212001号）に基づき，労働者の健康管理に関する施策の整備充実を図ってきたが，安衛法の改正の趣旨をふまえて，これまでの「総合対策」を改めて新たな対策を策定した（平18基発0317008号）。

安衛法は，上記①と②に係る健康診断について，労働者の受診義務を定めている（66条5項）が，同時に，事業者が指定した医師とは別の医師によって健康診断を受ける「医師選択の自由」を労働者に認めている（同項ただし書）。企業によっては，上記①②以外の法定外健診が行われることがある。

また，上記④の医師による面接指導については，2018年の働き方改革関連法による法改正の一環として，長時間労働規制の観点からその要件が改められた（時間外労働の要件がそれまでの100時間から80時間に短縮）ほか，新たに一定の場合には面接指導が義務的なものとされ，さらにそれらの前提として，事業者には労働者の労働時間の状況を把握することが義務づけられることになった（安衛66条の8の3，第13章 *1* 参照）。

Column㉚ 法定外健康診断受診義務

法定外の健康診断についても，法定内健診と同様に労働者に受診義務があるか否か，または医師選択の自由があるかどうかが問題となる。最高裁は，法定外健診について，合理的で相当な内容の精密健診であれば労働者がこれを拒否することは許されないと判示した（電電公社帯広局事件・最1小判昭61・3・13労判470号6頁）。しかし，健康診断は個人に対する一種の身体的侵襲であるから，それを義務づけるには慎重でなければならない。したがって，法定された健診以外に，労働者の個別具体的な合意がない場合にも健診を行うには，特段の事由，たとえば職務上の必要性や他者への感染の危険性があるなど，十分な論

拠が必要であろう。

<hr>

**健康診断とプライ
バシー**

安衛則43条が雇入時の健康診断を「行わ
なければならない」と定めているために，
中には，採用時に「血液検査」等の健康診
断を一律に実施しているという企業も見受けられる。しかし厚生労
働省は，採用時の健康診断は，就職差別につながるおそれがあるこ
とから，応募者の適性と能力を判断するうえで合理的かつ客観的に
その必要性が認められる場合を除いて，実施すべきでないという指
導をしている（平5・4・25都道府県労働基準局労働衛生主務課長あて通
知）。使用者は血液検査が肝炎ウィルスの感染者に対する差別にな
らないように留意すべきであるし，雇入時健康診断では色覚検査が
廃止されたことにも注意が必要である。なお，本人に事前の説明も
なしに実施されたB型肝炎ウィルス感染の有無の検査は，プライ
バシー権の侵害にあたるとして損害賠償が命ぜられたB金融公庫
事件（東京地判平15・6・20労判854号5頁）がある。同様に，HIV
の抗体検査を無断で実施したことがプライバシー権の侵害にあたり，
感染判明後に辞職を強要したことについて損害賠償が命じられた東
京都（警察学校・警察病院HIV検査）事件（東京地判平15・5・28
労判852号11頁）もある。

3 労災補償・労災保険給付

<hr>

**労基法と労災
保険法の関連**

労基法は第8章で，災害補償に関する規定
をおく。業務上の災害を被った労働者ある
いは遺族は，たとえ使用者にその災害発生
につき過失がなくても，これらの規定に従って，災害補償を請求す

ることができる（無過失責任主義）。業務には災害が不可避的に伴うために，業務を行わせている使用者にその責任を負わせるという趣旨である。

一方，労災保険法が定める労働者災害補償保険（労災保険）は，政府が保険者となって保険料を使用者から徴収し，災害が発生したときに被災労働者や遺族に保険給付を行う制度である。これは，労基法上使用者が負っている災害補償責任の保険制度として，労基法と同時にスタートした。もし使用者に資力がなければ，労基法上の補償責任は果たされないからである。このような制度的沿革からいえば，労災保険法にいう「労働者」が労基法の「労働者」と同義であることや，制度発足時に労災保険給付の内容・範囲が労基法上の使用者の補償内容・範囲と同一だったことに不思議はない。

しかし，時がたつにつれ，徐々に労災保険法が改正され，独自の発展をとげた結果，現在，保険給付は労基法の補償責任を上回るようになっている。たとえば1960年と65年の年金制度の導入，65年の中小事業主の特別加入制度の導入，73年の通勤災害給付の開始などによって，労災保険給付が労基法の補償を上回り，これは労災保険の「1人歩き」現象と形容された。現在では，労災保険法が労基法に代わって労災補償の大部分を担っている。

◆特別加入制度　労災保険法は，労基法9条の労働者をカバーすることを予定していた。しかし労災保険の発展の過程で「特別加入」という形で，労基法上の労働者ではない就労者にも，労災保険に任意加入する途を開いてきた。中小事業の事業主とその家族従業者，いわゆる1人親方，機械等を用いる農業従事者，海外派遣者，家内労働者等である（労災33条以下）。ただし，特別加入者に対する保険給付は一定の業務に起因する災害に限定される。最高裁は，事業者である特別加入者が，特別加入の承認を受けた事業（建築工事施工）とは異なる業務（営業活動）に従事していたときに遭遇した災害は保険給付の対象にはならない，とした（国・広島中央労基署長事件・最2小判平24・2・24民集66巻3号1185頁；労判

1064 号 18 頁)。

業務上・外認定

労災保険法には，業務災害に関する保険給付，通勤災害に関する保険給付，2次健康診断等給付，という3種類の給付が設けられている（労災7条）。2次健康診断等給付は，1次健診で異常所見があった場合に2次健診を保険給付として行う制度である（26条）。労基法の災害補償に対応してなされる労災保険給付は，「業務上」の災害に伴う負傷・疾病・障害・死亡に対して与えられる。災害が「業務上か業務外か」は，給付の有無の判断にあたり決定的に重要である。

(a) **災害性の傷病**　ところで労災には「事故」によって発生する災害性の傷病等と，「事故」を媒介としない職業性の疾病等がある。前者についての「業務上認定」は，「業務」と「災害」そして「災害」と「負傷・疾病」が不可分に関連していることを証明することによって判断される。通常，この認定は，「業務遂行性」と「業務起因性」の2要件によって説明される。しかし，両者は対等な2要件ではなく，最終的には「業務起因性」の立証がありさえすれば，業務と災害との間に経験則上相当な因果関係の存在が認められるといえよう。「業務遂行性」があるときには，原則として「業務起因性」が推定される。ただし，業務遂行性が認められても，災害が外部の力によって生じた場合，また本人の私的逸脱行為や飲酒などによる場合には，業務起因性が否定されることがある。

しばしば問題になるのは，休憩時間中や始業前・終業後の災害，社内行事（たとえば運動会など）参加中の災害，企業施設・事業場外での災害などである。これらについては，災害が企業施設の欠陥によって生じたか否か，行事への参加の強制の程度，使用者の指揮命令に基づいて業務に従事していた程度に応じて，業務上・外の判断がなされる。出張中の災害については，交通機関や宿泊場所での時間も含めて業務遂行性が幅広く認められるため，出張中のホテルで

就寝中に焼死した場合でも，業務起因性は否定されない（大分労基署長（大分放送）事件・福岡高判平5・4・28労判648号82頁）。

(b) **職業性の疾病**　「災害性」の傷病ではなく，長期にわたり一定の業務に従事したために発生する「職業性の疾病」（いわゆる職業病）については，「業務」と「疾病」が関連していることを立証する必要がある。しかしその立証は容易ではないので，労基法上は，特定の業務から発生しやすい疾病を列挙することにより，反証がないかぎり，当該疾病が当該業務に起因するものであるとして，その業務起因性を推定することにしている（労基則35条・別表第1の2）。たとえば，チェンソー使用による手指の循環障害（白ろう病）（同表3号）や粉じんが飛散する場所での業務によるじん肺（同表5号）などが典型である。2010年には同表は改正され，過重負荷による脳・心臓疾患（同表8号）と精神障害（同表9号）が明示された。また，同表10号が規定する「厚生労働大臣の指定する疾病」に基づく複数の疾病が存在する。さらに同表第11号は，「その他業務に起因することの明らかな疾病」として，1号から10号に列挙されたもの以外の職業病を取り扱っている。

(c) **過重負荷による脳・心臓疾患**　いわゆる「過労死」といわれて問題になった過重負荷による脳・心臓疾患は，高血圧や動脈硬化などの基礎的な疾患をもつ労働者に発症することが多いため，それが業務（過労）に起因して発症したものか，それとも基礎的な疾患に起因して発症したものなのかが問題になってきた。これは前述のように，労基則別表第1の2の2010年改正で，同表第8号に明記された。

労働省（当時）はかつて，脳・心臓疾患の業務上認定基準を，過重な業務に従事したこと（過重負荷），その「過重負荷」が発症のせいぜい1週間前までに生じたことを要件としていた（昭62・10・26基発620号）。要件が限定的に過ぎるという批判を受けて改訂された

認定基準（平7・2・1基発38号）では，発症1週間より前の業務をも考慮にいれた総合的な判断をすることになり，要件は緩和され，業務の過重性の有無は，当該労働者と同程度の年齢と経験等を有し，日常業務を支障なく遂行できる健康状態にある労働者との比較によって判断されることになった。

　ところが，最高裁は，2000年に支店長つき運転手として勤務していた労働者の運転中のくも膜下出血の発症に対する労働基準監督署による労災保険給付不支給決定について，1年6カ月という長期間にわたる業務による精神的・肉体的負荷が労働者の基礎疾患を増悪させたと認定して，当該不支給決定を覆す判断を示した（横浜南労基署長（東京海上横浜支店）事件・最1小判平12・7・17労判785号6頁）。

　国側が敗訴したこの最高裁判決の影響を受けて，2001年末には，脳・心臓疾患の認定基準がさらに改正された（平13・12・12基発1063号）。新認定基準は，脳・心臓疾患の発症に影響を及ぼす業務による明らかな過重負荷として，①発症前に「異常な出来事」に遭遇したこと，②発症前に近接した時期に「特に過重な業務」に就労したこと，③発症前の長期間（おおむね6カ月間）にわたって，著しい疲労の蓄積をもたらす特に過重な業務（「長期間の過重業務」）に就労したこと（1カ月80時間を超える時間外労働が目安），を掲げている。この時間外労働の算定には，銀行におけるシステム統合のマニュアル修得のための自宅学習の時間も含まれると判断されている（札幌東労基署長（北洋銀行）事件・札幌高判平成20・2・28労判968号136頁）。新認定基準では，業務の過重性の評価にあたっては，労働時間，勤務形態，作業環境，精神的緊張の状態等を具体的かつ客観的に把握し，検討し，総合的に判断する必要がある，という基本的な考え方を示した。裁判例では，発症前6カ月間の月当たりの時間外労働時間数はいずれも30時間未満であったが，発症前10カ月半の間に多

数回の海外出張を繰り返していたことが相当な精神的緊張を伴うものであったとして，業務起因性を肯定するなど，労働の質を評価する傾向がみられる（松本労基署長（セイコーエプソン）事件・東京高判平20・5・22労判968号58頁）。

さらに，判例には，疾病の発症には業務起因性がなくても，発症後に，業務の遂行のために適切な治療や措置が受けられなかった場合，そのことに業務起因性が認められるとしたものがある（地公災基金東京都支部長（町田高校）事件・最3小判平8・1・23労判687号16頁）。

(d) **過重負荷による精神障害**　2010年に改定された労基則別表第1の2は，それまで記載がなかった過重負荷による精神障害を，「人の生命にかかわる事故への遭遇その他心理的に過度の負担を与える事象を伴う業務による精神及び行動の障害又はこれに付随する疾病」（9号）と明記した。厚労省は1999年に「心理的負荷による精神障害等に係る業務上外の判断指針」（平11・9・14基発544号）により，仕事によるストレス評価のチェックリストを策定した。2009年にはこの「改正指針」を示し（平21・4・6基発0406001号），さらに2011年には「心理的負荷による精神障害の認定基準について」（平23・12・26基発1226第1号）を発出して，①対象疾病を発病し，②発病前6カ月の間に，業務による強い心理的負荷が認められ，③業務以外の心理的負荷および個体側要因による発病が認められない場合に，上記別表第1の2第9号の疾病として認定される，とした。この認定基準の考え方は，精神障害の発病は心理的負荷（ストレス）と個体側の脆弱性との関係性で決まるという「ストレス－脆弱性理論」に依拠している。同認定基準の「別表1」では，心理的負荷の強度を弱・中・強の3段階に分類し，別表に従った手順により「総合評価」が「強」と判断される場合に，認定要件を満たすものとしている。いわゆるパワー・ハラスメントに関しては，職場に

おける「ひどい嫌がらせ，いじめ，又は暴行を受けた」という項目が示され，心理的負荷「強」とされている。

労災保険法は，労働者の故意による死亡・事故については保険給付を行わないと規定するので（12条の2の2第1項），自殺を「故意」とみるかどうかがしばしば争われてきた。行政解釈はかつて，業務に起因するうつ病等による自殺であっても，「心神喪失」の状態（識別能力を欠く状態）に陥ったと認められるときだけ，故意によるものではないと解釈して，業務上の認定を行ってきた（昭23・5・11基収1391号）。しかし，仕事上のストレスによる心因性の精神障害を訴える労働者が急速に増え，裁判例としても，労働者の自殺に業務起因性を認めるものが登場した（たとえば加古川労基署長事件・神戸地判平8・4・26労判695号31頁，大町労基署長事件・長野地判平11・3・12労判764号43頁）。民事訴訟としては，サービス残業による過重労働とうつ病との因果関係を認め，自殺についての企業の損害賠償責任を認める判決（電通事件・最2小判平12・3・24民集54巻3号1155頁；労判779号13頁）や，過労による「反応性うつ病」について企業に損害賠償を命じる判決（川崎製鉄事件・岡山地倉敷支判平10・2・23労判733号13頁）などが相次いで出されるようになった。こうした状況を背景に，過労自殺やうつ病自殺をめぐる業務上認定のあり方にも批判が高まり，前述のように，精神障害をめぐる認定基準の改正が行われてきたのである。近年では，職場でのパワー・ハラスメントとうつ病自殺の因果関係を肯定する裁判例も増えている（たとえば，国・静岡労基署長（日研化学）事件・東京地判平19・10・15労判950号5頁）。

Column㉛ **過労死等防止対策推進法**

2014年の第186回国会で，超党派の議員連盟が議員立法として提出した「過労死等防止対策推進法」が可決された。同法は，過労死等を「業務における過重な負荷による脳血管疾患若しくは心臓疾患を原

因とする死亡若しくは業務における強い心理的負荷による精神障害を原因とする自殺による死亡又はこれらの脳血管疾患若しくは心臓疾患若しくは精神障害をいう」(2条)と定義する。そのうえで,「過労死等の防止のための対策を効果的に推進する」ことを国の責務と定め(4条1項),地方公共団体と事業主にも努力義務を課す(同条2項・3項)。この法律では,国がとるべき具体的な対策として,過労死等防止対策の大綱を策定すること,施策の状況に関する報告書を国会に提出すること,過労死等に関する調査研究等を実施し,国民への啓発を行い,相談体制を整備すること,過労死防止に取り組む民間団体の活動支援等をあげている。大綱は,厚労省に設けられた「過労死等防止対策推進協議会」において議論のうえで,2015年7月に策定された。3年後の2018年7月には新大綱が閣議決定され,勤務間インターバル制度の導入,ストレスの相談体制やメンタルヘルス対策について新たに数値目標が設定された。

| 保険給付内容 |

業務災害に対する保険給付としては,療養補償給付,休業補償給付,障害補償給付,遺族補償給付,葬祭料,傷病補償年金,介護補償給付の7種類があり,これら保険給付に上積みされる「労働福祉事業」として,各種の「特別支給金」も存在する(給付内容については,**図表16-2**を参照のこと)。

かつて労災保険法の障害等級表は,外貌の「著しい醜状障害」について,女性を第7級(年金給付),男性を第12級(一時金給付)とし,外貌の「醜状障害」については,女性を第12級,男性を第14級と定めていた。この男女格差は合理的な理由なく性別による差別的取扱いをするものであり,憲法14条1項に違反するという結論を導いた判決(国・園部労基署長(障害等級男女差)事件・京都地判平22・5・27労判1010号11頁)が出されたため,厚労省は,補償が手厚かった女性に男性を合わせる形で労災保険法施行規則を改正した。この改正は,他の同様の制度にも影響を及ぼし,自賠責保険制度,

図表 16-2　労災保険給付の概要

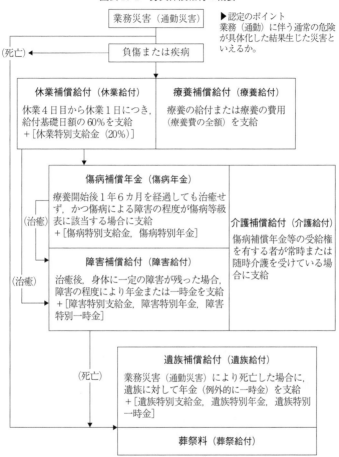

注）1　（　）は通勤災害の場合をさす。なお，通勤災害における通勤とは，労働者
　　　が，就業に関し，労災保険法 7 条 2 項 1 号〜3 号に掲げられる移動を合理的な
　　　経路および方法により行うことをいい，業務の性質を有するものを除く（労災
　　　7 条 2 項）。
　　2　［　］は労働福祉事業の一環として行われる特別支給金に該当する部分をさす。
　　3　ここにいう「治癒」とは，症状が安定し，もはや治療効果が期待できず療養
　　　の余地がなくなった状態をいう。

　　　　　　　　　　　　　　　　　　　　（『目で見る労働法教材〔第 2 版〕』101 頁より）

367

犯罪被害者給付金制度などにおける男女差別的な給付制度も改正された。

　一般の私傷病に対する健康保険法上の給付に比較すると，労災保険法の給付はより手厚いものであって，業務上と認定されることは，労働者や遺族にとって非常に重要な意味をもっている。保険給付の中で，傷病補償年金は，休業補償給付の支給を受けている者が，療養の開始後1年6カ月を経過した時点に，あるいはそれ以降に，傷病等級に該当する場合に，休業補償給付に代えて支給されるものであるから，傷病補償年金を受けている者には休業補償給付は支給されない。しかし，傷病補償年金は業務上の傷病が治癒していないことを支給要件とするものであるから，この年金受給者に対しては，療養補償給付は引き続き行われる。

◆労災保険法上の給付と解雇　使用者は，労働者が業務上の傷病の療養のために休業する期間とその後30日間は，解雇してはならない（労基法19条1項）。ただし，使用者が労基法81条の打切補償を支払う場合にはこの限りではない（同項ただし書き前段。第12章*1*参照）。打切補償とは，療養中の労働者が療養開始後3年たっても傷病が治癒しない場合に，使用者が平均賃金の1200日分を支払って，以後の補償を打ち切ることである。しかし，労災保険給付がなされるときには，打切補償が行われることはなく，療養開始後3年たった日に傷病補償年金を受けている場合には，打切補償を支払ったものとみなすことにしている（労災19条）。傷病補償年金は，常態として労働不能と判断される傷病等級に該当する労働者に支給されるものであるため，当該労働者の復職可能性は低いと判断され，かかる規定が定められたのであろう。使用者は，療養・休業補償を受給している労働者に対して，労基法上の打切補償を支払って解雇することは可能であるとした判決がある（学校法人専修大学事件・最2小判平27・6・8民集69巻4号1047頁）。

> **通勤災害**　労基法は通勤途上の災害を補償の対象としていない。しかし労災保険法は「通勤災害」についても，ほぼ業務上の災害と同じレベルで保険給付を行う

ことにしている。

通勤災害とは、「労働者の通勤による負傷、疾病、障害又は死亡」であり（労災7条1項2号）、その通勤とは、労働者が、①就業に関し、②ⓐ住居と就業の場所との間の往復、ⓑ省令が定める「就業の場所から他の就業の場所への移動」、ⓒ住居・就業の場所間の「往復に先行し、又は後続する住居間の移動」（省令が定める要件に該当するもののみ）を、③合理的な経路および方法により行うことをいい、④業務の性質を有するものを除く（業務災害になるため）ものである（同条2項）。上記②のⓑⓒは、2005年の改正で加えられたものであり、ⓑは、二重就職者による事業所間の移動を、ⓒは、単身赴任者などの帰省先住居と赴任先住居との間の移動を、それぞれ保護しようとするものである。

「通勤による」とは、通勤と負傷等との間に相当因果関係があることを必要とする趣旨であり、これは「通勤に内在する危険が現実化した」ことをいうのであって単に通勤中に災害が生じたというだけでは足りない、とする判決がある（大阪南労基署長（オウム通勤災害）事件・大阪高判平12・6・28労判798号7頁）。

労働者が通常の往復の経路を「逸脱」したり、往復を「中断」した場合には、逸脱または中断の間、およびその後の往復は通勤とはならない（労災7条3項）。もっともその逸脱または中断が、保育園の送迎など日常生活上必要な行為であってやむをえない事由のための最小限度のものである場合は、その逸脱または中断の間を除き、通勤とされることになる（同項ただし書き）。したがって、「日常生活上必要な行為」については、逸脱・中断後、合理的な経路に復帰すれば、その後は通勤として扱われる。これに関して、勤務終了後、義父宅に介護のために立ち寄ったことは労災保険法7条3項ただし書きに該当し、通勤の逸脱に当たらないとした判決がある（羽曳野労基署長事件・大阪高判平19・4・18労判937号14頁）。この「日常生

活上の必要な行為」とは，日用品の購入，教育訓練，選挙権の行使，診察または治療を受けることその他これに準ずる行為，介護である（労災保険法施行規則8条）。

通勤災害に対する給付内容は，療養給付において定額の初診料負担があることを除いて，業務災害に対する給付と同じである。ただし，給付の名称には「補償」という文字は使用しない（たとえば休業補償給付ではなく，休業給付という）。

4 労働災害と損害賠償

損害賠償請求の根拠

本章*3*で述べたように，労働者・遺族は労基法の災害補償と労災保険給付を請求することができるが，それらの給付はあくまで定型的なものであり（給付基礎日額の何日分など），慰謝料などの精神的損害は含まれない。労働者・遺族はより多くの補償を求めて，あわせて民法上の損害賠償請求を行うことが多い。そのような民事訴訟の根拠はどこにあるのだろうか。

1つの根拠は，不法行為に関する民法709条，715条，717条などである。ある時期までは，これら不法行為に基づく損害賠償請求訴訟が非常に多かった。これに対して，1970年代以降は，契約関係における債務不履行を根拠とする損害賠償請求が増大した。最高裁は，1975年に，公務員に対する国の義務として，「国が公務遂行のために設置すべき場所，施設もしくは器具等の設置管理又は公務員が国もしくは上司の指示のもとに遂行する公務の管理にあたって，公務員の生命及び健康等を危険から保護するよう配慮すべき義務」があると認め，この安全配慮義務は，「ある法律関係に基づいて特別な社会的接触の関係に入った当事者間において，当該法律関係の

付随義務として当事者の一方又は双方が相手方に対して信義則上負う義務として一般的に認められる」ものであるとした（陸上自衛隊事件・最3小判昭50・2・25民集29巻2号143頁；労判222号13頁）。さらに最高裁は，私企業においても，労働契約に基づき，使用者は「労働者の生命及び身体等を危険から保護するよう配慮すべき義務」（安全配慮義務）を負うとして，この義務を使用者が怠ったために労働者が死亡したり疾病にかかったりした場合には，使用者は，民法415条の債務不履行責任により損害賠償義務を負担するとした（川義事件・最3小判昭59・4・10民集38巻6号557頁；労判429号12頁）。なお，2007年の労働契約法5条は使用者の労働契約上の安全配慮義務を規定している。

　民事訴訟では，不法行為よりも債務不履行を主位的請求とするものが多かった。前者よりも後者のほうが，立証責任の点で原告に有利と考えられていたこと（債務不履行では，帰責事由の立証責任が使用者側に課せられる）や，消滅時効の違いが考慮されたからであろう。

　立証責任については，最高裁は，安全配慮義務の内容を特定し，かつ義務違反に該当する具体的事実を主張・立証する責任は原告である労働者にあると判示している（航空自衛隊芦屋分遣隊事件・最2小判昭56・2・16民集35巻1号56頁）。

　損害賠償請求権の消滅時効は，不法行為の場合は3年（民724条），安全配慮義務違反（債務不履行）の場合は10年（民167条）とされてきた。そして安全配慮義務違反の消滅時効の起算点は，損害賠償請求権を行使できるとき（民166条）であって，損害が発生したときが起算点になると解されるが，最高裁は，じん肺患者の損害賠償請求権については，じん肺法に基づく管理区分の最終の行政上の決定を受けたときから消滅時効が進行するとしている（日鉄鉱業事件・最3小判平6・2・22労判646号7頁）。また，最高裁は，じん肺によって労働者が死亡した場合の損害賠償請求権の消滅時効は，死亡

のときから進行すると解している（筑豊炭田事件・最3小判平16・4・27労判872号13頁）。

　しかし2017年の民法（債権法）改正により，消滅時効は，人の生命・身体の侵害による損害請求権について，不法行為でも債務不履行でも，権利行使できることを知った時から5年，権利を行使できるときから20年とされた（民166条・167条・724条・724条の2）。

　安全配慮義務の適用範囲については，前掲・陸上自衛隊事件最高裁判決が「ある法律関係に基づいて特別な社会的接触の関係に入った当事者」としているところから，労働契約関係にある場合にかぎられるものではない。安全配慮義務は，親子会社における親会社と子会社の労働者，あるいは請負関係における元請と下請会社の労働者間においても存在する（三菱重工神戸造船所事件・最1小判平3・4・11労判590号14頁）。傭車運転手の脳内出血発症に対する運送会社の責任（和歌の海運送事件・和歌山地判平16・2・9労判874号64頁），研修医の突然死に対する病院の責任（関西医科大事件・大阪高判平16・7・15労判879号22頁），シルバー人材センターの会員の災害に対するセンターの責任（大阪市シルバー人材センター事件・大阪地判平14・8・30労判837号29頁，綾瀬市シルバー人材センター事件・横浜地判平15・5・13労判850号12頁）など，安全配慮義務の適用範囲を幅広く認める下級審判決もある。

　安全配慮義務違反の責任が使用者に発生するには，業務と傷病との間に相当因果関係がなければならない。その有無の判断は，労災保険法に基づく補償給付がなされる業務起因性に類似したものである。先にもふれた「過労自殺」の代表的判例である電通事件最高裁判決（最2小判平12・3・24民集54巻3号1155頁；労判779号13頁）は，うつ病の発症に関する医学的知見を考慮して，業務遂行とうつ病罹患による自殺の間には相当因果関係が存在したとする原審の判断を正当とした。

民法による損害賠償請求は,「故意・過失」「事業の執行中」「土地工作物の瑕疵」などの立証をしなければならず,あるいは,安全配慮義務違反の存在が必要であるため,場合によっては,損害賠償責任が認められないこともある。他方,労基法と労災保険法では,「業務上」災害でありさえすれば,補償責任もしくは給付が認められ,企業側の故意・過失や安全配慮義務違反の立証は必要とはされない。では,これら3つの法的請求の相互関係はどうなっているのだろうか。

まず,①労災保険給付がなされると,使用者は労基法の補償責任を免れる(労基84条1項)。次に,②労基法による補償あるいは労災保険給付がなされると,その限度において使用者は民法における損害賠償責任を免れる(同条2項)。いわば使用者に対する労働者の損害賠償請求権は,同一の事由に対する労災保険法上の給付が行われた場合には,給付額の限度で消滅するのである。

ただし,労災保険給付は,労働者が被った財産上の損害のうちの消極損害(いわゆる逸失利益)を一定率で補填するものにすぎず,精神的損害(慰謝料)や積極損害(入院雑費や付添看護費)などの損害賠償は控除されるものではない(東都観光バス事件・最3小判昭58・4・19民集37巻3号321頁;労判413号67頁,青木鉛鉄事件・最2小判昭62・7・10民集41巻5号1202頁;労判507号6頁)。

労災保険給付が年金給付であるときには,困難な問題が生じた。すなわち,労災保険給付が年金によって支払われるとき,使用者の損害賠償責任額から,すでに支払われた年金額のみならず将来支払われる年金給付額までも控除してよいのかという問題である。最高裁は,たとえ将来にわたり継続して給付されることが確定していたとしても,いまだ現実の給付がない以上は,将来分の年金額の控除は必要ではないとする立場をとった(三共自動車事件・最3小判昭

民法・労基法・労災
保険法の相互関係

52・10・25 民集 31 巻 6 号 836 頁）。その後，1980 年の法改正で，年金に前払一時金の制度を設けて，その限度で将来分の控除を認めるという調整規定として，労災保険法附則 64 条が新設された。

労働災害が第三者の行為によって発生した場合，労災保険給付を行った政府は，その限度で，労働者・遺族が第三者に対して有する損害賠償請求権を代位取得する（労災 12 条の 4 第 1 項）。労働者・遺族が第三者から先に損害賠償を受けたときには，政府はその限度で保険給付の義務を免れる（同条 2 項）。

第三者行為災害の発生について被災労働者にも過失があった場合の損害賠償額の算定について，最高裁は，国に移転する損害賠償額は，損害から過失相殺分を差し引いた金額から労災保険の給付額を控除したものとして算定されるべきとしている（前掲・大石塗装・鹿島建設事件，高田建設事件・最 3 小判平 1・4・11 民集 43 巻 4 号 209 頁；労判 546 号 16 頁）。また，被災労働者と第三者との間に示談が成立し，損害賠償請求権の全部または一部が放棄された場合，政府の求償権はどうなるのかについて，最高裁は，被災労働者は第三者の損害賠償債務を免除する自由があり，免除が行われたときは政府に求償権が発生する余地はなく，政府はその限度で保険給付の義務を免れると判示している（小野運送事件・最 3 小判昭 38・6・4 民集 17 巻 5 号 716 頁）。

5 年少者と女性の特別保護

保護の根拠　年少者は，精神的に発達途上にあり，体力的側面からも弱者として保護される必要がある。労基法は第 6 章で「年少者」に関する規定をおく。

労基法は，当初，女性に対しても，年少者と共通の発想（「弱者」

という発想）で保護を加えていた。しかし，1985 年の男女雇用機会均等法（均等法）の制定以降，男女平等原則に照らした女性保護の見直しがなされ，「女子」保護は労基法第 6 章の 2 として，年少者の規定とは別扱いされるようになった。1997 年の均等法改正に伴う労基法改正では，女性の時間外・休日労働の制限と深夜業の禁止が全廃された。また，労基法の中の「女子」という用語がすべて「女性」に改められた。さらに 2006 年の均等法改正に伴う労基法改正によって，女性の坑内労働を一律禁止する規定が改正され，一定の業務のみについて禁止されることになった（ただし妊産婦を除く）。

現在では，女性を年少者同様の「弱い性」とみる考え方は否定され，女性に対する保護は，主として「妊娠・出産」に対する保護（母性保護）になった（労基法第 6 章の 2 の現在のタイトルは「妊産婦等」である）。ただし，母性保護以外に，なお女性一般に特有の身体・生理機能を理由とする保護（生理日の休暇，危険有害業務）や，防犯・風紀という側面から必要とされる保護（深夜業，一部坑内労働）も存在する。

年少者と女性（妊産婦と一般女性）を対象とする保護の内容は，**図表 16-3** のとおりである。

産前・産後休業および
生理日の休暇と賃金

出産による休業や生理日の休暇については，法規定上，賃金の保障はないため，労働協約，就業規則等に特段の定めがないかぎり，上記の休業・休暇期間は無給となる。しかし産前 42 日・産後 56 日の休業期間中，健康保険から，標準報酬日額の 3 分の 2 に相当する金額の出産手当金が支給される（健康保険法 102 条）。出産休業が有給扱いされていないのは，使用者に休業中の賃金を負担させると女性の雇用機会を狭めるという影響が生じることを懸念してのことである。むしろ国家が社会保険制度でカバーしたほうが労働市場における女性労働者の立場の保護につながるというのは，2000 年の

図表 16-3　労基法における女性と年少者の特別保護規定

年　少　者			妊　産　婦	一　般　女　性
◦満 15 歳未満の児童の使用禁止（56 条 1 項） ◦未成年者の親権者・後見人による労働契約の締結禁止（58 条 1 項），賃金受け取り禁止（59 条）			◦軽易業務への転換（労基 65 条 3 項） ◦母子保健法上の保健指導・健診のために必要な時間の確保（均等 12 条・13 条） ◦産前 6 週間（多胎妊娠は 14 週間），産後 8 週間の休業（労基 65 条 1 項・2 項） ◦育児時間（1 日 2 回各 30 分以上）（67 条）	◦生理日の休暇（68 条）
18 歳未満労働者		◦年齢を証明する文書の備付義務（57 条 1 項） ◦帰郷旅費（64 条）		
	労働時間	◦変形労働時間，フレックスタイム制，36 協定による時間外・休日労働，労基法 40 条・41 条の 2 の特例不適用（60 条 1 項）	◦請求により，変形労働時間制の適用上，労働時間制限（1 日 8 時間，1 週 40 時間）（66 条 1 項） ◦請求により，非常事由による場合も含めた時間外・休日労働禁止（66 条 2 項）	
	深夜業	◦原則禁止（61 条 1 項） 例外①交替制による事業では許可を得て午後 10 時 30 分までまたは午前 5 時 30 分からの労働可（61 条 3 項） 例外② 16 歳以上の男性労働者を交替制で使用することは可（61 条 1 項ただし書）	◦請求により深夜業禁止（66 条 3 項）	◦防犯面での安全確保，育児・介護等に関する事情聴取等の配慮，男女別の仮眠室・便所・休憩室の設置，健康診断措置の実施（均等則 13 条，平 10 労告 21 号）
	危険有害業務	◦一定の危険有害業務就業制限（62 条 1 項・2 項，年少則 7 条・8 条）	◦妊娠・出産・哺育に有害な業務就業禁止（64 条の 3 第 1 項，女性則 2 条）	◦重量物取扱業務，有害ガス・粉じん発散場所での業務禁止（64 条の 3 第 2 項，女性則 3 条）
	坑内労働	◦禁止（63 条）	◦禁止（64 条の 2）	◦一部の業務について禁止（64 条の 2，女性則 1 条）

ILO 第 183 号（母性保護）条約が規定するところでもある（同条約 6 条 8 項）。

しかし，これらの休暇が無給であることから，使用者が妊娠・出産を理由として労働者を不利益に取り扱うことが頻繁に生じてきた。労基法 19 条は産前産後休業中および休業後 30 日間の解雇禁止規定を設けているが，2006 年改正前の均等法は，妊娠・出産または産前産後休業の取得を理由とする解雇を禁止する一方（旧 8 条），解雇以外の局面についての不利益取扱いを禁止していなかった。これは，育児介護休業法が「解雇その他不利益な取扱いをしてはならない」と規定していたのに比較して（10 条・16 条・16 条の 4），失当であるとされ，2006 年の改正時に，均等法 9 条 3 項と 4 項が新設された。

9 条 3 項は，女性労働者が妊娠・出産したことや出産休暇を請求したこと等，厚生労働省令で定めるものを理由とする解雇その他の不利益取扱いを禁止し，4 項は，妊娠中および出産後 1 年以内の女性労働者の解雇を無効とする（均等法 9 条については，第 4 章 **3** を参照）。

妊娠・出産をめぐる最高裁判決は多い。精皆勤手当の支払いに関して，生理休暇の取得を欠勤扱いすることについて，最高裁は，それがもたらす経済的不利益の程度や権利取得に抑止的に働く影響など諸般の事情を総合して勘案した結果，生理日の休暇取得を著しく困難にするほどの不利益でないかぎり許されるとした（エヌ・ビー・シー工業事件・最 3 小判昭 60・7・16 民集 39 巻 5 号 1023 頁；労判 455 号 16 頁）。権利行使を抑制する効果の有無によって不利益性を判断しようという考えである。

ベースアップを含む昇給の条件として 80% の出勤率を要求しつつ，産前産後休業，生理休暇，育児時間を欠勤扱いすることは，経済的不利益の大きさから労基法上の権利行使への抑制となり，ひいては公序良俗違反で無効であると判断した（日本シェーリング事件・

最 1 小判平元・12・14 民集 43 巻 12 号 1895 頁；労判 553 号 16 頁）。東明
学園事件では、最高裁は、賞与の支給要件である出勤率 90% の算
定にあたり、産後休業、育児のための勤務時間短縮措置による育児
時間を欠勤扱いしたことは、法の趣旨に反し、労基法等が権利を
「保障した趣旨を実質的に失わせるものというべき」であり、公序
良俗違反であるとした原審の判断を維持した。しかし一方で、産休
中・育児時短の不就労部分を出勤として扱うかどうかは労使の合意
によるとして、賞与全額の支払義務を肯定した原審の判断を破棄し、
「賞与の額を一定の範囲内でその欠勤日数に応じて減額するにとど
まる」場合は無効とまではいえないとした。そして原審が判断しな
かった就業規則の不利益変更につき審理を尽くすべきとして差し戻
した（最 1 小判平 15・12・4 労判 862 号 14 頁）。差戻審の高裁判決（東
京高判平 18・4・19 労判 917 号 40 頁）は、最高裁判決にそって、「賞
与の支給に関しても……不就労期間を欠勤扱いしたからといって、
直ちにこれを不合理ないし必要性を欠くものということはできな
い」とした。

　最高裁が、法律上の権利とされている出産休業の取得を疾病によ
る欠勤と同列に扱い、賞与の減額の対象としてもよいと結論づけた
理由としては、出産休業は無給扱いであり賃金請求権がない休暇で
あるという位置づけが影響している。しかし上記に述べたように、
出産休業期間は社会保険でカバーすべきという制度趣旨であるため、
最高裁の判断は疑問である。なお、育児介護休業に関する広島中央
保健生活協同組合事件最高裁判決（最 1 小判平 26・10・23 民集 68 巻 8
号 1270 頁；労判 1100 号 5 頁）を参照のこと（第 15 章 *2*）。

　★ 参考文献─────
　　労働者の健康と安全・労災保険に関しては、三柴丈典「使用者の
　　健康・安全配慮義務」『講座労働法の再生第 3 巻』（日本評論社）、
　　川田知子「過労死と安全衛生・労災補償」『講座労働法の再生第 3

巻』，青野覚「業務上・外の認定基準」『労働法の争点』（有斐閣），渡邊絹子「安全配慮義務の内容・主張立証責任」『労働法の争点』，中益陽子「労災保険給付と損害賠償の調整」『労働法の争点』，**過労死については**，川人博『過労自殺』（岩波新書），水島郁子「過労死」『労働法の争点』，**女性保護については**，神尾真知子「保護と平等の相克」『講座労働法の再生第4巻』（日本評論社）。

V 集団的労使関係システム

　現代の労働関係は，個々の労働者と使用者の個別的関係であるにとどまらず，集団的な関係でもある。労働者は，労働組合を結成し，集団としての威力を背景としながら，使用者との団体交渉を通じて，労働条件の維持・改善や労働者としての地位の向上を図ってきたのであり，憲法28条による団結権保障もそのことを前提としたものである。しかし，現在，わが国の労働組合組織率は低下の一途をたどっており，労働組合とは無縁だという労働者も少なくない。労働組合の存在意義そのものが問われているともいえる。

　以下では，集団的労使関係システムの現状について概観し，それが抱える今後の課題について考えてみよう。

第17章 集団的労使関係と労働組合

> わが国の法制度が予定する集団的労使関係システムは，労働組合を一方の当事者とする団体交渉システムである。本章では，集団的労使関係システムの意味とその当事者，そして労働組合の組織・運営の問題を取り上げる。

1 集団的労使関係システム

集団的利益代表
システム

(a) **労働関係の集団性**　現代の労働関係は，一面において集団的な関係である。歴史的にみれば，使用者に対して個人としては弱い立場にある労働者は，団結することによって労働条件の維持・改善や雇用の確保，さらには労働者としての地位の向上を図ってきたのであり，労使間には一種の集団的な関係が形成される。他方で，労働者は多くの場合に生産組織や営業組織の中に組み込まれ，集団的・組織的に労働しており，賃金や労働時間などの労働条件もまた，企業や事業場を単位として統一的・集合的に決定される。労働関係は，その意味でも集団的な性格を帯びることになる。

(b) **団体交渉システムと従業員代表システム**　このように労働関係が集団的であるということは，労使間には集団的な利害関係が存在することを意味し，そのような利害関係を調整するための仕組み

が必要となる。このような意味での集団的労使関係システムは，国により，時代によって多様であるが，いかなる範囲の労働者の集団的利益をどのような組織や機関が代表するかに応じて，2つのものに大別することができる。1つは，労働者に対する団結権保障を前提として，労働者による自主的な団結組織である労働組合を一方の当事者とし，使用者との団体交渉とその結果としての労働協約を通じて，労働条件をはじめとする労使関係上の諸問題を処理するという団体交渉システムである。そしていま1つは，企業・事業場を基本的な単位として，従業員による選挙などの方法によって選ばれた代表者が，使用者ないしは経営責任者との間で協議や共同決定などを行うという従業員代表システムである。

このうち，より普遍的なものが団体交渉システムであり，歴史的にも，集団的労使関係システムは団体交渉システムを中心に形成されてきたものである。そのため ILO は，結社の自由および団結権の保護に関する第87号条約と，団結権および団体交渉権の適用に関する第98号条約を最も基本的な条約として掲げている。これに対して従業員代表システムは，ヨーロッパを中心に，多くは法律によって制度化されているものであるが（企業における労働者代表に関しては ILO 第135号条約がある），それと団体交渉システムの関係には，国によって違いがある。たとえばドイツでは，団体交渉システムがもっぱら全国・地域レベルでの産業別交渉として展開し，企業・事業場レベルでは従業員代表システムが中心となっているが，フランスでは，全国・地域レベルの団体交渉システムがある一方で，企業・事業場レベルでは従業員代表システムと団体交渉システムが併存している。また，EU では，EU レベルで活動する企業および企業グループについての従業員代表制度が存在する。

| わが国の集団的労使 |
| 関係システム |

わが国においては，憲法28条が労働者の団結権および団体交渉その他の団体行動権を保障し，労組法はそのことを受けて，労働組合や，争議権，団体交渉，労働協約などについて定めているが，法定の従業員代表制度は存在しない。したがって，わが国の現行法が想定する労使関係システムは，労働組合を主体とする団体交渉システムであるといえる。ただし，わが国でも従業員代表システムに類似した制度が存在することについては，後に触れる（第19章*2*参照）。

2 集団的労使関係の当事者

| 労 働 者 |

(a) **労組法上の労働者**　労組法3条は，同法にいう「労働者」について，「職業の種類を問わず，賃金，給料その他これに準ずる収入によって生活する者をいう」と定め，労基法9条とは異なる定義を採用している。このことは，失業者を含め，労働それ自体の対価である賃金によって生活する者には広く団結権が保障されることを確認したものであり，それは，憲法28条にいう勤労者と同じ意味だと解されている。

　労組法上の「労働者」に該当するか否かは，団結権等を保障した憲法および労組法の趣旨に即して実質的に判断されるべきものであり，就労の前提となる契約の名称のいかんを問わず，形式上は自営業者として納税しているという事実も決定的な要素ではない。判例の中には，「自由出演契約」によって放送局の管弦楽団の演奏に従事する楽団員につき，楽団員は会社の事業組織に組み入れられ，放送局が指揮命令の権能を有しており，その報酬も演奏という労務それ自体の対価と認められるとして，労組法上の「労働者」に当たる

と認められた事例（CBC管弦楽団事件・最1小判昭51・5・6民集30巻4号437頁）や，ミキサー車を所有して生コンの運送に従事し，税金の確定申告をしていた運転手につき，時間的拘束の実態や報酬の性格などから，会社の指揮監督下で労務を提供していたものとして「労働者」と認められた事例（眞壁組事件・大阪高判平10・10・23労判758号76頁）がある。また，プロ野球選手会は，後述する資格審査を通じて労組法上の労働組合と認定されているが（*Column㉝* 参照），その前提として，プロ野球選手もまた労組法上の「労働者」と認められたことになる。

(b)　**労働者概念をめぐる判例の動向**　ところが，近年の下級審判例においては，合唱団のオペラ歌手（新国立劇場運営財団事件・東京高判平21・3・25労判981号13頁）や会社製品の修理業務に携わる委託契約者（INAXメンテナンス事件・東京高判平21・9・16労判989号12頁，ビクターサービスエンジニアリング事件・東京高判平22・8・26労判1012号86頁など）について，その「労働者」性を否定するものが相次いで現れた。それらは，労務提供や業務の依頼に対して諾否の自由があることを重視し，時間的・場所的拘束や具体的指揮監督の存在をたやすく否定するなど，従来の学説はもとより，上記の最高裁判例とも明らかに異なる判断を示すものであった。

これに対して学説の多くは批判的立場を取ったが，その後最高裁もそれらの下級審判決を破棄する判断を下した（新国立劇場運営財団事件・最3小判平23・4・12民集65巻3号943頁；労判1026号6頁，INAXメンテナンス事件・最3小判平23・4・12労判1026号27頁，ビクターサービスエンジニアリング事件・最3小判平24・2・21民集66巻3号955頁；労判1043号5頁）。最高裁はこれらの判決において，①会社の組織に組み込まれていたかどうか，②契約内容が一方的に決定されていたかどうか，③報酬が労務提供の対価としての性質を有するかどうか，④会社の業務依頼に応ずべき関係にあったかどうか，⑤

会社の指揮監督の下に労務の提供を行い，時間的・場所的に一定の拘束を受けていたかどうか，⑥顕著な事業者性が認められるかどうかなどの要素について，実態を重視する視点からの判断を下した。ここで問題となった事案は，いずれも形式的には独立した事業者として扱われている就業者について，企業横断的な合同労組が団交を求めたものであり，最高裁の判断は，現代における雇用・就労形態の多様化という状況を前提として，団体交渉の新たな発展の可能性を開くものと評価できる。その後，コンビニのオーナー店長について，都道府県労委命令が労働者性を認めた（セブン・イレブン・ジャパン事件・岡山県労委平26・3・13，ファミリーマート事件・東京都労委平27・3・17）のに対し，中労委がそれを否定する（セブン・イレブン・ジャパン事件・中労委平31・2・6労判1209号15頁，ファミリーマート事件・中労委平31・2・6）という事案が登場しており，議論はさらに続くことになろう。

労 働 組 合

(a) **労働組合の役割と組織形態**　労働組合とは，労働者が，労働条件の維持改善や雇用の確保など，労働者としての経済的・社会的地位の向上のために自主的に組織する団体である。労働者が労働組合を組織したり，それに加入するのは，本来，個人としては使用者に対して弱い立場に立たざるをえない労働者が，集団としての力を背景に，使用者と対等の立場で交渉するためである。さらに労働組合は，個々の使用者との関係にとどまらず，全国中央組織を中心とした労働立法の制定や改善の要求とその実現を通じて，組合員のみならず，労働者全体の地位の向上にも大きな役割を果たしてきた。

　近代的な意味での労働組合の形成は18世紀後半のヨーロッパに求めることができる。当初の組織形態としては，一定の技能や熟練を基礎として組織された職種別組合ないしは職能別組合（craft union）があり，一定の地域や全国規模で広く労働者を組織する労

図表 17-1　企業別組合の組織

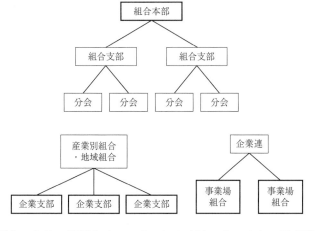

働組合である一般組合（general union）があった。また，19 世紀後半以降，ヨーロッパで労働組合組織の主流となったものが，石炭や鉄鋼などの産業ごとに労働者を組織する産業別組合（industrial union）である。さらに，以上のような労働組合を全国的に組織する全国中央組織が各国で形成されており（イギリスの TUC，ドイツの DGB，アメリカの AFL-CIO，わが国の連合など），国際的な組織として国際自由労連などがある。

(b)　**わが国の労働組合組織：企業別組合と連合体**　　わが国の労働組合の圧倒的多数は，企業ごとにそれぞれの従業員を組織する企業別組合である。ただし，企業別組合とはいっても，常に企業を単位として組織されるわけではなく，工場・事業場ごとに独立した組合が組織されたり（それらが企業単位で「企業連」を組織することも多い），産業別組合や地域組合の企業支部という組織形態がとられることもある（**図表 17-1** 参照）。企業別組合の組合員資格は，当該企業の従業員に限定され，解雇や退職により従業員としての地位を失ったときには，組合員としての資格をも失うことが通例である。また，その

場合の従業員とは，通常は正規従業員を意味し，パートタイム労働者などの非正規従業員には最初から組合員資格が認められないことが多かったが，最近では積極的にそれらの労働者を組織対象とする組合も増えている。

組織的・財政的に独立した労働組合によって構成される組合組織を連合体という。わが国の産業別組織である単産（単一産業別組合）は，通常はそれ自体が独立した産業別組合ではなく，企業別組合が加盟する産業別連合体である。また，複数の産業にまたがる緩やかな連合体として，JCM（金属労協）などの例がある。さらに，産業別組織や次に述べる地域的組織によって構成されるものが全国中央組織（ナショナル・センター）であり，組合員約700万人を擁する連合のほか，全労連と全労協がある。

地域的な労働組合組織としては，企業横断的に労働者を組織する合同労組があり，ほかに全国中央組織の下部組織として，都道府県別あるいは地域別の連絡協議会が存在する。また，従来とは異なる性格の地域的組織としてコミュニティ・ユニオンがある。これは，比較的限定された地域ごとに，中小企業の労働者やパートタイム労働者，外国人労働者などを組織するものであり，市民運動的な要素も取り入れ，地域に密着した活動を行っている。さらに，これまで企業別組合の組織対象外とされてきた管理職を組織する管理職組合や，女性ユニオンなども結成されており，労働組合組織の新たな可能性を示すものといえる。

(c) **労働組合の現状と課題**　わが国の労働組合の推定組織率（雇用者総数に占める労働組合加入者の割合。雇用者には，経営担当者や管理職を含む）は連続して低下傾向にあり，2019年には約16.7％である。この数字は，イギリス（23.4％，2018年）やドイツ（17.0％，2016年）よりも低く，アメリカ（10.5％，2018年）やフランス（正式な統計はないが，推定で8％以下）よりは高いが，最近では，企業に

よる従業員削減も一因となって，組合員の実数も減少している（**図表 17-2 参照**）。

企業別組合は，とくに大企業において，後述するユニオン・ショップ協定とも相まって，まがりなりにも組織率の向上に貢献し，組織対象である正規従業員の労働条件改善と雇用の維持に寄与してきた。しかしそれは，企業別組織であるために一般に交渉力が弱く，組合の要求やその実現が，企業規模や経営状態による影響を受けやすい。そこで，そのような交渉力の弱さを克服するために 1955 年以来実施されてきたものが，全国的に時期を同じくして賃金交渉を行うという春闘（春季賃金闘争）である。しかし，最近はかつてのような大幅な賃上げはなくなり，賃金処遇の個別化が進んでいることもあって，春闘の存在意義は薄らいでいる。また，企業別組合の関心が，もっぱら組合員である正規社員の労働条件や雇用の確保に向けられる反面，非組合員である非正規社員の問題には無関心であることが多かった。

他方で，大企業の労働組合を中心に労使協調路線が定着し，かつてのような大規模な労働争議はなくなり，争議件数も減少の一途をたどっている。近年では，企業のリストラによる人員削減に断固たる抵抗を示さないばかりか，かえって使用者側に協力したり，経営者の放漫経営や不正行為を積極的にチェックしようとしない労働組合の態度をとらえて，労働組合の存在意義に疑問を示す意見もある。

以上のように，現在の労働組合が多くの問題を抱えているものの，単に現在の労働組合のあり方を批判するだけでは将来の展望は開けてこない。労働組合は，実際上労働者の利益を代表しうる唯一の組織であり，労働者が主体的に自らの地位の維持・改善に取り組むことができる組織もまた，労働組合のほかにはない。労働組合の将来は，そのような労働組合の役割をいかに現実のものとしていくかにかかっている。そのためには，企業別組合自体が時代の要請に応え

図表 17-2 雇用者数、労働組合員数および推定組織率の推移

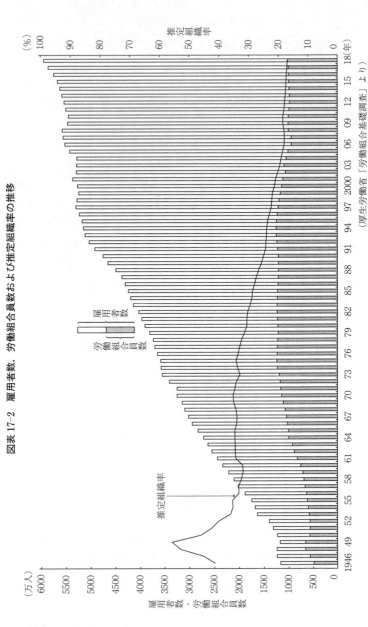

（厚生労働省「労働組合基礎調査」より）

390

て変わっていく必要があることはもちろん，企業別組合によっては組織化されにくいパートタイム労働者や派遣労働者などをいかに組織化していくかが今後の重要な課題である。

| 使用者・使用者団体 | 団体交渉システムのもう一方の当事者が，使用者および使用者団体である。|

「使用者」について労組法上は定義規定がないが，労基法上の「使用者」とは異なり，通常は労働関係の直接の当事者である事業主（企業または個人経営者）である。ただし，不当労働行為制度上は，直接の労働関係当事者以外の事業主であっても「使用者」と認められることがある（第18章*1*参照）。

「使用者団体」について，加盟する使用者を代表して労働組合と団体交渉し，労働協約を締結する組織と定義するならば，そのような意味での「使用者団体」はわが国にはほとんど存在しない。経済団体である日本経団連は，事実上使用者の利益を代表しているが，使用者団体として団体交渉の当事者となる権限をもたず，そのかぎりでは使用者団体ではない。ただし，ILOの使用者側代表は，日本経団連から推薦されている。

3 労働組合の結成と運営

| 労働組合の要件 | (a) **労組法上の労働組合** 労組法2条は，同法にいう労働組合について，「労働者が |

主体となって自主的に労働条件の維持改善その他経済的地位の向上を図ることを主たる目的として組織する団体又はその連合団体をいう」と定めている。この要件のうち，最も重要なものが「自主的に」ということであり，そのため労組法2条が定める要件のことを「自主性の要件」ともいう。なお，労組法2条ただし書きは，自主

性（1号・2号）と目的（3号・4号）に関し，労働組合とは認められない場合を注意的に規定したものであり，それらの規定に該当するか否かは，あくまで実質的に判断する必要がある。

(b) **利益代表者**　労組法2条ただし書き1号は，役員など，使用者の利益代表者の参加を許すものは労働組合ではないと定めている。これは，利益代表者の参加を許す組合は，使用者に対する関係で自主性を喪失するおそれがあるために，そのことを防止する目的で設けられた規定である。しかし，利益代表者に該当するか否かは，あくまでその職務上の権限や責任が，組合員であることと「直接にてい触」するかどうかという観点から実質的に判断すべきものであり，肩書上は管理職であるからといって，当然に利益代表者となるわけではない。

Column㉜　管理職組合

　　1980年代に行われた人員削減を意味する企業のリストラは，とりわけ管理職たる地位にある労働者にとって深刻なものとなった。ところが，多くの企業別組合は，労組法上の利益代表者に該当するか否かにかかわらず，一定の職位以上の管理職（たとえば課長職以上）には組合員資格を認めていないため，そのような管理職は，企業別組合に加入してその利益を守ることができない。そこで，一部では管理職が独自に労働組合を結成したり，横断的な労働組合組織（東京管理職ユニォンなどの組織がある）に加入することが見受けられた。管理職も労働者（労組3条）である以上，労働組合を結成し，それに加入する権利を有することは当然のことであり，管理職が組合に加入できないというのは，まったくの俗説にすぎない。その場合，管理職組合に加入する管理職が労組法2条にいう利益代表者に該当するかどうかが問題となるが，そのような管理職は，実際には利益代表者としての実質的な権限をもたないことが多いであろう。そのような事例として，セメダイン事件（東京地判平11・6・9労判763号12頁：最1小決平13・6・14労判807号5頁）がある。

(c) **資格要件**　労働組合が，労組法によって特別に定められた手続（18条・19条の3第2項・19条の12第3項など）に参与し，不当労働行為の救済（27条以下）を受けるためには，労働委員会に証拠を提出し，労組法2条および5条2項の規定に適合することを立証しなければならない（5条1項）。この特別の要件のことを「資格要件」といい，労働委員会による審査のことを資格審査という（労組24条1項，労委則23条以下参照）。労組法5条2項の要件は，労働組合の規約に一定の内容の規定を含むことを求めるものであり，その多くは労働組合の民主的運営にとって重要な事項であるため，「民主性の要件」ともいう。民主性の要件の趣旨は，それを欠く労働組合に対して救済申立てや手続への参与資格を否定することにより，間接的に労働組合の民主的運営を促すことにあり，それに反する組合規約が当然に違法・無効となるわけではない。しかし，とくに思想信条や性別，国籍などによって組合員資格を不当に差別する組合規約は，一般的な公序（民90条）に反し，無効と解される。ただし，女性ユニオンのように，現に男性と比較して弱い立場にあり，差別的な待遇を受けていることを是正するために女性であることを加入資格とすることは，一種のポジティブ・アクションとしての性格を有しており，直ちに公序違反となるとは解されない。

◆**労働組合と法人格**　資格要件は，労働組合が法人格を得ようとする場合にも必要とされ（労委則22条2号），労働委員会の証明書を受けた労働組合は，その主たる事務所の所在地において登記することによって法人となる（労組11条1項）。法人である労働組合については，一般社団法人等に関する法制度の整備に合わせて，労働組合の代表者（労組12条の2以下）や清算（13条の2以下）についての規定が新設された。

Column㉝　労働組合としてのプロ野球選手会 〜〜〜〜〜〜〜〜

　プロ野球選手によって組織されるプロ野球選手会（正式名称は，日本プロ野球選手会）は，2004年9月に，当時のオリックスと近鉄バファ

ローズの球団統合に関して日本プロ野球組織に対して団交を要求し，それが進展しなかったためストライキに突入した。アメリカではプロ野球選手がストライキを行うことはこれまでも見られたことであるが，日本では初めてのことである。そのことをきっかけとして，プロ野球選手会が労働組合でもあることを知った人も少なくないであろう。プロ野球選手会は，上述した法人格取得のための資格審査申請を通じて，東京都地方労働委員会（当時）によって労働組合法上の労働組合と認定されたが，それは，プロ野球組織に対して選手会が労働組合であることを承認して団交に応ずることを要求するためであった。このように，使用者が労働組合であることを承認しない場合に資格審査制度を利用することは，中小企業の組合などでときどき見られることである。

| 労働組合の結成・加入・脱退 |

(a) 結成・加入の自由　　団結権保障の効果として，労働者は，国家や使用者からの強制や規制，妨害などを受けることなく，自由に労働組合を結成し，それに加入することができる。このことは，団結権の最も基本的な効果であり，ILO第87号条約でも明確に定められている。ほかに，労働組合としての組織形態の選択や規約の制定，代表者の選出，活動方針の策定，上部団体への加盟なども，労働組合が自主的に決定すべき問題である。

　現行の労組法上は，労働組合の結成について自由設立主義がとられており，届出や許可などの特別の手続や要件は必要とされない。通常は，設立大会の開催と組合規約の採択により，労働組合としての実体が備わった時点で，労働組合が結成されたものと認められる。

(b) ユニオン・ショップ　　労働組合は，組織の拡大・強化のため，古くから労働者の組合加入を直接・間接に強制してきた（組織強制という）。たとえば，使用者に組合員のみを雇用させ，組合員資格を持たない者を職場から排除するというクローズド・ショップ（closed shop）や，労使間の協定（ユニオン・ショップ協定）を前提に，

労働者は採用後一定期間内に労働組合に加入しなければならず，組合不加入者や脱退者・被除名者を使用者は解雇しなければならないというユニオン・ショップ（union shop）がそれである。このユニオン・ショップが広く普及したのが，ほかならぬわが国であり，厚生労働省の調査（平成27年「労使間の交渉等に関する実態調査」）によれば，調査対象の労働組合のうち，労働協約を締結している労働組合の80.0％がユニオン・ショップについての定めがあると回答している。

　ユニオン・ショップ協定は，基本的には，従業員は当該労働組合の組合員でなければならないとする組合員条項と，組合に加入しない者や組合員でない者は使用者が解雇するという解雇条項によって構成されるものであり，これを「完全ユニオン」という。しかし，実際には解雇については別途労使間で協議するというものが少なくなく，これを「尻抜けユニオン」といい，解雇に関する定めがまったくないものを「宣言ユニオン」という。

◆**ユニオン・ショップ協定の合法性**　ユニオン・ショップ協定は，使用者による解雇の威嚇の下に，労働者が特定の組合に加入することを強制するものであり，一面では労働者の組合に加入しない自由や組合選択の自由を制約するものである。他方で，ユニオン・ショップ協定は，これまでしばしば，組合内多数派による少数派の排除など，組合の組織拡大・強化とは無縁の目的のために利用されてきた。このような問題点や危険性にもかかわらず，従来の多くの学説と判例は，労組法7条1号ただし書きが一定の条件の下でユニオン・ショップ協定を許容していると解されることや，ユニオン・ショップ協定が有する団結の拡大・強化に果たす機能を重視することにより，その合法性を肯定してきた（最高裁判例として，日本食塩製造事件・最2小判昭50・4・25民集29巻4号456頁）。団結しない自由を意味する消極的団結権は，むしろ労働者の団結を弱体化させ，積極的団結権を害するものとして否定されたのである。ただし，ユニオン・ショップ協定の合法性が肯定されるといっても，実際にはそれに基づく解雇の効力は著しく限定されている。たとえば，ユニオン・シ

ョップ協定に基づいて別組合の組合員を解雇することはできず，除名処分が，その理由の不備や手続違反のために無効とされる場合には，ユニオン・ショップ協定に基づく解雇も当然に無効となる（前掲・日本食塩製造事件判決）。さらに，組合を脱退し，または除名された者が新たに労働組合を結成したり既存の組合に加入した場合にその者を解雇することは，積極的団結権の侵害として許されない（三井倉庫港運事件・最1小判平元・12・14民集43巻12号2051頁；労判552号6頁）。

しかし，最近では，上述のようなユニオン・ショップ協定の弊害を重視し，労働者個人の自己決定権の基礎とされる憲法13条から派生する消極的団結の自由を論拠として，ユニオン・ショップ協定を違法と解する学説も有力となっている。

(c) **脱退**　労働組合への加入と同様に，労働組合からの脱退もまた，基本的には労働者の自由である。組合規約には，脱退の意思を明確にさせるため，書面による脱退届の提出などについて定めるものもあるが，それも労働者の脱退の自由を不当に侵害するものであってはならない。とりわけ脱退を組合執行部や総会の承認事項とし，それがないかぎり脱退の効力は生じないとするような組合規約は，労働者の脱退の自由を侵害するものとして無効と解される。また，組合員が脱退の自由を有することを前提に，それを制約するような会社と労働者および労働組合との間の合意は公序良俗に反して無効と判断した裁判例もある（東芝労組・東芝事件・最2小判平19・2・2民集61巻1号86頁；労判933号5頁）。

労働組合の内部組織

労働組合の組織や意思決定の方法，組合員資格，組合員の権利義務など，労働組合の組織・運営に関する基本的事項を定めるものが組合規約であり，労働組合における最高規範である。

労働組合の意思決定のための議決機関は，組合大会や組合総会と呼ばれ，規則の制定や解釈，組合員の権利義務に関する問題など，広範な事項について決定する権限を有している。大規模な組合や連

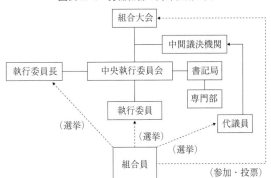

図表 17-3　労働組合の内部組織の例

合体組織の場合には代議員制がとられるが，そのための代表者の選出手続なども組合規約で定められる。組合大会が開催されるまでの間の労働組合の意思決定は，中央委員会や評議員会などの中間議決機関においてなされる。

　議決機関による決定を執行したり，組合の運営や組合財政の管理などを実施するものが執行機関であり，執行委員会などと呼ばれる常設の機関がその任に当たる。執行委員会の補助機関として，組合の日常業務を担当するものが書記局であり，執行委員長（組合長）と副執行委員長（副組合長），書記局の長である書記長を組合三役という。このほか，青年部や情宣部，法対部などの専門部が置かれることも多い（**図表 17-3 参照**）。

　◆在籍専従　わが国の企業別組合の多くは，組合役員もまた会社の従業員としての地位を有しており，組合の規模が大きい場合には，組合役員としての業務と従業員としての職務の両立が困難となる。そのため，労働者が組合の役員に就任した場合には，従業員としての地位を保持したまま，もっぱら組合の業務に従事する在籍専従となることが多い。しかし，組合役員であるからといって当然に在籍専従となりうるわけではなく，その実施や条件は，使用者と労働組合との間で取り決められるべきものである。

(a) **組合員の権利義務**　組合員が有する権利としては，労働組合の意思決定や運営に参加する権利が最も重要なものである。具体的には，組合大会や組合総会に出席し，発言する権利，採決に加わる権利がある。もう1つの組合員の重要な権利が，組合役員の選挙権および被選挙権である。労組法5条2項5号は，資格要件の1つとして，組合規約には，役員選挙は組合員の直接無記名投票によりなされる旨の規定を含むべきことを定めているが，このことは，特段の事情のないかぎり，労働組合の選挙に一般的に当てはまる原則である。

一方，組合員の義務としては，組合費納入義務と，組合の決議や指令に服すべき義務が主要なものである。

(b) **組合民主主義**　労働組合は，組合員の労働条件の改善など，その労働者としての地位の維持・向上を目的とする自主的団体であり，その意思決定や活動，役員の選出などについては，民主主義の要請が強く働く。しかし，実際の労働組合の規約や運営においては，そのような要請とは相容れない事態が生ずることもまれではない。たとえば，組合規約の中には，組合員の権利や自由を十分に保障していないものや，役員選挙における立候補の要件を厳しく制限するものなどもみられる。

組合民主主義をめぐるもう1つの問題が，とりわけ大規模組合における組合組織の官僚化や，組合運営の組合役員任せ（いわゆる幹部請負）の傾向である。労働組合が大規模化するにつれ，組合運営が官僚化し，組合の中央組織と個々の組合員との距離が拡大することは，半ば不可避的なものであるが，重要なことは，そのことを不断にチェックするための組合内部機構をいかに整備し，機能させるかである。

(c) **労働組合の財政**　労働組合の財政基盤の主たるものは，組合員が納入する組合費である。組合費に関しては，通常は組合規約

に定められ，賃金の一定割合が徴収されることが多い。ほかに，臨時の組合費の徴収や，自発的なカンパの呼びかけがなされることもある。また，組合費とは別に，ストライキによる賃金カットに備えたスト資金や，争議や組合活動により不利益措置を受けた者を救済するための犠牲者救援基金が徴収されることもある。組合の財政は，組合の活動にとって重要な意義を有するものであり，その状況や収入・歳出などの会計は組合大会に付議される（労組5条2項7号参照）。

　労働組合が法人格を有する場合（労組11条）には，組合財産は組合自体の所有財産となり，組合員はそれについて持分権や分割請求権を持たない。法人格のない権利能力なき社団としての労働組合についても，理論構成上の違いはあるが，同様に解されている。

◆**チェック・オフ**　チェック・オフとは，組合費相当額を使用者が組合員の賃金から天引きし，それを一括して組合に引き渡すことをいい，通常は労働組合と使用者の間のチェック・オフ協定に基づいて行われる。チェック・オフは，多くの場合使用者が無償で行うものであり，それ自体としては使用者による労働組合に対する一種の便宜供与であるが，組合費の着実な徴収，ひいては組合の財政的基盤の確保に役立つものであり，法律上禁止された経費援助には当たらない。チェック・オフをめぐっては，使用者による一方的なチェック・オフの中止や廃止が問題となることが多く，そのことに相当な理由がない場合や，労働争議や労使が対立している状況の下で，使用者がそれを組合に対する圧力手段として利用するような場合には，不当労働行為の成立が認められる。なお，最高裁は，チェック・オフも賃金の一部控除である以上，それを実施するためには，労基法24条1項ただし書きにいう「書面による協定」の締結を要するとの判断を示しているが（済生会中央病院事件・最2小判平元・12・11民集43巻12号1786頁；労判552号10頁），学説には，チェック・オフには使用者による賃金控除についての恣意が入り込む余地はなく，少数組合についてのチェック・オフが困難になるなどの理由により，異論も多い。また，組合が分裂した状況下において，一方の組合の組合員

による中止申入れの後も使用者がチェック・オフを継続し，他方の組合に引き渡したことは不当労働行為に当たるとされた事例がある（ネスレ日本（東京・島田）事件・最1小判平7・2・23民集49巻2号281頁；労判686号15頁）。

労働組合の活動

(a) **組合活動の多様性**　労働組合は，その組合員の労働条件や労働者としての地位の維持改善のため，使用者との間で，労働組合としての要求活動や団体交渉，争議行為などの団体行動を組織・展開することを本来的な目的とするものである。また，組合員のための共済活動，組合員の労働力供給を通じた労働市場の調整，労働立法制定・改善の要求やそのための政治活動も，労働組合の重要な活動である。そのほか，労働組合は，組合員の勧誘や組織化活動をはじめ，組合内外の情報宣伝活動，教育・学習活動，種々の文化的・社会的活動，レクリエーション活動など，さまざまな日常活動を行うことによって，組織の拡大・強化や，組合員の知識や連帯意識の向上を図っている。

(b) **労働組合の政治活動**　労働組合にとって，政治活動は重要な意義を有している。歴史的にみれば，労働者の団結権獲得は，まさにそのための立法要求という政治活動の成果だったのであり，労働条件保護立法の制定や改善についても，労働組合の要求行動が重要な要因であった。それだけに，各国において労働組合と政党とはしばしば密接に連携し合ってきたのであり，この点ではわが国の労働組合も例外ではない。かつては，特定の政党を丸抱え的に支持する「特定政党支持決議」が組合大会でなされることも広く見られたが，そのことは，組合員個人の思想信条を侵害し，ときとして労働組合と政党の癒着といわれる状況をもたらすことにもなった。

(c) **統制処分**　労働組合は，使用者に対抗して統一と団結を維持・強化し，集団的・統一的行動を組織するためにも，強力な内部統制を必要とする。そのことは，とりわけ労働争議の状況下におい

て顕著である。そのような内部統制を維持するための労働組合の権限を統制権といい，そのための制裁措置を統制処分という。統制処分に関しては，組合規約に統制事由や処分形態，手続などが定められることが多く，統制処分の形態としては，最も重い除名のほか，権利停止，制裁金，戒告などがある。統制処分の法的効力をめぐっては，団結自治尊重の観点から裁判所による審査は限定的であるべきだとの見解もあるが，従来の裁判例の多くは，統制処分の効力について比較的広範な審査を加えている（三井美唄労組事件・最大判昭43・12・4刑集22巻13号1425頁など。このことは，とりわけユニオン・ショップ協定に基づく解雇の効力が争われた場合に顕著である）。

労働組合の解散・分裂　労働組合は，「規約で定めた解散事由の発生」または「組合員又は構成団体の4分の3以上の多数による総会の決議」があった場合に解散する（労組10条）。法人である労働組合が解散したときは，従来は民法の法人に関する規定に従って清算手続が行われることになっていたが，社団法人等に関する法制度の整備に合わせて労組法13条以下に独自の規定が置かれることになった。労働組合の合同（合併）や分割に関しては法律上の明文規定はなく，解散に準じた手続と要件を要すると解されるが，組合財産の清算手続までは必要ない。ちなみに，わが国の労働組合は，企業の合併や営業譲渡などの組織変動に合わせて，自らもその組織を変更することが多い。

　労働組合の内部で深刻な対立状態が生じ，正式な分割や解散の手続がないまま，組合が事実上複数の組織に分かれることを組合分裂という。組合分裂をめぐっては，それ自体が組合財産分割請求の原因となるかどうか（そのような効果を伴う法的概念としての「組合分裂」を認めるかどうか）が問題とされてきたが，判例はそのことについて慎重な態度をとっており，通常は組合分裂は集団的脱退と評価され，組合財産の分割請求は認められない（名古屋ダイハツ労組事件・最1

小判昭 49・9・30 判時 760 号 97 頁）。

★ 参考文献─────

　　労使関係法の基本概念や主要問題については，『講座労働法の再
　生第 5 巻　労使関係法の理論課題』（日本評論社）。**労働組合全般に**
　ついては，日本労働研究機構編『リーディングス日本の労働 3　労
　働組合』（日本労働研究機構）。**ユニオン・ショップについては，**西
　谷敏『労働法における個人と集団』（有斐閣）第 3 章，盛誠吾「ユ
　ニオン・ショップ協定」籾井常喜編『戦後労働法学説史』（労働旬
　報社）所収。

> 不当労働行為とは，労組法によって使用者が禁止された
> 団結権侵害行為をいい，制度上は労働委員会による救済
> が予定されている。そのことを通じて，労使が尊重すべ
> き労使関係ルールが形成される。

1 不当労働行為制度

不当労働行為制度の
意義

　労組法は，使用者に対して，労働者が組合員であることを理由とする不利益取扱いなど，一定の行為を不当労働行為として禁止し（7条），使用者がそれに違反した場合について，労働委員会による救済を定めている（27条以下）。このような，不当労働行為の禁止と救済を内容とする制度のことを全体として不当労働行為制度という。不当労働行為制度は，憲法による団結権保障を前提として，あるべき労使関係秩序や，労使が遵守すべき一般的な集団的労使関係ルールを形成するという役割を果たすものである。

　現在の不当労働行為制度は，1949年の労組法改正に際して，アメリカの制度を参考として導入されたものであり，使用者による団結権侵害その他の行為について，労働委員会という労働関係についての専門家により構成される行政機関による，迅速かつ簡易で，柔

軟な救済を実現することを目的としている。それは，団結権の尊重を確保するため，必要がある場合には国内事情に適する機関を設けるべきことを定めた ILO 第 98 号条約 3 条の趣旨にも沿ったものである。ただし，現行法上は，不当労働行為について，裁判所において通常の民事訴訟として争うことも否定されない。その結果，不当労働行為の救済としては，労働委員会による「行政救済」と，裁判所による「司法救済」の 2 つが併存することになる。

不当労働行為の主体

(a) **事業主としての「使用者」**　労組法 7 条は，「使用者」に対して不当労働行為を禁止しているが，労組法には使用者についての定義規定がない。一般に，使用者とは，雇用関係の一方当事者である事業主（企業または個人経営者）を意味し，労組法上の使用者がそのような事業主を含むことは疑いない。同条 1 号・4 号にいう解雇その他の不利益取扱いをする使用者は，まさにそのような意味での事業主である。これに対して，事業主である法人組織の構成部分にすぎないもの（医療法人を構成する病院）は独立した権利義務の主体ではないから，労組法 7 条の使用者には当たらないとした最高裁判例がある（済生会中央病院事件・最 3 小判昭 60・7・19 民集 39 巻 5 号 1266 頁；労判 455 号 4 頁。ただし，そのような構成部分を名宛人とした労働委員会の救済命令は，法人そのものを名宛人とするものと解すべきであるとした）。また，複数の事業主が関与する労働関係において，いずれの事業主が雇用関係当事者なのかが問題となることはありうる。

(b) **雇用関係の有無と「使用者」性**　労組法 7 条にいう「使用者」は，以上のように通常は雇用関係の当事者としての事業者を意味するが，たとえ直接の雇用関係にはない事業主であっても，団結権保障の趣旨や不当労働行為制度の目的に照らして，「使用者」と認められることがある。たとえば，請負や業務委託関係において，まったく形骸化した請負会社の社外工を就労先会社が指揮監督して

いると認められる場合（油研工業事件・最1小判昭51・5・6民集30巻4号409頁）や，労働者が労働力の提供先である事業主の組織に組み入れられ，その指揮命令を受けて労働していたと認められるような場合である（阪神観光事件・最1小判昭62・2・26労判496号6頁）。

　さらに，業務請負関係において，たとえ請負会社が独立した企業としての実体を有する場合であっても，直接の雇用関係のない就労先の会社が，請負会社の雇用する労働者の基本的な労働条件等について，「雇用主と部分的とはいえ同視できる程度に現実的かつ具体的に支配，決定することができる地位にある場合」（朝日放送事件・最3小判平7・2・28民集49巻2号559頁；労判668号11頁）には，就労先会社が当該労働者との関係で使用者と認められるとした最高裁判決がある。この判断の前提には，そのような事業主を「使用者」とするのでなければ，当該労働条件についての実質的な団体交渉は不可能であるとの判断が前提となっていると考えられる。その意味で，この事案は，未だ労働者派遣法が制定されていない段階のものではあるが，同判決は，実質的には労働者派遣についての先例としての意義を有するものである。

　なお，この最高裁判決については，たんに労働条件について決定，支配していれば「使用者」に当たるとしているのではなく，それはあくまで「現実的かつ具体的なもの」であることという限定を付していることと，そのような労働条件であるかぎりにおいて，直接の雇用関係にない事業主も使用者に当たるとしたものであり，上記のような条件が満たされれば，それ以外の交渉事項や問題についても一般的に使用者と認められるとしたものではないことに留意する必要がある。近年，労働者派遣関係について，そのような意味での労働条件にとどまらず，派遣先に対して雇用の安定措置や直接の雇用を求める団交要求が問題となった事案があり，その場合の「使用者」の判断にも上記・最高裁判決の判示が参照されることがあるが

（ショーワ事件・中労委平 24・9・19 別冊中労時 1436 号 16 頁など，一連の中労委命令がある），正確な判断とは思われない。

(c)　行為主体と責任主体　　労組法 7 条 3 号の支配介入については，そのような行為を実際にするのは管理職や労務担当者などの事業主以外の者であることが多いため，そのような者も不当労働行為の主体としての使用者に含まれるのかどうかが問題となる。アメリカの制度では，使用者には「使用者の代理人として行動する者」を含むとの定義規定があり，わが国でも，使用者とは「労働関係上の諸利益に対し，実質的な影響力ないし支配力を及ぼしうる地位にある者」と解釈すべきだとの学説もあった。しかし現在では，この問題は，管理職等の行為について事業主である使用者に帰責できるかどうかの問題として処理されており，最高裁も，労組法 2 条ただし書き 1 号にいう利益代表者に近接する地位にある管理職による組合脱退勧奨行為について，それが使用者による反組合的な意を体してなされたと認められる場合には，それを否定するような特段の事情のないかぎり使用者による不当労働行為と評価されるとの判断を示している（JR 東海（新幹線・科長脱退勧奨）事件・最 2 小判平 18・12・8 労判 929 号 5 頁）。

2　不当労働行為の要件と類型

不当労働行為の要件　　労組法 7 条は，直接的には労働委員会による救済を前提として，使用者による団結権侵害行為などを類型化して禁止したものであり，その違反に対する制裁や懲罰を予定したものではない。したがって，その個々の要件については，刑罰法規のような厳格な解釈ではなく，不当労働行為制度の趣旨・目的に従った柔軟な解釈が要請される。

◆**不当労働行為意思** 不当労働行為の成立要件として，法律上は，刑事犯罪や不法行為のような故意・過失は必要とはされない。しかし，理論的には，不当労働行為の主観的要件としての不当労働行為意思が必要かどうかについて議論があり，意思不要説と意思必要説が対立してきた。最高裁は，かつて「客観的に組合活動に対する非難と組合活動を理由とする不利益取扱の暗示とを含むものと認められる発言により，組合の運営に対し影響を及ぼした事実がある以上，たとえ，発言者にこの点につき主観的認識乃至目的がなかったとしても，なお労働組合法7条3号にいう組合の運営に対する介入があったものと解するのが相当である」と判示し（山岡内燃機事件・最2小判昭29・5・28民集8巻5号990頁），一見すると不当労働行為意思は不要であるとの判断を示したことがある。しかし，その後もこの問題についての議論は続き，現在では判例および労働委員会命令は意思必要説に立つことでほぼ確立し，学説においても意思必要説が多数説といえる。ただし，不当労働行為意思の意味については，反組合的意図，組合の組織や活動に対する嫌悪やそれを阻害しようとする意図，使用者が労働者の組合所属や正当な組合活動を認識し，その意欲を実現する意図など，その理解は多岐に分かれている（不当労働行為意思が認められるためには，「その行為が客観的に組合弱体化ないし反組合的な結果を生じ，又は生じるおそれがあることの認識，認容があれば足りる」とした裁判例として，日本アイ・ビー・エム事件・東京地判平15・10・1労判864号13頁がある）。また，たとえ不当労働行為意思が必要であるとしても，その直接の立証は不可能である以上，間接的な事実から推認するほかない。一方，学説上は，原状回復を主眼とする不当労働行為救済制度の趣旨からして，少なくとも労働委員会による行政救済に関しては不当労働行為意思は不要であるとの見解や，労組法7条3号については不要であるとの見解も有力であり，論争はさらに続くことになろう。

| 不利益取扱い |

労組法7条1号前段は，①「労働者が労働組合の組合員であること，労働組合に加入し，若しくはこれを結成しようとしたこと若しくは労働組合の正当な行為をしたこと」の，②「故をもって」，③解雇その他の「不利益な取扱い」をすることを禁止している。

(a) **不利益取扱いの原因** これらの要件のうち，①の不利益取

扱いの原因については，労働組合の組合員であることや組合の結成・加入はもっぱら事実認定の問題であるため，主として「労働組合の正当な行為」とは何かが問題となる。

まず，「労働組合の」行為とは，何が労働組合それ自体の行為かという視点ではなく，使用者に対する関係で不当労働行為制度上保護されるべき労働組合としての行為は何かという視点から評価すべきものである。したがって，組合大会の決議や組合機関の指示に基づく行動はもちろん，それらに基づかない行為であっても，日常の情報宣伝活動や組合員の勧誘など，客観的に見て労働組合のためにする行為も「労働組合の」行為に含まれる。さらに，たとえ組合の決議や組合機関の指示に反する行為であっても，使用者に対する関係では，組合内部の行為として「労働組合の」行為と評価されることがある（組合内少数派の活動など）。また，労働組合の「行為」には，労働組合としての集団的行為だけでなく，個々の組合員の行為を含む。

次に，労働組合の「正当な」行為とは，不当労働行為制度上保護に値する行為か否かの評価の問題であり，個々の行為をめぐる諸般の事情を考慮して，個別・具体的に評価されるべきものである。そのような事情としては，行為の目的（労働者としての地位の維持・改善のためのものかどうか）や態様（そのような目的達成のために相当なものかどうか）のほか，当該行為をめぐる具体的事情・状況（争議時か平常時か，就業時間中か否か，業務運営への影響いかんなど），使用者側の対応（使用者による挑発や支配介入行為などの有無），労使慣行などがある。

(b) **不利益取扱いの態様**　前記③の不利益取扱いの態様としては，法律が例示する解雇のほか，懲戒処分，配転・転勤などの労働関係上の不利益，労働者にとっての経済的不利益（残業をさせないことなど）や精神的不利益（仕事上の差別や屈辱的な仕事をさせること な

ど），組合活動上の不利益（組合活動家を組合員がいない職場へ配転させるなど）などがあり，非組合員や別組合員との差別的な取扱いも不利益取扱いとなる。また，不利益取扱いには，雇用関係成立後の不利益のみならず，採用拒否も含まれると解される（病院の営業譲渡先による組合員の採用拒否に関し，青山会事件・東京地判平13・4・12労判805号51頁参照。ただし，同事件の控訴審判決〔東京高判平14・2・27労判824号17頁〕は，採用拒否というよりも，実質的な解雇であるとした）。ただし，最高裁は，JRが設立直後に旧国鉄職員を対象に行った採用に関し，雇入れの拒否は特段の事情のないかぎり不利益取扱いには当たらないとの判断を示しているが（JR北海道・日本貨物鉄道（国労）事件・最1小判平15・12・22民集57巻11号2335頁など），国鉄の分割民営化という特殊事情の下で示された判断であり，そのことを民間企業の組織変動の場合にまで一般的に応用することは適当ではない。

Column㉞ 国鉄・JR採用差別事件 ～～～～～～

　1987年の国鉄分割・民営化に際し，新たに設立されるJR各社の職員は，国鉄改革法の定めにより，JRの設立委員が作成した名簿に基づいて国鉄職員の中から採用されるという形が採られたが，分割・民営化に最後まで反対した国鉄労働組合（国労）などの組合員の多くが名簿に記載されなかったためJRには採用されず，国鉄清算事業団に所属することになった（最終的には解雇された）。そのため，国労などとその組合員らは，実際に名簿の作成作業にあたった国鉄に，組合の所属いかんによる差別があったとして，国鉄を承継したJRを相手どって全国的に多数の不当労働行為救済の申立てを行った（ほかにも，配属差別などをめぐる多くの不当労働行為事件が係属した）。

　各地労委（当時）命令は，すべて申立てを認容してJRに差別された組合員らの採用を命じ，中労委の再審査命令も一部を除いてJRに採用を命じたが，その行政訴訟の1・2審においては，理由づけこそ大きく分かれたものの，中労委命令はことごとく取り消された。そして，最高裁は，かりに国鉄に不当労働行為に当たる行為があったとし

ても，その責任を負うのは国鉄ひいては国鉄清算事業団であり，JR
は責任を負わないことなどを理由に，結論として原判決を支持したが，
同時に，国鉄は設立委員の補助的な立場にあったものであり，国鉄に
不当労働行為があれば，設立委員ひいてはJRがその責任を負うとの
5名中2名の裁判官による少数意見が付された（前掲・JR北海道・日本
貨物鉄道（国労）事件最判）。

　この事件は，国鉄の分割・民営化を通じて特定の組合の弱体化を図
ったものとして，「国家的不当労働行為事件」とさえいわれたように
政治的色彩の強いものであり，それだけに，労働委員会の存在意義や
裁判所による判断のあり方についても問題を投げかけるものとなった。
なお，この事件は，その後違法な差別を理由とする損害賠償請求事件
としても争われ，東京地裁と東京高裁は，一連の裁判例の中ではじめ
て国鉄による名簿作成に差別があったことを認め，国鉄を承継した鉄
道建設機構に対して1人当たり500万円の損害賠償の支払いを命じた
（鉄道建設・運輸施設整備支援機構事件・東京地判平17・9・15労判903号36
頁；東京高判平21・3・25労判984号48頁）。

(c)　**因果関係**　　前記②の「故をもって」とは，一般に因果関係
を意味するものと解されており，組合員であることなどと不利益取
扱いとの間には，原因と結果の関係が存在すると認められる必要が
ある。不利益取扱いをめぐる紛争においては，不当労働行為が原因
であるとする労働者側の主張と，それとは別個の不利益取扱いを正
当化する原因についての使用者側の主張が対立するが，それは多く
の場合，事実関係の認定・評価の問題として処理される。しかし，
労使の主張がどちらも一応はもっともであり，不利益取扱いの原因
としてどちらも成り立ちうるような場合（原因の競合という）の処理
については見解が分かれている。すなわち，労働委員会や裁判所は
いずれが決定的な原因かによって不当労働行為の成否を判断してお
り（決定的原因説），学説では，たとえ不利益取扱いについて不当労
働行為以外の原因があっても，組合員ではなく，労働組合としての

正当な行為がなければ不利益取扱いはなされなかったであろうという意味で「相当因果関係」があれば，不当労働行為は成立すると解するものが多い（相当因果関係説）。ただし，これらの見解が不当労働行為の成否について二者択一的に論じていることが妥当かどうかには問題もある。むしろ，複数の原因があることを前提として，不当労働行為の救済内容において工夫すべきだとの考え方もある（解雇の原因が労働者側にもあることを考慮し，バックペイなしや半額バックペイを命じた労働委員会命令もある。バックペイについては420頁参照）。

(d) **報復的不利益取扱い**　労組法 7 条 4 号は，同条 1 号とは別に，報復的な不利益取扱いを禁止している。それは，不当労働行為の申立てや審査手続，あるいは労調法による労働争議調整手続における労働者の立場を保護するため，特別に規定されたものである。

黄犬契約　労組法 7 条 1 号後段にいう「労働者が労働組合に加入せず，若しくは労働組合から脱退することを雇用条件とすること」とは，いわゆる黄犬契約（yellow-dog contract；仲間を裏切る臆病者〔yellow-dog〕が結ぶ契約という意味がある）を禁止したものである。この場合の雇用条件には，採用のための条件と，雇用継続のための条件が含まれる。また，労働組合を結成しないことや特定の組合に加入しないこと，組合活動をしないことの約定も，この場合の禁止に含まれると解される。

団交拒否　労組法 7 条 2 号は，「使用者が雇用する労働者の代表者と団体交渉をすることを正当な理由がなくて拒むこと」を禁止しているが，これについては第 19 章で取り上げる。

支配介入　労組法 7 条 3 号前段にいう「労働者が労働組合を結成し，若しくは運営することを支配し，若しくはこれに介入すること」とは，支配介入と総称され，使用者が労働組合の結成や運営について主導的立場に立ったり，そ

れに影響力を与えたり妨害することを広く意味するものと解されている。支配介入は，そのようなおそれのある行為があれば成立するものであり，実際に労働組合の運営などに具体的な支障が生じたかどうかを問わない。

支配介入行為にも多様なものがある。まず，労働組合の結成・加入に関しては，組合結成のための準備活動への妨害や干渉，組合結成に対する非難，迎合的な従業員組織の結成，組合への不加入や組合からの脱退についての働きかけ（脱退勧奨）などがある。組合の組織や運営をめぐる支配介入としては，組合役員選挙や組合の内部人事に対する干渉，組合の運動方針や組合活動に対する批判や妨害のほか，組合幹部の買収・供応，組合大会や会合の管理職員による監視，組合内部抗争への干渉などがある。また，組合事務所や掲示板などの貸与やチェック・オフのような便宜供与の一方的中止も，そのことに正当な理由がない場合には支配介入と認められる。

◆使用者の言論と支配介入　使用者による労働組合に対する妨害や干渉は，言論を通じてなされることが多い。一方，言論の自由は，憲法21条によって保障された基本的人権の1つである。そのため，使用者による言論がどこまで支配介入として禁止されるのかが問題となる。この問題について，アメリカの制度では，使用者の言論が不当労働行為となるのは，「抑圧または強制の要素」（プラス・ファクターと呼ばれる）がある場合にかぎられるとの明文規定があるが，わが国にはそのような規定がない。しかし，わが国では，企業別組合が一般的であるために，使用者の言論が労働組合の運営や組合員の心理に及ぼす影響が大きいことなどを考慮し，学説・判例は，とくにプラス・ファクターを問題とすることなく，使用者の発言の内容や時期，場所，対象などの諸般の事情を考慮して，組合の自主性が害されるおそれがあるか否かという観点から不当労働行為の成否を判断すべきだと解している（新宿郵便局事件・最3小判昭58・12・20労判421号20頁）。

| 経費援助 |

労組法7条3号後段は，使用者が「労働組合の運営のための経費の支払いにつき経理

上の援助を与えること」（経費援助）を禁止している。これは，使用者から経費援助を受ける場合には，労働組合としての自主性が害されるおそれが大きいために禁止されたものである。労組法2条ただし書き2号は，使用者からの経費援助を受ける団体は労組法上の労働組合ではないとしており，労組法は，労使双方に対して経費援助を禁止していることになる。経費援助の例外として定められているものも，それらに共通である。

3 不当労働行為の認定・評価

　不当労働行為の認定・評価をめぐってはさまざまな問題があるが，ここでは，これまでとくに議論の多かった複数組合併存下の組合間差別と，企業閉鎖をめぐる問題を取り上げる。

　　　　　　　　　　　(a)　**複数組合併存と中立保持義務**　　現在
| 組合間差別 |
のわが国の法制度では，労働組合の規模や組織形態などの違いによって，団結権保障の効果には区別がない。そのため，使用者は，企業に複数の組合が存在する場合には，そのいずれの団結権をも尊重しなければならず，その間で差別的な対応をとることは許されない。最高裁も，組合併存下においては「すべての面で使用者は各組合に対し，中立的態度を保持し，その団結権を平等に承認，尊重すべきものであり，各組合の性格，傾向や従来の運動路線のいかんによって差別的な取扱をすることは許されない」と述べ（日産自動車（残業差別）事件・最3小判昭60・4・23民集39巻3号730頁；労判450号23頁），使用者の中立保持義務を認めている。ただし，中立保持義務といっても，複数の組合をまったく同一に扱うことを求めるものではなく，たとえば，多数組合と差別して少数組合に組合事務室を貸与しないことは認められないが，その

広さについて組合員数などを考慮して合理的な差異を付けることは許される（日産自動車（便宜供与差別）事件・最2小判昭62・5・8労判496号6頁）。

(b) **団体交渉と組合間差別**　一般に，団体交渉は労使間の自由な取引の場であり，複数の組合の間で交渉結果や妥結内容に差異が生じたとしても，それはそれぞれの組合の方針や交渉力の違いによる選択の結果として，不当労働行為の問題は生じない。しかし，一見してそのような場合であっても，使用者が労働組合の団結権を否認したりその弱体化を意図して形式的に団体交渉をしたにすぎないと認められる場合（前掲・日産自動車（残業差別）事件判決。逆にそのような特段の事情は認められないとされた事例として，高知県観光事件・最2小判平7・4・14判時1530号132頁がある）や，合理的な理由がないにもかかわらず組合が受け入れがたい妥結条件に固執したような場合（そのような条件のことを差し違え条件という。「生産性向上に協力すること」を賃金上積みの条件とした日本メール・オーダー事件・最3小判昭59・5・29民集38巻7号802頁；労判430号15頁や，賃上げの妥結月実施に固執した済生会中央病院事件・最2小判平1・4・14労判556号92頁など）には，不当労働行為の成立が認められることがある。

(c) **考課・査定差別**　使用者が労働者の上司による人事考課・査定に基づいて賞与の額や昇格・昇進を決定することは，大企業を中心にかなりの普及を見せている。そのような制度の普及に伴って増加したものが，考課・査定における差別と，それに基づく賃金や昇格，昇進の差別をめぐる事件である。

考課・査定差別に関しては，まず，不当労働行為の申立ては「行為の日（継続する行為にあってはその終了した日）から1年」以内になすべきものとされる（労組27条2項）ことから，毎年繰り返される考課・査定とそれに基づく賃金の支払いが「継続する行為」といえるのかどうか，考課・査定と賃金支払いや昇進・昇格との関係

はどうなるのかが問題となる。この点について最高裁は、査定とそれに基づく毎月の賃金の支払いとは一体のものであり、年度ごとの査定とそれに基づく賃金支払いは「継続する行為」であると判断している（紅屋商事事件・最3小判平3・6・4民集45巻5号984頁；労判595号6頁）。

次に、考課・査定差別をめぐる最大の問題が、その立証方法である。一般に、考課・査定差別を直接立証することはきわめて困難であり、個々の労働者ごとに差別の存在や立証をすることも容易ではなく、時間もかかる。そこで、労働委員会によって採用されてきた方法が、差別を申し立てた組合員と、他の従業員や別組合員との格差をグループごとに数量的（統計的）に比較し、その間に有意的な格差があることをもって差別の存在を推定するという「大量観察方式」である。このような方式を採用するかどうかが労働委員会による裁量の範囲内のものであることは、最高裁も認めているが（紅屋商事事件・最2小判昭61・1・24労判467号6頁）、そのための条件として、比較するグループ間に一定の等質性があることや、それぞれのグループが一定の規模以上のものであることなどが必要である。

さらに、考課・査定差別をめぐる救済方法も問題となる。通常は、平均的考課率に基づく賃金額との差額の支払いが命じられるが、それだけでは、昇格・昇進差別の結果は残ることになる。そのため、差別された組合員を優先的に昇格・昇進させるべき旨の命令の是非が問題となるが、現在のところ学説・判例の見解は分かれている。

企業の組織変動と不当労働行為

会社の解散や営業譲渡が、労働組合の壊滅を目的としたり、その活動を嫌悪してなされた場合に、そのこと自体や、それに伴う解雇が不当労働行為に該当するのか否かについては、以前から議論があった。とくに会社解散については、職業選択の自由（憲22条）や経済活動の自由の一環としての事業廃止の自由を根拠に、不当労

働行為の成立を否定する見解もあるが，労働委員会命令や学説・判例の多くは，解散が単なる形式にすぎず，形を変えて営業が継続される偽装解散の場合と，真に営業を廃止する真実解散の場合を区別し，偽装解散については不当労働行為が成立すると解してきた（ただし，解散そのものが不当労働行為となるのか，それともそれに伴う解雇が不当労働行為となるにとどまるのかについては見解が分かれる）。その場合の救済方法としては，解散した会社の再開を命ずることには問題があるが，偽装解散に伴って営業を引き継いだ，実質的同一性が認められる事業主との雇用関係の継続を命ずることが考えられる（前掲・青山会事件判決）。

　この問題については，不当労働行為の行政救済か，司法救済かも重要な意味をもつ。行政救済の場合には，企業の組織変動の前後で実質的な同一性が認められるかぎり，変動前の事業者に雇用されていた労働者の変動後の事業者への承継は比較的容易に肯定されるが，司法救済の場合には，法人格否認の法理の適用（徳島船井電機事件・徳島地判昭 50・7・23 労民集 26 巻 4 号 580 頁；労判 232 号 24 頁）など，新たな事業主体との間の雇用関係が形成されたと認められるための特別の論理構成が求められるからである。その反面，労働委員会における主張は使用者（事業主）による不当労働行為の成立に限られるのに対し，裁判所においてはそれ以外の主張や使用者以外の取締役や第三者などに対する責任追及も可能となる。会社分割が組合潰しかどうかが問題となった生コン製販会社（会社分割）事件（大阪高判平 27・12・11 労判 1135 号 29 頁）では，会社や取締役のほか，会社分割に関わった司法書士についても不法行為責任が認められた。

4 不当労働行為の救済

行 政 救 済

(a) 行政救済手続 労組法が予定する不当労働行為の救済方法が，労働委員会による行政救済である（労組 27 条以下。**図表 18-1** 参照）。救済の申立てができるのは，労働者または労働組合であり（労働組合が申し立てる場合には資格要件が必要となる。資格要件の審査（資格審査）は，不当労働行為の審査と同時並行してなされ，それに不備がある場合には補正勧告がなされる。労委則 24 条），被申立人は使用者である。申立先は，通常は都道府県労働委員会（都道府県労委）であるが，全国的に重要な問題にかかる事件については中央労働委員会（中労委）である（労組令 27 条）。

なお，地公法 57 条にいう単純な労務に雇用される一般職地方公務員（単純労務者）には地方公営企業労働関係法が適用されるが（同法附則 5 項），その結果，それらの職員については労組法が適用され（同法 4 条），不当労働行為制度も適用されることになる。地方公務員の労働組合の中には，このような単純労務者と，それ以外の労組法の適用されない職員を同時に組織するものがあるが（混合組合という），このような組合は，単純労務者に関しては労働委員会に対して不当労働行為の救済申立てをすることができる（泉佐野市事件・大阪高判平 28・12・22 労判 1157 号 5 頁）。労働委員会は，不当労働行為の申立てがあれば調査・審問を行うが（労組 27 条 1 項），そのための手続は，労働委員会規則に定められている。なお，不当労働行為事件の審査には公益委員のみが参与するが，調査・審問や和解の手続には労使委員も参与することができる（労組 24 条 1 項。ただし，参与することが通例となっている）。

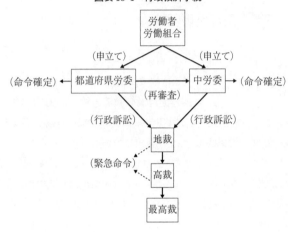

図表 18-1　行政救済手続

労働者
労働組合

（申立て）　　　　　　（申立て）

（命令確定）◄── 都道府県労委 ◄──► 中労委 ──► （命令確定）

（再審査）

（行政訴訟）　　　　（行政訴訟）

地裁

（緊急命令）

高裁

最高裁

◆**支配介入と個人申立て**　労組法 7 条 1 号の不利益取扱いについて労働
者個人が救済を申し立てることができることは，5 条 1 項ただし書きの
趣旨からしても明らかであるが，7 条 3 号の支配介入については，それ
が労働組合に対する不当労働行為であることなどから，個人による救済
申立ては原則としてできないとの見解がある。しかし，最高裁は，不当
労働行為救済制度が労働者の団結権および団体行動権の保護を目的とす
る制度であることを理由に，組合員個人もまた申立て適格を有すること
を認めている（京都市交通局事件・最 2 小判平 16・7・12 労判 875 号 5 頁）。
なお，7 条 2 号の団交拒否については，その当事者となるのはあくまで
労働組合であり，その意に反して使用者に団交応諾を命じても無意味で
あることから，組合員個人による救済申立ては認められないと解される。
◆**駆け込み訴え**　解雇などをめぐる個別労使紛争が生じた後に労働者が
労働組合に加入し，当該紛争について労働組合が使用者に団体交渉を要
求したうえ，労働委員会に対して斡旋の申請（第 20 章参照）や団交拒否
の不当労働行為救済の申立てをすることが少なくない。そのように，労
働者が事後的に労働組合に加入して紛争の解決を求めることを駆け込み
訴えという。それは，労働組合や労働委員会が関与するために集団的労
使紛争処理の形態を採ってはいるものの，実質的には個別労使紛争の
1 形態であり，両者が融合した紛争処理形態ともいえる。

◆**労働組合法の改正** 労組法は，2004 年にほぼ 50 年ぶりの本格的な改正が加えられ，2005 年 1 月 1 日から施行された。この改正は，「地方労働委員会」から「都道府県労働委員会」への名称変更のほか，次のような不当労働行為審査手続の迅速化と的確化を目的とする制度整備を主要な内容とするものである。

　　1)　不当労働行為審査の迅速化
　　　①中労委における 5 人の委員による合議体による審査の原則化（24条の 2 第 1・2 項）
　　　②条例による都道府県労働委員会委員数の増加（19 条の 12 第 2 項）と合議体による審査の可能性（24 条の 2 第 4 項）
　　　③審問に先立つ審査計画作成の義務づけ（27 条の 6）
　　　④審査期間の目標設定とその達成状況の公表（27 条の 18）
　　2)　不当労働行為審査の的確化
　　　①公益委員の判断による証人出頭命令および証拠提出命令に関する規定の新設（27 条の 7，27 条の 10）と，行政訴訟段階での新証拠申出の制限（27 条の 21）
　　　②審問における証人の宣誓義務（27 条の 8 第 1 項）と偽証罪（28 条の2）の新設
　　3)　和解に関する規定の明文化（27 条の 14）と和解調書への債務名義の付与（27 条の 14 第 4 項・5 項）
　　4)　その他　　罰金・過料の上限額の引上げ（28 条以下）など

(b)　**救済の内容**　　労働委員会は，審問の手続が終われば事実の認定をし，それに基づいて申立人の請求にかかる救済の全部もしくは一部を認容し，または申立てを棄却する命令を発する（労組 27 条の 12 第 1 項）。しかし，救済命令の具体的内容や救済の方法については，法律上は定めがない。

　救済命令は，使用者に懲罰を加えることを目的とするものではなく，不当労働行為がなかった状態に戻すという意味での「原状回復」を基本とするものであり，具体的にどのような救済を与えるかは，申立人の請求の範囲内であることを条件に，労働委員会の広範な裁量にかかると解されている。実際には，解雇については原職復

帰（復職）と解雇以降の賃金相当額（バックペイ back-pay）の支払い，その他の不利益取扱いについてはその撤回やそれに伴う経済的損失の回復が命じられることが通例である。また，団交拒否については，団交応諾命令や誠実交渉命令がなされ，支配介入については，その態様に応じて，行為の禁止やその結果の排除が命じられる。そのほか，将来に向けた予防措置として謝罪文の掲示ないし手交（ポスト・ノーティス post-notice という）が命じられることが多い。ポスト・ノーティスには，謝罪や誓約の表現が含まれることがあるが，それは当然には使用者の思想信条の自由を害することにはならない（亮正会高津中央病院事件・最3小判平2・3・6労判584号38頁）。

◆バックペイと中間収入の控除　解雇が不当労働行為と認められた場合に，労働者が解雇以降にアルバイトなどで得た収入（中間収入）をバックペイから差し引くべきかどうかについて，労働委員会は以前から否定的な立場をとってきた。最高裁は，第二鳩タクシー事件判決（最大判昭52・2・23民集31巻1号93頁）において，中間収入は当然に控除すべきだとのそれまでの判断を改め，解雇は労働者個人に対する不利益であると同時に，組合活動一般を抑制するという面をも有することをも加味してバックペイの額を決定すべきであるとした（この事件では，結論としては中間収入を控除すべきであるとされ，あけぼのタクシー事件・最1小判昭62・4・2労判500号14頁でも同様の結論となった）。これに対して学説では，不当労働行為としての解雇はあくまで組合活動全般に対する侵害という意味を有し，中間収入があったからといって当然にそれが回復されたとはいえないことなどを理由に，中間収入を控除すべきかどうかの判断はあくまで労働委員会の広範な裁量に委ねられるべきであるとの見解が多い。なお，労働委員会は，現在もほとんどの場合に中間収入控除を伴わないバックペイを命じている。

(c)　**不服申立てと救済命令の履行強制**　都道府県労委の命令に対する不服申立手段としては，中労委に対する再審査申立てと，裁判所に対してその取消しを求める行政訴訟を提起することの2つが

あり，使用者については，そのいずれか一方のみをなしうる（労組27条の15・27条の19）。中労委による再審査手続については上述した初審手続が準用される（27条の17）。中労委の再審査命令に対しては，行政訴訟を提起することができる（以上につき，**図表 18-1** 参照）。

◆**緊急命令** 行政訴訟が提起された場合，それは地裁・高裁・最高裁と続く可能性があるが，それによって使用者が不当労働行為救済の実現を引き延ばすことを防止するため，緊急命令の制度が用意されている。緊急命令とは，行政訴訟の受訴裁判所が，判決の確定に至るまで，使用者が労働委員会の命令の全部または一部に従うべき旨を命ずることができるというものであり（労組27条の20），その違反には，行政罰である過料の制裁が課される（32条）。

◆**救済命令の強制手段** 労働委員会による救済命令が，30日以内に行政訴訟が提起されずに確定した場合（労組27条の13）に，使用者がそれに従わないときは，50万円（命令が団交応諾などの作為を命ずるものであるときは，命令の不履行が5日を超える場合にはその超える日数1日につき10万円の割合で計算した金額を加えた金額）以下の過料が科される（32条）。労働委員会の救済命令について行政訴訟が提起され，確定判決によって支持された命令に違反したときは，1年以下の禁錮もしくは100万円以下の罰金またはその双方が科される（28条）。

Column㉟ **行政救済の問題状況**

行政救済をめぐる最大の問題点が，手続の遅延である。申し立てられた事件のうち，命令・決定に至ったものの平均処理日数は，2002年には初審で1010日，再審でも925日にまで達し，行政訴訟が提起された場合には，最終的な解決までさらに長期間を要した。その原因としては，当事者，労働委員会とも審査を集中的に行うことができる状況にないこと，行政訴訟を想定して労働委員会が慎重な手続をとる傾向にあること，とくに初審では和解による解決の機会を探るために時間がかかる傾向にあることなど，多くの事情があった。そのため，2004年の労組法改正では，不当労働行為審査の迅速化が目的として掲げられ，上述のような制度改正がなされて一定の成果を上げている。

司法救済

不当労働行為の救済としては，以上のような行政救済のほか，直接裁判所に訴訟を提起する司法救済がある。司法救済といっても，特別の救済手続が法律によって定められているわけではなく，不当労働行為を理由とする解雇などの無効確認や，損害賠償請求などの，通常の民事訴訟である。

不当労働行為の司法救済に関連して，労組法7条が裁判所による判断の根拠となる強行規定でもあるのかどうかにつき，最高裁は，同条1号についてはそれを肯定している（医療法人新光会事件・最3小判昭43・4・9民集22巻4号845頁）。しかし，さらに同条が，団体交渉拒否や組合活動妨害についての排除請求や禁止仮処分の根拠となる具体的な権利を保障したものか否かについては，学説・判例の見解は分かれている。

★ 参考文献────────

不当労働行為と労使関係ルールについて詳しくは，道幸哲也『労使関係のルール──不当労働行為と労働委員会』（労働旬報社）。行政救済の問題状況など，近年の動向については，『講座21世紀の労働法第8巻　利益代表システムと団結権』（有斐閣）。『講座労働法の再生第5巻　労使関係法の理論課題』（日本評論社）。労働委員会制度については，「特集・制度発足70年・労働委員会制度を考える」季刊労働法252号。

第19章 団体交渉と労働協約

団体交渉は，労働条件基準についての集団的交渉・決定の場であるだけでなく，労使が話合いを通じて相互の理解を深め，自主的な労使関係ルールを形成するための場でもある。その結果として締結される労働協約は，通常の契約とは異なる性格と効力を有している。

1 団 体 交 渉

団体交渉の意義と形態　団体交渉とは，労働組合と，使用者ないしは使用者団体との間の，労働条件をはじめとする労使関係上の諸問題に関する交渉のことをいう。団体交渉は，少なくともその一方の当事者（通常は労働組合）が団体であることと，その内容もまた集団的なものであることに特徴がある。

労働者が労働組合を結成し，加入するのは，使用者との団体交渉を通じて，労働条件の維持改善をはじめ，労働者としての地位の向上を図るためである。個別的な関係では使用者に対して弱い立場に立たざるをえない労働者は，団体交渉によってはじめて使用者と対等な立場で交渉ができるのである。団体交渉はまた，集団的労働関係を形成し，そのための集団的ルールを設定するための場でもあり，団体交渉を通じた労使の話合いと相互理解は，円滑で安定的な労使関係を構築するための不可欠の前提でもある。そこで労組法は，そ

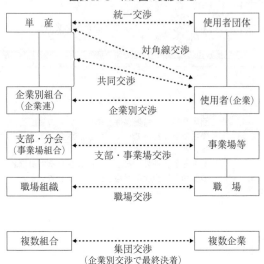

図表 19-1　わが国の交渉形態

の立法目的として団体交渉とその手続の助成を掲げ（1条），使用者による団交拒否を不当労働行為として禁止している（7条2号）。

　団体交渉のレベルないし形態には，その当事者の性格や組織対象などを反映して多様なものがある。欧米では，産業別労働組合と使用者団体による全国レベルや地域レベルの企業横断的な産業別交渉が主流であり，ほかに職種別交渉などもみられる。それに対して，わが国では，労働組合のほとんどが企業別・事業場別であることの結果として，企業別交渉や事業場別交渉が中心である（**図表 19-1** 参照）。かつては，単産が企業と交渉する対角線交渉や，単産などの上部団体と企業別組合が合同で企業と交渉する共同交渉，複数の企業とそれぞれの企業の組合が同じテーブルで交渉する集団交渉もみられたが，現在では，ごく一部で共同交渉がみられるにすぎない。

| 団体交渉権 |

(a) **団体交渉権の効果**　憲法 28 条が団体交渉権を保障していることの効果として，団体交渉の要求行動やその席上での行為は，たとえ形式的には刑罰法規などに該当する場合であっても，「労働組合の正当な行為」と認められるかぎり刑事・民事免責を受け，不当労働行為制度による保護を受ける。

　団体交渉に関しては，かつて，団体交渉の要求や実施をめぐって多数の刑事事件が発生した。戦後の未だ団体交渉ルールが確立していない段階では，多くの組合員が経営者を取り囲み，怒号と喧噪の中で要求の受入れを迫ることがしばしばみられ（大衆団交という），そのような組合員の行為が暴行罪や逮捕・監禁罪などに問われたのである。また，使用者が組合の存在そのものを承認せず，一切の交渉を拒否している場合や，企業閉鎖や大量の人員整理などをめぐって労使間に深刻な対立が生じている場合にも，労働組合による団体交渉の要求やその遂行が過激なものになることがまれではなかった。

　(b) **団交応諾義務と誠実交渉義務**　団体交渉権が保障されることの重要な効果は，労働組合が使用者に対して団体交渉に応ずることを求める権利を有し，使用者は，それに応じて団体交渉を行う義務（団交応諾義務）を負うことにある。労組法 7 条 2 号が「労働者の代表者と団体交渉をすることを正当な理由がなくて拒むこと」を使用者の不当労働行為として禁止しているのは，それを具体化したものである。ただし，そのことは，使用者が組合側の要求を受け入れ，譲歩・妥結すべき義務までを意味するものではない。

　しかし，使用者は，単に団体交渉に応じればよいというものでもない。団体交渉は，使用者が真摯な態度で交渉にのぞみ，労働組合との間で実質的な交渉を行うことによってはじめて意味を有するものであり，団体交渉権の保障は，そのことをも強制する趣旨を含む。その意味で，使用者は団体交渉を誠実に行う義務，つまり誠実交渉

義務を負うのであり，使用者が誠実に交渉しないことも，労組法7条2号にいう団交拒否に当たる（エス・ウント・エー事件・東京地判平9・10・29労判725号15頁など）。

◆「雇用する労働者」　労組法7条2号は，「雇用する労働者」の代表者との団交拒否を禁止しているが，この場合の「雇用する」とは，現に使用者との間に雇用関係が存在することを意味しない。たとえば，解雇の効力について労使間で争いがある場合や，退職後も在職中に生じた紛争が継続しているような場合には，そのかぎりにおいて雇用関係は依然として継続しているものとして，「雇用する労働者」と認められる。また，近い将来雇用関係が成立することが予定されていたり，企業の組織変動に伴って労働契約関係が承継される可能性がある場合にも，「雇用する労働者」と認められることがある。さらに最近の裁判例の中には，石綿曝露の可能性のある職場で働いていた元従業員らが，退職から約10年後に合同労組分会を結成して元の会社に対して団交を求めたという場合に，元従業員らは「雇用する労働者」に当たるとしたものがある（住友ゴム工業事件・大阪高判平21・12・22労判994号81頁。なお，この場合の石綿曝露による健康被害は，曝露後30〜50年を経て発症することがあるという事情がある）。したがって，「雇用する労働者」という概念は，使用者が団体交渉に応ずべき労働者の範囲を限定するためではなく，むしろ，全く利害関係のない労働者の代表者との団体交渉を除外するために用いられたものとして理解すべきであろう。

| 団体交渉の当事者 |

(a)　**使用者側団交当事者**　団体交渉の使用者側当事者となるのは，個々の使用者（企業または個人経営者）またはその団体（使用者団体）である（ただし，わが国では，現在，団体交渉の当事者となるような使用者団体はほとんど存在しない）。労組法7条2号は「雇用する労働者」の代表者との団交拒否を禁じているが，上述のようにそれは必ずしも直接の雇用関係（労働契約関係）の存在を意味するものではない（第18章1参照）。

(b)　**労働者側団交当事者**　団体交渉の労働者側当事者は，使用者側とは異なり，常に団体であり，通常は労働組合がその当事者と

なる。労働者の団体は，憲法28条にいう労働者の団結と認められるかぎり団体交渉の当事者となるが，少なくとも労組法2条本文にいう労働組合に該当する場合に団体交渉の当事者となることは当然である。したがって，単一の企業別組合はもちろん，企業横断組織の企業支部を名乗っていても，独立した労働組合と認められる場合には団交当事者となる。企業別組合の上部団体は，組合内部の交渉権限の配分にもよるが，労働者を組織する連合団体（労組2条本文）であるかぎり，団交当事者となりうる。企業別組合の下部組織（支部，分会など）は，それ自体が独立した労働組合としての実体を有する場合には団交当事者となるが，組合内部の権限配分による制約は免れない。

◆唯一交渉団体条項　企業別労働組合と使用者との間で，使用者が当該組合を唯一の交渉相手と認め，それ以外の団体とは一切交渉しないことを確認する労働協約条項のことを唯一交渉団体条項という。これはとくに，使用者が，組合の上部団体や併存する別組合による交渉申入れを拒否する場合に問題となるが，ある組合と使用者との合意によって，他の組合の団体交渉権を否定できないことは当然のことであり，唯一交渉団体条項の存在を理由とする団交拒否は，労組法7条2号違反となる。

団体交渉事項　現行法上，団体交渉において取り上げるべき事項を一般的に定めた規定は存在しない。そのため，団交当事者は，原則としてあらゆる問題を取り上げることができると解される。問題は，労働組合が団体交渉を要求した場合に使用者はそれを拒否できないという意味での，義務的交渉事項の範囲である。

この問題は，団体交渉権保障の趣旨・目的に照らして明らかにすべきものであるが，広く「労働条件に関する事項」を団体交渉の対象とすることができると定める行執労法8条や，労組法1条・2条・14条などの規定からは，現行法が，賃金，労働時間をはじめ

とする労働条件に関する事項が義務的交渉事項となることを想定していることは明らかである。そのような労働条件には，一般的な基準だけでなく，解雇や配転など，個々の労働者の待遇や経済的地位に関する問題も含まれると解されている（カール・ツァイス事件・東京地判平元・9・22労判548号64頁など）。さらに，団体交渉権保障の趣旨・目的には，集団的労使関係の自主的形成の促進が含まれると解されることからは，団体交渉手続や組合活動・争議行為に関するルール設定，組合事務室などの便宜供与など，集団的労使関係に関する諸問題もまた，義務的交渉事項となる（倉田学園事件・最3小判平6・12・20労判669号13頁など）。また，形式的には非組合員の労働条件である初任給であっても，それがその後の常勤職員の賃金決定のベースとなっているという事情の下では，組合員の労働条件とのかかわりがきわめて強く，団交事項に当たるとした裁判例がある（根岸病院事件・東京高判平19・7・31労判946号58頁：最1小決平20・3・27労判959号186頁）。

◆経営権・人事権　かつて，経営の基本方針や，企業の組織編成，人事問題などは，経営者としての使用者の専権事項であり，いわゆる経営権や人事権の問題として，しばしば団交拒否の理由とされた。また，公務員関係では，法律上，国などの「管理及び運営に関する事項」（管理運営事項）は交渉または団体交渉の対象とすることができないと定められている（国公108条の5第3項，行執労8条など）。しかし，そのような事項に関連する問題であるとの理由で団体交渉を拒否できるとすれば，およそ団体交渉の対象事項は存在しないことにもなりかねない。そのため，学説・判例は，たとえそのような事項であっても，それが労働者の労働条件や労働関係上の地位に影響を及ぼすかぎりでは，義務的交渉事項となると解した（兵庫県教委事件・神戸地判昭63・2・19労判513号6頁など）。したがって，生産計画にかかわる職場編成問題や事業活動の下請化，事業所閉鎖，営業譲渡，リストラに伴う人員削減なども，労働者の地位や労働条件に影響をもたらすかぎりでは団体交渉の対象事項となる。

| 団体交渉の実施 | (a) **交渉担当者** 実際の団体交渉の場に
おいて，労使を代表して交渉する権限を有

する者が交渉担当者である。交渉担当者に関しては，法律上若干の
規定があるが（労組6条，行執労9条・10条など），誰を交渉担当者と
するかは，団交当事者である労使が自由に決定しうることが原則で
ある。交渉担当者については，労使間で事前に取り決められること
が多いが，使用者側は，社長などの経営担当者や労務担当重役，そ
の他交渉権限を付与された管理職員が，組合側は，執行委員長など
の組合役員が交渉担当者となることが通例である。

交渉担当者は，常に協約締結権限をも有するとはかぎらない。組
合側については，労働協約の締結は組合大会などの意思決定機関の
承認事項とされることが通例であり，使用者側についても，労働協
約の締結は経営責任者や取締役会などの専権事項とされることが多
い。また，使用者側交渉担当者についていえば，協約締結権限がな
いということは交渉を拒否するための正当な理由とはならず，その
職務権限の範囲内で交渉に応じたうえ，妥結に達したときは，それ
を最終決定権者に具申し，協約の締結がなされるよう努力すべきも
のである（全逓都城郵便局事件・最1小判昭51・6・3判時817号39頁）。

◆**交渉権の委任** 労組法6条は，「労働組合の代表者」のほか，「労働組
合の委任を受けた者」も交渉する権限を有すると定めている。団体交渉
権の委任は，本来，労働組合が自由に決定しうることであり，上部団体
やその役員に委任したり，組合の下部組織に委任することも可能である。
逆に，交渉権を第三者に委任しないとの労働協約が使用者との間で交わ
されることがある（交渉権第三者委任禁止条項）。労働組合は，その団体交
渉権を第三者に委任しないことを自ら決定することは自由であるが，た
とえそのことを使用者との間で確認したとしても，それによって，上部
団体固有の団体交渉権が制限されることにはならない。場合によっては
労使の一方または双方が弁護士に交渉権を委任することもあるが，団体
交渉とは，本来労使が直接話し合うことに意味があるものであり，特別

の事情がある場合を除いて望ましいことではない。

(b) **団体交渉の遂行**　　団体交渉の手続や条件は，労使が自主的に決定すべきものであり，それ自体が団体交渉の対象事項となる。通常，団体交渉を実施するための日時や場所，交渉担当者の数や地位，交渉で取り上げる事項などは，事前に労使間の話合いによって決められる（予備折衝や窓口交渉という）ほか，あらかじめ労働協約によって一定のルールが定められることが多い。

団体交渉の遂行をめぐる紛争は，そのような自主的ルールが形成されていなかったり，その内容について労使間に理解の相違がある場合に生じやすい。そのような紛争は，法的には，主として誠実交渉義務の内容の問題として処理される。たとえば，団体交渉の開始にあたり，時間や場所，交渉担当者の数などについて使用者が一方的に条件を付すことや，組合員名簿の提出を要求すること，十分な交渉権限を持たない者を交渉担当者とすること，団体交渉ではなく「話合い」に固執すること（前掲・全逓都城郵便局事件判決）は，一般に誠実な交渉態度とはいえない。また，団体交渉は，労使が実際に会合し，直接意見を述べあうことが必要であり，最初から文書の交換による交渉（書面交渉）に固執することは，正当な理由のない団交拒否となる。さらに，団体交渉の遂行にあたって，使用者には，交渉のために必要かつ十分な時間を割くこと，組合側の要求を真剣に聞き，理解したうえで自己の立場を説明し，必要な資料や情報を提示してその根拠を示したり，必要に応じて対案を提示することが求められる。そのほか，使用者が団体交渉の遂行中に個々の労働者との間で労働条件について交渉したり，就業規則の変更などによって労働条件の決定・変更を強行することも，団体交渉の存在意義を無視するものとして，団交拒否となる。

(c) **交渉の行き詰まり**　　以上のような観点から労使双方が十分な交渉を行ったにもかかわらず，交渉が行き詰まり，決裂した場合には，使用者はそれ以上交渉を継続する義務を負わない。しかし，それによって使用者の交渉義務が完全になくなるわけではなく，労使いずれかから新たな提案がなされたり，争議行為が開始されるなど，客観的な状況の変化が生じた場合には，使用者は交渉の再開要求に応ずる義務を負うことになる。ただし，それまでの交渉に際して暴力行為がなされ，それが継続するおそれが大きい場合には，交渉再開の拒否には正当な理由があると認められた事例もある（寿建築研究所事件・最2小判昭53・11・24労判312号54頁）。

<u>団交拒否の救済</u>　　使用者による団交拒否が不当労働行為と認められる場合，労働委員会は，団体交渉の申入れを拒否してはならない旨の，あるいは誠実に団体交渉に応ずべき旨の，団交応諾命令を発する。

　一方，団交拒否の救済が，直接裁判所に求められることもある。かつては，団交応諾仮処分を認める裁判例が多数みられたが，その後，団体交渉権は具体的な請求権までを保障したものではないとの判例（新聞之新聞社事件・東京高決昭50・9・25労民集26巻5号723頁）が有力となり，その後は団体交渉を求める地位にあることの確認請求や仮処分の申立て（国鉄団交拒否事件・東京地判昭61・2・27労判469号10頁：最3小判平3・4・23労判589号6頁，日本プロフェッショナル野球組織事件・東京高決平16・9・8労判879号90頁など），あるいは団交拒否を理由とする損害賠償請求（本四海峡バス事件・神戸地判平13・10・1労判820号41頁など）が問題となるにとどまる。

2 労使協議制・過半数代表制

労使協議制

わが国の労使関係においては，従来，本来の団体交渉とは区別された労使協議と呼ばれる仕組みが普及してきた。

(a) **人事協議条項**　1つは，労働協約により定められた，人事や解雇などについて使用者に労働組合との協議を義務づける人事協議条項や，それらの実施について労働組合の同意を必要とする人事同意条項に基づく協議である。厚生労働省の「平成23年労働協約等実態調査結果」によれば，調査対象の労働協約のうち，解雇について組合の同意，協議または意見聴取について定めるものが約46%，同じく懲戒処分については約44%，配転については約20%，出向については約23%がそのような定めをしていた。このような条項に反して協議・同意なしになされた解雇などの措置は，労働協約の強行的効力に反して無効と解する学説・判例が多い（そのことを使用者による権利濫用判断の要素としてとらえる見解もある）。ただし，とくに同意条項に関しては，労働組合が使用者との交渉や協議に応ずることなく，頑なに解雇などの措置に反対するような場合には，判例上は，同意拒絶権の濫用として当該措置が有効と認められることがある（安田生命保険事件・東京地判平9・6・12労判720号31頁）。

(b) **労使協議制**　もう1つは，労使間の意見交換や情報提供を行うことを目的として設置される労使協議制と呼ばれる制度である。これは，労働組合が存在する場合には労働組合が関与するが，労働組合のない企業でも設置されることが多い。厚生労働省による「平成26年労使コミュニケーション調査」によれば，労使協議機関を設置している割合は調査対象企業全体では40.3%であるが，労働

者 1000〜4999 人規模で 66.0％, 5000 人以上規模では 74.7％ となっている。この場合, 団体交渉は, 労働条件など労使の利害が対立する問題を対象とするのに対し, 労使協議では, むしろ労使の利害が共通する問題や, 広く経営上の諸問題を取り上げることが予定されることが多い (上記の厚生労働省の労働協約調査によれば, 33.6％ の協約が「事業の縮小・廃止に伴う事前協議」について定めていた)。しかし, 労使協議において労働条件問題が取り上げられることもあり, 労使協議が団体交渉の前段階ないしは予備折衝の場となっていることもある。注目されるのは, 労使協議がなされているため団体交渉は行われないという企業がかなりの数に上ることであって, そのかぎりでは, 労使協議制は, 事実上団体交渉の機能を果たし, あるいは団体交渉に代替していることになる。

過半数代表制

(a) **過半数代表制の意義**　他方, 法律上の制度として, 事業場に過半数の労働者で組織する労働組合があるときはその労働組合 (過半数組合), それがないときは労働者の過半数を代表する者 (過半数代表者) に対し, 使用者との書面による協定の締結, 労使構成による委員会委員の推薦, 一定の事項について使用者から意見聴取や通知を受けることなどの権限が認められており, それらを総称して過半数代表制と呼ぶ (**図表 19-2** 参照)。この場合の過半数組合か否かの評価は, その組織状況によって客観的に定まるが, 過半数代表者については, 労基法 41 条 2 号にいう管理監督者ではないことや, 投票などの民主的手続により選出された者であることが要求される (労基則 6 条の 2)。それらの制度は最初から統一的に形成されてきたものではなく, その趣旨も, 法定の労働条件基準に対する例外を従業員代表の同意を条件に許容したり, 労働条件や事業運営上の問題について従業員の意見を反映させることなど多様であるが, 今後は, その制度的な整備が 1 つの課題である (なお, 労使委員会制度とその労使協定代替決議

図表 19-2　過半数代表制の主要例

書面による協定・書面による合意	労基法 18 条 2 項・24 条 1 項ただし書き・32 条の 2 第 1 項・32 条の 3 第 1 項・32 条の 4 第 1 項・32 条の 5 第 1 項・34 条 2 項ただし書き・36 条 1 項・37 条 3 項・38 条の 2 第 2 項・38 条の 3 第 1 項・39 条 4 頁・39 条 6 項・39 条 7 項，賃金確保法施行規則 4 条 1 項 5 号・5 条 3 号，育児介護休業法 6 条 1 項・12 条 2 項，勤労者財産形成促進法 6 条の 2 第 1 項，雇用保険法施行規則 102 条の 3 第 1 項 2 号など
同　意	労基法 32 条の 4 第 2 項，雇用保険法施行規則 102 条の 5 第 2 項 1 号・2 号など
委員の推薦・指名	労基法 38 条の 4 第 2 項・41 条の 2 第 3 項，安衛法 17 条 4 項・18 条 4 項・19 条 4 項，労働時間等の設定の改善に関する特別措置法 7 条，賃金確保法施行規則 2 条 2 項 1 号など
意見の聴取・陳述	労基法 90 条，安衛法 78 条 2 項，雇用保険法施行規則 125 条，会社更生法 22 条，民事再生法 24 条の 2 など
通　知	会社更生法 115 条 3 項，民事再生法 115 条 3 項など

につき，第 13 章 **4・5** 参照)。

(b) **過半数代表制と団体交渉**　　過半数代表制は，過半数組合または過半数代表者に対し，上記のような趣旨から特別の権能を認めたものであり，そのことと労働組合が本来有している団体交渉権とは別個のものである。したがって，たとえ労働者の過半数を組織していない労働組合や，過半数組合が存在する場合の少数組合であっても，過半数代表制の対象事項について使用者に団体交渉を求めることができる（そのような組合は，たとえば時間外・休日労働に関する 36 協定を締結することはできないが，当該組合の組合員による残業問題について団体交渉を求め，労働協約を締結することはできる）。

3 労働協約

労働協約とは，団体交渉の結果として，労働組合と使用者またはその団体との間で締結される，労働条件その他の労働関係上の諸問題に関する合意内容を記載した書面のことをいう。包括的な内容の労働協約が締結されるほか，賃金などの個別的な問題について別個の労働協約が締結されることも多い（このような場合，包括的な労働協約と区別して「協定」の名称が用いられることがあり，「確認書」や「覚書」などの名称が用いられることもある）。

労働協約には，その前提となる団体交渉のレベルに応じて，産業別協約，職種別協約など種々のものがあるが，わが国の場合，団体交渉が企業別であることから，労働協約も企業別協約として締結されることが通例である。

労働協約の要件と期間　(a)　**労働協約の要件**　労組法 14 条によれば，労働協約は，①労働組合と使用者またはその団体が当事者となり，②労働条件その他に関して，③書面に作成し，両当事者が署名または記名押印することによりその効力を生ずるが，それ以外には，届出などの特別の手続は必要とされず，名称のいかんも問題とならない。

このうち③の要件は，この次に述べる特別の法的効力が認められる労働協約について，その締結意思や内容を明確にするために要請されるものである。したがって，書面にはされない労使間の合意や，たとえ書面とはされても，当事者の署名や記名押印を欠くものには，労働協約としての効力は認められない。最高裁も，書面化されない労働組合と使用者との合意には規範的効力は認められないとの判断

を示している（都南自動車教習所事件・最3小判平13・3・13民集55巻2号395頁；労判805号23頁）。ただし，そのような労働協約としての要件を欠く合意や書面には一切の法的効力が認められないのか，あるいは当事者間の契約としての効力は認められるのかについて，学説・下級審判例の見解は分かれている。

なお，労働組合による労働協約の締結は，組合大会や執行委員会などの意思決定機関による決定を条件とすることが通例であり，組合執行委員長であるからといって，当然に労働協約締結権限を有することにはならない（山梨県民信用組合事件・最2小判平28・2・19民集70巻2号123頁；労判1136号6頁）。

(b) **労働協約の期間**　労働協約は，その有効期間を定め，または定めずに締結される。期間の定めをする場合は3年が上限とされ，それを超える期間の定めは3年とみなされる（労組15条1項・2項）。このように有効期間が制限されるのは，その期間中は労働協約の一方的な解約ができないため，あまり長期の期間を認めると，経済情勢の変化などへの対応ができなくなるおそれがあるからである。

| 労働協約の効力 |

(a) **規範的効力**　労組法16条によれば，①労働協約に定める労働条件その他の労働者の待遇に関する基準に違反する労働契約の部分は無効となり，②その場合に無効となった部分は，労働協約の基準の定めるところによる。また，労働契約に定めがない部分については，②の効力が認められる。このうち①の効力は，法律行為を無効とする強行法規と類似の効力を有するという意味で強行的効力といい，②の効力は，労働契約の内容を直接規律するという意味で直律的効力といい，それらをあわせて規範的効力という（**図表19-3**参照）。この結果，労働者は，たとえ労働協約を下回る労働条件を使用者と個別に合意した場合でも，労働協約の定める基準を労働契約の内容として主張できることになる。

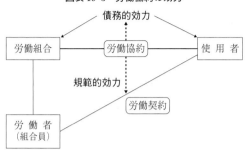

図表 19-3　労働協約の効力

　規範的効力が認められるのは，労働協約のうち，労働条件その他
の労働者の待遇に関する基準を定めた部分（規範的部分という）であ
る。この場合の労働者の待遇とは，賃金や労働時間をはじめ，人事，
解雇，定年，安全衛生，服務規律，福利厚生，教育訓練など，労働
者の処遇に関する幅広い問題を含み，基準とは，一般的な基準のほ
か，特定の労働者や一部の労働者の処遇に関する定めをも意味する。
また，人事や解雇などについての労働組合との協議や，その実施に
は労働組合の同意を必要とする旨を定める人事協議・同意条項は，
そのような協議や同意のない措置を無効とするという意味で，強行
的効力が認められる（労働協約による労働条件不利益変更の問題につい
ては，第9章 *2* を参照）。

　(b)　**債務的効力**　　労働協約のもう1つの効力が，債務的効力で
あり，その当事者である労働組合と使用者またはその団体との間に，
債権・債務の関係を発生させる効力である。このことについて法律
上の明文規定はないが，労働協約が，一面においてその当事者間の
契約としての性格を有することから導かれるものである。債務的効
力を有する労働協約条項（債務的部分という）や協定としては，ユニ
オン・ショップ，チェック・オフ，団体交渉の手続やルール，争議
行為の開始条件や手続，組合活動や便宜供与に関するものなどがあ
る。

◆**平和義務** 平和義務とは，協約当事者が，労働協約の有効期間中に自ら争議行為をせず，その構成員に争議行為をさせない義務をいい，労働協約の有効期間中は一切の争議行為ができないという意味での絶対的平和義務と，労働協約に定められた事項の改廃を目的とする争議行為はできないという意味での相対的平和義務が区別される。この理論は，最初ドイツにおいて提唱され，定着したものであるが，わが国では一般に，絶対的平和義務は過度に争議権を制約するものとして否定され，相対的平和義務については，労働協約の本質や，協約当事者の合意，協約履行上の信義則などを根拠に肯定する見解が多い。ただし，平和義務を負うのはあくまで協約当事者であり，平和義務違反の争議行為に参加した労働者が当然に懲戒責任を問われることにはならない（弘南バス事件・最3小判昭43・12・24民集22巻13号3194頁）。

(c) **一般的拘束力** 労働協約が締結されても，それによって拘束されない労使が労働協約で定める基準以下の労働条件を合意するならば，労働協約の存在意義は大きく損なわれてしまう。そこで，そのような事態を回避するために最初ドイツにおいて導入されたものが，一般的拘束力制度であり，それは，一定の条件の下に，労働協約をそれによって直接拘束されない労使にも拡張して適用するというものである。わが国では，そのような制度として，次の2つのものが定められている。

第1に，工場事業場単位の一般的拘束力（労組17条）であり，これは，1つの工場事業場を単位として，そこで常時使用される労働者の4分の3以上が労働協約の適用を受けるに至ったときは，その労働協約は他の同種の労働者に関しても適用されるというものである。この場合に拡張適用されるのは，労働協約の規範的部分にかぎられる。また，「同種の労働者」か否かは，基本的には協約が適用対象とする職種や業務を基準に判断すべきものであり，正規従業員の協約について，パートタイマー，嘱託などの非正規の従業員は，通常は「同種の労働者」とはいえない。

第2に，地域的一般的拘束力（労組18条）であり，これは，地域を単位として，同種の労働者の大部分が1つの労働協約の適用を受ける場合に，当該地域の他の同種の労働者およびその使用者にもその労働協約を適用するというものである。この制度は，労働協約に法令と同等の一般的な効力を認めるものであるために，厚生労働大臣または都道府県知事による決定（一般的拘束力宣言）という特別の要件や手続が必要とされる。ただし，わが国では地域的な労働協約自体がまれであるため，この制度が利用されることは過去にその例があるだけである。

　◆労働協約と労使協定　事業場の労働者の過半数を組織する労働組合（過半数組合）には，労基法などで定められた書面による協定（労使協定）を締結する権能が認められているが（本章2参照），それと労働協約との異同が問題となる。まず，労働協約は，組合員の幅広い労働条件基準や労使間の集団的ルールについて定めるものであり，その適用対象となる労働者は，あくまで協約当事者である労働組合の組合員である（その例外が，上述した一般的拘束力制度である）。一方，労使協定は，とくに法律が定めた事項についてのみ締結可能なものであるが，その効果は，たとえ過半数組合がその当事者となった場合でも，事業場の労働者全体に及ぶ（たとえば過半数組合が36協定を締結すれば，使用者は少数組合員や非組合員についても時間外・休日労働をさせることができることになる）。ただし，過半数組合が当事者となった労使協定について，法令上はそれが労働協約の形式によることも予定されており，その場合には，労働協約の期間に関する法規定（労組15条）が別に存在することから，労使協定について求められる期間の定めは必要とされない（労基則12条の2第1項・12条の4第1項・16条2項・24条の2第2項・24条の2の2第3項1号）。

労働協約の終了と承継

　(a)　**労働協約の終了**　労働協約は，期間の定めがある場合にはその期間の満了により，期間の定めのない場合には当事者の一方による解約により効力を失う（ほかに，合意解約や，当事者の消滅によっても労働協約は終了し，協約の改定がなされなければそれまでの関連条項は失効する）。なお，労働協

約に期間の定めをする場合でも，それが失効した後の無協約状態を回避するため，期間満了後も同一の条件により協約が更新される旨の条項（自動更新条項）や，新たな労働協約の締結まで自動的に有効期間を延長するとの条項（自動延長条項。この場合は，期間の定めのない協約と同様に，一方的な解約が認められる。労組15条3項2文参照）が定められることも少なくない。

　労働協約に有効期間の定めがないときは，協約当事者の一方の意思により協約を解約することができる。労働協約を解約するためには，署名または記名押印した文書によって，少なくとも90日前に相手方に予告することを要する（労組15条3項・4項。労働協約の解約について文書によることを求める労組法の趣旨からすれば，労働協約の合意解約についても文書によることが必要と解すべきであろう）。

◆**労働協約の一部解約**　労働協約は，通常は団交当事者による相互の譲歩の結果として一体として締結されるものであり，その一部のみの解約を認めることは，いわば「つまみ食い」を許すことになって妥当でない。しかし，「協約自体のなかに客観的に他と分別することのできる部分があり，かつ分別して扱われることもあり得ることを当事者としても予想し得たと考えるのが合理的であると認められる場合には，協約の一部分を取りだして解約することもできる」としたうえ，賃金や時短などについて定めた協定のうち，時短に関する部分のみの解約を認めた裁判例がある（ソニー事件・東京高決平6・10・24労判675号67頁）。しかし，協約の一部が分別できるかどうかは，慎重に判断されるべきであろう。

◆**余後効**　労働協約が失効した場合の労働条件に関して，ドイツでは，法律上，失効した労働協約は，何らかの合意によって置き換えられるまでは引き続き効力を維持すると定められており，この効力のことを余後効という。わが国では余後効についての明文規定は存在しないが，学説上は，規範的効力の意味を労働協約の基準が労働契約の内容となる（化体する）との趣旨に解し，それは協約失効後も存続すると解する立場が有力である。このような見解は，かつて制限的余後効説と称されることもあったが，そのような結果は，労働協約の規範的効力によって変更さ

れた労働条件が労働協約の失効後も労働契約の内容として存続するということにすぎず，労働協約そのものの効力である余後効とは別問題である。また，最高裁判例として，協約の失効により空白となった労働契約内容が，それまでの協約と同一内容の就業規則によって補充されるとしたものがあるが（香港上海銀行事件・最1小判平元・9・7労判546号6頁），余後効そのものを認めたものではない。

(b) **労働協約の承継**　企業の合併や営業譲渡，労働組合の合同や分裂などによって労働協約当事者に組織変動があった場合には，それぞれの組織が実質的に一体性を保持していると認められるかぎりでは，労働協約は新たな組織に承継されると解されている。なお，2000年の商法改正によって導入された会社分割（現行会社法法第5編第3章）の場合には，分割会社における労働協約と同一内容の労働協約が，会社分割後の設立会社や承継会社とその労働組合との間で締結されたものとみなされるが（労働契約承継6条3項），労働協約の債務的部分については，分割会社と労働組合との合意により，その一部を設立会社などに承継させること（それまで組合に貸与していた組合事務室100 m² のうち，60 m² を分割会社に，40 m² を設立会社に振り分けることなど）もできる（同条2項）。

★ **参考文献**————

　　団体交渉については，道幸哲也「団交権『保障』の基本問題」：『救済』から『促進』へ」法律時報89巻6号・7号。**労使協議制・過半数代表制**については，「従業員代表制論」日本労働法学会誌79号，日本労働研究機構編『従業員代表制を考える（上巻）』（日本労働研究機構）。**労働協約**については，『講座労働法の再生第5巻　労使関係法の理論課題』。

第20章 団体行動と集団的労使紛争処理

労働者・労働組合の団体としての行動は，日常的な組合
活動からストライキなどの争議行為まで，多岐にわた
る。それらは，憲法28条の団体行動権の保障により，
正当な行為と認められるかぎり法的責任を追及されるこ
とはない。

1 団体行動の意義と正当性

団体行動の意義と内容

憲法28条は，「団体交渉その他の団体行動
をする権利」を保障している。労働者の団
体行動は，通常は労働組合としての行動として展開されるが，労働
者の一時的な団結体（争議団など）としての行動であることもある。
団体交渉以外の団体行動は，一般にはストライキなどの争議行為を
意味するものと解され，憲法28条は争議権を保障したものとして
理解されてきた。しかし，労働者の団体としての行動は，決して争
議行為にかぎられるわけではない。たとえば，使用者に対する関係
での要求活動や抗議行動をはじめ，組織の維持や拡大のための活動，
対外的な宣伝活動，他の労働組合との連帯・支援活動，政治的活動
など，団体行動にはさまざまな形態のものがあり，憲法28条は，
そのような団体行動を広く視野に置いたものと考えられる。

団体行動の正当性

労働者の団体行動，とりわけその典型とし
ての争議行為は，かつて，使用者の営業の

自由を侵害し，労働者の契約上の義務に違反するものとして，厳しい弾圧や処罰，あるいは使用者による解雇や損害賠償請求などの報復にさらされた。しかし，それは次第にそのような法的責任から解放され，やがては積極的な権利として保障されるに至った。憲法28条も，まさにそのような歴史的経緯を踏まえたものであり，団体行動が憲法上の基本的人権の1つとして保障されたということは，単にそれが違法ではないというだけでなく，積極的な権利の行使として保護されることを意味する。

　もちろん，労働者の団体行動であるからといって，それが無条件に法的な保護の対象となるわけではない。そのためには，憲法上保障された団体行動権（争議権）の行使と認められることが必要であり，法律上はそのことを「正当な」行為として表現している。「労働組合の正当な行為」について刑法35条の規定の適用がある（したがって，たとえ形式的には刑罰法規に違反しても処罰されない）と定める労組法1条2項（いわゆる刑事免責）や，労働組合の正当な行為をしたことを理由とする不利益取扱いを禁止した同法7条1号，「争議行為であって正当なもの」について使用者は賠償を請求できないと定める同法8条（いわゆる民事免責）がそれである。

　以下では，団体行動のうち，これまでとくにその正当性をめぐって議論のあった争議行為と企業内組合活動を取り上げたうえ，集団的労使紛争処理制度について触れることにする。

2 争 議 行 為

争議行為の歴史と現状　労働組合（場合によっては一時的な労働者の集団）が，要求の貫徹や抗議目的などのために集団的に就労を拒否したり，事業の正常な運営を妨げることを

総称して争議行為という。争議行為のうち，最も典型的なものがストライキである。ストライキとは，同盟罷業ともいい，共同して（同盟）仕事を放棄すること（罷業）を意味する。ストライキの権利は，現在でこそ国際人権規約（A規約）8条や各国の憲法によって保障されており，日本国憲法28条も，団体行動権の1つとして争議権を保障したものと解されているが，そこに至るまでには，多くの障害と曲折があった。労働者の団結権獲得の歴史は，同時にストライキ権・争議権獲得の歴史でもある。

Column㊲ **ストライキの衰退** 〜〜〜〜〜〜〜〜〜〜〜〜〜〜〜〜〜

わが国では，すでに明治時代の中頃にはストライキが発生し，大正時代にはストライキの件数は戦前のピークを記録した。戦後になると，争議権保障の下でストライキが頻発し，1950年代後半から60年代はじめには三井三池炭鉱争議などの歴史的な大規模争議が相次ぎ，その後も春闘におけるストライキが繰り返された。しかし，1970年代後半以降，労働争議件数や労働損失日数（ストライキにより労働されなかったのべ日数）は急速に減りはじめ，2018年には，すべての労働争議を意味する総争議の件数は，過去最低を更新した（**図表20-1**参照）。

ストライキが減少した原因としては，さまざまなことが考えられる。組合の組織力の低下や組合員の意識変化により，組合員の統一的行動を組織することが難しくなったことのほか，企業間競争が激化した現在では，企業ごとのストライキはますます打ちにくくなっていることや，業務の性質によってはストライキが必ずしも有効な圧力手段とはならず，かえって労働者のその後の業務へのしわ寄せとなって跳ね返ることもある。しかし，昨今の企業のリストラによる雇用調整や労働条件の引下げに対してさえ力で対抗できない労働組合の状況を見るにつけ，ストライキは，いまや「伝家の宝刀」から「抜かずの宝刀」となった感がある。

このような状況の中で，2004年9月にプロ野球選手会が2日間にわたって行ったストライキが注目を集めた。ストライキを契機として選手会とプロ野球組織との間の団体交渉が進捗し，その後ほどなくして妥結に至り，その結果，新たに楽天イーグルスが設立されたことは，

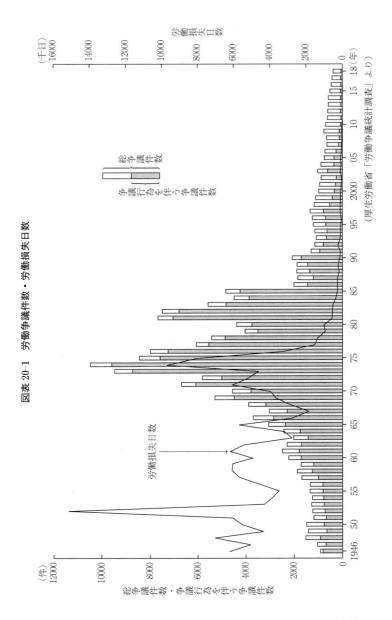

図表 20-1 労働争議(件数・労働損失日数

(厚生労働省「労働争議統計調査」より)

445

ストライキが依然として労使交渉促進のための有効な手段でありうることを示したといえる。

争議行為の正当性

(a) **争議行為の意味と正当性** 争議行為の意味については，現行法上，「労働関係の当事者が，その主張を貫徹することを目的として行ふ行為及びこれに対抗する行為であって，業務の正常な運営を阻害するものをいふ」と定める労調法7条の規定がある。この規定は，本来は労働争議（労調6条）の調整と，公益事業（8条）における争議行為の制限を前提とした争議行為についての定義規定であるが，学説の多くは，このうちとくに「業務の正常な運営を阻害する」ことを争議行為の一般的な要件と解してきた。また，争議行為はあくまで集団的な行動である以上，それは労働者の集団的意思に基づくものであることが必要であり，争議行為の実施は，通常，組合員による特別の投票（スト権投票）によって決定される（労組5条2項8号参照）。

ストライキその他の争議行為が争議権の行使として法的な保護を受けるためには，それが「正当」なものでなければならない。「正当」な争議行為か否かは，労働者に争議権が保障されることによってはじめて労使が集団的に対等な立場に立つことになるという争議権保障の趣旨や，争議行為がもともと業務の正常な運営の阻害をもたらす圧力手段としての性質を有することなどを踏まえ，争議行為の目的と態様を中心に，争議の原因や経緯，労使双方の対応など，諸般の事情を総合的に考慮して評価すべきものである。

(b) **争議行為の目的** 争議行為の目的が，労働条件の維持改善など，労働関係上の諸利益の要求の実現にあるときは，それが正当なものであることは当然である。使用者の不当な措置に対する抗議のための争議行為も，正当な目的といえる。

問題は，争議行為が政府や国会などに対する政治的要求の実現や，

抗議のために行われる政治ストの場合である。政治ストは，使用者が団体交渉によっては解決しえない目的を掲げるものであって，不当・違法であるとの見解も有力であるが（判例はこの立場をとっている），学説の多くは，政治ストを労働法令の改悪反対など，労働者の利益や地位と密接に関わるもの（経済的政治スト）と，純粋な政治目的のスト（純粋政治スト）に区別し，前者には正当性が認められると解するものが多い。

　また，労働争議の直接の当事者ではない労働組合が，争議中の組合を支援する目的で行う争議行為のことを同情ストという。同情ストについては，使用者が直接処理しえない事項を目的とするものとして違法と解する見解が有力である。なお，前述したプロ野球選手会によるストライキは，統合が予定された球団の選手らを支援するための同情ストであるとの主張もあったが，球団統合によりそれ以外の球団の選手の地位や労働条件にも影響が及ぶことを考慮するならば，同情ストとはいえない。

　(c)　**争議行為の態様**　　争議行為には，多様な形態がある。単純に就労を拒否するストライキ（ストライキにも，全面スト，部分スト，時限スト，指名ストなど，多くの態様がある）のほかにも，ピケッティング（「見張り」を意味し，多数の組合員が集結して，スト不参加者や部外者による施設への立入りや就労を阻止したり，スト脱落者を監視したりすることをいう），怠業（サボタージュ），順法闘争（法令などを厳格に解釈・適用して作業の能率を低下させる安全闘争や，一斉休暇闘争などがある），職場占拠，出荷阻止，車輌確保戦術（営業車輌を組合の管理下に置くもの），ボイコット（争議当事者である使用者の商品やサービスの不買の呼びかけや，使用者の取引業者に対する取引停止の要求）など，これまで争議行為や争議戦術として行われてきたものは枚挙にいとまがない。

　このような多様な争議行為については，それぞれの態様に応じた

正当性の評価がなされなければならない。一般に，争議行為によって事業の運営が阻害され，使用者に損害がもたらされることは，争議権の保障が当然に予定するものであり，そのことだけで争議行為の正当性は否定されない。しかし，人の生命や身体を害したり，会社施設を積極的に損壊するような行為は，争議権保障の範囲を超え，正当な争議行為とはいえない。労組法1条2項ただし書きは，暴力の行使は労働組合の正当な行為と解釈されてはならないと規定しているが，暴力と評価されれば当然に正当性が失われるというのではなく，正当性が失われるほどの暴力かどうかが問題とされるべきである。また，争議行為の正当性評価においては，全体としての争議行為と，個々の争議手段や争議付随行為が区別される必要がある。たとえば，全体としての争議行為が正当であっても，個々の付随的行為までが当然に正当となるわけではなく，逆に，ストライキに伴うピケッティングにおいて正当とは認められない暴力的行為があったとしても，全体としてのストライキが当然に正当性を失うことにはならない。

Column㊳ ストライキと第三者

2004年のプロ野球選手会のストライキでは，プロ野球ファンが期待していた試合を観戦できなくなったほか，チケットの払戻しや球場の売店の営業休止などにより，多くの関係者がその影響を受けた。それでは，プロ野球選手会やプロ野球選手は，そのような第三者にもたらされた結果について法的責任を負うことになるのだろうか。

争議行為は，その態様やそれが実施される産業・業種のいかんによっては，使用者に対してのみならず，顧客やサービス利用者，使用者の取引先などとの関係でもさまざまな影響や損害をもたらすことになる。交通機関などの公共サービスにおけるストライキはその典型である。しかし，争議権が保障されるということは，争議行為が正当なものであるかぎり，労働組合や労働者はそのような第三者に対する関係でも法的責任を負わないということを意味する（このことについて法律上の明文規定はないが，憲法28条から導かれる効果である）。そのことに伴

う影響は，それを被る顧客などの第三者が自ら回避・軽減することが予定されていることになる（ただし，交通機関や医療機関などの公益事業につき，後述する「争議行為の禁止・制限」の項を参照）。

これに対して，使用者がその雇用する労働者による争議行為のために取引関係にある第三者に対して債務を履行できなかった場合や，争議行為当事者とは別の事業者が，争議行為の影響により第三者との関係で債務の履行ができなかった場合には，そのような使用者や事業主が当然に免責されることにはならない。そのため，実際の取引関係においては，ストライキなどの争議行為によって直接・間接に債務の履行やサービスの提供ができなかったときに，そのことに伴う法的責任の免除や制限について定める条項が取引契約の中に盛り込まれることが少なくない。そのような条項のことをスト免責約款といい，鉄道会社とその利用者との間の運送契約にも，そのような条項が含まれている。

争議行為と賃金

(a) **賃金カット** 労働者がストライキなどによって就労しなかった場合に，その時間に対応する賃金が支払われないことを賃金カットという。これは，労働者が就労しないためにその間の賃金債権が発生しないことによるものであって（これをノーワーク・ノーペイの原則ということもある），いったん生じた賃金を減額するものではないから，発生しない賃金債権に対応した賃金カットであるかぎり，労基法24条の賃金全額払いの原則や，同法91条の減給の制限には抵触しない。賃金カットの対象にできる賃金は，通常は時間や期間に対応して支払われる賃金構成部分であるが（基本給など），最高裁は，たとえ家族手当のように働いた時間に対応しない賃金であっても，労使間の取決めや労使慣行があれば，賃金カットの対象にできるとしている（三菱重工長崎造船所事件・最2小判昭56・9・18民集35巻6号1028頁；労判370号16頁）。

(b) **怠業と賃金カット** 怠業により生産量が落ちたり，作業能

率が低下した場合に，その低下の割合に応じて賃金カットできるのか，できるとしても，それは争議参加者全員について一律になしうるのか，それとも個々の労働者ごとに算定されるべきなのかについて，学説・判例の立場は分かれている。かりに，怠業により作業能率が著しく低下し，賃金カットの算定も困難であるとすれば，使用者としては，後述するロックアウトによって対応することができる場合がある。

(c) **部分スト・一部ストと賃金カット**　組合員の一部によるストライキ（部分スト）や別組合のストライキ（一部スト）によって，争議に直接参加していない労働者が就労できなくなった場合の賃金についても問題となる。労働者側のストライキによって就労できなくなった以上，争議に直接参加しない労働者も賃金を失うとの考え方もあるが（集団的考察方法），多くの学説・判例は，賃金はあくまで個々の労働契約上の問題として処理すべきだとの立場に立ち（個別的考察方法），その場合の争議不参加者の不就労が，民法536条2項にいう債権者（使用者）の責めに帰すべき事由による履行不能と認められるかぎり，労働者は賃金請求権を失わないと解している。ただし，部分ストや一部ストによる不就労が使用者の責めに帰すべき事由に当たるか否かについては，学説・判例の対立がある（部分ストが民法536条2項にいう「債権者の責めに帰すべき事由」にも，労基法26条にいう「使用者の責に帰すべき事由」にも当たらないとした最高裁判例として，ノースウエスト航空事件・最2小判昭62・7・17民集41巻5号1283頁・1350頁；労判499号6頁・15頁がある）。

| 争議対抗手段 |

労働者の争議行為に対して，使用者はさまざまな対抗措置をとる。操業の継続はその典型であるが（争議中でも使用者は操業継続の自由を有するとした最高裁判例として，山陽電気軌道事件・最2小決昭53・11・15刑集32巻8号1855頁；労判308号38頁），実力による組合員の排除やスト破り（ス

キャブ）の導入のほか，妨害排除請求や仮処分申立てなどの司法的措置がとられることもあった。

(a) **ロックアウト**　争議対抗行為のうち，かつて広く用いられ，活発な議論を呼んだものがロックアウト（事業所閉鎖）である。これは，ロックアウトの実施を宣言したり，実際に事業所を物理的に閉鎖して労働者の施設への立入りを禁止したうえ，その間の賃金を支払わないという措置である。このようなロックアウトについて，最高裁は，労働者側の争議行為により労使間の勢力の均衡が破れ，使用者側が著しく不利な圧力を受けることになるような場合には，「衡平の原則」に照らし，労使間の勢力の均衡を回復するための対抗防衛手段として相当性を認められるかぎりにおいて是認され，使用者は賃金支払義務を免れるとの判断を示した（丸島水門事件・最3小判昭50・4・25民集29巻4号481頁）。また，そのようなロックアウトの相当性は，その開始の際に必要であるだけでなく，それを継続するためにも必要であり，ロックアウトが防衛的性格を失った場合には，使用者はその後の賃金支払義務を免れない（第一小型ハイヤー事件・最2小判昭52・2・28労判278号61頁。ほかにロックアウトの正当性を肯定した最高裁判決として，安威川生コンクリート事件・最3小判平18・4・18民集60巻4号1548頁；労判915号6頁がある）。

(b) **不完全な労務提供と就労拒否**　ロックアウトとは別に，労働者がリボンなどを着用して就労しようとしたり，業務の一部のみの履行を拒否するという争議行為に出た場合に，使用者はその就労を禁止したうえ，賃金をカットすることがある。裁判例の中には，そのような労働者の就労申入れは債務の本旨に従った労務の提供ではなく，就労禁止による労務の履行不能が使用者の責めに帰すべき事由によるものと認められないかぎり，その間の賃金をカットできるとしたものがある（ゼッケン着用による就労につき，沖縄全軍労事件・福岡高那覇支判昭53・4・13労民集29巻2号253頁；労判297号18

頁，出張・外勤拒否闘争につき，水道機工事件・最1小判昭60・3・7労判449号49頁）。

| 争議行為の禁止・制限 | 現行法上，公務員については全面的に争議行為が禁止されているが（第2章**3**参照），

そのほか，労調法36条は，安全保持施設の停廃をもたらす行為は争議行為としてでも行うことはできないと定めている。

一方，労調法は，運輸，医療などの公益事業（8条）における争議行為について，労働委員会などに対する10日前までの争議予告義務を課しており（37条），そのことについては公衆に対して公表されることになっている（労調令10条の4第4項）。これは，公益事業における労働者の争議権を尊重しつつ，それと公衆の日常生活上の便宜との調整を図ったものである。

3 企業内組合活動

| 企業内組合活動の正当性 | わが国の労働組合のほとんどは企業別組合であり，その活動の多くは企業内において企業施設を利用して行われ，それはときと

して就業時間中にも及ぶことがある。そのため，そのような活動は，しばしば使用者が企業施設について有する法的権限（施設管理権と総称される）や，就業時間中の指揮命令権ないし業務命令権と衝突し，懲戒処分などの対象とされてきた。

このことに関して，かつての学説は，企業内組合活動が労働者による団結権の行使であり，企業内での活動は企業別組合にとって必要不可欠であることを前提として，たとえそれが施設管理権や業務命令権と抵触するものであっても，それによって企業運営や業務の遂行に具体的な支障が生じないかぎり，正当な組合活動として，使

用者はそれを受忍すべき義務を負うと解した（受忍義務論）。また，判例においても，同様の立場から，企業内組合活動の正当性を個別具体的に評価する傾向にあった。ところが1970年代に判例の立場は大きく転換し，その後は，就業時間中の組合活動や企業施設を利用した組合活動については，原則として正当性は認められないとの考え方が主流となっている。

> **業務命令権と組合活動**

(a) **就業時間中の組合活動**　企業別組合においては，組合の役員もまた会社従業員であることが通例であり，組合の業務や会議への出席などのため，就業時間中に仕事を離れる必要が生ずることがある。しかし，組合の活動のため必要であるからといって，当然にそれが認められることにはならず，そのためには，原則としてその旨の労使間の取決めや使用者による明示・黙示の同意，労使慣行などの根拠が必要である。また，そのような労使間の取決めがある場合には，たとえ労使が紛争状態にあったとしても，使用者は，それまでの運用基準に反して組合会議出席のための職務離脱を拒否できないとした裁判例がある（全逓都城郵便局事件・最1小判昭51・6・3判時817号39頁）。

(b) **リボン闘争**　就業時間中の組合活動をめぐって，かつて最も活発な議論のあった問題が，組合員がリボンや腕章，ゼッケンなどを着用して就労するというリボン闘争（服装闘争ともいう）である。それは，争議中における組合員の団結意識の高揚，使用者に対する要求や抗議の表明，非組合員や第三者への宣伝や訴えかけなどを目的として行われるものであるが，就業規則上の服装規制や，就業時間中の組合活動禁止規定違反などを理由として懲戒処分の対象とされたのである。

リボン闘争について，当初は，それが労務の遂行に具体的な支障を及ぼさないかぎり，正当な組合活動であるとする学説・判例が有力であった。ところが，1970年代に入り，リボン等の着用は，職

務専念義務に違反するために正当な組合活動ではないとの下級審判例が現れ（国鉄青函局事件・札幌高判昭48・5・29労民集24巻3号257頁），この職務専念義務違反という考え方は最高裁でも支持されるに至った（目黒電報電話局事件・最3小判昭52・12・13民集31巻7号974頁）。それによれば，リボン等の着用は，「身体活動の面だけからみれば作業の遂行に特段の支障が生じなかったとしても，精神的活動の面からみれば注意力のすべてが職務遂行に向けられなかったものと解されるから，職務上の注意力のすべてを職務遂行のために用い職務にのみ従事すべき義務に違反し」，規律秩序を乱すものであり，「他の職員がその注意力を職務に集中することを妨げるおそれ」がある点でも，局所内の秩序維持に反するというのである。

　しかし，このような判例の考え方に対しては，労働者が精神活動のすべてを職務にのみ集中すべきであるということは，およそ不可能ではないか，職務専念義務に違反するから正当な組合活動でないということは，組合活動の正当性の判断そのものを否定するものではないのかとの批判が加えられた（大成観光事件・最3小判昭57・4・13民集36巻4号659頁における伊藤正己裁判官の補足意見を参照）。なお，その後の裁判例の中には，就業時間中の組合バッジ着用を理由とする不利益措置であっても，それが組合の弱体化や排除を決定的動機とする場合には支配介入の不当労働行為が成立するとしたものがあることに留意すべきである（JR東日本事件・東京高判平11・2・24労判763号34頁：最1小決平11・11・11労判770号32頁）。

施設管理権と組合活動

(a) 組合活動と企業施設利用　わが国の企業別組合は，企業を活動の本拠としており，日常的に企業施設を利用した活動を行っている。もとより，企業別組合であるからといって，当然にそのような施設の供与や利用についての権利を有するものではなく，そのためには，原則として労使間の合意や使用者の許諾が必要である。しかし，使用者が労働

組合の活動のために必要な施設を供与したり，施設利用を許諾することは，円滑な労使関係の形成のためには不可欠のことであり，正当な理由なくそれを拒否することは，労働組合の存在そのものを否認するに等しい。

(b) ビラ貼り・ビラ配布　　労働組合による企業施設を利用した活動をめぐって従来議論のあった問題が，企業施設へのビラ貼りや，企業施設内でのビラ配布である。かつては，争議時の大量のビラ貼りが建造物損壊罪などに問われたことがあり，無許可のビラ貼りやビラ配布が懲戒処分の理由とされることもあった。

ビラ貼りについては，かつては，ビラ貼りの目的や貼付の態様，枚数，内容などを総合的に評価してその組合活動としての正当性を判断するとの学説・判例が有力であった。ところが，この問題についても，1970年代以降判例は大きく転換し，最高裁は，使用者の許諾を得ずに企業施設を利用した組合活動を行うことは，その利用を許さないことが権利の濫用と認められるような特段の事情のある場合を除き，使用者の権限を侵し，企業秩序を乱すものであって，正当な組合活動ではないとの判断を示した（国鉄札幌運転区事件・最3小判昭54・10・30民集33巻6号647頁；労判329号12頁）。しかし，このような判例に対しても，学説により，前述したリボン闘争についての批判と同様の批判がなされている。

一方，企業内のビラ配布について，最高裁は，それが労基法34条3項によって自由利用が保障された休憩時間中のものであっても，就業規則によって使用者の許可を条件とすることは許されるとしている（前掲・目黒電報電話局事件判決）。ただし，たとえそれが形式的には就業規則の定めに違反するとしても，企業内の「秩序風紀を乱すおそれのない特別の事情」が認められるときは，そのことを理由として不利益措置を課すことはできない（明治乳業事件・最3小判昭58・11・1労判417号21頁，倉田学園事件・最3小判平6・12・20労判

669号13頁など)。

4 集団的労使紛争処理制度

<u>集団的労使紛争の特徴</u> 集団的労使紛争については，現行法は，ま
ず労使当事者自身が自主的に解決すべきこ
とを予定している（労調3条・4条）。しかし，労使による自主的解
決が暗礁に乗り上げることもあり，争議行為に伴う影響を回避する
ためにも，第三者による紛争解決援助が必要となる場合がある。

　集団的労使紛争は，それが集団的なものであるために，個別紛争
にはない複雑な利害関係や思惑が絡みあう。それはまた，法令や協
約の解釈・適用によって解決できる紛争（権利紛争という）である
よりも，労働条件の改善や労使間のルール設定など，本来は当事者間
の交渉と合意によって解決すべき紛争（利益紛争という）であること
が多く，裁判所による法律判断よりも，第三者による調整的処理に
なじむものである。さらに，集団的労使紛争処理においては，将来
にわたって労使関係をいかに安定的に形成していくかという観点か
らの対応も必要とされる。集団的労使紛争処理の任に当たる特別の
機関として労働委員会が予定されているのも，まさにこのような事
情を反映したものである。

<u>紛争処理制度</u> 労調法は，集団的労使紛争が当事者の自主
的解決によることを前提としたうえ（16
条・28条・35条参照），紛争解決のためのいくつかの手続を用意して
いる。

　(a)　**幹　旋**（あっせん）　　幹旋（10条～16条）とは，関係当事者
の双方または一方の申請に基づき，あるいは職権により，労働委員
会会長により指名された幹旋員が関係当事者の間に立ち，労使双方

の主張を確かめ，事件解決のために助力するものであり，最も緩やかな調整方法である。現在も，一部の労働委員会では比較的多くの斡旋申請がなされている。

(b) **調　停**　　調停（17条〜28条）は，労働委員会会長の指名による労・使・公益委員の3者からなる調停委員会が，関係当事者の意見を徴したうえで調停案を作成し，その受諾を勧告するというものである。調停案を公表することもできるが，それを受諾するかどうかは当事者の自由である。調停は，関係当事者からの申請に基づいて開始されるのが原則であるが，公益事業については職権による開始も認められる。ただし，最近では，職権による調停の開始の例はない。

(c) **仲　裁**　　仲裁（29条〜35条）は，労働委員会会長により指名された仲裁委員3人によって構成される仲裁委員会が，労働争議についての仲裁裁定を行い，この仲裁裁定が労働協約と同一の効力を持つ（34条）ことにより，当事者双方を拘束するというものであり，最も強力な紛争調整方法である。そのため，仲裁が開始されるのは，関係当事者の双方が仲裁の申請をしたときか，労働協約の定めに基づいて当事者の一方が申請したときにかぎられ（任意仲裁），職権に基づく仲裁の開始（強制仲裁）は認められない。なお，かつて公共企業体等労働関係法（現在の行政執行法人労働関係法）は，争議行為禁止の代償措置として，職権により仲裁を開始する強制仲裁の可能性を認め（行執労33条以下参照），1970年代までは毎年のように賃金交渉についての強制仲裁が実施されていたが，現在では，任意仲裁，強制仲裁とも全く行われていない。

(d) **緊急調整**　　緊急調整（35条の2〜35条の5）は，労働争議が公益事業に関する場合など，国民の日常生活を著しく危うくするおそれがあるような場合に，内閣総理大臣が開始の決定をするものである。関係当事者は，決定の公表の日から50日間は争議行為が禁

止され（38 条），その間に，中労委は事件の解決のため最大限の努力をしなければならない。この制度は，1952 年に一度開始の決定がなされた例があるだけである。

★ 参考文献────

　　組合活動については，大内伸哉「企業内組合活動（文献研究①）」季刊労働法 161 号，中山和久「組合バッジと団結権」早稲田法学 73 巻 1 号。争議行為については，『現代労働法講座第 5 巻　労働争議』（総合労働研究所）。

VI 変容する労働市場と法

　労働市場とは，労働の需給のなかでその価格が決定されていく機構である。労働者の雇用の確保とその安定のためには，国は必要に応じて労働市場に対して政策的な働きかけを行わねばならない。この労働市場をめぐる国の雇用政策に関する立法がここでの検討対象である。

　IT 革命といわれるように産業構造が大きく転換し，国際競争が激化してくるなかで，労働市場に対する法のあり方も変化を遂げつつある。また，労働者の職業生活も多様化し，労働能力の形成もかつてのような会社任せではなく，自らが積極的に設計していく時代になってきた。ここでは，これまでの日本の雇用政策の展開を踏まえたうえで，職業紹介事業，雇用保険制度を紹介し，労働者の職業能力の自己形成という視点から職業能力開発制度などを取り上げる。

　特定の会社で一生を過ごすという終身雇用神話が通用しなくなった時代において，絶えず自己の職業能力の研鑽が要求される世代にとって，労働市場に関する法制度の基本的仕組みを理解しておくことは必要不可欠である。

第21章 労働市場政策と法

労働市場政策とは，労働市場に対して国家によってとられる介入策である。労働市場は，完全な自由放任に委ねられると，市場としての適正な機能を発揮することができない。これが，国家による労働市場に対する政策的介入が必要となる理由である。ここでは，労働市場法の概要を示し，日本の労働市場政策に関する立法の展開過程を簡単に跡づけ，その後職業紹介事業および雇用保険に関する法制度の概要を紹介する。

1 労働市場法の概要

労働権と国の責務

憲法27条1項は，「すべて国民は，勤労の権利を有し，義務を負ふ」として，労働権を基本的人権の1つとして規定している（第2章*3*参照）。国は，この規定を受けて国民の労働権実現をめざして政策を展開する義務を負っている。その最大の政策目標は，国民が自由に選択できるように雇用を確保することである。そのために，労働力の需給調整システムを整備すること，具体的には，労働力の育成・調達・供給・調整を行うことが国の責務となっている。この労働力需給システムに関する法は，労働市場法（または雇用政策法）と呼ばれている。

◆労働市場法と労働法体系　労働法の体系に関して，労働団体法と労働保護法という伝統的な区分に加えて，近時，労働市場法（雇用政策法）を独立した分野とする傾向にある。もっとも労働市場法という概念は，まだ必ずしも成熟したものではなく，労働法学において多様な理解が示

されている。

労働市場法は，どのような労働市場概念を用いるかによってその内容が変わってくる。労働市場は，抽象的にいえば，労働の需要と供給とが調整され，労働力の価格が決定される機構ということができる。労働経済学では，企業組織内部を内部労働市場といい，また企業組織が企業外部から労働力を調達する労働市場を外部労働市場といって区別するのが一般的である。そして，労働法においても，外部労働市場を対象とする法と企業組織を対象とする法とでは，それぞれ独自の法原理に基づく労働法理論が形成されてきている。したがって，組織の原理が支配する企業組織における労働関係の法についても，労働市場法という概念に包摂する考え方は適当ではないだろう。労働市場法は，外部労働市場を規整する法領域としてとらえ，企業組織の労働関係を規整する法領域である雇用関係法とは区別することが労働法の体系的理解において適切である。もっとも，労働者派遣のように労働市場法および雇用関係法双方の性格を有する法律があることは注意を要する。また，労働市場法と雇用関係法との相互関係をどのように考えるかは独自に検討されるべき重要な理論的課題である。

| 労働市場法の領域 | 労働市場法は，外部労働市場を規整する法であるので，国の労働市場政策の基本方針 |

を制定する労働施策の総合的な推進並びに労働者の雇用の安定及び職業生活の充実等に関する法律，（旧雇用対策法，以下では，「労働施策総合推進法」という）がその総則的な位置を占める。

そして，労働市場法の領域は，第1に求職・求人の過程の規整（職業安定法，労働者派遣法など），第2に職業能力の開発（職業能力開発促進法など），第3に，失業者および雇用継続困難者に対する給付（雇用保険法），第4に失業の防止および雇用の促進（雇用保険法，高年齢者雇用安定法，障害者雇用促進法，次世代育成支援対策推進法，地域雇用開発促進法など）に整理される。

◆**労働施策総合推進法の基本内容**　労働施策総合推進法は，国が行うべき施策として，①労働者が仕事と生活の調和を踏まえた多様な就業を促

進するための労働条件の改善および均衡待遇の確保，②職業指導・職業紹介，③職業訓練・職業能力検定，④労働者の職業転換，地域間の移動，職場への適応等の援助，⑤事業規模の縮小等の際の失業防止，円滑な再就職促進，⑥女性の就業促進，⑦青少年の雇用促進，⑧高年齢者の就業の確保，⑨疾病等を有する労働者の雇用継続，再就職の促進，⑩障害者の自立促進，⑪雇用形態・就業形態の改善，⑫高度な専門的知識または技術を有する外国人の雇用管理の改善等，⑬地域における雇用促進，⑭パワーハラスメント対策，⑮その他をあげている（同法4条1項各号）。

2 日本における労働市場政策の展開と労働市場法

労働市場法の歴史を振り返ると，その時々の雇用をめぐる政策課題を大きく反映して変化していることがわかる。労働市場法は，その意味で，行為規範ないし紛争解決基準を定める法規範的性格の法というよりも，労働市場政策実現のための法という性格が濃厚である。

(a) **第2次世界大戦後の経済復興期**（1945〜1960年）　この時期の労働市場政策は，戦前にみられた前近代的な労働関係の民主化および失業対策が主たる目標であった。この時期は国際的にも，ILOフィラデルフィア宣言（1944年）にいう「労働は商品ではない」という表現に象徴されるように，労働市場を国が管理統制することにより，中間搾取などにみられる労働者を非人間的に取り扱う悪質な労働慣行を排除しようとする政策が主流であった。日本でも，1947年に職業安定法が制定され，有料職業紹介の原則禁止，その他の職業紹介の規制および労働者供給事業の禁止などが規定された。

他方で失業対策として，失業保険法（1947年）が制定され，失業保険金の給付などの事業がはじまるとともに，1948年には，雇用創出政策として，緊急失業対策法により失業対策事業としての日雇

労働が行われた。

(b) **高度経済成長期**（1960～1973年）　この時期では，とくに後半における積極的労働力政策の展開が注目される。高度経済成長のなかで労働力不足の時代が到来したことを受けて，1966年に積極的労働政策の基本法として雇用対策法が制定された。雇用対策法に従い，雇用対策基本計画が定められ，国が積極的に労働市場に介入し，規制していく法制度が確立した。この雇用対策基本計画は，第1次計画が1966年に制定されて以降，9次にわたって策定された（2007年雇用対策法改正で廃止）。また，1969年には職業訓練法が制定されている。

(c) **低成長期**（1974～1983年）　1973年の第1次石油ショックを画期として高度経済成長が国際的に終焉し，低成長期に入った。この時期，企業において大規模な雇用調整が行われたことを背景として，労働市場政策は，企業における雇用の維持を支援することに特徴があった。1974年には，失業保険法に代わって，雇用保険法が制定され，失業保険給付の見直しが行われ，また雇用改善等3事業が新設された。雇用安定事業のなかでも雇用調整給付金は，企業の雇用調整において解雇を回避させることに大きく貢献した。

(d) **産業構造転換開始期**（1984～1990年）　1980年以降は，次第に産業構造が変化し，雇用形態の多様化が加速度的に進んでいった。この雇用構造の変化を受けて，1984年には，雇用保険法が改正され，パートタイム労働者のための短時間労働被保険者制度が創設された。また，労働者供給事業として禁止されていた人材供給サービスについての見直しが進み，1985年には，労働者派遣法が制定され，長期雇用慣行と抵触しない，専門職およびビルメンテナンスなどの企業内熟練を要しない業務の一部について，労働者派遣が認められることになった。さらに，産業構造の転換を踏まえた労働市場政策の一環として，1985年に従来の職業訓練法が大幅に改正され，

職業能力開発促進法として再編されたことが注目される。職業能力開発促進法は，特定の職業能力を培うことをサポートすることを目的としており，多様な職業訓練機会を設け，かつ能力検定などの事業を行っている。労働者個人がブラッシュ・アップする機会を提供する事業も開始された（教育訓練給付）。

この時期には，高齢社会において大きな課題となる高年齢者の雇用安定のために，高年齢者雇用安定法が制定されている（1986年）。同法は1994年に改正され，定年年齢を定める場合には60歳を下限とすることを義務づけた。また，家庭責任を有する労働者に対する支援策として，育児休業法（1991年）が制定された。さらに1987年には，従来の身体障害者雇用促進法が改正され，精神障害者も対象とする障害者雇用促進法となった。

(e)　**長期継続不況期**（1991〜2001年）　バブルの崩壊後は，国際競争の激化という経済環境において不況が長期化し，産業構造の一層の転換が進められた。また，大企業の倒産ないし合併を伴う企業再編によって労働者の雇用に深刻な影響を及ぼす事態が多発した。この結果，失業率が，高度経済成長時代の2倍となる4％台後半から5％台で推移するなど，企業の雇用維持策を支援するという労働市場政策では対応できない局面を迎えた。したがって，当初は雇用調整助成金制度の改正など雇用安定政策の維持が図られていたが，政府の規制改革政策の進展にも強く影響されて，次第に労働市場を整備して，失業なき労働移動および円滑な再就職支援をめざす方向に転換した。

このことは，2001年の雇用対策法改正により，労働者が特定の企業に定年まで勤務するというモデルではなく，転職も含めた職業生活の全期間を通じた職業の安定を支援することが，基本的理念として追加されたことに象徴される（雇対3条）。このため，在職中からの計画的な再就職援助，地方公共団体と連携した地域雇用開発の

推進，労働者の自発的な職業能力開発の推進，職業能力評価制度の整備などが図られることになった。この改正では，中高年者の離職という現実を前提として，事業主が募集において年齢差別をしないことが努力義務とされた。これに併せて職業能力開発促進法も「職業生活設計」（キャリア・デザイン）を基本的理念として位置づけ（職開3条），その具体的施策を定めた（3条の2第1項など）。

　外部労働市場の整備に関しては，1999年および2003年の労働者派遣法および職業安定法の改正による労働力需給政策の転換があった。これらの改正は，1947年の職業安定法にみられた労働市場に対する国の独占的管理という基本政策から，労働市場における官民補完政策への転換を図るものである。

　1995年には介護休業制度が創設され，育児休業法が育児介護休業法に発展した（その後1999年，2001年および2004年に改正）。この育児休業・介護休業については，雇用保険法によって育児休業給付（1995年）および介護休業給付（1999年）が支給されている。家庭責任を有する労働者に対する支援策は，少子化対策としても位置づけられるようになった。

　(f)　**長期景気回復期**（2002〜2008年）　　2002年からの景気回復は，調整的な局面をはさみながらも長期的に継続し，このなかで，企業における雇用・設備・債務の3つの過剰がほぼ解消し，企業の収益力が高まっているとされた（内閣府平成19年度年次経済財政報告）。

　雇用についても，景気回復に加えて，団塊の世代の退職という状況もあって，企業の正社員採用がある程度回復した時期であった。しかし，景気の回復が正規雇用の増加に寄与する程度は大きくなく，非正規労働者の割合が増加した。そして，2005年からは人口の減少期を迎え，新たな雇用政策の転換が求められ，2007年に雇用対策法について，従来の雇用対策基本計画を廃止し，人口減少下における就業促進を法目的に追加し，青少年，女性，高年齢者，障害者

等の就業促進対策，外国人雇用対策，地域雇用対策などの国の実施施設を明記し，募集・採用に係る年齢制限の禁止の義務化などの改正が行われた。

また，行政改革推進法に沿って，2007年に雇用保険法が改正され，従来の雇用保険3事業のうち，雇用福祉事業が廃止されたため，雇用保険2事業となった。そして，パートタイム労働者が増加するだけではなく，その収入を主たる収入とする非正規労働者の増加を受けて，短時間労働被保険者の被保険者資格と受給要件を一般被保険者として一本化されるなどの改正がなされた。

さらに，相当数の都道府県において最低賃金額が生活保護費を下回ることが指摘され，雇用が労働者の生活を保障できない事態が問題視された（「ワーキング・プア」問題）。そこで，2007年の最低賃金法改正により，最低賃金額の決定にあたり，生活保護の施策との整合性に配慮することとされた。これを契機に，地域別最低賃金額の大幅な上昇が続いている。

加えて，2007年には，パート労働法が改正され，正規雇用との均衡処遇措置が強化され，非正規雇用を良好な雇用機会とする施策が実施された。そして，高年齢者雇用対策では，2004年に高年齢者雇用安定法が改正され，年金支給開始年齢（65歳）までの雇用確保策として，定年延長，再雇用などの高年齢者雇用確保措置をとることを事業主に義務づけた。

(g) **世界金融危機後の不況期**（2008～2013年）　2008年秋のリーマン・ブラザーズ倒産に端を発する世界金融危機は，日本経済に大きな打撃を与え，雇用失業情勢が一気に悪化した。正規雇用については，雇用保険法の雇用調整助成金の支給要件などの緩和という対応もあって，正社員に対する大規模なリストラが回避されたため，失業率も5％台にとどまった（完全失業者298万人）。しかし，この時期の雇用縮小は，「派遣切り」といわれたように派遣労働者やパ

ートタイム労働者などの非正規労働者の雇用を奪うことになった。なかでも使用者から住居を提供されていた非正規労働者は，雇用の喪失にとどまらず，住居という生活の基盤も同時に失うことになった。非正規労働者のセーフティ・ネットの見直しが緊急の課題となった。また，内定者の取消しも相次ぎ，「内定切り」という言葉も生まれた。その後も，企業の新規採用は収縮し，内定率は68.8％にまでに低下した（2011年）。従来の企業の新卒採用慣行だけでは，若年者の雇用を確保できない局面を迎えている。

政府も「緊急雇用対策本部」を設置して，貧困・困窮者および新卒者の支援を中心とする緊急雇用対策を取りまとめた。このなかでは，雇用保険を受給できない者について（特定求職者），生活支援の給付を受けながら，職業訓練を受ける仕組みが設けられた。また，雇用調整助成金を見直し，中小企業向けに給付要件をより緩和した中小企業緊急雇用安定助成金が創設された。

非正規労働者のセーフティ・ネットの見直し策としては，2010年に雇用保険法が改正され，非正規労働者に対する雇用保険の適用拡大（6カ月以上雇用見込みから31日以上雇用見込みへ）および事業主が被保険者資格取得の届出を行わなかったため未加入とされた者について2年を超えて遡及適用する措置がとられた（遡及適用期間の改善）。そして，2011年に雇用保険の加入期間が短く，あるいは就職できなかったなどのために雇用保険を受給できない求職者に対する職業訓練と生活支援を行う「職業訓練の実施等による特定求職者の就職の支援に関する法律」（求職者支援法）が制定された（第2のセーフティ・ネット）。

2011年3月11日の東日本大震災は，日本社会のあり方を大きく揺るがすことになった。雇用対策としても被災者に対する緊急措置がとられた。

また，2012年には，非正規雇用の状況の改善をめざす法改正が

行われ，有期労働契約労働者については，労働契約法の改正を通じて新たな仕組みが創設され（第7章2参照），派遣労働者の保護を強化するために労働者派遣法の改正が行われた。

(h) デフレ克服による経済回復から働き方改革へ（2013年～）

2012年に発足した第2次安倍内閣は，金融政策および財政政策によってデフレ脱却を図るとともに，民間投資を促すための成長戦略を掲げた。雇用労働分野においても，「失業なき労働移動」・「女性の活用」をスローガンに労働市場制度改革が進められた。この結果，障害者雇用の促進，育児休業給付の拡大（雇用保険法改正），女性活躍推進法および青少年雇用促進法などが制定された。また，2015年には，労働者派遣法が改正され，派遣可能期間などについて大きな修正が行われた。また，最低賃金は，生活保護費との逆転現象の解消後もデフレ脱却の観点から毎年3%程度の上昇を続け，2019年には全国加重平均で901円にまで引き上げられた。

2016年8月3日に発足した第3次安倍内閣〔第2次改造〕は，「働き方改革」を政府の最重要施策と位置づけた。首相を議長とする「働き方改革実現会議」の審議を経て，翌年正社員の長時間労働の抑制と非正規雇用者の処遇改善を中心課題とする「働き方改革実行計画」を策定した。働き方改革は，従来の正社員の働き方を大きく変革し，正規・非正規に分断された内部労働市場と外部労働市場の壁を解消することを目指している。労働市場法に着目すると，これまで内部労働市場にとどまっていた正規・非正規の格差是正が，派遣労働者についてではあるが，外部労働市場にも広がったことが注目される。

そして，労働市場政策の総則的な法律である雇用対策法は，主として外部労働市場における雇用対策を中心としてきたが，働き方改革のなかで，内部労働市場に係る問題を併せて対象とし，働き方改革という労働市場政策の総則的な法律としてその名称を労働施策総

合推進法と改めた。同法に基づき策定された「労働施策基本方針」
（平31・1・28厚労告12号）は，今後の広い意味での労働市場政策の
基本的方向を示すものである。2019年，労働施策総合推進法は，
パワーハラスメント対策を事業主に義務づけることになった。

　今後の労働市場政策の課題としては，産業構造の変化および人口
減少期における少子高齢化社会において生産性を向上させ，就業率
を高めるために，差別なしに，誰もが平等に働きがいのある人間ら
しい雇用（ILOの提唱するディーセント・ワーク decent work）にアク
セスできる労働市場の形成や新しいニーズに対応できる労働力を育
成する仕組みの確立が重要である。そのためには，キャリア権の具
体化という観点からも職業能力養成の仕組みが抜本的に見直される
必要があろう。

3 職業紹介制度のあらまし

職業紹介事業の法規
制に関する国際動向
の変遷と日本

　民間の職業紹介事業は，19世紀から20世
紀前半においては，人身売買，中間搾取，
強制労働などの温床であった。このため，
国際的にも，民間の有料職業紹介事業は禁
止されるか，または厳しく規制された。職業紹介は，国家が職業安
定機関を設立し，職業紹介を独占すべきとされたのである（ILO第
96号条約）。日本でも，職業安定法（職安法）が，有料職業紹介を原
則禁止とした（芸能，マネキン，配膳などの業務の有料職業紹介が例外的
に認められた）。

　しかし，たとえばホワイトカラー労働者の転職に公共職業安定機
関が有効に機能せず，むしろ悪質な中間搾取と無縁のさまざまな人
材サービスが発展してくると，民間の有料職業紹介事業を原則禁止

とする政策が国際的に再検討されるようになった。この結果，ILO
は，有料職業紹介事業の将来的廃止をうたった第96号条約（1949
年）を，労働力需給システムにおける民間事業を積極的に位置づけ
る第181号条約（民間職業仲介事業所条約，1997年）に置き換えた。
日本でも，この国際動向を踏まえて，1999年にこの条約を批准し，
職安法を大幅に改正し，有料職業紹介事業を原則的に合法とした。
この結果，日本の職業紹介制度は，公共職業安定所（ハローワーク）
と民営職業紹介事業所との相互補完体制をめざすものになったとい
える（職安1条・5条の2）。2014年からは，労働市場の活性化方策
の1つとして，公共職業安定所の有する求人情報を民間有料職業紹
介業者にオンラインで提供するサービスも開始された。

| 職業紹介事業に関する
| 法規制

職安法では，職業紹介とは，「求人及び求
職の申込みを受け，求人者と求職者との間
における雇用関係の成立をあっせんするこ
と」（4条1項）と定義されている。そして，無料の職業紹介とは，
職業紹介に関し，いかなる名義でも，その手数料または報酬を受け
ないで行う職業紹介であり（同条2項），有料の職業紹介とは，無料
の職業紹介以外の職業紹介をいう（同条3項）。職業紹介には，職業
安定機関による職業紹介と民間による職業紹介がある。

　職業紹介については，①差別禁止（3条），②労働条件等の明示
（5条の3），③個人情報の保護（5条の4），④求人求職受理の原則（5
条の5・5条の6），⑤求職者に対する適職紹介および求人者に対する
適合する求職者の紹介（5条の7）および⑥争議不介入（20条・34
条）などの基本原則がある。

| 職業安定機関による
| 職業紹介

職業安定機関のうち，職業紹介に具体的に
携わるのは，公共職業安定所である。公共
職業安定所による職業紹介については，求
職者が転居する必要のない職業を紹介する努力義務（職安17条），

求人・求職の開拓（18条），公共職業訓練のあっせん（19条）などの業務遂行基準が定められている。

◆学生生徒の職業紹介　公共職業安定所は，学生生徒の職業紹介について，学校と協力して，能力に適合した職業をあっせんするよう求められている（職安26条）。また，公共職業安定所は，その業務の一部（求職の申込み，求人者の紹介など）を学校長に分担させることができる（27条）。

有料職業紹介事業

有料職業紹介事業の取扱範囲は，港湾運送業務の職業および建設業務の職業，その他命令で定める職業を除く，すべての職業である（職安32条の11，ネガティブリスト方式）。有料職業紹介事業は，許可制である（30条以下）。

　求人者からの手数料について，有料職業紹介事業者は，上限付手数料または手数料表の届出の，いずれかの方式を利用する（32条の3）。これに対して，求職者からは原則として手数料を徴収してはならない（32条の3第2項。ただし，芸能家，モデルの職業に紹介した求職者および年収700万円を超える科学技術者，経営管理者，熟練技能者の職業に紹介した求職者からは，就職後6カ月以内に支払われた賃金の10.5%に相当する額以下の手数料を徴収することができる〔同項ただし書き，職安則20条2項，平14・2・15厚労告26号〕）。

無料職業紹介事業

無料職業紹介事業は，許可制であるが，取扱職業の範囲の限定はない（職安33条）。無料職業紹介事業は，公益法人などだけではなく，営利企業も許可の対象となる。また，学校などの教育機関，商工会議所や農業協同組合のような特別の法律によって設立された特定の法人および地方公共団体（自らの施策に関する業務に附帯して行う場合）は，届出により無料職業紹介事業を行うことができる（33条の2・33条の3・33条の4）。公共職業安定所は，無料職業紹介事業の運営に対して，雇用情報の提供などの援助を行うことができる（33条の5）。

◆**労働者募集に対する規制**　労働者募集とは，労働者を雇用しようとする者が自らまたは他人に委託して，労働者になろうとする者に対してその被用者となることを勧誘することをいう（職安4条5項）。職安法は，文書募集および直接募集による労働者募集については自由としている。しかし，求人者が第三者を労働者募集に従事させる委託募集については，なお悪質な業者が介在する危険性があるとして許可制をとっている（36条）。ただし，無報酬で行われる委託募集については，中間搾取等の弊害の可能性にとぼしいため届出制となっている（同3項）。

4 雇用保険制度のあらまし

　1947年に制定され，失業者に対する保険金給付を目的とする失業保険法が，失業給付などに加えて，失業の防止および雇用安定を目的とする諸制度を整備した雇用保険法にとってかわられたのは1974年だった。その後，雇用保険法は，労働市場の変化を背景に幾多の改正を重ねている。

　今日，雇用保険法は，その目的を達成するために，「失業等給付」の支給を行い，同時に，雇用安定・能力開発のために「雇用保険2事業」（雇保3条）を行っている。

　「失業等給付」は，失業中の生活保障としての求職者給付（雇保13条以下），失業者の早期の就職を促進するために基本手当（**図表21-1**参照）の受給期間中に就職した場合に支給される就職促進給付（56条の2以下），労働者自身の能力開発を援助する教育訓練給付（60条の2，終章参照）および高年齢，育児，介護という雇用の継続が困難となる事由が生じた労働者に対する援助である雇用継続給付（61条以下）からなる。そして，「雇用保険2事業」は，雇用安定事業（62条）および能力開発事業（63条）である（これら雇用保険制度の概要は**図表21-1**参照）。

図表 21-1　雇用保険制度の給付

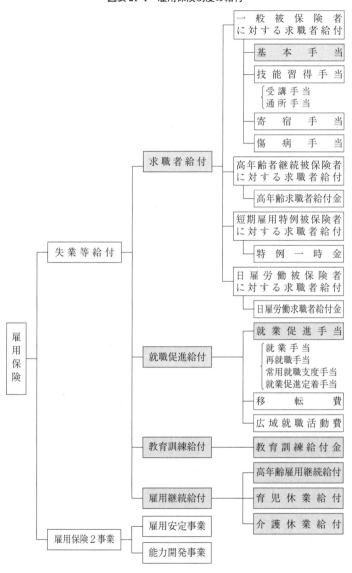

473

政府が管掌する社会保険の1つである雇用保険（雇保2条）の適用対象事業は，労働者を雇用するすべての事業である（5条）。そして，雇用保険の被保険者は，適用事業に雇用される労働者である（4条1項）。

被保険者は，①一般被保険者，②高年齢継続被保険者，③短期雇用特例被保険者および④日雇労働被保険者に分類される。

一般被保険者は，週所定労働時間20時間以上であり，31日以上引き続き雇用される見込みのある者である。

また，高年齢継続被保険者は，65歳に達する日に雇用されていた事業主にそれ以後も引き続き雇用された者であり（③および④に該当する者を除く），短期雇用特例被保険者は，季節的に雇用される者または1年未満の短期雇用に就くことを常態とする者であり（38条1項），日雇労働被保険者は，日々雇用される者または30日以内の期間を定めて雇用される者である（前2カ月の各月において18日以上同一の事業主に雇用された者を除く，42条）。これらの被保険者が失業し，かつ受給資格要件を満たしていると，それぞれ高年齢求職者給付金（37条の2・37条の3），特例一時金（38条1項・39条1項）または日雇労働求職者給付金が支給される（43条）。

なお，被保険者および被保険者であった者は，被保険者になったことまたは被保険者でなくなったことにつき厚生労働大臣にその確認を請求することができる（8条・9条）。

◆暫定任意適用事業および被保険者資格のない者　労働者を雇用するすべての事業が雇用保険の強制適用事業となるが，暫定的に，農林・畜産・水産事業のうち労働者5人未満の個人経営事業は，任意適用事業とされている（雇保附則2条1項）。

被保険者資格のない者は次のとおりである。①週所定労働時間が20時間未満の短時間労働者（雇保6条1号。ただし，日雇労働被保険者を除く），②同一の事業主の適用事業に継続して31日以上雇用されることが見込

まれない者（6条2号。ただし，前2月の各月において18日以上同一の事業主の適用事業に雇用された者および日雇労働被保険者を除く），③4カ月以内または1週間の所定労働時間が20時間以上30時間未満の季節的に雇用される者（6条3号・38条，平22・4・1厚労告154号），④学校教育法上の学校の学生または生徒であって，定時制課程や休学中の者などを除く者（雇保6条4号，雇保則3条の2），⑤船員法1条に規定する船員であって，漁船に乗り組むため雇用される者（雇保6条5号），⑥国，都道府県，市町村等の事業に雇用され，他の法令，条例，規則などにより，離職した場合に，求職者給付および就職促進給付の内容を超える給与が支給される者（同6号）。

一般被保険者の求職者給付の概要

被保険者の種類に応じてそれぞれの求職者給付があるが，ここでは，その中心である一般被保険者の求職者給付について説明する。この求職者給付は，基本手当がもっとも重要である。

基本手当は，離職の日以前の2年間に被保険者期間が通算して12カ月以上ある者に対して支給される（雇保13条1項）。この場合の1カ月とは，賃金の支払基礎日数が11日以上の月に限定される（14条1項）。

基本手当を受給するには，離職後に公共職業安定所に出頭し，求職の申込みをして，失業認定を受けなければならない（15条）。なお，「失業」とは，被保険者が離職して，労働の意思および能力を有するにもかかわらず職業に就くことができない状態をいう（4条3項）。現実に収入がなくても，定年退職後，代表取締役に就任した者は「失業」しているとはいえないとした判決がある（岡山職安所長事件・広島高岡山支判昭63・10・13労判528号25頁）。公共職業安定所は，4週間に1回失業の認定を行い，基本手当を支給する（15条3項）。

基本手当は，離職の日の翌日から起算して，原則として1年の期間内の失業している日について所定の給付日数を限度に支給される

図表 21-2　雇用保険の基本手当支給日数

【一般の離職者に対する給付日数】

区　分＼被保険者であった期間	5 年未満	5 年以上 10 年未満	10 年以上 20 年未満	20 年以上
全年齢	90 日	90 日	120 日	150 日

【倒産・解雇等による離職者に対する給付日数】

区　分＼被保険者であった期間	1 年未満	1 年以上 5 年未満	5 年以上 10 年未満	10 年以上 20 年未満	20 年以上
30 歳未満	90 日	90 日	120 日	180 日	―
30 歳以上 35 歳未満	90 日	90 日	180 日	210 日	240 日
35 歳以上 45 歳未満	90 日	90 日	180 日	240 日	270 日
45 歳以上 60 歳未満	90 日	180 日	240 日	270 日	330 日
60 歳以上 65 歳未満	90 日	150 日	180 日	210 日	240 日

（20条1項）。手当の日額は，離職前の6カ月間の賃金（一時金を除く）に基づいて計算される賃金日額の50％から80％である（16条1項・2項）。

　基本手当の給付日数は，年齢にかかわらず，被保険者であった期間（算定基礎期間）に応じて定められている（22条1項。**図表 21-2** 参照）。ただし，障害者，保護観察者などの就職困難者（雇保22条2項，雇保則32条）および倒産・解雇その他これらに準ずる事由により離職した者である特定受給資格者については（雇保23条2項，雇保則34条・35条），年齢に応じて一般失業者よりも長期の給付日数となっている（**図表 21-2** 参照）。これらの給付日数は，訓練延長給付（雇保24条），広域延長給付（25条），全国延長給付（27条）によって延長されることがある。

被保険者が自己の責めに帰すべき重大な理由によって解雇され，または正当な理由がなく自己の都合によって退職した場合，1カ月以上3カ月以内の間で公共職業安定所長の定める期間は，基本手当が支給されない（33条）。また，受給資格者が正当な理由がなく，公共職業安定所の紹介する職業に就くことまたはその指示した公共職業訓練等を受けることを拒否した場合，基本手当を1カ月間支給せず（32条1項），同様に再就職促進のための職業指導を受けることを拒否した場合，1カ月を超えない範囲で公共職業安定所長の定める期間は，基本手当が支給されない（同2項）。さらに，不正に支給を受けた者または受けようとした者は，基本手当が支給されない（34条1項）。

雇用保険2事業　雇用保険事業は，雇用安定事業（雇保62条）と能力開発事業（63条）の2事業が行われている。雇用安定事業は，失業の予防，雇用状態の是正，雇用機会の増大その他雇用の安定を図るために事業主に対する次のような必要な助成および援助を行っている。すなわち，①景気の変動，産業構造の変化その他の経済上の理由による事業活動の縮小のため労働者を休業させるなどの措置を講ずる事業主（雇用調整助成金，中小企業緊急雇用安定助成金），②離職を余儀なくされる労働者の再就職を促進するために必要な措置を講ずる事業主（労働移動支援助成金），③高年齢者等の雇用の安定を図るために必要な措置を講ずる事業主（定年引上げ等奨励金など），④地域高齢者就業機会確保計画に係る事業，⑤新たな雇用機会を増大させる措置をとる事業主（地域雇用開発助成金，通年雇用奨励金など），⑥障害者その他就職がとくに困難な者の雇入れの促進等を行う事業（特定求職者雇用開発助成金など）への助成および援助である。

能力開発事業は，職業生活の全期間を通じて，被保険者の能力を開発し，向上させることを促進するために行われる次のような事業

である。すなわち，①事業主等が行う職業訓練などを助成する都道府県に対する補助，②職業能力開発施設の設置および運営，③再就職のための職業講習および作業環境適応訓練の実施，④有給教育訓練休暇を与える，または職業訓練・職業講習を奨励する事業主に対する助成などである。

**保険料の徴収・
国庫負担**

雇用保険の保険料率は，一般の事業では賃金総額の 1.55%（失業等給付 1.2%〔労使折半〕，雇用保険 2 事業 0.35%）とされる（雇保 68 条，労保徴 12 条 4 項，31 条 1 項・4 項）。しかし，厚生労働大臣は，保険財政の状況などから必要であると認められる場合に保険料率を一定の範囲で弾力的に定めることができる（弾力条項，労保徴 12 条 5 項・8 項，附則 11 条 5 項）。たとえば，2019 年度の保険料率は，この弾力条項が適用され，保険料率は，賃金総額の 0.6%（失業等給付 0.6%（労使折半），雇用保険 2 事業 0.3%）となっている（平 31・3・4 厚労告 53 号）。

国庫は，求職者給付の費用の 25% および雇用継続給付の費用の 12.5% を負担することになっている（雇保 66 条 1 項 1 号・3 号）。しかし，国庫負担率は，当分の間，本来の 55% の額に暫定的に引き下げられている（同法附則 13 条 1 項）。さらに，2017 年度～2019 年度は，時限的に本来の額の 10% に引き下げられている（附則 14 条）。

★ 参考文献────

労働市場法・雇用政策法について，日本労働法学会編『講座労働法の再生第 2 巻』（日本評論社）第 2 部「雇用政策と労働法」所収論文，諏訪康雄「雇用政策法の構造と機能」日本労働研究雑誌 423 号，鎌田耕一『概説労働市場法』（三省堂），濱口桂一郎『日本の労働法政策』（労働政策研究・研修機構），島田陽一「労働市場政策と労働者保護」『労働法の争点〔第 3 版〕』（有斐閣），島田陽一「職業安定法」，菊池馨実「雇用保険法」島田陽一ほか編『戦後労働立法史』（旬報社）所収。

第22章 就業者の多様化と雇用問題

働く意欲と能力があるかぎり，誰にも働きがいのある仕事が与えられるべきだ。しかし実際には，就業者が多様化して，労働能力とは無関係な理由で一定の職から排除される人が増えており，それだけに一定のカテゴリーの労働者に対する雇用促進政策と差別禁止政策の重要性が増している。差別禁止政策については第4章4を参照されたい。本章では，雇用促進政策について，青少年雇用，高年齢者雇用，障害者雇用，外国人雇用というカテゴリーをとりあげる。

1 青少年雇用

フリーター・ニート問題から若者の就労促進へ

1990年代後半から，ニート（NEET）やフリーターとよばれる若者の実態が話題になり始めた。ニートとは，Not in Education, Employment or Training の略で，「学校にも行かず，就労に向けた具体的な準備をしていない若年者」を指し，フリーターとは「若年層のパート・アルバイトおよびその希望者」のことを示す言葉である。彼らの多くは，低収入で経済的自立が困難であり，職業能力を向上させる機会に恵まれないため，将来的な展望をもつことができないという実態にあった。当初は，このような人生を「選択する」若者の意識が論じられた。しかし2008年のリーマン・ショック以降は，世界同時不況による深刻な雇用危機が到来し，若者の多くが「派遣切り」「非正規切り」の対象となった。この現象は，働く側の心構えの問題ではなく，労働者

全体のなかで，「働きながらも食べていけない」といういわゆるワーキング・プアが増大したこと，そしてその影響が若者にも及んでいるという問題であり，深刻な社会問題として認識されるようになった。

　そのため，経済産業省が中心となって2003年には「若者自立・挑戦プラン」が策定された。日本で初めての省庁横断的な若者雇用対策であった。全国にジョブカフェが設けられ，地域の主体的な取組みによって若年者の就職促進を図るワンストップ・サービスセンターとなった。企業に短期間雇用されることによって実践的な能力を取得し，その後に常用雇用に移行する若年者トライアル雇用が実施され，企業の実習と教育訓練機関の座学とを一体的に組み合わせて若者を職業人に育て上げる日本版デュアルシステムも導入されるようになった。

　また，政府・財界はインターンシップ教育に力を注ぐようになり（文部省ほか「インターンシップの推進に当たっての基本的考え方」〔1997年〕），一時期にくらべて，大学と企業との距離は縮まったといわれるようになった。たしかに大学等卒業者の就職状況は改善されて，2019年3月大学卒業者の就職率は97.6％（前年同期比0.4ポイント低下）と高水準である（厚労省，文科省「平成30年度大学卒業者の就職状況調査」より）。しかし問題は，離職率の高さである。いったん正社員になったとしても，若年者の早期離職率や離職率の高どまり傾向は改善されていない。入社3年以内の離職率は1990年代以降，ほぼ横ばいで推移し，大卒者でもこの数値は32.0％（2016年3月卒の者）と，なお高い（厚労省「新規学卒就職者の在職期間別離職状況」より）。

| 若者雇用促進法 | 2015年には，就職準備段階から就職活動時，就職後のキャリア形成までの各段階において，総合的で体系的な青少年雇用対策を行うための法的枠組み |

として，旧来の勤労青少年福祉法を改正した「青少年の雇用の促進等に関する法律」（若者雇用促進法）が成立した。この法に基づき策定されている「青少年雇用対策基本方針」（平28・1・14厚労告4号）では，青少年とは35歳未満の者であるとしている。

　若者雇用促進法は，青少年に対して，「適職」（適性ならびに技能および知識の程度にふさわしい職業：同法1条）の選択や，職業の能力の開発・向上措置を総合的に講ずることを目的として，事業主と職業紹介事業者等の責務について規定している（4条）。公共職業安定所（ハローワーク）は，青少年の状況に応じた職業指導・職業紹介を行い（9条・10条），求人者が法違反をして処分等が行われたときは，求人申込みを受理しないことができる（11条）。また，新卒者の情報ミスマッチによる早期離職を解消するために，求人募集をする者には「青少年雇用情報」の提供を義務づける（13条・14条）。厚生労働大臣は，青少年の募集・採用方法についての取組みが優良な中小企業（常時雇用する労働者が300人以下の事業主）を基準適合企業として認定することができる（15条）。3年間に新卒者の離職率が20%以下であることや，月平均の法定時間外労働60時間以上の正社員が一人もいないこと等を含む「認定基準」を満たす中小企業は，「ユースエール企業」として認定され，その表示を，自社の商品・広告などに使用することが可能であり，また，若者の採用・育成を支援するための各種助成金に一定額が加算されるなど，支援を受けることができる。

2 高年齢者雇用

高年齢者処遇に関する
法政策
高年齢者処遇に関する法政策の第一段階は，雇用の入口規制で始まった。1966 年に制定された雇用対策法は，労働大臣が中高年齢者の「適職」を選択・公表することによって，雇用促進に努めること，と定めた。同年には職業安定法が改正されて，労働大臣が選定した職種ごとに，35 歳以上の中高年齢者の雇用率が設定されることになった。1971 年には，「中高年齢者等の雇用の促進に関する特別措置法」が成立して，45 歳以上の中高年齢者のための適職が，民間企業でも選定されて，雇用率が設定された。しかしこの雇用率の設定はほとんど政策的には成功しなかったといわれている。

　1986 年には，従前の「特別措置法」が改正され，高年齢者雇用安定法（高年法）となった。高齢者処遇に関する法政策は第二段階に入り，入口規制から出口の規制（定年制）へと重点が移行した。年金の支給開始年齢と就労の終了（定年制）との関係が，国の政策において検討課題になったのである。高年法は，事業主が定年制を設ける場合には，その年齢は 60 歳を下回らないように努力すべし，と規定した。1994 年には，法改正によって定年制を設ける場合，60 歳を下回らないことが法的な義務となった（8 条）。その後，年金の支給開始年齢を 65 歳に引き上げる動きが本格化して，新たな法改正が必要になった。2004 年の同法改正で，企業は，定年を定めている場合には，① 65 歳までの定年年齢の引上げ，②定年後も引き続き雇用する継続雇用制度の導入，③定年制度の廃止，のいずれかの措置を実施することが義務づけられた（9 条 1 項）。ただし，継続雇用制度の対象となる労働者の範囲は，労使協定によって決め

ることができるとされていた（旧9条2項）。その後，高年齢者処遇に関する法政策は第三段階に入り，採用時の年齢制限禁止との関連で（第4章4参照），高齢者に対する募集・採用にも規制が加わることになった。高年法により，事業主は労働者の募集・採用をする場合にやむをえない理由により65歳以下の年齢を条件とするときは，その理由を示さなければならないとされた（20条）。また，2012年の改正により，継続雇用の対象者を労使協定によって限定する制度は廃止され，事業主は希望者全員を継続雇用の対象とするように義務づけられることとなった（高年法旧9条2項の廃止）。ただし改正法附則3条により，改正法施行の際にすでに労使協定により対象者を限定する基準を定めている事業主については，2025年3月31日までの間（65歳未満の年金受給者が存在する間）は，なおその効力は維持される。

◆老齢厚生年金の改正　1994年の年金法改正により，60歳から64歳の間は，厚生年金の部分年金（報酬比例部分）が支給されることになったが，2000年の年金法改正によって，この支給開始年齢が65歳へと段階的に引き上げられた。これにより，60歳から64歳までの特別支給の老齢厚生年金は事実上廃止された。また，60歳代後半の在職高齢者を年金の被保険者として，在職年金を支給しながら保険料を徴収するしくみが導入された。

高年齢者の雇用継続と
定年制の規制ほか

(a)　**高年齢者雇用確保措置等**　先に述べたように，高年法は定年は60歳を下回らないことを義務づけ（高年8条），また，65歳までの高年齢者雇用確保措置（定年年齢の引上げ，継続雇用制度の導入，定年制の廃止）を義務づけている（9条）。裁判所は，高年法8条は「強行法規的性格を有し，その施行により，60歳未満の定年制を定める就業規則等の規定は，同条に抵触する限度において私法上も当然に無効」と判断し，その結果，当該事業主においては定年制の定めのない状態が生じたものと解するのが相当とした（牛根漁業

協同組合事件・福岡高宮崎支判平 17・11・30 労判 953 号 71 頁）。一方，同法 9 条に関しては，それが私法的な効力まで認めたものかどうかをめぐって，学説上，否定説と肯定説が対立してきた。裁判例としては，否定説が根強く，たとえば，会社が，社員に，①賃金カットの上で子会社に転籍し 65 歳まで勤務する「再雇用」か，②残留して 60 歳定年制を迎えるかを選択する制度を提案したところ，後者を選択して 60 歳になったときに定年退職扱いになった労働者が，かかる扱いは高年法 9 条違反だと訴えた事案について，同法 9 条 1 項は私法的効力を有せず，65 歳までの雇用延長を義務づけるものではない，と判示している（NTT 東日本事件・東京地判平 21・11・16 判時 2080 号 129 頁）。

　一方，同条そのものから私法的効果を引き出しているわけではないが，継続雇用規程に基づき雇用関係は存続しているとする裁判例も多くなっている。最高裁は，高年齢継続雇用規程を周知したことにより，継続雇用基準を満たしている労働者には雇用継続に合理的な期待が生じたとして，雇用が終了したものとすることをやむをえないとみるべき特段の事情がない以上，雇用終了は客観的に合理的な理由を欠くとして，再雇用されたのと同様の雇用関係の存続を認めた（津田電気計器事件・最 1 小判平 24・11・29 労判 1064 号 13 頁）。高年法指針（平 24 厚労告 560 号）も，使用者が継続雇用を希望する労働者を継続雇用しない場合には，客観的に合理的な理由があり社会通念上相当であることが必要，としている。厚生労働大臣は，同法 9 条 1 項違反の事業主に対して指導・助言・勧告をすることができ（10 条 1 項・2 項），勧告に従わない場合には企業名を公表することができる（同条 3 項）。

　継続雇用制度の下での処遇については，従前と職務内容等がほとんど変わっていないにもかかわらず，嘱託など有期労働契約を締結したことによって，基本給や諸手当などに大きな相違が設けられる

ことが多かった。このようなケースに関しては，不合理な労働条件の相違として，パートタイム・有期雇用労働法8条違反とされる可能性がある（詳細については第8章4を参照）。

さて，上記において，定年制の年齢を引き上げる立法の現状をみてきたが，一律定年制度そのものについてはどう考えるべきだろうか。そもそも日本企業の大半が採用している定年制は，労働者の意思や能力にかかわらず，一定の年齢に達したことのみを理由に一律に雇用から労働者を排除する制度だが，この制度には合理性があるのだろうか。この点，アール・エフ・ラジオ事件（東京地判平6・9・29労判658号13頁）は，①定年制はすべての者に機械的かつ一律に適用されるため，形式的平等が満たされていること，②企業にとっては，人事の刷新・経営の改善等，企業の組織および運営の適正化を図るため合理性があること，③労働者にとっては，定年までの身分保障が図られ，若年者に昇進や雇用の機会を開くために合理性があると述べて，一律定年制の合理性を認めている。現在のところ，定年制は人事刷新・経営改善など，企業の組織・運営の適正化のための制度として位置づけられており，一般的にこれを不合理とする見解は少ないものの，将来的に定年の雇用保障的機能が薄まり，能力主義的な雇用管理が徹底してくれば，定年制を支える合理的な理由が失われていくかもしれない。そうなれば，年齢を理由とする不合理な差別であるという考え方が示されても不思議ではないだろう。

(b) その他の支援措置　　高年法は，そのほか，65歳までの雇用継続を促進するために，さまざまな規定をおいている。厚生労働大臣は「高年齢者等職業安定対策基本方針」を定めなければならず（6条），とくに高齢者を対象に，職業指導，職業訓練，情報提供などの措置をとらなければならない（6条・12条〜14条）。事業主に対しても，再就職の援助（15条）や，離職を余儀なくされる高年齢者

が希望するときは，当人の職務の経歴，職業能力等を明らかにする書面（求職活動支援書）を作成し，交付しなければならないと定めている（17条1項）。

　また，同法は，定年等で退職した高年齢者に臨時的な就業の機会を提供するための自主的組織である「シルバー人材センター」について定めをおいている（41条以下）。同センターは，市町村単位で設立される一般社団・財団法人であり，都道府県知事の指定を受けているが，会員である高年齢者のために臨時的かつ短期的な「雇用ではない」就業機会を提供することを主要な事業としている。シルバー人材センターは，厚生労働大臣に届け出ることにより，その構成員を対象として，臨時的かつ短期的な就業またはその他の軽易な業務の就業に関して，一般労働者派遣事業を行うことができる（42条2項）。シルバー人材センターで就労する会員の法的地位については，第8章 *7* を参照のこと。

　一方，雇用保険法は，以下に述べる高年齢雇用継続基本給付金を制度化し（61条），さらに，高年法に基づく定年年齢引上げ，継続雇用制度の導入等を行う事業主に対して，雇用安定事業による助成金などの援助措置を設けている（62条1項3号。第21章 *4* 参照）。

　また，60歳以上の高年齢者については，その雇用を促進するために，有期労働契約の期間の上限は5年に延長されている（労基14条1項2号）。

◆高年齢雇用継続基本給付金　この制度は，1994年の雇用保険法改正で新設され，2003年改正で給付率の改定が行われた（61条）。60歳以上65歳未満の被保険者の賃金が，60歳時点の賃金額の75％未満に低下したとき，なお雇用を継続する場合には，本人に対して賃金の一定割合を支給する制度である（最高は15％）。60歳以上の継続雇用の場合に賃金が低下する傾向にあるために，その低下した賃金分を補塡して，高年齢者の就労意欲を促進するねらいがある。

Column㊴ 年齢差別禁止法 ～～～～～～～～～～～～～

　アメリカやヨーロッパなどでは，年齢差別は人種差別や性差別など
と並んで禁止すべき差別として把握されている。アメリカは 1967 年
に年齢差別禁止法を制定しており，また，2000 年の EU「雇用及び職
業における均等待遇の一般的枠組を設定する理事会指令」（2000/78/
EC）は，宗教，信条，障害，性的指向と並んで年齢差別を禁止した。
ただし，年齢差別は他の差別事由と比較して，①労働者の職務遂行能
力とある程度関わる蓋然性が高いこと，②すべての者は必ず老齢にな
るため，社会の一部の者のみを不利に扱う他の差別事由とは異なるこ
と，③年齢を用いた雇用管理を全面的に違法とすることは，雇用慣
行・労働市場全体に及ぼす影響が格段に大きいことなどから，他の事
由とは異なる法規制が考慮されなければならないであろう。

　欧米の立法においても，高年齢者の退職・定年などをめぐっては，
幅広い例外規定が存在する。EU でも，①雇用政策，労働市場，職業
訓練など，正当な目的によって合理的である場合は例外とされること，
②目的を達成するための手段が適切かつ必要である場合は，国内法の
定めによって例外とされること，③定年制は例外とされる場合がある
こと，が認められる。日本では，募集・採用における年齢制限を禁止
する労働施策総合推進法 9 条の規定があるが（第 4 章 *4* 参照），年齢を
その他の差別禁止事由と同じように取り扱うべきだという声は強いと
はいえない。一方，日本鋼管事件・横浜地判平 12・7・17 労判 792 号
74 頁は，合理性を欠く年齢差別は憲法 14 条 1 項違反になりうるとし
ている（ただし差別の成立は否定された）。

～～～～～～～～～～～～～～～～～～～～～～～～～～～～～～～～

3 障害者雇用

障害者雇用促進法の
概要

　障害者雇用促進法は，①障害者の雇用促進，
②職業リハビリテーション，③自立促進，
④均等な機会と待遇の確保ならびに能力を

有効に発揮するための措置を総合的に講じることによって，障害者の雇用安定を図る法である（1条）。このように同法は，①～③の障害者雇用促進と，④の障害者差別禁止をあわせもつ性格の法である。④の差別禁止部分については，第4章4を参照のこと。

(a) **障害者とは**　障害者雇用促進法が定める障害者とは，「身体障害，知的障害，精神障害（発達障害を含む。……）その他の心身の機能の障害……があるため，長期にわたり，職業生活に相当の制限を受け，又は職業生活を営むことが著しく困難な者」である（2条1号）。2014年改正によって，精神障害に発達障害が含まれることが明記され，「その他の心身の機能の障害」という文言を追加することによって，難病患者も含まれるように基本法や差別解消法の定義との整合が図られた。差別禁止の対象であり，ハローワーク等の職業紹介の対象となる障害者は，この2条1号が規定する幅広い概念の障害者であるが，一方，事業主の雇用義務の対象となる障害者は「対象障害者」として，37条2項で規定がなされている。雇用率をカウントするためには対象となる障害者を明確に確定する必要があるところから，「対象障害者」は障害に係る手帳所持者と解される。

(b) **障害者雇用率と納付金**　国や地方公共団体，事業主には，身体障害者，知的障害者または精神障害者について，障害者雇用率（法定雇用率）の達成が義務づけられている（障害者雇用促進法38条1項・43条1項）。具体的な法定雇用率は，政令によって定められており，2018年4月以降は，国・地方公共団体については2.5%，都道府県教育委員会は2.4%，民間企業である一般事業主（45.5人以上規模）については2.2%である。一般事業主は，障害者雇用状況を毎年，厚生労働大臣に報告しなければならない（43条7項）。厚生労働大臣は，法定雇用率未達成の事業主に対して，障害者雇入れ計画の作成を命じ（46条1項），当該計画の適正な実施を勧告し（同条

6 項），当該勧告に従わない事業主については企業名の公表を行うことができる（47 条）。2019 年 6 月現在の民間企業の障害者の実雇用率は，2.11％ であり，法定雇用率を達成している企業は 48.0％ にすぎない。勧告に従わなかった企業の名前は公表されるが，その件数は非常に少ない。

一方，法定雇用率未達成企業のうち常用労働者 101 人以上の企業からは，「障害者雇用納付金」（不足数 1 人あたり月額 5 万円）が徴収される（53 条・54 条）。この納付金を原資として，法定雇用率以上の障害者を雇用する企業に対しては，超えている人数に応じて，1 人あたり月額 2 万 7000 円の「障害者雇用調整金」が支給される（50 条以下）。

◆**特例子会社**　特例子会社は，大規模事業所の雇用改善策として，1976 年から制度化された。事業主が障害者雇用に特別な配慮をした子会社（特例子会社）を設立し，「一定の要件」を満たした場合には，この特例子会社に雇用されている労働者を親会社に雇用されている者とみなして，実雇用率を計算できるという制度である。「一定の要件」とは，親会社の要件として，子会社の意思決定機関を支配していること，子会社の要件として，親会社との人的関係が緊密であること，雇用される障害者数が 5 名以上で従業員に占める割合が 20％ 以上であること，うち重度身体障害者，知的障害者および精神障害者の合計割合が 30％ 以上であること，障害者の雇用管理を適切に行うに足りる能力を有していること等である。2019 年現在，全国で特例子会社は 517 社，ここに雇われている障害者数は 36,774 名である。特例子会社制度については，雇用機会が拡大された，障害者にとって配慮された職場環境を提供できる，一般企業では周囲の理解が得られなかったので歓迎したい，という声がある一方，大企業の多くが自ら障害者を雇用する義務を免れ，その結果，企業社会の「共生社会化」が遅れてしまっている事実があるのではないか，と気になる。

(c)　**職業リハビリテーション**　　障害者雇用促進法は，障害者を対象として，職業指導，職業訓練，職業紹介など職業生活上の自立

を図る措置が総合的に講じられることを職業リハビリテーションとして定める（2条7号・8条以下）。公共職業安定所は求人の開拓，就職した障害者，障害者を雇用する者への助言・指導を行い（9条以下），政府は障害者職業センターを設置・運営し（19条以下），都道府県は各市町村の区域に1つの障害者雇用支援センターの業務を行う法人を指定する（27条以下）。都道府県の地域障害者職業センターには，職場適応援助者という専門の知識をもった「ジョブコーチ」が配置され，障害者の職場定着率の向上に役立っている。また，就業や生活の支援を必要とする障害者のために「障害者就業・生活支援センター」という総合的支援事業が設けられ，支援担当者が配置されている。2018年度には，全国に334カ所のセンターが整備されている。現在，法に基づき，障害者雇用機会創出事業が行われている。これは3カ月以内の障害者の短期的な試行雇用を通して，障害者雇用のきっかけを与え，試行期間終了後に常用雇用への移行を進めようとするものである。

◆**障害者と最低賃金法**　知的障害をもつ労働者を暴行・虐待し，劣悪な作業条件を強制していた悪質な事業主に対して，裁判所は，事業主の不法行為責任を認めるとともに，労働者から通報・申告があっても調査をしなかった労働基準監督官の権限の不行使が国家賠償法1条1項の違法行為に当たると判示した（サン・グループ事件・大津地判平15・3・24判時1831号3頁）。本件では，労働者らは，最低賃金法違反の低賃金で働かされ，障害基礎年金や預金を横領されていた。そもそも2007年改正前の最低賃金法8条1号は，使用者が，障害のある者を「精神又は身体の障害により著しく労働能力の低い者」に該当するとして都道府県労働局長の許可を得たときには，最低賃金法が適用除外されるという規定をおいており，本件事業主はこの規定を悪用していた（もっとも行政の許可を得ていなかったので，事業主はこの規定にも違反していたのであるが）。

　2007年改正の最低賃金法は，適用除外規定を改めて，精神または身体の障害により著しく労働能力の低い者については，「最低賃金の減額の特例」を認めることにした（7条）。最低賃金は，労働者個々人が生き

るための最低額であるから，障害者にこれを保障しなくてもよいというのは最低賃金法の趣旨に反するであろう。このような観点からも，2007年の法改正によって，適用除外が撤廃され，減額の特例になったことは望ましい。しかし，二度とサン・グループ事件のような悲惨な事件を放置しないために，行政は，権利主張について弱い立場におかれている障害者の実情を把握して，責任ある介入を行うことがきわめて重要である。最低賃金の減額率は，「職務の内容，職務の成果，労働能力，経験等を勘案して定める」とされており，厚労省は，比較対象労働者と減額対象労働者を比較して，減額できる率を算出していると説明している。ところが，2016年の「最低賃金減額特例許可」に関する申請件数をみると，精神障害者に関する申請472件に対して許可は452件，知的障害に関する申請3,298件に対して許可は3,273件，身体障害者に対する申請197件に対して許可は187件であり，申請件数と許可件数がほとんど変わらない数値である（厚労省『平成28年労働基準監督年報』48頁）。このことからみて，減額申請が労働能率の計測に沿って正しくなされているかどうかのモニターがきちんとなされているのかどうか，気になるところである。

4　外国人雇用

外国人労働者と入管法

外国人の入国と労働許可を別に扱っている国も多いなか，法務省による出入国管理の段階で外国人の就労の可否が決定されるのが，日本の法制の特色である。日本でも国際化が進み外国人の出入国が急増したため，数次にわたる出入国管理及び難民認定法（入管法）の改正が行われ，在留資格が整備・拡大され，同時に不法就労の増大の防止が図られるようになった。日本国籍をもたない者，すなわち外国人が就労するには，入管法に定める在留資格が必要だが（2条の2・19条），それらは29種類に区分されている。同法の「別

表第1」には，25種類の在留資格が示されており，これについては，その在留資格に限定された就労活動を行うことが認められている。「別表第2」の4種類の在留資格には，就労活動に制限はない。前者に関する限定された就労活動以外の活動（「資格外活動」），在留期間を超えた就労活動，不法入国者や不法上陸者が行う就労活動は，「不法就労」である。入管法は，1989年の改正によって，不法就労助長罪を設け，不法就労をさせた使用者，不法就労させるために自己の支配下においた者，また業としてそれをあっせんした者に対して，罰則を定めた（73条の2第1項）。「不法就労」は一貫して減少傾向にある。

労働法の適用

労働施策総合推進法に基づく事業主による外国人労働者の届出状況から，外国人労働者の実態をみると，2019年に外国人労働者を雇用している事業所は242,608カ所，外国人労働者数は1,658,804人であり（厚生労働省『『外国人雇用状況』の届出状況まとめ（令和元年10月末現在）」より），過去最高の数値を更新した。その内訳は，「身分に基づく在留資格」（永住者，日本人の配偶者等，永住者の配偶者等，定住者が該当する）が32.1%，「技能実習」が23.1%，「専門的・技術的分野の在留資格」が19.8%である。

外国人にも労働法は等しく適用される。労働行政も，職業安定法，労働者派遣法，労基法等「労働関係法令は，日本国内における労働であれば，日本人であると否とを問わず，また，不法就労であると否とを問わず適用される」（昭63・1・26基発50号，職発31号）としてきた。なぜなら，入管法の規定による在留資格上，就労できるか否かは，公法的取締法規違反にすぎず，公序良俗に反する行為として無効となるようなものではないからである。労働法の適用はこれらの外国人にも当然及ぶものであるが，問題は，労働法上の保護をなす際，労働行政にたずさわる者が不法就労の事実を知ったときに，

入管当局に通報する公務員の義務が存することである（入管62条2項）。これに対しては，まず労働法上の保護を優先的に行い，その違法状態が是正された後に入管当局に通報するべきである。

◆研修と技能実習　2009年までは，在留資格に「研修」と「特定活動」（技能実習）の区分があり，「研修」という在留資格で入国する研修生には，報酬を受ける活動が禁止されていた。そのために研修実施機関と研修生との間には雇用関係はなく，賃金を得ることもなく（研修手当は実費の支払いの範囲内），労災保険の適用もないとされてきた。研修生は安上がりな単純労働の担い手とされ，これをめぐる紛争が多発した。そこで，2009年以降，新たな在留資格として「技能実習」が設けられ，この資格で入国した者は，最初の2カ月程度，労働契約に基づかない講習（知識習得活動）を受けるが，その後，実習（現場における訓練）が開始される時点からは，労働契約に基づく「技能等修得活動」とされて，労働法規が適用されるようになった。

多発する諸問題と近年
の法改正

外国人労働者に関しては，①労働契約に関連する人権侵害，②賃金の不払い，③労災保険の不支給などをめぐる問題が多い。1994年に人種差別撤廃条約が日本で発効して以来，私人間の人種・国籍差別を争う事案も増え，その影響を受けて，雇用に関する人権侵害をめぐる紛争も多くみられるようになった。人権侵害の例としては，逃亡や転職を防ぐためにパスポートを留置したり，辞める前に前貸ししてあったとする法外な旅費や食事代の返還を迫り，アパートに軟禁するなどの行為が行われたりする事例がある。これらは憲法18条（奴隷的拘束および苦役からの自由）の趣旨に反し，強制労働を禁止する労基法5条違反，中間搾取を禁ずる同法6条違反であり，厳しく処罰されねばならない。

一方，2009年まで外国人研修生には労働法が適用されなかったため，賃金の不払いや処遇をめぐる紛争が多発した。研修生らが作業をボイコットしたため部門の廃業に追い込まれたとして，会社が

研修生らに損害賠償を請求した事案では，裁判所は，会社からの本訴を棄却し，逆に，研修生らが提起した，賃金相当額の支払い，残業手当と付加金請求の反訴を認容した（三和サービス事件・名古屋高判平22・3・25労判1003号5頁）。研修期間中の最低賃金額の支払い請求を認容した判決もある（スキール他（外国人研修生）事件・熊本地判平22・1・29労判1002号34頁）。裁判所は，研修期間中といえども，労働の実態をみて，原告らは労基法・最低賃金法適用の労働者に該当する，と判断した。第一次受入機関の不法行為責任を認めた判決（プラスパアパレル協同組合事件・福岡高判平22・9・13労判1013号6頁），仲介手数料を受け取って労働者を送り出した外国の派遣会社の日本代理店の不法行為責任を認めた判決（雲仙アパレル協同組合ほか事件・長崎地判平25・3・4判時2207号98頁）も出た（デーバー加工サービス事件・東京地判平23・12・6労判1044号21頁については，第4章 *4* を参照）。

労災に関しては，実際には約半数の事業所が外国人について労災保険料を納入していない状況があるという。だが当然ながら，保険料の納入の有無にかかわらず，労災保険関係は成立するのであって，企業による労災隠しは許されない。労災の民事損害賠償請求事件では，後遺障害がある場合の逸失利益の算定について，日本での就労可能期間中は日本での収入を基礎に算定し，その後は母国での収入を基礎に算定されるべきであるとした下級審判決を是認した最高裁判決がある（改進社事件・最3小判平9・1・28民集51巻1号78頁；労判708号23頁）。

労働施策総合対策法により，事業主には，雇用する外国人労働者の雇用管理の改善および再就職の援助に関する措置を講じる努力義務が課せられ（7条），外国人労働者の受入れ・離職時に，その者の氏名，在留資格，在留期間等を確認して，厚生労働大臣に届け出ることが義務づけられている（28条1項）。7条に関しては指針が出さ

れている（「外国人労働者の雇用管理の改善等に関して事業主が適切に対処するための指針」平19・8・3厚労告276号）。

技能実習生制度ができた後も問題が多発していたため，2016年には，入管法から独立した法として「外国人の技能実習の適正な実施及び技能実習生の保護に関する法律」（外国人技能実習法）が制定された。この法は，技能実習を整備して実習生を保護する体制を確立するという基本理念の下で，技能実習生ごとに作成される技能実習計画を認定制とし（同法8条以下），監理団体を許可制とし（23条以下），実習生に対する人権侵害行為を罰則つきで防止するものである（46条以下）。認可法人として外国人技能実習機構を設立し（57条以下），優良な実習実施者・監理団体については，第3号技能実習生の受け入れ（4〜5年目の技能実習の実施）を可能とするようになった（9条・23条以下）。

また2018年の入管法改正によって，在留資格には，新たに「特定技能」1号（相当程度の知識・経験を要する技能をもつ外国人。在留期間の上限5年）および2号（熟練した技能を有する外国人。在留期間の上限なし。家族の帯同も可能）が創設された。しかし特定技能1号外国人は在留期間は通算5年であり，配偶者・子の在留資格はないなど，制度的に問題は大きい。

★ 参考文献————

青少年雇用に関しては，小西康之「若年期・高年期における就労・生活と法政策」『講座労働法の再生第6巻』（法律文化社），高年齢者雇用に関しては，櫻庭涼子『年齢差別禁止の法理』（信山社），柳澤武『雇用における年齢差別の法理』（成文堂），障害者雇用に関しては，中川純「障害者雇用政策の理論的課題」『講座労働法の再生第6巻』，永野仁美『障害者の雇用と所得保障』（信山社），外国人雇用に関しては，手塚和彰『外国人と法〔第3版〕』（有斐閣），早川智津子『外国人労働の法政策』（信山社），早川智津子「外国人労働者」『講座労働法の再生第6巻』。

第23章　社会人として職業能力をいかに身につけるか

これまでの日本は，学校を卒業すると安定した雇用を得ることを期待できる
社会であり，また，男性にとっては入社した会社に定年まで勤め上げること
が典型的な職業生活と考えられてきた。しかし，これからは，それぞれが多
様な職業生活を選択することができる社会を目指すべきである。また，IT
技術やAIの驚異的な進歩は，雇用の世界に大きな変革をもたらすと予想さ
れる。ここでは，このような社会を展望しながら，職業能力を向上させてい
くシステムの現状を紹介し，人が社会人として自立するために，どのように
して職業能力を身につけ，それをブラッシュ・アップしていくかを考えたい。

1 働く者の職業能力向上と働き方改革の実現

これまでの就業モデル
から新しい働き方へ

学校を卒業すると安定雇用が待っている，
これは日本社会が長らくもってきたイメー
ジだった。確かに，日本の若い世代（15〜
24歳）の失業率は，今もOECD諸国において最低の3.66％（OECD
平均11.09％，EU15.20％，2018年〔OECD Youth unemployment rate
data.oecd.org〕）である。ジョブ型雇用の諸国においては，若年者が
最初に雇用を得る道は険しいのが一般的である。従来の日本型雇用
慣行である具体的な職務能力の保持を前提としない新卒一括採用は，
この意味では若年者の職業生活の滑り出しを支える仕組みとして機
能しているといえる。

　しかし，新卒一括採用に綻びが見えたのが，いわゆる就職氷河期
の際であった（概ね1993年〜2004年に学校卒業期を迎えた世代）。企業
の人事政策の転換に加えて経済環境の著しい悪化のため，企業が正

社員の採用を絞ったため，卒業時に安定雇用（正社員）を得ることのできない者が大量に発生したのである。この世代の雇用問題は，2019年に政府が「就職氷河期世代支援プログラム」を策定したように今日でも解消されないままである。新卒一括採用は，新卒の際，就職に失敗すると，その後安定雇用に移行することが困難であることが明らかになった。

また，新卒一括採用は，企業が正社員を長期的に教育し，定年までの雇用を保障する代わりに，正社員に企業の要請に柔軟に対応する働き方を求める日本型雇用慣行を支える仕組みであった。この仕組みを職業能力の形成という観点から見れば，学校が学生に対し就業のために必要な基礎的能力を提供し，企業が具体的な職業能力を長期的に付与するというものであった。すなわち，企業は，学生の潜在的能力に期待して正社員として採用し，具体的な職業能力を身につけさせるために，日常の仕事の中で指導による職業訓練（On the Job Training＝OJT）と通常の仕事を離れて行う職業訓練（Off the Job Training＝Off-JT）の実施を通じて長期的な教育訓練を施してきたのである。

この職業能力の養成システムも，綻びを見せている。企業の教育訓練の対象者は，長期雇用を前提とする正社員に限定されたため，非正社員は，体系的な教育訓練を受ける機会が与えられなかった。この格差を解消するために，2018年働き方改革関連法によって，パートタイム・有期雇用労働者および派遣労働者にも教育訓練についての均等・均衡待遇規定が導入された（第8章 **4**, **5** 参照）。しかし，企業に教育訓練を負担させるのは限界があり，これまで未整備であった企業外における教育訓練の場の整備が必要となってきている。

さらに，ジェンダーの視点から見れば，日本型雇用慣行は，実質的には男性にのみ適用され，女性は一定期間の就業の後，家庭に入り，家事・育児などを担当する男女性別役割分業を前提としていた

のであり，女性の能力発揮を阻害する仕組みであった。その意味でも日本型雇用慣行は，サステナビリティのある働き方ではないといえる。

　今後は，これまでの正社員としての無限定的な働き方から，すべての者が自己の能力を発揮しつつ，不断に能力を向上させることができる働き方に転換できるよう，環境整備が不可欠である。

Column40 　中高年にも広がる引きこもり 〜〜〜〜〜〜

　これまで"引きこもり"というと若年世代の問題と考えられ，実際，政府統計も若年者を対象に調査が行われてきた。しかし，2019年に公表された調査によると，中高年世代の引きこもりが約61万人と推計されている（内閣府「生活状況に関する調査（平成30年度）」2019年，なお，若年無業者（15〜39歳）は約71万人（内閣府「令和元年版子供・若者白書」2019年））。引きこもりの問題はもはや特定の世代に限った話ではないことが見て取れる。

　引きこもりの問題全体からすると，雇用問題はその一部に過ぎないが，社会とのつながりという点を考慮すると，それを実感できる体験である就業が重要な要素になることは間違いない。

　今後，さまざまな背景を有する無業者・引きこもりに対する自立支援の実施に際しては，社会保障制度の連携を深めながら，就業に向けた職業能力の形成を図ることも重要になるだろう。このことは，非正規雇用労働者であるフリーター約143万人（総務省「平成30年労働力調査年報」2019年）についても同様である。2011年に制定された求職者支援法は，学卒無業者など雇用保険の被保険者ではなく，失業等給付を受給できない者（第21章 *2* 参照）に対し，生活支援給付金を支給するとともに，職業訓練をうけさせ就職を支援する仕組みを創設したが，このような施策をよりきめ細かく実施する必要がある。

〜〜〜〜〜〜〜〜〜〜〜〜〜〜〜〜〜〜〜〜〜〜〜〜〜〜〜〜〜〜〜〜〜

2 職業能力の開発

　労働者が新たに雇用機会を得るためには，一定の職務の遂行に必要な技能や知識を有することが重要な条件になる。また，すでにある企業で働いている場合でも，産業構造の急激な変化や技術革新が早く進む現代社会では，どうしても技能や知識が時代遅れになりやすい。今日の IT 技術および AI の目覚ましい発展は，労働者の職業能力の形成に大きなインパクトを有する。労働者は，これまでの企業任せの教育訓練だけではなく，自発的に職業能力の開発・向上のための教育訓練の機会を得ていくことが必要不可欠な時代となってきた。このような要請に応えて職業能力開発政策を進めるための基本法が 1985 年に職業訓練法の改正によって生まれた職業能力開発促進法（能開法）である。以下では，同法に基づいて職業能力開発の法制度を紹介しよう。

> **労働者の職業生活設計
（キャリア・デザイン）**

従来の法制度は，公共職業訓練や企業の教育訓練を重視しており，それに比較して個々の労働者が自発的に職業能力の向上を図ることについては，必ずしも積極的な支援がなされてこなかった。しかし，2001 年の能開法改正によって，労働者自身の計画に基づく自主的な能力開発を促進するという新たな方向性が示された。すなわち学説が唱えたキャリア権に対応する「職業生活設計」（キャリア・デザイン）という新しい概念が規定され（2 条 4 項），「この法律の規定による職業能力の開発及び向上の促進は，……労働者の職業生活設計に配慮しつつ，その職業生活の全期間を通じて段階的かつ体系的に行われること」が基本理念であると明記されたのである（3 条）。労働者が自発的にキャリア・デザインを描くことが求めら

れるのであるが，多様な職業生活のあり様を前提に，労働者の選択
を援助することがこれからの職業能力開発政策において最も重要な
課題といえる。

◆キャリア権の確立へ　能開法は，従来の企業中心主義から個人の自主
的な能力開発への取組みを重視するようになり，個人のエンプロイアビ
リティを保障する方向へ一歩踏み出したとして，「キャリア権」論の重
要性を説く学説が登場した（諏訪康雄「能力開発法政策の課題」日本労働研
究雑誌514号）。キャリア権については，その後，一部の立法の基本理念
に反映されたことや（労働施策総合推進法3条，能開3条など），努力義務
として理解が広まりつつあること（能開4条など）が指摘されている反面，
これらを具体的な権利として実質化する試みはまだ門口に立ったばかり
である（諏訪康雄「キャリア権を問い直す」季刊労働法238号）。

| 事業主の職業能力開発
促進措置 |

能開法では，職業能力の形成は，これまで
の実情を前提に事業主による職業能力開発
にあり，国や地方公共団体がそれを補完す
るものであるとされている（4条・8条以下）。事業主は，労働者の
職業能力の開発または向上の機会を確保するために，①教育訓練を
自らまたは共同して実施するか，公共職業能力開発施設などによる
職業訓練を受講させることで行うこと（9条），②職業能力検定を受
けさせる（10条2号），③実習併用職業訓練の実施（10条の2），④労
働者の職業生活設計に即した自発的な職業能力の開発および向上を
促進する（10条の3），⑤有給教育訓練休暇，長期教育訓練休暇，再
就職準備休暇その他の休暇の付与（10条の4），などの職業訓練に要
する時間を労働者に与えることなどを配慮しなければならない。こ
のために事業主は，職業能力開発計画を策定し，また，その円滑な
実施のために職業能力開発推進者を選任するよう努めなければなら
ない（11条・12条）。職業能力開発推進者は，労働者の職業能力開
発を計画的に企画・実行するための中心的役割を期待されており，
キャリアコンサルタントその他の必要な能力を有すると認められる

者のうちから選任しなければならない（能開則2条1項）。

◆**国家資格としてのキャリアコンサルタント**　キャリアコンサルティングとは，労働者の職業の選択，職業生活設計または職業能力の開発および向上に関する相談に応じ，助言および指導を行うことをいい，事業主は，その機会の確保を行うものとされている（能開10条の3第1号）。このキャリアコンサルティングを担うのがキャリアコンサルタントである。キャリアコンサルタントは，2015年法改正により国家資格に位置づけられた（30条の3以下）。

―――――――――
国および都道府県の職業能力開発促進措置
―――――――――

国および都道府県は，労働者が多様な職業訓練を受ける等の機会を得られるよう配慮するものとされている（能開15条）。具体的には，①事業主等の行う職業訓練の基準適合の認定（13条），②事業主の教育訓練のために講ずる措置に対する援助（ア　キャリアコンサルティングに関する講習の実施，イ事業主の職業能力開発計画に対する助言・指導，ウ職業能力開発の促進および向上に関する技術的事項に対する相談・援助，エ情報・資料の提供，オ職業能力開発推進者に対する講習の実施および職業能力開発推進者相互の啓発の機会の提供，カ職業訓練指導員の派遣，キ職業訓練の一部委託，ク公共職業能力開発施設の使用等の便益の提供（15条の2各号）），③有給教育訓練休暇の付与などの措置に対する助成（15条の3），④ジョブ・カード（職務経歴等記録書）の普及（15条の4），⑤職業能力開発に関する調査研究等（15条の5）および⑤職業に必要な技能に関する広報啓発等（15条の6）である。

◆**ジョブ・カード制度と実習併用職業訓練**　ジョブ・カード制度は，2007年に職業能力形成の機会に恵まれない労働者に対する支援として，OJTと座学を組み合わせた実践的な職業訓練を提供し，その評価を記載するジョブ・カードを交付し，きめ細やかなキャリアコンサルティングを一体として推進する職業能力形成システムとして出発した。その後，学生や在職求職者もジョブ・カードの利用対象となった。現在では，ジ

ョブ・カードは，「労働者の職務の経歴，職業能力その他の労働者の職業能力の開発及び向上に関する事項を明らかにする書面」と定義されている（能開15条の4第1項）。

ジョブ・カード制度は，今日では個人のキャリアアップや，多様な人材の円滑な就職等を促進することを目的として，ジョブ・カードを「生涯を通じたキャリア・プランニング」および「職業能力証明」のツールとして，キャリアコンサルティング等の個人への相談支援のもと，求職活動，職業能力開発などの各場面において活用する制度と位置づけられている。

現在，ジョブ・カード制度のもとでの「職業能力形成プログラム」の一環となっているのが，実習併用職業訓練である。実習併用職業訓練とは，事業主がその雇用する労働者に対してOJTによる職業訓練と公共職業能力開発施設，認定職業訓練，専修学校等で行われる教育訓練（Off-JT）とを組み合わせたものである（能開10条の2第2項）。実践型人材養成システムとも呼ばれる。事業主が実習併用職業訓練を実施するためには，その実施計画について厚生労働大臣の認定を受ける必要がある（26条の3）。

| 国・都道府県の職業訓練（公共職業訓練）の実施 |

労働者が段階的・体系的に職業に必要な技能や知識を身につけるときや，離職者や転職希望者が再就職をするときなどにおいて，国や都道府県が行う公共職業訓練は積極的な役割を果たしている。国・都道府県は，その設置する公共職業能力開発施設で，省令の定める職業訓練基準に基づいて職業訓練をすることができる（能開15条の7以下）。公共職業能力開発施設には，職業能力開発校（都道府県・市町村が設置し，テクノスクール，高等技術専門学院などと呼ばれる），職業能力開発大学校，職業能力開発短期大学校，職業能力開発促進センター，障害者職業能力開発校などがある（15条の7第1項・16条）。これら公共職業能力開発施設が行う公共職業訓練の修了者には修了証書が交付される（22条）。これら訓練施設における指導員を教育する機関として，職業能力開発総

合大学校がある（27条）。離職者，転職者などについては，迅速で効果的な訓練のために，専修学校，各種学校など他の適切な施設に委託して実施されることもある（15条の7第3項）。

3 これからの働き方と職業能力の形成——全員参加型社会に向けて

日本型雇用慣行の揺らぎとともに，労働者の職業生活の道筋は多様化してきている。日本型雇用慣行自体が，男性正社員を中心とする仕組みであり，真の意味で全員参加型社会を目指すためには，それにふさわしい新しい雇用社会を創造する必要がある。

もっとも，その姿は必ずしも明らかではない。今は，現在の雇用制度の機能不全を直視してその解決を図り，多様な労働者が就業を継続しながら，職業能力の向上を通じて自己実現できる社会を徐々に組み立てていくよう努力することが求められているといえよう。

働き方のモデルが多様化する中で，職業生活に入る以前である学生時代も含めて，労働者は，自己の職業能力の形成を自発的に組み立てることが期待される時代になった。能開法の職業生活設計（キャリア・デザイン）は，まさにそのことを示しているといえる。もっとも，労働者がキャリア・デザインを描くためには，労働者の自発性に委ねることでは実現しない。これは，新卒時に安定雇用を得ることができなかった若年者の現状を思い起こせば明らかであろう。人は安定した雇用を得るためには，それに必要な職業能力を身につける必要がある。実際の人々は，多様な条件のもとにあり，全員参加型の社会を実現するためには，雇用を得るために必要な能力に欠ける者に対する社会的な支援が必要不可欠である。すなわち，各人の自発性とそれを支援する社会的仕組みの適切な組み合わせが求められるといえよう。この支援には，求職者支援制度のように生活支

援を伴うことが必要である。

　ところで，職業能力の形成というと仕事に関わる領域の問題と考えられがちであるが，雇用の世界には，本書で示してきたように，雇用に関わる多様な法的ルール，ワークルールがある。雇用社会の当事者は，このワークルールを身に付けることも重要な職業能力であることを強調しておきたい。このことは，学生時代のアルバイトを思い起こせば思い当たるのではないだろうか。労働法が定めるワークルールは，どの職場にも浸透しているとはいえない状況にある。労使ともにワークルールを知らないという状況は珍しくない。この状況は，劣位な立場にある労働者に不利に働くのが一般的であろう。雇用によって生活していくならば，ワークルールの修得は，必要不可欠な職業能力の一部である。このために現在では，日本ワークルール検定協会が行うワークルール検定も実施されている。このような機会を利用して，ワークルールを身に付けた賢い労働者として自己形成することが必要である。

　このようなことを意識しながら，働く人，個人個人が，それぞれに自己の能力を大いにブラッシュアップしながら，職業生活設計をたてて，全員参加型社会の賢い一員となってほしいと願う。

Column㊶　職業能力の形成と高等教育

　日本型雇用慣行においては，企業から高等教育は，具体的な職業教育ではなく，社会人としての基礎的な能力養成を期待されてきた。職業能力の養成は，学生の入社後に企業が行うと考えられてきたからである。しかし，高等教育に対する企業の期待は大きく変わりつつある。

　すでに大学が社会人を受け入れる制度はかなり整備されてきた。たとえば，社会人入学制度として，学部への入学の窓口を開いている大学も多くなっているし，社会人大学院制度を設けている大学院も増えた。法律学においても「もっと勉強しておけば良かった」という卒業後の反省を生かして，再度，法的な理論と知識を豊富化し，仕事に生かす機会は社会人にも十分に与えられている。また，2003 年からは，

専門性の高い職業人を育てることを目的とした専門職大学院制度が登場した。卒業することによって公認会計士試験の一部科目が免除される「会計大学院」，司法試験の受験資格が得られる「法科大学院」は，国家試験と連動した専門職大学院である。また，2019年からは，実習を教育課程に組み込んだ専門職大学もスタートする。このような中で，いったん卒業し，雇用社会に身をおいた労働者が職業能力向上のために，再び高等教育の場に戻ってくるという循環は徐々に形成されつつある。有給職業訓練休暇や一定の期間勤務すれば休業が認められるキャリア・ブレイク制度，フレックスタイム制度などが一層普及するならば，このような循環は活性化していくであろう。

しかし，現在の企業の高等教育に対する期待は，必ずしもこのような動きだけで応えられるものではない。経済のグローバル化，IT技術，AIの驚異的な発展は，従来の社会人の基礎的能力の内容自体の見直しを迫りつつあるのである。思い起こしてみると，日本型雇用慣行の成立も，技術革新のなかで，経験と勘に頼る労働者では対応できなくなり，新しい技術に対応可能な基礎力を有する新卒者を企業が大量に採用したことが要因の1つであった。現在のIT技術の発展は，雇用の世界を急速に変容させる可能性が高い。そして，各人の職業能力形成の前提として高等教育も現代に必要な基礎力を提供できるよう変革が迫られているのである。

★ 参考文献────

諏訪康雄『雇用政策とキャリア権』（弘文堂），両角道代「職業能力開発と労働法」『講座21世紀の労働法第2巻　労働市場の機構とルール』（有斐閣）所収，島田陽一「これからの生活保障と労働法学の課題」西谷敏先生古稀記念『労働法と現代法の理論』（日本評論社）所収，矢野昌浩「職業能力開発促進法」島田陽一ほか編『戦後労働立法史』（旬報社）所収，日本ワークルール検定協会編『ワークルール検定　初級テキスト〔第2版〕』（旬報社）。

参 考 文 献

＊ここでは，比較的最近刊行された体系書と講座等を中心に，基本的な
文献を掲げた。個別テーマについての文献は，各章末の「★参考文
献」を参照。

1 体系書

菅野和夫『労働法〔第 12 版〕』(2019 年，弘文堂)
西谷敏『労働法〔第 2 版〕』(2013 年，日本評論社)
盛誠吾『労働法総論・労使関係法』(2000 年，新世社)
山川隆一『雇用関係法〔第 4 版〕』(2008 年，新世社)
西谷敏『労働組合法〔第 3 版〕』(2012 年，有斐閣)
水町勇一郎『労働法〔第 8 版〕』(2020 年，有斐閣)
荒木尚志『労働法〔第 3 版〕』(2016 年，有斐閣)
野川忍『労働法』(2018 年，日本評論社)
水町勇一郎『詳解　労働法』(2019 年，東京大学出版会)

2 講座・注釈書等

日本労働法学会（編）『講座　労働法の再生』(全 6 巻)(日本評論社，
2017 年)
　1　労働法の基礎理論
　2　労働契約の理論
　3　労働条件論の課題
　4　人格・平等・家族責任
　5　労使関係法の理論課題
　6　労働法のフロンティア
日本労働法学会（編）『講座 21 世紀の労働法』(全 8 巻)(2000 年，有斐
閣)
東京大学労働法研究会（編）『註釈労働基準法（上）(下)』(2003 年，有斐
閣)
東京大学労働法研究会『注釈労働時間法』(1990 年，有斐閣)
厚生労働省労働基準局（編）『平成 22 年版　労働基準法（上）(下)』(2011

年，労務行政研究所）

厚生労働省労政担当参事官室（編）『労働組合法　労働関係調整法〔5訂
　　新版〕』（2006年，労務行政研究所）

西谷敏＝道幸哲也＝中窪裕也（編）『労働組合法』別冊法学セミナー・新
　　基本法コンメンタール（2011年，日本評論社）

西谷敏＝野田進＝和田肇（編）『労働基準法・労働契約法』別冊中労時法
　　学セミナー・新基本法コンメンタール（2012年，日本評論社）

荒木尚志ほか『詳説　労働契約法〔第2版〕』（2014年，弘文堂）

土田道夫『労働契約法〔第2版〕』（2018年，有斐閣）

526

労 働 法〔第6版〕
Labor Law

ARMA
有斐閣アルマ

2002 年 4 月 10 日　初　版第 1 刷発行
2005 年 4 月 10 日　第 2 版第 1 刷発行
2008 年 5 月 10 日　第 3 版第 1 刷発行
2011 年 9 月 5 日　第 4 版第 1 刷発行
2015 年 4 月 15 日　第 5 版第 1 刷発行
2020 年 4 月 10 日　第 6 版第 1 刷発行
2022 年 12 月 15 日　第 6 版第 3 刷発行

著　者	浅倉むつ子 島田陽一 盛　誠吾
発行者	江草貞治
発行所	株式 会社 有斐閣 郵便番号　101-0051 東京都千代田区神田神保町 2-17 http://www.yuhikaku.co.jp/

印刷・株式会社理想社／製本・牧製本印刷株式会社
©2020, M. Asakura, Y. Shimada, S. Mori. Printed in Japan
落丁・乱丁本はお取替えいたします。
★定価はカバーに表示してあります。

ISBN 978-4-641-22158-1